中国环境司法发展报告

2021年

撰稿人（以撰写内容先后为序）

吕忠梅　张忠民　侯志强　张　琪
刘　超　陈梓铭　王雅琪　王生珍
袁　明　焦艳鹏　陈海嵩　胡　攀
姜闻远　冀鹏飞　欧　恒　刘长兴
罗文君　邱　秋　赵　珂　李文贺

法律出版社
LAW PRESS·CHINA
北京

图书在版编目(CIP)数据

中国环境司法发展报告. 2021年/吕忠梅等著. --
北京:法律出版社, 2022
ISBN 978-7-5197-7382-3

Ⅰ. ①中… Ⅱ. ①吕… Ⅲ. ①环境保护法-研究报告
-中国-2021 Ⅳ. ①D922.684

中国版本图书馆CIP数据核字(2022)第238125号

中国环境司法发展报告(2021年)
ZHONGGUO HUANJING SIFA FAZHAN BAOGAO(2021 NIAN)

吕忠梅 等 著

责任编辑 郑怡萍
装帧设计 李 瞻

出版发行 法律出版社
编辑统筹 法律教育出版分社
责任校对 杨锦华
责任印制 刘晓伟
经　　销 新华书店

开本 710毫米×1000毫米 1/16
印张 28.5　**字数** 465千
版本 2022年12月第1版
印次 2022年12月第1次印刷
印刷 唐山玺诚印务有限公司

地址:北京市丰台区莲花池西里7号(100073)
网址:www.lawpress.com.cn
投稿邮箱:info@lawpress.com.cn
举报盗版邮箱:jbwq@lawpress.com.cn

销售电话:010-83938349
客服电话:010-83938350
咨询电话:010-63939796

书号:ISBN 978-7-5197-7382-3
定价:86.00元
凡购买本社图书,如有印装错误,我社负责退换。电话:010-83938349

“中国环境司法发展研究”
课题组主要分工

负责人 吕忠梅

总稿人 吕忠梅 张忠民

撰写分工

前言

吕忠梅

环境司法 2021：推动中国环境司法体系建设迈向新征程

吕忠梅 张忠民 侯志强 张 琪

环境侵权案件的系统审视与争点解析

刘 超 陈梓铭

环境行政诉讼的样态描述与重点解读

王雅琪 王生珍 袁 明

生态环境犯罪刑法惩治分析

焦艳鹏

环境公益诉讼的现状检视与趋势分析

陈海嵩 胡 攀 姜闻远

生态环境损害赔偿诉讼的探索发展与实践检视：以责任制度为中心

冀鹏飞 欧 恒

合同案件适用绿色原则的模式与效果分析

刘长兴

长江流域环境司法的发展与创新

罗文君 邱 秋

附录

赵 珂 李文贺

“中国环境司法发展研究”课题组
人员简介

一、报告撰写人员(按撰写内容先后排序)

吕忠梅　法学博士,全国政协社会和法制委员会驻会副主任,最高人民法院环境资源司法研究中心副主任、学术委员会主任,中国法学会副会长,中国法学会环境资源法学研究会会长

张忠民　法学博士,中南财经政法大学法学院教授、博士生导师、法律事务部部长,生态文明研究院常务副院长,清华大学环境资源能源法学研究中心研究员

侯志强　中南财经政法大学法学院环境法博士研究生

张　琪　中南财经政法大学法学院环境法博士研究生

刘　超　法学博士,华侨大学法学院教授、院长、案例法研究中心主任,中南财经政法大学法学院博士研究生合作导师

陈梓铭　武汉大学环境法研究所博士研究生

王雅琪　中南财经政法大学法学院环境法博士研究生

王生珍　中南财经政法大学法学院环境法博士研究生

袁　明　中南财经政法大学法学院环境法博士研究生

焦艳鹏　法学博士,华东政法大学教授、博士生导师,中国环境犯罪治理研究中心主任

陈海嵩　法学博士,武汉大学环境法研究所教授、博士生导师、法学院副院长

胡　攀　武汉大学环境法研究所博士研究生

姜闻远　武汉大学环境法研究所博士研究生

冀鹏飞　法学博士,中南财经政法大学法学院讲师

欧　恒　中南财经政法大学法学院环境法博士研究生

刘长兴　法学博士,华南理工大学法学院教授、博士生导师、法治经济与法治社会研究中心研究员

罗文君　法学博士,湖北经济学院法学院副教授,湖北水事研究中心副主任

邱　秋　法学博士,湖北经济学院法学院教授、院长,湖北水事研究中心主任

赵　珂　中南财经政法大学法学院环境法博士研究生

李文贺　中南财经政法大学法学院环境法博士研究生

二、数据支持人员简介

李俊慧　法学硕士，中国司法大数据研究院创新研究部部长

卓　煜　工学博士，中国司法大数据研究院创新研究部副部长

赵雨彤　法学硕士，中国司法大数据研究院法律研究员

李　晗　工学博士，中国司法大数据研究院法律研究员

于　静　法学学士，中国司法大数据研究院法律研究员

景　坤　工学硕士，中国司法大数据研究院算法研究员

柴祎琼　法学硕士，中国司法大数据研究院法律研究员

刘　茜　法学博士，中国司法大数据研究院“灯塔计划”负责人

2021 年“中国十大环境司法案例”点评专家

（按点评案例先后排序）

王小钢　法学博士，天津大学法学院教授、博士生导师，中国绿色发展研究院副院长

王秀卫　法学博士，海南大学法学院教授、博士生导师、生态文明法治研究中心主任

郭　武　法学博士，甘肃政法大学环境法学院教授、科研处处长

胡　静　法学博士，中国政法大学民商经济法学院教授、博士生导师

邓海峰　法学博士，清华大学法学院副教授、博士生导师、党委书记

杜　辉　法学博士，重庆大学法学院教授、博士生导师、副院长

秦天宝　法学博士，武汉大学环境法研究所教授、博士生导师、所长，中国法学会环境资源法学研究会副会长兼秘书长

张　璐　法学博士，华东政法大学经济法学院教授、博士生导师

于文轩　法学博士，中国政法大学民商经济法学院教授、博士生导师、环境资源法研究所所长，中国法学会环境资源法学研究会副会长

王社坤　法学博士，西北大学法学院教授

《中国环境司法发展报告(2021年)》发布稿(代序)

全国政协常委,中国法学会副会长,最高人民法院
环境资源司法研究中心副主任、学术委员会主任　吕忠梅
2022年6月5日

各位媒体朋友:

大家好!今天在这里发布由最高人民法院环境资源司法研究中心、清华大学环境资源与能源法研究中心共同完成的2021年度《中国环境司法发展报告》的主要内容。

2021年是"十四五"规划的开局之年,环境司法工作立足新发展阶段、贯彻新发展理念,为构建新发展格局保驾护航。全国司法机关认真贯彻习近平法治思想和习近平生态文明思想,深入践行"绿水青山就是金山银山"的理念,准确把握环境司法面临的新形势、新机遇,坚持环境司法规则构建与司法保护实践探索统筹推进、环境司法治理基层化与经验国际化同频共振。充分发挥司法职能作用,积极回应人民群众对环境司法的新期待、新要求,助力经济社会发展全面绿色转型,促进人与自然和谐共生的现代化建设,为优美宜居的生活空间、山清水秀的生态空间提供坚实的司法保障。积极参与并引领全球环境治理,为全球环境司法事业贡献中国智慧和中国方案,推动环境司法专门化体系建设迈向新征程。

一、环境司法专门化体系建设向纵深掘进

全国各级司法机关继续以环境司法专门化为抓手,以改革创新为动力,认真贯彻绿色司法理念、不断提升环境司法能力,在组织机构建设、司法机制创新、司法方式改革、人才队伍建设、司法理论研究等方面有了新突破、取得了新成就,并且日益走向世界舞台中央。表现为以下四个要点。

一是环境司法组织建设迈入常态化轨道。2021年,全国环境资源专门审判机构数量同比增长7.83%,保持着环境资源合议庭、审判庭、人民法庭"一主两

副”的设置格局。最高人民法院批准增设昆明和郑州环境资源法庭,湖北省全省法院初步建成“1 +5 +10 + N”环境资源审判组织体系,山东省全省 155 个基层法院实现环境资源审判机构全覆盖,湖南省、福建省等地适应解决特定区域生态环境问题的需要,设立生态巡回法庭。各级检察机关推进“多检合一”新模式,推动生态环境巡回检察机构设置。河北省成立白洋淀生态环境保护检察室,专门负责雄安新区管辖范围内环境民事、行政、刑事及公益诉讼案件,云南省元谋县人民检察院成立驻土林州级自然保护区巡回检察室,实践“公益诉讼 + 自然保护区”的环境保护模式。

二是环境司法工作机制向做细做实延展。全国法院规范环境案件类型,统一环境司法标准。最高人民法院出台《环境资源案件类型与统计规范(试行)》,明确审理类型,陕西省高级人民法院、山东省聊城市中级人民法院探索建立明确统一的环境资源审判机构业务范围和受案标准。总结司法实践经验,完善环境司法工作机制。浙江省安吉县人民法院开展“集中管辖 + 重点区域指定管辖”新模式。扩大部门合作范围,做强多元共治机制。湖北、河南、陕西三省高级人民法院协议共建环丹江口水库环境资源审判协作机制,山西省高级人民法院探索建立“司法审判 + 检察监督 + 行政执法”工作机制。

三是环境司法政策和典型案例促进服务构建新发展格局。2021 年,最高人民法院、最高人民检察院等共计发布 9 批 96 个典型案例,重点关注流域生态保护、生物多样性保护、红色资源传承、大运河文化遗产保护等领域,服务“建设人与自然和谐共生的现代化”;发布司法政策和司法解释共计 10 件,加强对“母亲河”的司法服务力量,指明新时代环境资源审判工作的政治站位和前进方向,促进形成“生态优先、绿色发展”司法服务新格局。

四是中国环境司法的国际国内影响力明显增强。设立环境司法外交主场,加大国际合作力度。最高人民法院举办世界环境司法大会,起草并推动通过《世界环境司法大会昆明宣言》;参与联合国《生物多样性公约》缔约方第十五次大会,向世界展示中国环境司法成就。输出环境司法“中国经验”,促进形成环境保护司法方案。最高人民检察院与欧洲环保协会共同举办“生物多样性保护暨预防性检察公益诉讼研讨会”,分享生物多样性保护的成功经验。联合国环境规划署收录绿孔雀预防性保护公益诉讼案例,展示中国环境司法的生动实践。

二、环境司法专业化发展程度朝横宽拓展

2021 年,环境资源审判普通化向五大类深耕,助力专业化发展。除环境刑

事案件数量出现下降拐点外,环境民事、环境行政、环境公益诉讼、生态环境损害赔偿等案件数量都有较大幅度上升。总体来看,环境民事、环境行政、环境刑事、环境公益诉讼、生态环境损害赔偿等案件的一审收案量分别同比增长 10.18%、23.42%、-4.33%、25.97%、131.50%,其中,生态环境损害赔偿案件数量增幅迅猛,环境行政案件数量平稳发展。

《民法典》侵权责任编适用情况良好,"合作型"裁判方式正在形成,环境侵权案件责任形式呈现以赔偿损失、消除影响、停止侵害和排除妨碍为主的相对集中分布,消除影响与赔偿损失合并适用的特征。环境行政案件基本上全部适用普通程序审理且上诉率高,二审改判案件以行政赔偿、行政强制、行政处罚为主要类型,争议复杂程度高、审理难度大,实质性审查有待提高。除案件数量下降的年度特征外,环境刑事案件还呈现生态环境犯罪属地依赖性强,污染环境罪发案率与经济发展程度具有高度相关性两大特征。环境公益诉讼规则体系已相对成熟,环境公益诉讼的指导性案例和典型案例的功能更加凸显,司法实践发展健康平稳,禁止令、惩罚性赔偿等新型手段得到运用。生态环境损害赔偿责任认定呈现以磋商为主导程序、以修复生态环境和赔偿损失为主要形式、以自然人为义务主体的显著特征。

我们针对合同案件适用《民法典》"绿色条款"情况、长江流域生态环境保护案件情况、检察公益诉讼发展情况进行专门分析。"绿色原则"在合同适用中呈现独立性与附属性相交织的特点,发挥着作为法律规定之适用或者解释的补充、与其他原则结合作为强化论证的理由以及直接作为评断合同权利义务的准则等方面的功能。《长江保护法》总体实施情况良好,司法助力长江大保护成效初显,立法关注的"总磷污染"流域性环境问题在司法实践中展现。检察机关是提起公益诉讼的绝对主力,承担了所有环境行政公益诉讼和刑事附带民事诉讼,与行政机关的协同联动水平日益提升。

三、为人类永续发展积极贡献司法智慧和力量

面对"人与自然和谐共生的现代化"的远景目标和新时期的新挑战,我们建议着力做好以下工作:

第一,持续推动环境司法专门化体系建构。构建以集中管辖法院为统领、以专门法庭为主力、以巡回法庭为辅助的环境司法审判组织体系。有序推动乡镇检察室公益诉讼办案中心设置,加强检察机关公益诉讼检察部门与派驻公安机关执法办案管理中心的协作水平。完善跨区域集中管辖标准,明确一般管辖与专门管辖的衔接规则,积极总结“四审合一”审判经验,探索一套成熟的审执衔接机制。以公益诉讼基金和环保禁止令为重要支撑,优化预防性公益诉讼规则。

第二,奋力提升环境审判专业化能力水平。建立《民法典》“绿色条款”类型化的体系化解释框架,提升民事规范的体系化程度,增强裁判性功能。增强对责令性环境行政行为的性质界定,以类型化思维做好环境行政行为的准确判断与识别。树立积极刑法观,加强对生态法益的实质性识别,构建多重利益衡量标准,科学界定相关行为。准确定位环境公益诉讼的目标及功能,持续推动环境公益诉讼与生态环境损害赔偿诉讼的分化与衔接。以三大“生命(运)共同体”为目标指向,依法审理碳交易、流域和濒危物种等方面的相关案件,加强气候变化、生态系统多样性和生物多样性等领域的司法保护。

我们期待人民法院、人民检察院为环境司法发展绘就新蓝图、打造新高地,为建设具有中国特色和国际影响力的环境司法保护体系而不懈努力。

谢谢大家!

目　录

总体观察篇

重点分析篇

特别关注篇

附　录

总体观察篇

环境司法 2021：推动中国环境司法体系建设迈向新征程

吕忠梅　张忠民　侯志强　张　琪

2021 年是“十四五”规划的开局之年，环境司法工作立足新发展阶段、贯彻新发展理念，为构建新发展格局保驾护航。全国司法机关认真贯彻习近平法治思想和习近平生态文明思想，深入践行“绿水青山就是金山银山”的理念，准确把握环境司法面临的新形势、新机遇，坚持环境司法规则构建与司法保护实践探索统筹推进、环境司法治理基层化与经验国际化同频共振。充分发挥司法职能作用，积极回应人民群众对环境司法的新期待、新要求，助力经济社会发展全面绿色转型，促进人与自然和谐共生的现代化建设，为优美宜居的生活空间、山清水秀的生态空间提供坚实的司法保障。积极参与并引领全球环境治理，为全球环境司法事业贡献中国智慧和中国方案，推动环境司法专门化体系建设迈向新征程。

2021 年，是“中国环境司法发展”课题组跟踪观察的第六份报告。本报告在《环境司法专门化：现状调查与制度重构》[1]《中国环境司法发展报告（2015－2017）》[2]《中国环境司法发展报告（2017－2018）》[3]《中国环境司法发展报告（2019 年）》[4]《中国环境司法发展报告（2020 年）》[5]等基础上，坚持以确定的观察“哨点”和开放性视角，持续观测中国环境司法在 2021 年度的发展进程，全面透视中国环境司法发展状况，深入分析年度焦点度热点难点问题，形成《中国环境司法发展报告（2021 年）》，本部分是对 2021 年环境司法的总体观察。

一、环境司法专门化建设向纵深推进，国际影响力日渐增强

2021 年，全国各级司法机关继续以环境司法专门化为抓手，以改革创新为动力，认真贯彻绿色司法理念，不断提升环境司法能力，在组织机构建设、司法机

---

〔1〕 吕忠梅等：《环境司法专门化：现状调查与制度重构》，法律出版社 2017 年版。

〔2〕 吕忠梅等：《中国环境司法发展报告（2015－2017）》，人民法院出版社 2018 年版。

〔3〕 吕忠梅等：《中国环境司法发展报告（2017－2018）》，人民法院出版社 2019 年版。

〔4〕 吕忠梅等：《中国环境司法发展报告（2019 年）》，法律出版社 2020 年版。

〔5〕 吕忠梅等：《中国环境司法发展报告（2020 年）》，法律出版社 2021 年版。

制创新、司法方式改革、人才队伍建设、司法理论研究等方面有了新突破、取得新成就,为建设“美丽中国”提供了坚实的司法保障,并且日益走向世界舞台中央。

(一)环境司法组织建设迈入常态化轨道

2021 年度,环境司法专门组织在有序设立、良好发展的基础上,持续推进。同时,积极回应生态环境保护现实需求,夯实基层基础,探索具有特色的地方环境司法专门机构建设规律,为高质高效解决环境纠纷提供组织保障。

1. 环境司法审判专门机构设置积极回应生态文明建设新需求

截至 2021 年 12 月,全国 31 个省、自治区、直辖市共有环境资源审判专门机构 2149 个,其中环境资源审判庭 649 个、合议庭(审判团队)1285 个、人民法庭(巡回法庭)215 个。[6] (见图 1 - 1)

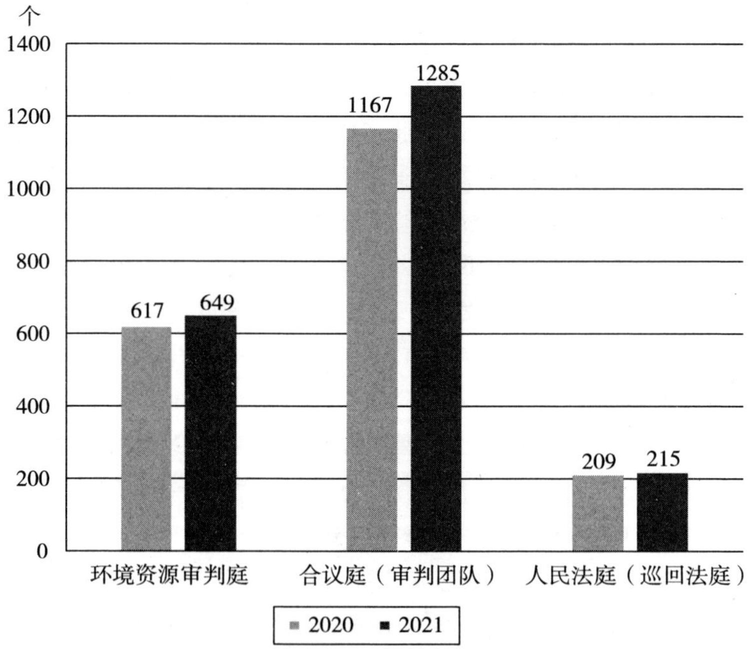

图 1 - 1　2020 年、2021 年全国环境资源审判专门机构设置情况

与 2020 年相比,[7] 全国环境资源专门审判机构增长 7.83%,其中,环境资

〔6〕 数据来源:最高人民法院环境资源审判庭统计报表。

〔7〕 截至 2020 年 12 月,全国 31 个省、自治区、直辖市共有环境资源审判专门机构 1993 个,其中环境资源审判庭 617 个、合议庭 1167 个、人民法庭(巡回法庭)209 个。参见吕忠梅等:《中国环境司法发展报告(2020 年)》,法律出版社 2021 年版,第 4 页。

源审判庭增长 5.19%、合议庭（审判团队）增长 10.11%、人民法庭（巡回法庭）增长 2.87%，环境资源审判机构建设呈常态化趋势。

（1）适应生态环境保护系统性、整体性需求，推动形成省域范围内跨行政区划环境审判体系。最高人民法院继批准设立南京环境资源法庭后，批准增设昆明和郑州环境资源法庭，持续探索省域范围内专门审判机构建设的新模式。湖北省全省法院初步建成"1+5+10+N"环境资源审判组织体系；[8] 甘肃省逐步建立"点、线、面"相结合的环境资源保护专门化审判机构模式。[9] 山东省在全省 17 个中级人民法院均实现环境资源审判专门化，155 个基层人民法院共明确 158 个机构负责环境资源审判，实现了环境资源审判机构全覆盖。[10]

（2）适应加强生态环境保护的基层基础建设需要，推进基层环境资源审判机构设置。围绕重点流域、区域生态环境保护，湖北省人民法院一次性设立 10 家基层环保法庭。[11] 山西省成立万荣和浑源环境资源法庭，积极服务汾河和恒山生态保护工作，筑牢京津冀绿色生态司法屏障。[12]

（3）适应解决特定区域生态环境问题的需要，设立生态巡回法庭。湖南省在君山岛景区成立生态旅游巡回法庭，加强对旅游资源的司法保护。[13] 福建省在世界遗产地、历史文化街区等设立巡回法庭，保护文化根脉传承；[14] 在东山县人民法院设立双碳生态巡回法庭，为"绿碳+蓝碳"碳汇生态系统保护助力。[15]

---

〔8〕 袁超一：《设立专门法庭，组建专业团队，建立稳定队伍——湖北法院推进环资审判专门化》，载《湖北日报》2021 年 4 月 28 日，第 11 版。

〔9〕 史素雅：《甘肃：勇担特殊使命法护长江源》，载《人民法院报》2021 年 4 月 19 日，第 7 版。

〔10〕 张依盟：《山东率先实现环资审判机构全覆盖——审结涉及黄河环境资源案件 128 件》，载大众网，http://paper.dzwww.com/dzrb/content/20210604/Articel03006MT.htm，最后访问日期：2022 年 4 月 29 日。

〔11〕 袁超一：《湖北 10 个基层法院设立生态环境保护法庭》，载人民网，http://legal.people.com.cn/n1/2021/0317/c42510-32053534.html，最后访问日期：2022 年 4 月 29 日。

〔12〕 丁国华：《以司法护佑绿水青山——山西法院护航黄河流域生态保护和高质量发展纪实》，载《人民法院报》2021 年 5 月 7 日，第 1 版。

〔13〕 喻沛智：《君山法院设立全市首个生态旅游巡回法庭》，载岳阳市君山区人民法院网，http://hnjsfy.chinacourt.gov.cn/article/detail/2021/11/id/6375549.shtml，最后访问日期：2022 年 3 月 13 日。

〔14〕《最高人民法院工作报告——2022 年 3 月 8 日在第十三届全国代表大会第五次会议上》，载新华网，http://www.xinhuanet.com/politics/2022lh/2022-03/15/c_1128472515.htm，最后访问日期：2022 年 3 月 25 日。

〔15〕 林娟娟：《漳州成立蓝碳司法保护与生态治理研究中心 促进实现碳达峰碳中和目标》，载《人民法院报》2021 年 11 月 6 日，第 4 版。

河南省成立黄河流域(河南段)第一巡回审判法庭,助推黄河流域生态绿色发展。[16]

2. 检察机构设立更加注重生态环境保护系统性特征

2021 年,检察机关按照《法治中国建设规划(2020 - 2025 年)》[17]以及中共中央《关于加强新时代检察机关法律监督工作的意见》[18]关于生态加强检察公益诉讼工作的要求,在推进检察公益诉讼专门机构建设的同时,深化司法体制改革,适应生态环境保护检察工作的需要,探索环境刑事、民事、行政案件与环境公益诉讼案件"多检合一"新模式,推动生态环境巡回检察机构设置。

(1)立足流域治理的综合性、联动性特征,探索生态环境保护检察工作"多检合一"新模式。河北省成立白洋淀生态环境保护检察室,专门负责办理白洋淀等雄安新区管辖范围内破坏生态环境和资源保护类的刑事、民事、行政及公益诉讼案件。[19] 广西壮族自治区成立漓江流域生态环境保护检察官办公室,集中统一、全流程地办理涉漓江流域生态环境保护刑事、公益诉讼案件。[20]

(2)立足生物多样性保护的空间性、迁移性特征,推动设立巡回检察室。云南省元谋县人民检察院成立"元谋县人民检察院驻土林州级自然保护区巡回检察室",构建"公益诉讼 + 自然保护区"环境保护模式;[21]会泽县人民检察院在会泽黑颈鹤国家级自然保护区设立巡回检察室,进一步促进检察机关发挥公益诉讼职能,助力生物多样性保护。[22]

(二)环境司法工作机制向做细做实延展

2021 年,各级司法机关秉持"绿水青山就是金山银山"理念,坚守司法阵地,用改革向污染宣战、用创新为生态护航,让司法力量不断释放更多环境红利,以

---

〔16〕 蒲飞:《河南黄河流域第一巡回审判法庭成立》,载中国水利网,http://www.chinawater.com.cn/newscenter/ly/huangh/202104/t20210430_764357.html,最后访问日期:2022 年 3 月 25 日。

〔17〕 《中共中央印发〈法治中国建设规划(2020 - 2025 年)〉》,载中国政府网,http://www.gov.cn/zhengce/2021-01/10/content_5578659.htm,最后访问日期:2022 年 4 月 29 日。

〔18〕 《〈中共中央关于加强新时代检察机关法律监督工作的意见〉发布》,载中国政府网,http://www.gov.cn/zhengce/2021-08/02/content_5629060.htm,最后访问日期:2022 年 4 月 29 日。

〔19〕 肖俊林:《白洋淀生态环境保护检察室揭牌》,载《检察日报》2021 年 6 月 27 日,第 2 版。

〔20〕 邓铁军、孙桂江:《美丽山水金不换 广西:全力打造漓江流域生态环境保护"升级版"》,载《检察日报》2021 年 9 月 23 日,第 5 版。

〔21〕 元谋县人民检察院:《加强生态环境检察监督 诠释绿色发展检察担当》,载楚雄长安网 2021 年 10 月 21 日,http://www.cxzf.org.cn/article/detail?id=5191,最后访问日期:2022 年 3 月 14 日。

〔22〕 王吉飞:《曲靖:"基地 + 检察室"助力生物多样性保护 同心协力 共建万物和谐的美丽家园》,载珠江网,http://www.zjw.cn/index.php?a=shows&catid=940&id=157308,最后访问日期:2022 年 3 月 14 日。

专业高效的司法工作满足人民群众对环境公平的新需求。

1. 规范环境案件类型，统一环境司法标准

(1)完善环境司法统计制度，建立环境资源案件类型与标准。最高人民法院出台《环境资源案件类型与统计规范(试行)》，明确环境资源案件类型与统计方法，为理顺审判业务关系、强化业务指导提供基础性制度支持；[23] 印发《关于审理侵害植物新品种权纠纷案件具体应用法律问题的若干规定(二)》，明确从生物多样性保护及惠益分享角度加强植物新品种权司法保护，为环境资源审判拓展新领域。

(2)鼓励地方实践创新，促进建立环境资源案件审理的类型化规则。陕西省高级人民法院发布《陕西法院环境资源审判机构受案范围(试行)》，探索建立明确统一的环境资源审判机构业务范围和受案标准。[24] 山东省聊城市中级人民法院发布《聊城市中级人民法院集中管辖环境资源案件案由范围(试行)》，进一步明晰全市两级法院环境资源审判业务部门的受案范围。[25]

2. 总结司法实践经验，完善环境司法工作机制

(1)创新案件管辖机制。浙江省安吉县人民法院开展“集中管辖 + 重点区域指定管辖”新模式，实现对重点区域和重点流域更为精准的环境司法保护。[26] 贵州省赤水市人民法院与四川省合江县人民法院探索“地域管辖 + 协商移送管辖”重大环境资源案件跨区域管辖模式。[27]

(2)创新案件审理机制。浙江省湖州市南太湖新区人民法院在环境资源犯罪案件中创新采用“先民后刑”的审理模式，以优化环境公益诉讼履行效果。[28] 四川省沱江流域七市法院建立以“环境资源审判庭 + 人民法庭”的“纽扣法庭”

---

[23] 《最高法相关负责人就新时代环境资源审判工作意见答记者问》，载中华人民共和国最高人民法院网，https://www.court.gov.cn/zixun-xiangqing-328841.html，最后访问日期：2022 年 3 月 25 日。

[24] 刘辉：《推进环资审判专业化　服务保障绿色经济发展　陕西高院调整环资审判机构受案范围》，载《人民法院报》2021 年 12 月 27 日，第 1 版。

[25] 左新新：《聊城法院明确集中管辖环境资源案件案由范围，实现环资案件统一归口管辖》，载齐鲁网 · 闪电新闻，https://sdxw.iqilu.com/w/article/YS0yMS0xMDM3NzU0MQ.html，最后访问日期：2022 年 3 月 22 日。

[26] 余建华：《浙江安吉县法院创新“集中管辖 + 重点区域指定管辖”模式对重点区域和重点流域提供精准司法保护》，载《人民法院报》2021 年 12 月 26 日，第 4 版。

[27] 魏冯：《携手共护赤水河　合江、赤水法院将探索重大环境资源案件跨区域管辖》，载川观新闻网，https://cbgc.scol.com.cn/news/974350，最后访问日期：2022 年 5 月 1 日。

[28] 余建华：《浙江湖州“先民后刑”审结一污染环境案》，载《人民法院报》2021 年 1 月 26 日，第 3 版。

工作机制,为流域生态环境穿好绿色司法“保护服”。[29]

(3)创新案件执行机制。湖北省高级人民法院环境资源保护庭与武汉海事法院环境资源保护庭,会同中国生物多样性保护与绿色发展基金会等多家单位共同签署《共建长江江豚等生物多样性司法保护修复基地框架协议》,探索长江生态环境司法保护新机制。[30] 福建省南平市中级人民法院发布《关于在全市法院试行环境资源类案件被告人以认购碳汇方式替代性修复受损生态环境的通知》,推动“生态司法 + 绿色金融”再升级、再优化。[31]

3. 扩大部门合作范围,做强多元共治机制

(1)签署司法协作框架协议,促进流域司法协同发展。根据《长江保护法》建立流域性合作机制的要求,川、陕、甘、渝四省、直辖市的 11 家中级人民法院共同签署《嘉陵江流域环境资源保护司法协作框架协议》,构建嘉陵江流域环境司法保护一体化工作格局。[32] 鄂、豫、陕三省高级人民法院共同签署《关于环丹江口水库生态环境保护与修复环境资源审判协作框架协议》,协同保护丹江口水库流域资源。[33] 江苏省南京市玄武区人民法院、无锡市江阴市人民法院、南通市如皋市人民法院共同签署《长江流域(江苏段)生态环境保护司法协作框架协议》,推进长江流域(江苏段)生态系统整体性保护。[34]

(2)建立检察公益诉讼合作机制,协同推进流域公益诉讼工作。苏、鲁、豫、皖四省人民检察院签订《关于深化跨省协作配合加强南四湖流域检察公益保护的意见》,促进形成南四湖流域公益诉讼检察工作合力。[35] 重庆市巫山县人民检察院与湖北省巴东县人民检察院签署《长江流域(巫峡段)跨区域生态环境保护公益诉讼协作机制》,推动长江流域检察公益诉讼协作。[36]

---

〔29〕 袁伟:《保护沱江流域! 四川七市法院建立环境资源审判“纽扣法庭”工作机制》,载新浪网,http://k.sina.com.cn/article_6105713761_16bedcc61020010sao.html,最后访问日期:2022 年 3 月 26 日。

〔30〕 蔡蕾:《湖北建立长江生物多样性司法保护修复基地》,载《人民法院报》2021 年 3 月 14 日,第 1 版。

〔31〕 《生态司法|助力实现“双碳”愿景 南平法院在行动》,载澎湃新闻网,https://www.thepaper.cn/newsDetail_forward_14106874,最后访问日期:2022 年 4 月 29 日。

〔32〕 陆茜坤:《保护嘉陵江,“朋友圈”越来越大》,载《人民法院报》2021 年 5 月 11 日,第 8 版。

〔33〕 连迅、蔡蕾:《鄂豫陕三省建立环丹江口水库环境资源审判协作机制》,载新华网,http://www.hb.xinhuanet.com/2021-04/30/c_1127394624.htm,最后访问日期:2022 年 4 月 1 日。

〔34〕 朱旻:《南京无锡南通三地法院签署跨区域协作协议 共绘环资审判“9 + 1”机制同心圆》,载《人民法院报》2021 年 6 月 16 日,第 4 版。

〔35〕 卢志坚、左海亮:《解决监管主体不清问题 加强跨区划协 作苏鲁豫皖检察机关协同保护南四湖流域》,载《检察日报》2021 年 12 月 9 日,第 1 版。

〔36〕 李立峰、陈江、邓龙鸿:《建立跨区域环保公益诉讼协作机制》,载《检察日报》2021 年 12 月 13 日,第 2 版。

（3）创建“法检行”联动机制，形成司法共治合力。山西省高级人民法院探索设立“司法审判 + 检察监督 + 行政执法”一体化的环境资源司法保护基地，合力保障重点生态环境保护区、生态环境脆弱和环境资源破坏严重地区的生态环境司法保护工作。[37] 广西壮族自治区隆林各族自治县人民法院建立“1 + N”生态环境司法保护联动机制，搭建多元共治平台，加强与行政机关、社会组织在信息共享、制度共建、资源共用、纠纷共调等方面的协作，形成共建共治共享的生态环境司法保护新格局。[38]

（4）探索特定领域区域司法协作机制，加大保护力度。河北省沧州市中级人民法院与所辖八家基层人民法院签署大运河（沧州段）生态环境资源保护司法协作备忘录，构建大运河（沧州段）环境资源司法信息共享机制。[39] 河北省承德市滦平县人民检察院与公安局等多部门联合发布《滦平县长城文物保护工作协调协作机制》，建立日常沟通联络、交流会商和研判等机制，推动长城文物保护工作落实。[40]

（三）环境司法政策和典型案例促进服务构建新发展格局

2021 年，为贯彻落实《长江保护法》，保障黄河流域生态保护和高质量发展，实施“十四五”规划，扩大生态环境保护司法保护范围，最高人民法院和最高人民检察院通过制定司法政策、发布解释和典型案例等方式，指导全国环境司法工作，促进形成“生态优先、绿色发展”的司法理念，统一司法尺度，变革司法方式。

1. 司法政策和司法解释促进形成“生态优先、绿色发展”司法服务新格局

2021 年，最高人民法院、最高人民检察院充分发挥环境资源司法政策和环境资源司法解释的宏观指引和具体适用等功能，发布司法解释共计 10 件。（见表 1 – 1）

---

〔37〕 闫书敏、丁国华、白婕：《“贯彻习近平法治思想锻造新时代政法铁军”以司法护佑绿水青山——我省法院护航黄河流域生态保护和高质量发展纪实》，载《山西日报》2021 年 5 月 10 日，第 5 版。

〔38〕 吴琪：《树立共防共治理念　形成环境司法合力》，载《人民法院报》2021 年 11 月 30 日，第 5 版。

〔39〕 《沧州建立大运河生态环境资源保护司法协作机制》，载中华人民共和国国家发展和改革委员会网，https://www.ndrc.gov.cn/xwdt/ztzl/dyhwhbhczly/gzdt/202109/t20210917_1296957_ext.html，最后访问日期：2022 年 3 月 15 日。

〔40〕 伍策、一丁：《12 部门建立滦平长城文物保护工作协调协作机制》，载央广网，http://travel.cnr.cn/dsywzl/20210922/t20210922_525609455.shtml，最后访问日期：2022 年 5 月 31 日。

表 1－1　2021 年最高人民法院、最高人民检察院发布的环境资源司法解释情况

类别	序号	名称	发布单位	发布时间
司法政策	1	最高人民法院关于贯彻《中华人民共和国长江保护法》的实施意见	最高人民法院	2021 年 2 月
	2	最高人民法院关于新时代加强和创新环境资源审判工作　为建设人与自然和谐共生的现代化提供司法服务和保障的意见	最高人民法院	2021 年 10 月
	3	最高人民检察院关于充分发挥检察职能服务保障黄河流域生态保护和高质量发展的意见	最高人民检察院	2021 年 11 月
	4	最高人民法院贯彻实施《长江保护法》工作推进会会议纪要	最高人民法院	2021 年 11 月
	5	服务保障黄河流域生态保护和高质量发展工作推进会会议纪要	最高人民法院	2021 年 11 月
	6	最高人民法院关于为新时代推进西部大开发形成新格局提供司法服务和保障的意见	最高人民法院	2021 年 12 月
	7	最高人民法院关于为新时代推动中部地区高质量发展提供司法服务和保障的意见	最高人民法院	2021 年 12 月
司法解释	1	人民检察院公益诉讼办案规则	最高人民检察院	2021 年 6 月
	2	最高人民法院关于审理侵害植物新品种权纠纷案件具体应用法律问题的若干规定(二)	最高人民法院	2021 年 7 月
	3	最高人民法院关于生态环境侵权案件适用禁止令保全措施的若干规定	最高人民法院	2021 年 12 月

(1)保证《长江保护法》确立的“生态优先、绿色发展”理念在司法中得到切实贯彻。最高人民法院立足《长江保护法》作为中国的第一部流域立法实际,针对其不同于传统立法的流域性、综合性特征规定的新型法律制度,制定《关于贯彻〈中华人民共和国长江保护法〉的实施意见》,发布《贯彻实施〈长江保护法〉工作推进会会议纪要》,统一司法政策,解决法律适用疑难问题,促进形成流域司法保护格局,为充分发挥司法职能,促进长江大保护提供政策保障。

（2）加强黄河流域高质量发展司法服务。为实施《黄河流域生态保护和高质量发展规划纲要》，最高人民检察院和最高人民法院先后发布《关于充分发挥检察职能服务保障黄河流域生态保护和高质量发展的意见》《服务保障黄河流域生态保护和高质量发展工作推进会会议纪要》等文件，明确保障黄河流域高质量发展的环境司法、环境公益诉讼政策，指导黄河流域保护的司法工作。

（3）促进形成服务构建新发展格局需求的环境司法服务体系。最高人民法院发布《关于新时代加强和创新环境资源审判工作为建设人与自然和谐共生的现代化提供司法服务和保障的意见》《关于为新时代推进西部大开发形成新格局提供司法服务和保障的意见》《关于为新时代推动中部地区高质量发展提供司法服务和保障的意见》，围绕建设"美丽中国"的国家目标，服务"十四五"规划、西部大开发新格局、中部地区高质量发展、共谋全球环境治理新格局等国家重大战略，推动相关区域环境司法体制机制改革，促进区域发展司法服务一体化建设。

（4）建立预防性公益诉讼司法规则，扩大环境司法保护范围。最高人民法院总结司法实践的有益探索，发布《关于生态环境侵权案件适用禁止令保全措施的若干规定》，贯彻"预防为主"原则，明确规定生态环境侵权案件的诉前、诉中禁止令的适用规则，为预防性公益诉讼提供依据；发布《关于审理侵害植物新品种权纠纷案件具体应用法律问题的若干规定（二）》，针对司法实践中的种子保护新需求，从生物多样性保护角度建立证据规则、适用惩罚性赔偿，提升对种子、种业的保护力度。

2. 典型案例指导环境司法服务"建设人与自然和谐共生的现代化"

2021 年，最高人民法院、最高人民检察院等共计发布 9 批 96 个典型案例（见表 1 - 2）。其中既包括整体性的典型案例，也专门发布了流域、生物多样性保护等重点领域案例，充分发挥典型案例的示范引领和规则补充功能。

表 1 - 2　2021 年发布的环境资源典型案例

序号	文件名（件数）	发布单位	时间
1	长江流域生态环境司法保护典型案例（10）	最高人民法院	2021 年 2 月
2	检察机关大运河保护公益诉讼检察专项办案典型案例（13）	最高人民检察院	2021 年 6 月
3	2020 年度人民法院环境资源典型案例（10）	最高人民法院	2021 年 6 月

续表

序号	文件名(件数)	发布单位	时间
4	红色资源保护公益诉讼典型案例(14)	最高人民检察院、退役军人事务部	2021 年 6 月
5	“公益诉讼守护美好生活”专项监督活动典型案例(13)	最高人民检察院	2021 年 9 月
6	生物多样性保护公益诉讼典型案例(14)	最高人民检察院	2021 年 10 月
7	“检察为民办实事”之检察机关依法惩治长江流域非法捕捞水产品犯罪典型案例(5)	最高人民检察院	2021 年 11 月
8	黄河流域生态环境司法保护典型案例(10)	最高人民法院	2021 年 11 月
9	第 31 批指导性案例(7)	最高人民法院	2021 年 12 月

注:本表按典型案例发布时间排序。

(1)发布年度司法典型案例,引领环境司法规范发展。最高人民法院与中央广播电视总台共同主办“新时代推动法治进程 2021 年度十大案件”宣传活动,有效提升了典型案例价值和功能的社会认同度。[41] 入选的“绿孔雀预防性保护公益诉讼案”(以下简称绿孔雀案),作为全国首例珍稀野生动植物保护预防性环境民事公益诉讼案件,为生物多样性的预防性诉讼提供了有益借鉴,对环境司法工作中如何贯彻“保护优先、预防为主”的原则具有重要的指引作用。

(2)发布流域司法保护典型案例,推动流域司法健康发展。为深入推动流域生态保护,最高人民法院发布《长江流域生态环境司法保护典型案例》《黄河流域生态环境司法保护典型案例》。其中,《长江流域生态环境司法保护典型案例》聚焦于长江流域生态环境保护最突出的水污染、非法采砂、野生动植物保护等案件类型,案例具有依法惩处非法捕捞行为、重点打击黑色利益链条、注重落实生态环境修复的特点,[42]《黄河流域生态环境司法保护典型案例》聚焦于落实最严格的水资源保护利用制度,加强黄河文化遗产保护、黄河流域生态环境高

〔41〕 姜佩杉:《“新时代推动法治进程十大案件——2021 年度”宣传活动启动》,载中华人民共和国最高人民法院网,https://www.court.gov.cn/zixun-xiangqing-335001.html,最后访问日期:2022 年 3 月 15 日。

〔42〕《最高法发布 10 个长江流域水生态司法保护典型案例(附全文)》,载中国法官培训网,http://peixun.court.gov.cn/index.php? m=content&c=index&a=show&catid=6&id=1803,最后访问日期:2022 年 5 月 31 日。

质量保护的案件类型,[43] 展示了流域生态环境保护和高质量发展的司法保障水平。最高人民检察院发布《"检察为民办实事"之检察机关依法惩治长江流域非法捕捞水产品犯罪典型案例》,其中既有检察机关针对长江流域常见多发且危害较大的非法捕捞水产品犯罪依法从严打击的案件,也有因情节轻微作不起诉处理的案例,表明检察机关在从严惩治长江流域非法捕捞水产品犯罪的前提下,坚持以法治思维和法治方式办案。同时,案例集中展现了检察机关坚持办理案件与修复生态并重的司法理念。[44]

(3)发布生物多样性保护典型案例,配合联合国《生物多样性公约》第十五次缔约方大会。最高人民法院发布《第 31 批指导性案例》,同时也是首批生物多样性保护专题的指导性案例,涉及对绿孔雀、长江鳗鱼苗、砗磲、五小叶槭等濒危陆生、水生动植物,以及森林、海洋、湖泊等野生动植物生存环境的保护,进一步强化生物多样性保护的司法力度。[45] 最高人民检察院发布《生物多样性保护公益诉讼典型案例》,围绕本土重要生物种群、栖息地、自然保护区的保护,以及外来入侵物种的防治,聚焦物种多样性、生态系统多样性和遗传资源多样性,总结提炼生物多样性保护领域公益诉讼检察工作的有益经验,不断深化生物多样性保护的公益诉讼检察工作。[46]

(4)发布文化遗产、红色资源保护案例,拓展环境司法保护范围。最高人民检察院、退役军人事务部联合发布《红色资源保护公益诉讼典型案例》,展现了检察机关与地方政府,以及文物保护、退役军人事务、环保、民政等部门加强协作配合、共同保护红色资源的经验成效,推动各地检察机关在红色资源保护工作中深入发挥公益诉讼检察职能。[47] 最高人民检察院发布《检察机关大运河保护公

---

〔43〕 薄晨棣、李楠楠:《最高法发布一批黄河流域生态环境司法保护典型案例》,载人民网,http://society.people.com.cn/n1/2021/1125/c1008-32291808.html,最后访问日期:2022 年 5 月 31 日。

〔44〕 薛应军:《最高检就"检察为民办实事"之检察机关依法惩治长江流域非法捕捞水产品犯罪典型案例答记者问》,载民主与法制网,http://www.mzyfz.com/html/2204/2021-11-05/content-1531328.html,最后访问日期:2022 年 5 月 31 日。

〔45〕 《生物多样性保护专题指导性案例暨"新时代推动法治进程十大案件——2021 年度"宣传活动启动新闻发布会》,载中国法院网,https://www.chinacourt.org/article/subjectdetail/id/MzAwNMjPM4ABAA.shtml,最后访问日期:2022 年 5 月 31 日。

〔46〕 《最高检发布生物多样性保护公益诉讼典型案例 深化生物多样性保护公益诉讼检察工作》,载中华人民共和国最高人民检察院网,https://www.spp.gov.cn/xwfbh/wsfbt/202110/t20211009_531433.shtml#1,最后访问日期:2022 年 5 月 31 日。

〔47〕 《最高检和退役军人事务部联合发布红色资源保护公益诉讼典型案例 保护红色资源,弘扬革命文化》,载中华人民共和国最高人民检察院网,https://www.spp.gov.cn/spp/xwfbh/wsfbt/202106/t20210627_522474.shtml#1,最后访问日期:2022 年 5 月 31 日。

益诉讼检察专项办案典型案例》,聚焦大运河沿线区域的生态环境改善、河道水系治理和文物、文化遗产保护,固化大运河保护公益诉讼检察专项办案活动的经验成果,深入推动大运河的系统治理和长效保护。[48]

“司法案例是经济社会发展的‘晴雨表’、社情民意的‘风向标’”[49]。最高人民法院、最高人民检察院发布的典型案例,不仅具有指导案件办理、规范案件裁判规则的重要功能,而且充分发挥了配合国家环境外交、积极参与全球环境治理的作用,对于培育全社会生态环境保护的法治氛围、提升中国环境司法的国际影响力具有重要意义。

(四)环境司法队伍建设和司法理论研究向精深化发展

2021 年,各级人民法院、人民检察院持续强化环境司法队伍建设,加强专业培训,推动司法实务理论研究,促进理论与实践深度融合,建立环境司法审判支持队伍,不断提升环境司法能力。

1. 强化环境司法专门队伍建设

(1)加强环境司法业务工作交流和司法人员培训。最高人民法院召开第三次全国法院环境资源审判工作会议,促进各地环境司法经验的共享和交流,贡献地方司法治理智慧。[50] 最高人民法院环境资源审判庭与中华环境保护基金会联合主办中西部法官环境司法实务培训会,[51]河南省洛阳市中级人民法院召开全市法院环境资源审判业务培训暨工作座谈会,[52]福建省漳州市中级人民法院举行漳州生态环境技术调查官暨生态司法实务培训班,[53]各地各级法院以多种形式开展法官业务交流与培训,促进环境资源审判队伍办案能力和素质整体提升。

---

〔48〕《大运河公益诉讼保护典型案例答记者问》,载中华人民共和国最高人民检察院网,https://www.spp.gov.cn/xwfbh/wsfbt/202106/t20210604_520360.shtml#3,最后访问日期:2022 年 5 月 31 日。

〔49〕罗书臻:《周强在最高人民法院司法案例工作推进会上强调加强案例研究　提升司法能力和水平》,载中国法院网,https://www.chinacourt.org/article/detail/2017/07/id/2938525.shtml,最后访问日期:2022 年 5 月 31 日。

〔50〕刘牧晗、蔡传磊:《杨临萍出席第三次全国法院环境资源审判工作会议并讲话强调全面加强生态环境司法保护　开启环境资源审判工作新征程》,载中国法院网,https://www.chinacourt.org/article/detail/2021/12/id/6427806.shtml,最后访问日期:2022 年 4 月 2 日。

〔51〕李洋:《中西部法官环境司法实务培训班在甘举办　推动环境资源审判专业化专门化》,载法治甘肃网,https://www.gsfzb.com/content-183-76142-1.html,最后访问日期:2022 年 3 月 15 日。

〔52〕《全市法院环境资源审判业务培训暨工作座谈会召开》,载洛阳市中级人民法院网,http://hnlyzy.hncourt.gov.cn/public/detail.php?id=10645,最后访问日期:2022 年 3 月 15 日。

〔53〕漳州中院法培处、生态庭:《首次办班　48 人参加——漳州举办生态技术调查官暨生态司法实务培训班》,载漳州市中级人民法院网,http://fjzzzy.chinacourt.gov.cn/article/detail/2021/07/id/6173296.shtml,最后访问日期:2022 年 3 月 15 日。

(2)积极推进开展检察业务的培训工作。黑龙江省齐齐哈尔市人民检察院第八检察部和法律政策研究部联合举办控告申诉、法律政策研究业务培训班，培养、提高检察人员的履职能力。[54] 陕西省安康市汉滨区人民检察院制定《汉滨区人民检察院检察业务培训工作制度》，通过专家授课、业务讲堂、专题研讨等方式开展“深度培训”“按需培训”“常规培训”相结合的业务培训工作制度。[55]

(3)组建专家库并出台相关规则，建设规范化的环境司法支持队伍。最高人民检察院制定实施《全国检察机关公益诉讼检察人才库管理办法(试行)》，建立全国公益诉讼检察人才库的管理和监督机制，保障入库人才的科学培养与使用，提升检察队伍的整体素质。[56] 天津市高级人民法院联合生态环境局、司法局建立京津冀环境资源审判“智库”，并制定发布《环境资源审判专家库运行办法》，[57] 辽宁省沈阳市中级人民法院发布《沈阳市中级人民法院生态环境审判技术咨询专家库管理办法》，[58] 银川铁路运输法院制定《银川铁路运输法院环境资源审判技术专家库管理和使用办法》，[59] 规范专家库设置及管理。西安铁路运输中级法院聘任相关专业技术领域的领军人物或学术带头人组成专家库成员。[60]

2. 积极推动环境司法理论研究

(1)环境司法实务的研究成果数量大幅上升。课题组利用中国知网数据库，以“环境司法”为主题对 2021 年度发表的研究成果进行文献模糊检索，搜索到论文 280 篇，其中，硕士、博士论文 48 篇(见图 1 – 2)。研究主题集中分布在

---

〔54〕《黑龙江省齐齐哈尔市检察院：“四位一体”抓实检察业务培训，提升司法为民本领》，载人民法治网，https://www.rmfz.org.cn/contents/844/476812.html，最后访问日期：2022 年 5 月 31 日。

〔55〕宋雯雯：《汉滨检察：强化检察业务培训　提升检察履职能力》，载安康市汉滨区人民检察院网，http://www.sn.jcy.gov.cn/akshbq/fljd/dxal/202103/t20210321_217458.html，最后访问日期：2022 年 5 月 31 日。

〔56〕王俊、吴立洋：《〈21 世纪经济报道〉专访最高检第八检察厅厅长：探索以检察建议督促大型平台履行社会责任》，载中华人民共和国最高人民检察院网，https://www.spp.gov.cn/zdgz/202203/t20220310_548728.shtml，最后访问日期：2022 年 3 月 15 日。

〔57〕吴玉萍：《天津：打造环境资源审判“天津品牌”》，载天津法院网，https://tjfy.chinacourt.gov.cn/article/detail/2021/05/id/6039413.shtml，最后访问日期：2022 年 3 月 15 日。

〔58〕《矛盾多元化解机制 + 建立专家库，沈阳中院守护青山绿水生态环境司法保护再升级》，载沈阳市中级人民法院网，https://syzy.chinacourt.gov.cn/article/detail/2020/12/id/5687053.shtml，最后访问日期：2022 年 3 月 15 日。

〔59〕王晓鹏：《银川铁路运输法院建立环境资源审判技术专家库　首批聘请 21 名专家》，载宁夏新闻网，https://www.nxnews.net/zt/2021/fzzghxnx/wztt/202111/t20211124_7351900.html，最后访问日期：2022 年 5 月 31 日。

〔60〕《西安铁路运输中级法院建立环境资源审判技术专家库》，载陕西法院网，https://sxfy.chinacourt.gov.cn/article/detail/2018/03/id/3245429.shtml，最后访问日期：2022 年 3 月 15 日。

司法保护、环境司法、环境损害司法鉴定、污染环境罪、司法认定等方面(见图1-3)。可以发现,环境司法的理论研究更加注重以中国环境司法实践或具体案件为研究对象,更注重对实践中出现的法律适用问题从法教义学角度进行反思,为完善环境法律适用方法、提炼司法规则、健全司法制度提供理论支撑。

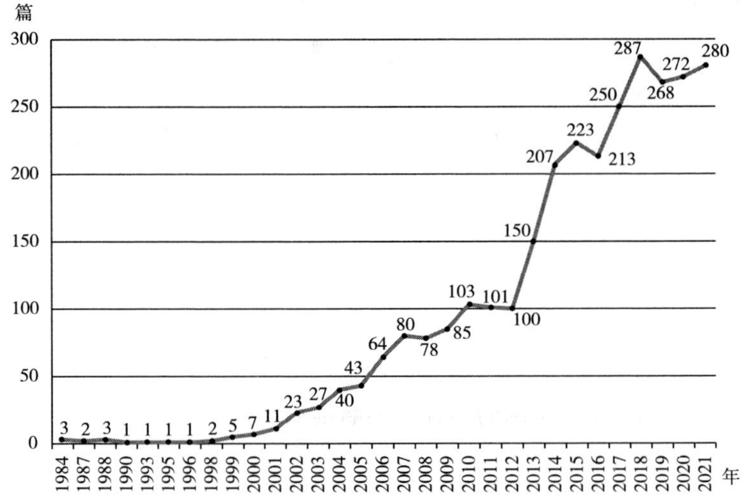

图 1-2 环境司法研究成果趋势

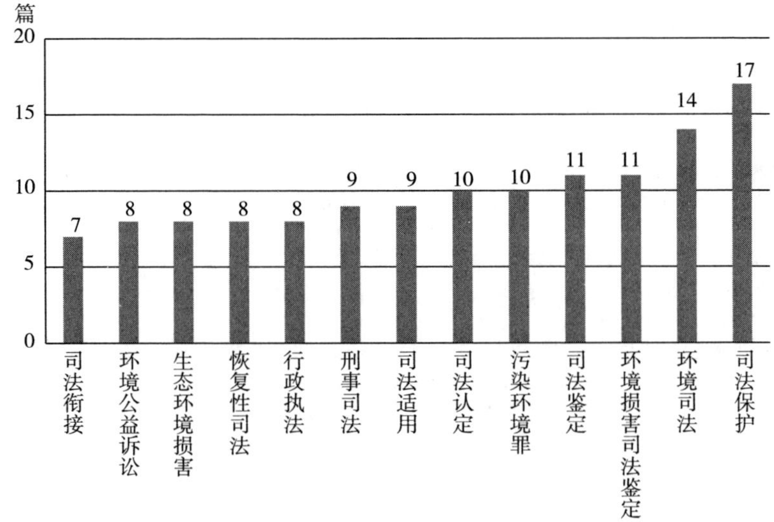

图 1-3 2021 年环境司法研究主要课题成果分布

(2)理论与实践融合性丰富。最高人民法院环境资源审判庭、中国法学会环境资源法学研究会、国家法官学院《法律适用》编辑部继续举办“贯彻民法典绿色原则司法实践与理论研讨会”，深化民法典绿色规则的司法适用研讨。〔61〕最高人民法院环境资源审判理论研究(中国人民大学)基地承办“司法助力实现碳达峰碳中和目标专题研讨会”，围绕出台相关司法政策展开研讨。〔62〕最高人民检察院授予中国政法大学、郑州大学、西北政法大学、湘潭大学的检察公益诉讼理论研究中心或研究院为检察公益诉讼研究基地，加深检察公益诉讼理论研究与实践探索的有机结合。天津市高级人民法院“环境资源司法实务研究中心”与天津大学签署战略合作协议，联合开展《京津冀协同发展背景下资源审判大数据研究分析》课题研究。〔63〕

(五)中国环境司法的国际国内影响力明显增强

2021 年，最高人民法院、最高人民检察院以构建具有中国特色和重要国际影响力的环境司法体系为目标，向世界输出环境司法的“中国经验”，在全球环境治理中发出更多“来自中国的声音”，不断推动环境司法的“中国智慧”在世界环境保护领域崭露头角。

1. 设立环境司法外交主场，加大国际合作力度

(1)举办世界环境司法大会，发出全球环境司法倡议。2021 年 5 月 26 ~ 27 日，最高人民法院发起并主办的世界环境司法大会在昆明成功召开，来自 27 个国家的最高法院、宪法法院、最高行政法院的院长或首席大法官、大法官及地方法院法官，国际组织代表和驻华使节共计 160 余人参加会议。这是我国首次设立的大型环境司法外交主场，习近平主席向大会致贺信，指出中国坚持创新、协调、绿色、开放、共享的新发展理念，全面加强生态环境保护工作，积极参与全球生态文明合作；持续深化环境司法改革创新，积累了生态环境司法保护的有益经验。此次大会推动通过《世界环境司法大会昆明宣言》(以下简称《昆明宣言》)，明确“公平、共同但有区别的责任及各自能力原则，保护和可持续利用自然资源

〔61〕 刘哲：《杨临萍出席贯彻民法典绿色原则司法实践与理论研讨会强调　深入学习贯彻习近平生态文明思想、习近平法治思想　准确理解适用民法典绿色原则》，载《人民法院报》2021 年 12 月 23 日，第 1 版。

〔62〕 丁珈：《实现碳达峰碳中和目标　司法可以这样助力》，载最高人民法院官方百家号，https://baijiahao.baidu.com/s?id=1703616904764459766&wfr=spider&for=pc，最后访问日期：2022 年 3 月 25 日。

〔63〕 吴玉萍：《天津：打造环境资源审判“天津品牌”》，载《人民法院报》2021 年 5 月 17 日，第 7 版。

的原则,损害担责原则”应对环境领域三大危机的三个基本原则;提出“预防性司法措施、恢复性司法措施、公益诉讼和多元化纠纷解决”的环境司法四大措施;总结“司法能力专业化、信息技术智能化、交流合作国际化”三个环境司法着力点,形成共建“地球生命共同体”的国际共识。[64]

(2)参与《生物多样性公约》缔约方第十五次大会,向世界展示中国环境司法成就。绿孔雀案作为全球十大生物多样性案例之首,并作为中国司法领域唯一案例,入选联合国《生物多样性公约》缔约方第十五次大会展览中国展区,为生物多样性特别是濒危物种的预防性保护提供中国环境司法的智慧和方案。[65]

(3)参与生态文明贵阳国际论坛,分享中国环境司法经验。贵州省高级人民法院和贵州省人民检察院参与外交部、自然资源部、生态环境部和贵州省人民政府等共同主办的“低碳转型绿色发展——共同构建人与自然生命共同体”国际论坛,向国际社会展示了中国生态文明建设的经验与成就,明确我国愿与各方共商推动绿色低碳转型之策、为构建人类命运共同体作出积极贡献的决心,进一步深化了国内外在生态保护和应对气候变化领域的合作与交流。[66]

2. 讲好中国环境司法故事,贡献中国智慧与中国方案

(1)输出环境司法“中国经验”,展示环境司法显著成就。自 2019 年 4 月联合国环境规划署环境法数据库收录首批 10 件中国环境资源司法案例以来,2021 年,联合国环境规划署司法门户网站再次刊载 10 件中国环境资源司法案例和 2018 年、2019 年《中国环境资源审判》白皮书。[67] 我国向世界展示中国环境司法改革、发展和不断进步的成果,尤其是党的十八大以来中国在环境司法保护方面取得的巨大成就。

(2)举办国际性研讨会,促进形成环境保护司法方案。2021 年 12 月 16 日至 17 日,最高人民检察院与欧洲环保协会共同举办“生物多样性保护暨预防性检察公益诉讼研讨会”,邀请来自联合国、欧盟、巴西等国际组织、国家的法官、

---

〔64〕 杨临萍:《凝聚共识 发挥环境司法最大成效 聚同化异 携手促进环境法治发展——〈世界环境司法大会昆明宣言〉解读》,载《法律适用》2021 年第 11 期。

〔65〕 张聪:《中国司法在自然保护中具有不可替代作用》,载环境生态网,http://www.eedu.org.cn/news/envir/homenews/202202/108229.html,最后访问日期:2022 年 3 月 25 日。

〔66〕 《低碳转型 绿色发展——共同构建人与自然生命共同体》,载贵阳改革网,https://sg.guiyang.gov.cn/CMS/Show?cid=f4851f10-14ce-4317-bce1-3830bb5a2783,最后访问日期:2022 年 3 月 25 日。

〔67〕 朱婧:《联合国环境规划署网站刊登第二批中国环境资源司法案例和白皮书》,载《人民法院报》2021 年 11 月 21 日,第 1 版。

检察官、环境执法机构、专家学者及环境社会组织代表,通过典型案例分享生物多样性保护领域的最佳实践和成功经验,并就预防性、惩罚性原则在公益诉讼中的适用展开讨论。[68] 我国在会上分享中国环境司法经验,展示中国环境司法治理成效,凝聚环境司法共识,促进形成公平合理、合作共赢的环境保护司法方案,推动构建“地球生命共同体”。

3. 着力提升环境资源审判白皮书的社会影响力

2021 年,全国各级人民法院发布环境资源审判白皮书 16 件。(见表 1 – 3)各种“白皮书”既全面总结各级法院的司法经验和治理成效,固化实践经验,提炼裁判规则;也面向社会以案说法、以数据释法,广泛宣传和普及环境法,不断提升环境司法的社会影响力,扩大辐射面。

表 1 – 3 2020 年全国法院发布环境资源审判白皮书情况

法院级别	序号	名称	发布单位	发布时间
最高人民法院	1	《中国环境资源审判(2020)》	最高人民法院	2021 年 6 月 4 日
高级人民法院	2	《2020 年度江苏法院环境资源审判工作白皮书》	江苏省高级人民法院	2021 年 6 月 3 日
	3	《吉林环境资源审判白皮书(2020 – 2021.4)》	吉林省高级人民法院	2021 年 6 月 4 日
	4	《重庆法院环境资源审判白皮书(2018 – 2021)》	重庆市高级人民法院	2021 年 6 月 4 日
	5	《天津环境资源审判白皮书》	天津市高级人民法院	2021 年 6 月 4 日
中级人民法院	6	《九江环境资源审判白皮书(2016 – 2020)》	九江市中级人民法院和瑞昌市人民法院	2021 年 3 月 1 日
	7	《2020 年温州法院环境资源审判情况报告》	温州市中级人民法院	2021 年 5 月 31 日

〔68〕 闫晶晶:《中国检察公益诉讼:讲好中国故事 深化国际合作——专访最高检检委会委员、第八检察厅厅长胡卫列》,载正义网,http://news.jcrb.com/jsxw/2022/202203/t20220307_2374482.html,最后访问日期:2022 年 3 月 25 日。

续表

法院级别	序号	名称	发布单位	发布时间
中级人民法院	8	《遵义环境资源审判工作白皮书(2020 年 1 月—2021 年 3 月)》	遵义市中级人民法院	2021 年 6 月 4 日
	9	《广州中院环境资源审判(2015.02 - 2020.05)》	广州市中级人民法院	2020 年 6 月 4 日
	10	《赣州环境资源审判白皮书(2018 - 2021)》	赣州市中级人民法院	2021 年 6 月 4 日
	11	《雅安环境资源审判(2020)》	雅安市中级人民法院	2021 年 6 月 4 日
	12	《德州法院环境资源审判白皮书(2020 - 2021)》	德州市中级人民法院	2021 年 6 月 5 日
	13	《海口海事法院 2018—2020 年海洋环境资源审判白皮书》	海口海事法院	2021 年 6 月 8 日
	14	《芜湖法院环境资源审判白皮书》	芜湖市中级人民法院	2021 年 12 月
基层人民法院	15	《环境资源审判白皮书》	绍兴市上虞区人民法院	2021 年 6 月 3 日
	16	《吉林市昌邑区人民法院 2020 年度环境资源审判工作白皮书》	吉林市昌邑区人民法院	2021 年 11 月 26 日

注:本表数据通过网络等途径收集整理,由于搜索条件限制,可能存在疏漏。

(1)环境司法白皮书持续展示中国环境司法的不断进步。从 2016 年开始,最高人民法院开始公开发布《中国环境资源审判》(白皮书)。每年的白皮书都会系统介绍和展示人民法院环境资源审判工作的开展情况和取得的成效,详细描述环境资源审判职能的履行情况、环境资源审判机构的建设情况、环境资源审判机制的探索情况、环境资源审判规则的完善情况以及环境资源审判人员司法专业能力的提升情况,向社会全面展示了全国法院系统的环境司法工作每一年所取得的成绩与进行的创新。

(2)环境司法白皮书覆盖范围不断扩大。随着江苏、吉林、重庆、天津等多个省市高级人民法院环境司法白皮书的发布,以及多个地区中级人民法院与基层人民法院环境司法白皮书的发布,表明环境司法白皮书的覆盖范围不断扩大,越来越多地区的法院开始深化环境司法审判工作情况的经验总结与亮点展示,对外通报各地区法院环境资源审判的工作情况,全面拓展了环境司法公开的广度和深度。

(3)环境司法白皮书的传播方式不断创新。环境司法白皮书在有效运用发布会等传统宣传方式方法的基础上,密切关注信息化时代传播方式发展的新动向和新趋势,传播的手段和方式不断创新和发展,在CCTV节目官网、其他网络新闻媒体、官方微信公众号、学术微信公众号等网络平台上以不同的形式进行传播。特别是2016年和2017年发布的白皮书的英文版已于联合国环境规划署官网发布,成为世界各国了解中国环境司法成就的重要窗口。〔69〕

二、环境司法专业化稳健发展,案件质效不断提升

2021年,全国法院共受理(上一年度未结+本年度收案)环境资源一审案件数量为297492件,其中收案277743件,结案265341件(见表1-4)。其中环境民事案件、环境行政案件、环境刑事案件、环境公益诉讼案件、生态环境损害赔偿案件的一审收案量分别为175261件、66469件、36013件、5267件、169件(受理〔70〕),分别同比增长10.18%、23.42%、-4.33%、25.97%、131.50%。

表1-4 2020~2021年全国法院受理一审环境资源案件情况

单位:件

类别	2020年		2021年	
	收案数	结案数	收案数	结案数
环境资源民事一审案件	159070	162411	175261	167055
环境资源行政一审案件	53854	53092	66469	62826
环境资源刑事一审案件	37641	37783	36013	35460
环境公益诉讼案件	4181	3557	5267	4943

〔69〕《以最严格制度最严密法治保护生态环境——最高法发布环境资源审判白皮书、环境司法发展报告及年度环境资源典型案例》,载中国法官培训网,http://peixun.court.gov.cn/index.php?m=content&c=index&a=show&catid=6&id=1577,最后访问日期:2022年5月31日。

〔70〕由于2021年度生态环境损害赔偿案件无收案数据,此处用受理数据予以体现。

续表

类别	2020 年		2021 年	
	收案数	结案数	收案数	结案数
生态环境损害赔偿案件	73	62	169(受理)	137
合计	250565	253286	277743	265341

资料来源:最高人民法院环境资源审判庭统计结果,环境公益诉讼案件与生态环境损害赔偿案件包括在环境民事、环境行政和环境刑事案件之中,数量上不做加总。吕忠梅等:《中国环境司法发展报告(2020 年)》,人民法院出版社 2021 年版,第 20 页。

(一)环境侵权案件数量增长,《民法典》适用情况良好

据最高人民法院环境资源审判庭统计,全国法院 2021 年环境资源民事一审案件收案 175261 件、结案 167055 件,与 2020 年相比,分别同比增长 10.18%、2.86%。(见图 1-4)

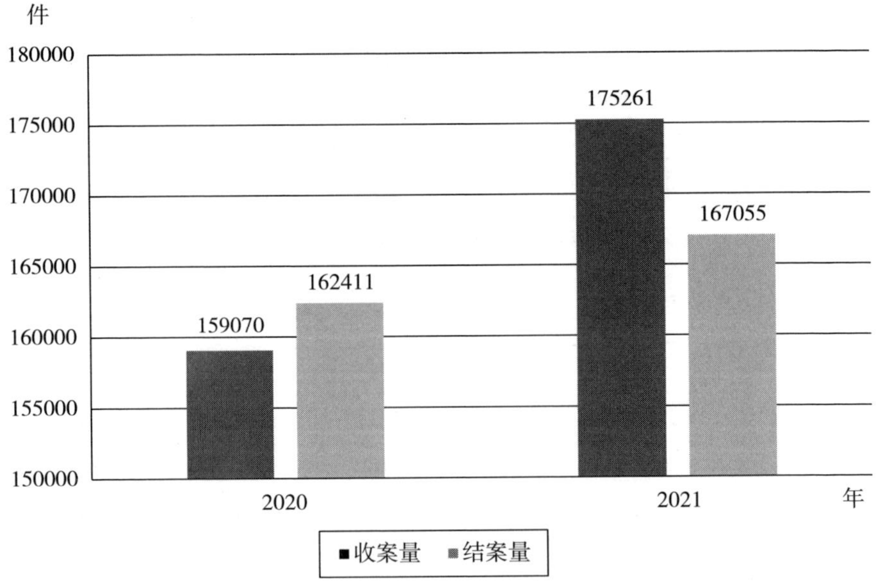

图 1-4　2020~2021 年全国环境资源民事一审案件数量

(资料来源:最高人民法院环境资源审判庭统计)

与 2020 年相比,2021 年环境侵权案件在数量上明显增长,但在地域分布、主体类型、污染行为类型等方面基本相同。《民法典》生效后,最高人民法院《关于适用〈中华人民共和国民法典〉时间效力的若干规定》及其他根据《民法典》制

定或修订的相关司法解释的发布，对《民法典》准确合理的适用、保障环境民事案件的审理质量和效率发挥了积极作用。

课题组经对 220 份环境污染侵权案件判决书的整体观察和对 14 份适用惩罚性赔偿责任承担方式的环境侵权案件判决书的专门分析，[71] 对环境民事审判情况得出如下基本结论：

1. 环境侵权案件数量增长但地域及诉讼主体分布不平衡。环境侵权案件在地域分布上呈“大部分省份增长，少部分省份持平或减少”的态势。(1)青海省环境侵权案件“从无到有”；上海、海南、甘肃、西藏、宁夏近两年均未检索到环境侵权案件。(2)诉讼主体以自然人和企业为主，政府及相关部门、农民专业合作社、社会组织在环境侵权案件中占比极低。（见表 1 – 5）

表 1 – 5　2021 年环境侵权案件一审诉讼主体类型分布

单位：件

主体类型	原告	被告
自然人	115	19
企业	5	99
政府及相关部门	2	0
农民专业合作社	1	1
自然人、企业	—	4

2.《民法典》侵权责任编适用情况良好，“合作型”裁判方式正在形成。《民法典》侵权责任为“不完全规范”、需要环境法规范加以辅助的特征在案件中得到较好体现，民法规范与环境法规范的协同适用效果显现。其中，《民法典》相关法条在判决书中大量适用于确认环境侵权责任的主体、相关主体是否需要承担侵权责任、举证责任分配等方面；环境法律规范主要适用于行为违法性、补强相关法条适用的正当性、侵权行为性质认定等方面。以《民法典》侵权责任规范为判决依据、以环境法规范为事实认定标准和说理依据的裁判方式正在形成。

3. 环境侵权案件的污染类型呈现混合性特征。水污染类型案件依然是最常见的单一污染类型案件，占比 28.63%；混合污染型案件数量最多，占比 29.55%，

[71] 详见《中国环境司法发展报告（2021 年）》分报告，刘超、陈梓铭：《2021 年环境侵权案件的系统审视与争点解析》。

其中大气污染类型的混合型案件出现频次最高;单一类型与混合类型的噪声污染案件出现频次亦处高位且与其他污染类型交叉混同发生。(见图 1 –5)

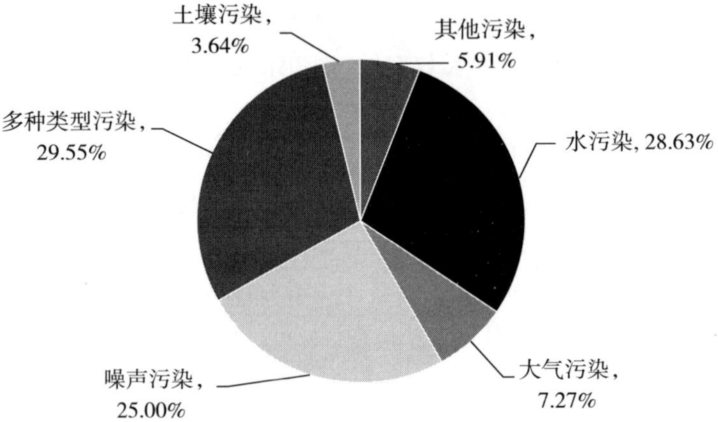

图 1 –5　2021 年环境侵权案件污染类型

4. 环境侵权案件的责任形式分布相对集中,以赔偿损失、消除影响、停止侵害和排除妨碍为主,其中适用赔偿损失最为常见,占比 55.0% 。(见图1 –6) 在噪声污染案件的责任承担方式上,出现了消除影响与赔偿损失出现合并适用的情形,体现出噪声污染侵权的特征。与此同时,环境侵权案件中原告的(被侵害方)完全胜诉率不高,为 8.18% ;部分胜诉率较高,为 54.55% ,原因值得关注和分析。(见图 1 –7)

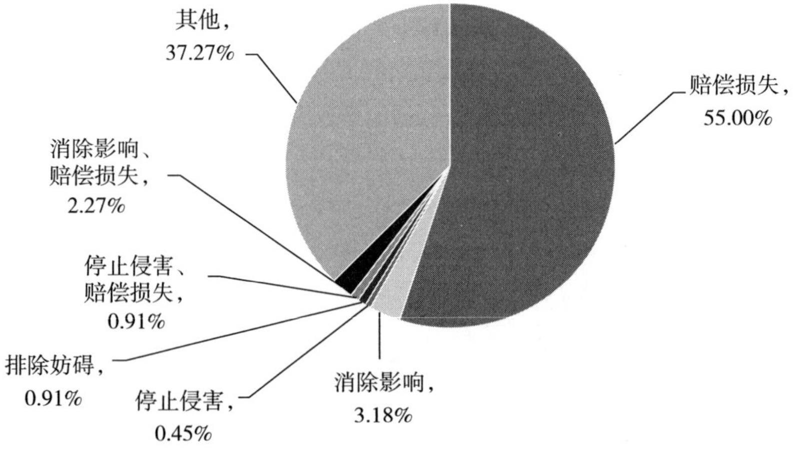

图 1 –6　2021 年度环境侵权案件责任承担方式

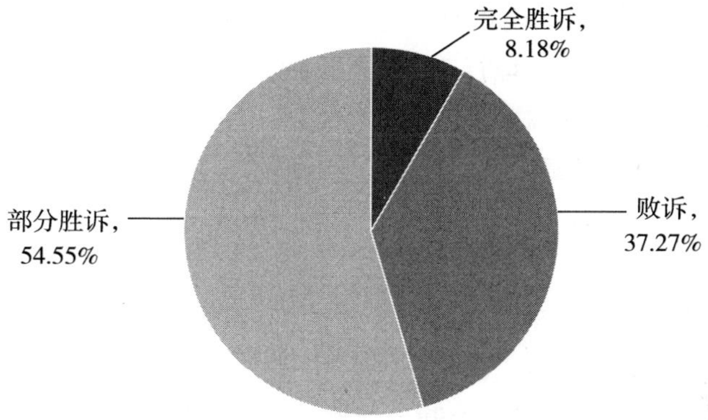

图 1－7　2021 年度环境侵权案件被侵害方败诉情况

5. 惩罚性赔偿的法律适用有待统一规范。《民法典》第 1232 条规定的环境侵权惩罚性赔偿方式开始适用,研究组从对已检索到的 14 份判决书的分析看出,具体案件中对惩罚性赔偿的裁判存在适用范围不明确、构成要件认定失当、赔偿金计算基准与最高倍数限制的认定标准模糊、溯及力认定标准不统一等风险,亟待通过司法解释加以明确和规范,促进环境司法治理功能的进一步发挥。

(二)环境行政案件的特征开始显现,司法实质性审查有待提升

据最高人民法院环境资源审判庭统计,全国法院 2021 年环境资源行政一审案件收案 66469 件、结案 62826 件,与 2020 年相比,收案量与结案量同比增长 23.42%、18.33%。(见图 1－8)

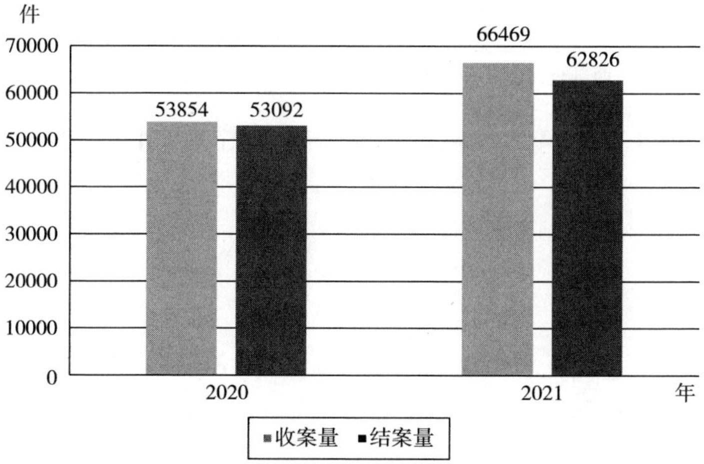

图 1－8　2020～2021 年全国环境资源行政一审案件数量情况

(资料来源:最高人民法院环境资源审判庭统计数据)

随着“三审合一”审判模式的推进,环境行政案件归口至环境资源审判庭审理成为普遍趋势,促进了环境行政案件的审理更好体现生态环境特征,贯彻保护优先理念,回应社会现实需求,实现诉讼初衷。但囿于现行法律制度构筑的事后救济型行政诉讼体系的局限性,环境行政诉讼的预防性功能难以有效发挥。因此,体现“保护优先、绿色发展”理念,以实质性司法审查为主的环境风险预防性行政诉讼体系亟待建立。

课题组经对 1204 份环境行政裁判文书的分析,并对环境行政诉讼中的二审改判案件进行重点观察,得出以下结论:[72]

1. 环境行政案件的地域分布和类型特征明显。环境行政案件数量在地域分布上由西向东逐渐增长(见图 1 -9),呈现与东西部经济结构和社会发展水平的正相关性,其中,西藏自治区未出现过环境行政案件。各类案件中,行政处罚、行政强制、行政复议占比较高,是环境行政案件的主要类型。(见图 1 -10)

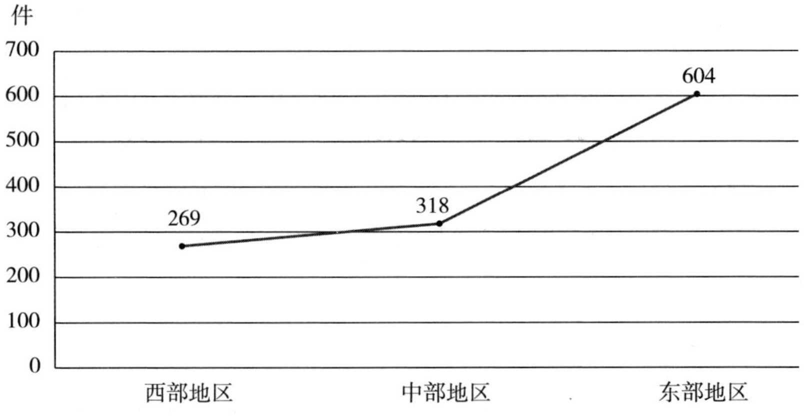

图 1 -9　2021 年西部、中部、东部地区环境行政案件数量趋势

〔72〕 详见《中国环境司法发展报告(2021 年)》分报告,王雅琪、王生珍、袁明:《环境行政诉讼的样态描述与重点解读》。

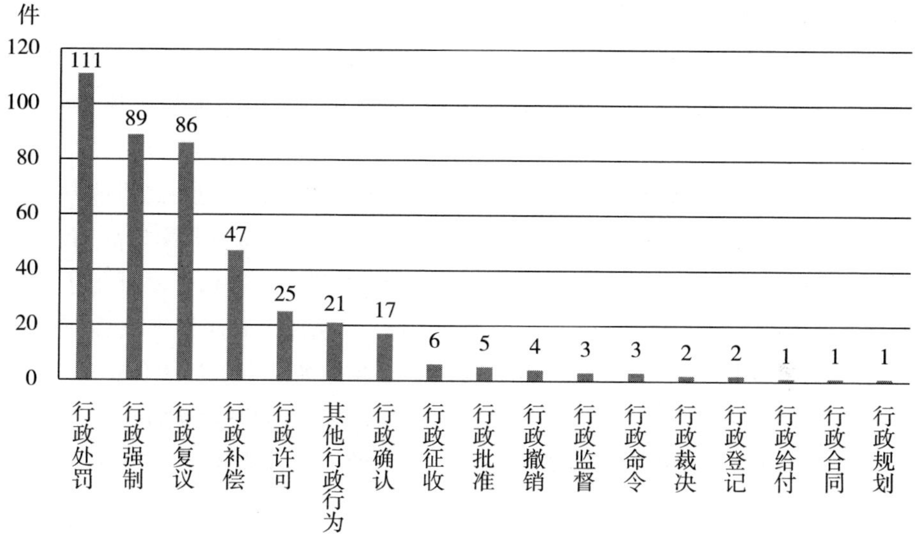

图1-10　按行政行为划分的环境行政案件类型分布

2. 环境行政案件几乎全部适用普通程序审理且上诉率高,体现出环境行政争议复杂程度高、审理难度大的特点。在审理程序上,环境行政案件适用普通程序审理的高达99%,简易程序适用率极低。在审理级别上,一审案件的中级人民法院受理率达55.81%,且上诉率达61.3%(见图1-11)。在诉讼请求上,实体性纠纷多于程序性纠纷,调解率极低。

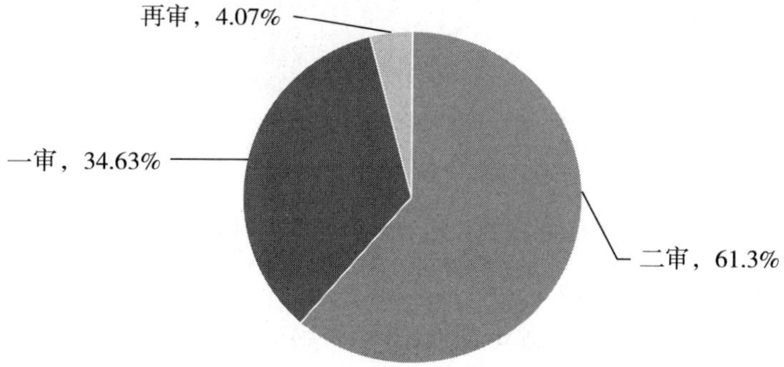

图1-11　2021年环境行政诉讼案件不同审级案件数量占比

3. 环境行政案件审判的方式有待改革。环境行政争议涉及大量的生态环境保护专业性问题,而且可能牵涉相关民事、刑事、公益诉讼案件,需要法官在因果关系认定、损害结果鉴定、法律责任承担方式判定等方面具有不同于传统行政审判的专业知识背景和司法能力。但根据检索分析,环境行政案件中法院极少运用专家辅助人等环境案件审判的常用方法,这可能影响案件裁判的科学性、公正性。此外,《关于行政案件案由的暂行规定》的落实存在一定滞后现象,环境行政案件适用传统案由的情况比较突出。

4. 环境行政案件的实质性审查水平有待提升。课题组通过对二审改判案件的重点观察发现,行政赔偿、行政强制、行政处罚案件的二审改判率较高,其中行政赔偿案件改判数量最多,占比 42.50%(见图 1 - 12)。同时,行政补偿争议多围绕环保拆迁、排污处罚与行政监管中"是否应予赔偿、如何界定具体赔偿范围、如何计算赔偿金额"等问题展开。这些争议必然涉及生态环境保护理念、生态环境保护专业知识在审查环境行政行为时的运用,若因环境案件的复杂性导致法官采取尊重行政决策的谨慎态度,可能导致实质性审查不足,影响案件审判质量。

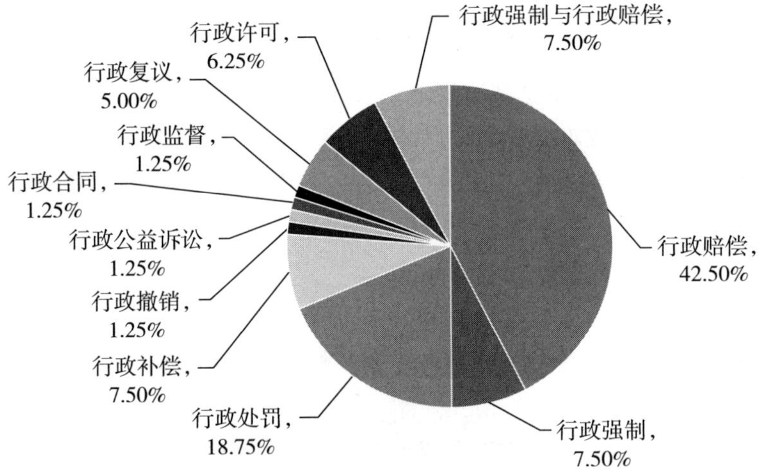

图 1 - 12 2021 年环境行政诉讼中二审改判的案件类型分布

(三)生态环境犯罪刑事案件数量大幅下降,社会治理效果彰显

据最高人民法院环境资源审判庭统计,全国法院 2021 年环境资源刑事一审案件收案 36013 件、结案 35460 件,与 2020 年相比,收案量与结案量同比下降 4.33%、6.15%。(见图 1 - 13)

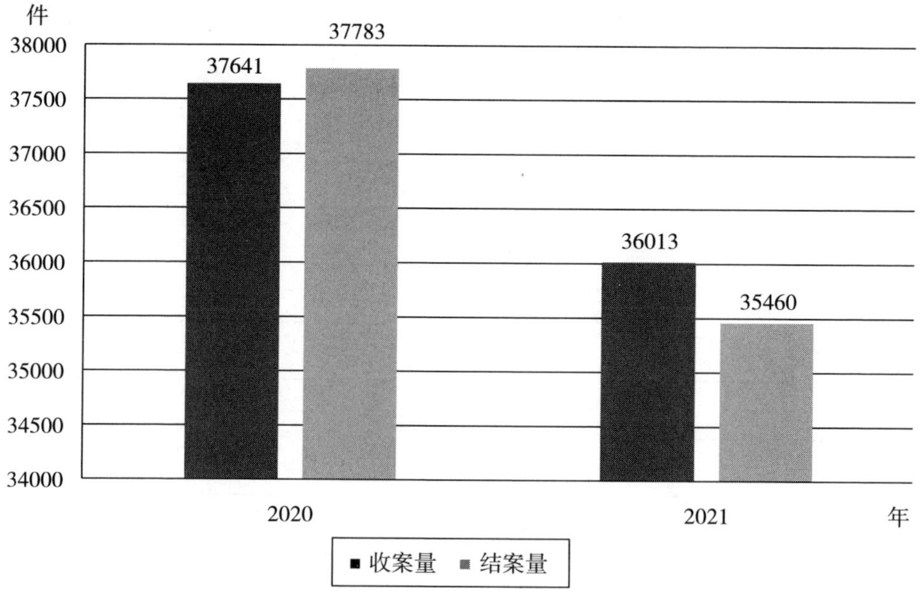

图1-13 2020~2021年全国环境资源刑事一审案件数量情况

（资料来源：最高人民法院环境资源审判庭统计结果）

总体上看，环境刑事案件数量呈现普遍下降态势，生态要素的富集程度、自然资源禀赋及人口等自然指标仍然是影响生态环境犯罪刑事案件数量的主要变量因素。客观上，新冠肺炎疫情的持续和严格的防控措施对破坏生态环境的行为有一定抑制作用，降低了相关生态环境犯罪的发生数量。主观上，我国近年来不断加强刑事法律手段在生态环境保护领域的运用，对于遏制和预防犯罪发挥了积极作用，也体现了环境刑事案件处理质量提升的社会效果。

课题组经对2021年度7076件环境资源刑事案件一审裁判文书的分析，从案件整体数量、地域分布、分罪名统计、案件质量等角度，观察到环境刑事审判的一些新情况。[73]

1. 全国生态环境刑事案件数量普遍下降，地域分布与案件类型的关联性强。整体上看，2021年度全国生态环境一审审结案件数量相较过去几年有巨大落差。（见图1-14）在地域分布上，广西、湖南、云南、江西等生态环境要素富集省（自治区）的生态环境犯罪刑事案件数量居于前列；吉林、辽宁、山东等省的案件

〔73〕 详见《中国环境司法发展报告（2021年）》分报告，焦艳鹏：《2021年度我国生态环境犯罪刑法惩治分析》。

数量在全国排名中有较大程度的前移;西藏自治区、海南省、北京市、天津市等省区市案件数量仍维持在较低区间。(见图 1－15)

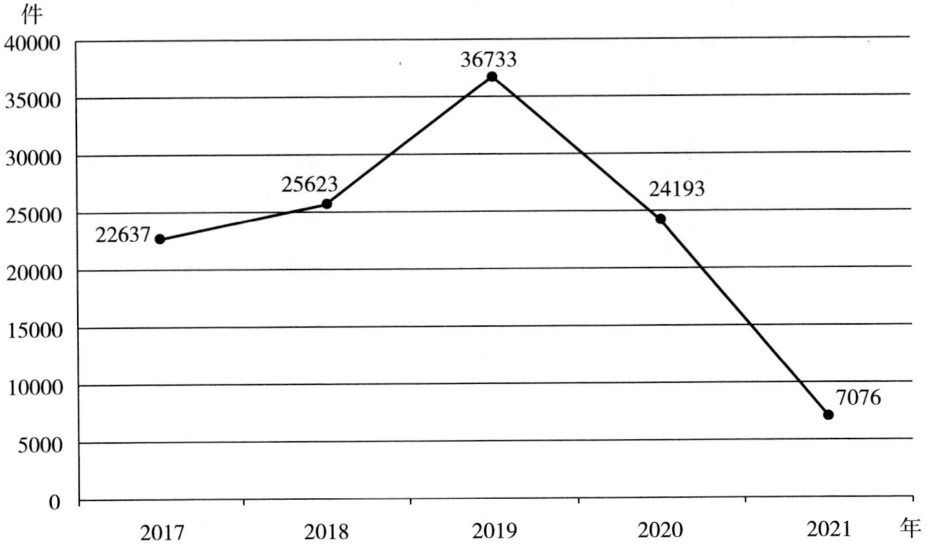

图 1－14　2017～2022 年全国生态环境犯罪一审审结案件数量

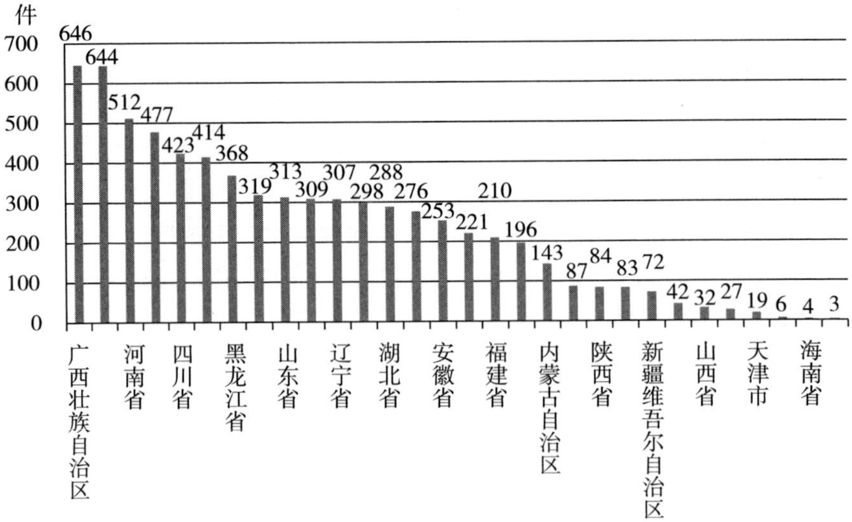

图 1－15　2021 年生态环境犯罪一审案件数量及分省区市分布

(数据来源:中国司法大数据研究院)

2. 污染环境罪的发案率与经济发展程度呈现高度相关性。虽然 2021 年度全国法院审结的污染环境犯罪案件数量剧烈下降，但山东、江苏、广东、河北、河南等经济大省的污染环境犯罪案件数量仍居于前列。值得注意的是，近年来，安徽、湖南、山西等省份案件数量增长较快，与经济结构和发展阶段呈现正相关关系。（见图 1－16）

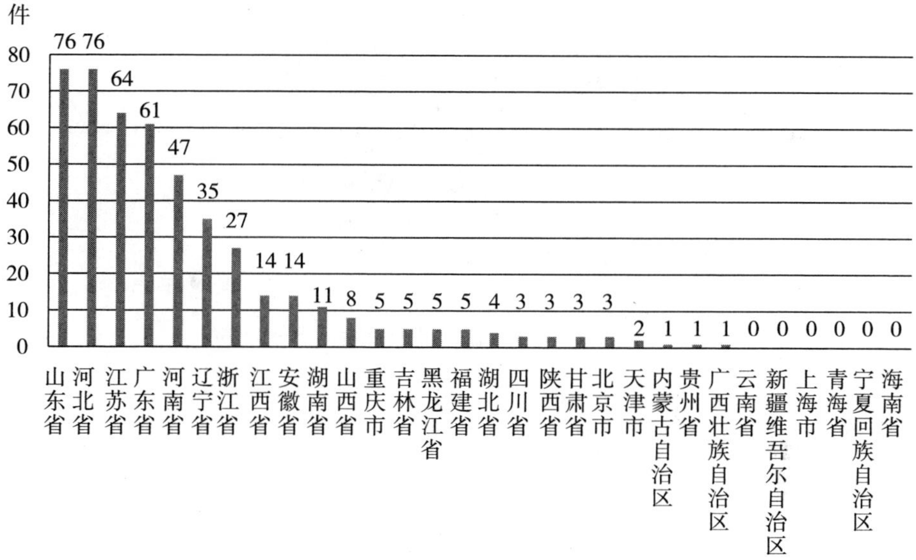

图 1－16　2021 年度我国污染环境罪案件审结数量省区市分布

3. 生态环境犯罪呈现明显的属地依赖性。生态环境犯罪案件涉及严重破坏动植物、水产品、林木、矿产、土地等多种生态资源的行为，表现出与自然资源富集地周边的居民生产、生活活跃度具有直接相关性。其中非法捕捞水产品罪、滥伐林木罪、非法狩猎罪、非法采矿罪、非法占用农用地罪的案件数量分别为 1475 件、1475 件、1073 件、783 件、713 件，占据总量的前五位，占比高达 78.01%。（见图 1－17）〔74〕

〔74〕 课题组所搜集的环境保护犯罪罪名当中，非法处置进口的固体废物罪，非法引进、释放、丢弃外来入侵物种罪，破坏性采矿罪，破坏自然保护地罪，擅自进口固体废物罪等犯罪并未发生，故不做统计。

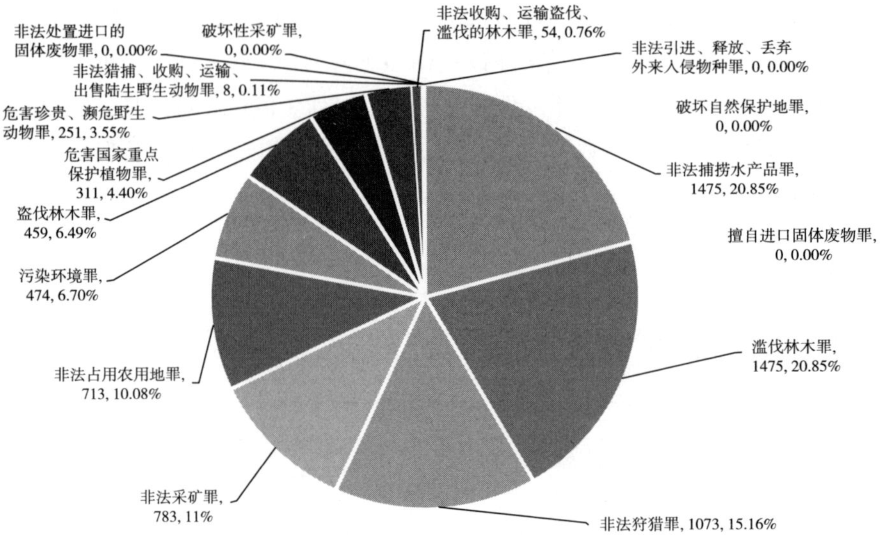

图 1－17　2021 年生态环境刑事案件类型分布

4. 生态环境刑事案件社会治理效果较为显著。各地司法机关不断积极探索生态环境犯罪案件的审理工作规范化，提升刑事审判在优化社会治理中的效果，推动高质效审判的生态环境犯罪案件成为推动社会治理的参照。2021 年，最高人民法院发布《长江流域生态环境司法保护典型案例》，包括刑事案件 2 件、刑事附带民事公益诉讼案件 6 件，表明了司法系统以零容忍态度严厉打击非法捕捞犯罪活动的态度与决心；[75] 最高人民检察院发布《"检察为民办实事"之检察机关依法惩治长江流域非法捕捞水产品犯罪典型案例》，体现了检察机关以法治思维和法治方式惩治流域非法捕捞水产品犯罪的决心，在社会上引起了极大的反响，真正实现了政治效果、社会效果和法律效果相统一。

（四）环境公益诉讼健康发展，预防性功能逐渐强化

据最高人民法院环境资源审判庭统计，全国法院 2021 年环境资源公益诉讼案件收案 5267 件、结案 4943 件，收案量与结案量同比增长 25.97%、38.97%。（见图 1－18）

〔75〕《最高法发布 10 个长江流域水生态司法保护典型案例(附全文)》，载中国法官培训网 2020 年 9 月 25 日，http://peixun.court.gov.cn/index.php?m=content&c=index&a=show&catid=6&id=1803。

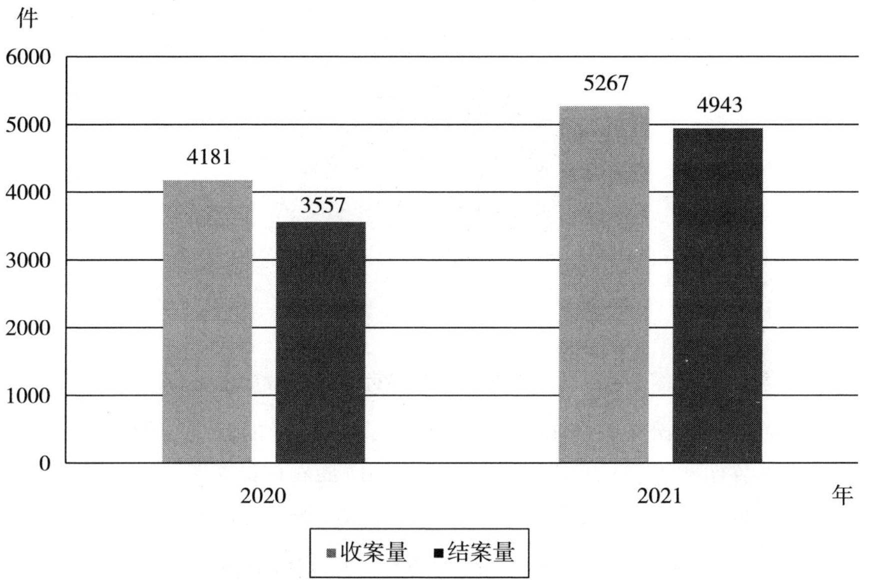

图 1-18　2020～2021 年全国环境资源公益诉讼案件数量情况

（资料来源：最高人民法院环境资源审判庭统计数据）

总体上看，环境公益诉讼规则体系已相对成熟，环境公益诉讼的指导性案例和典型案例的功能更加凸显，司法实践发展健康平稳。尤其是在自然生态保护领域，公益诉讼在贯彻预防为主原则、促进生态修复、提升环境治理效果等方面发挥了越来越重要的作用。公益诉讼裁判方式、执行方式的改革创新持续推进，专业化水平和能力持续提升。

课题组经对 2021 年度公益诉讼裁判文书和最高人民法院、最高人民检察院 2015～2021 年发布的典型案例及指导性案例进行梳理，系统地观察和全面地分析了环境公益诉讼的运行现状和发展趋势，得出如下结论：[76]

1. 环境公益诉讼案件类型呈现“刑附民重民行轻”的特点。2021 年，全国环境公益诉讼案件数量持续增长。从案件类型看，环境刑事附带民事公益诉讼案件数量占比达 89%，民事公益诉讼、行政公益诉讼占比不高，环境刑事附带民事公益诉讼案件“一支独大”。（见图 1-19）

---

〔76〕 具体详见《中国环境司法发展报告（2021 年）》分报告，陈海嵩、胡攀、姜闻远：《我国环境公益诉讼的现状检视与趋势分析》。

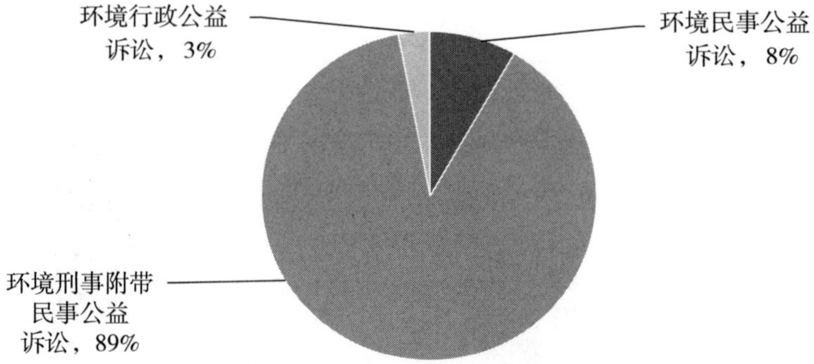

图 1－19　2021 年各类环境公益诉讼数量占比

2. 环境公益诉讼案件分布呈现“东南多,西北少”的状况,地域差异依然存在。从省级分布来看,31 个省(自治区、直辖市)均有环境公益诉讼案件,但各个省份的环境公益诉讼案件分布广而不均衡。其中,江苏、浙江、安徽、山东、湖南、广东、广西、四川、贵州、辽宁 10 个省份的环境公益诉讼案件数量均在 70 件以上,约占全国环境公益诉讼案件总量的 64.1%,北京、天津、海南、新疆、西藏、青海、宁夏等 7 个省区市的环境公益诉讼案件数均在 10 件以下,案件总量仅为 26 件,约占全国环境公益诉讼案件总量的 1.56%。(见图 1－20)

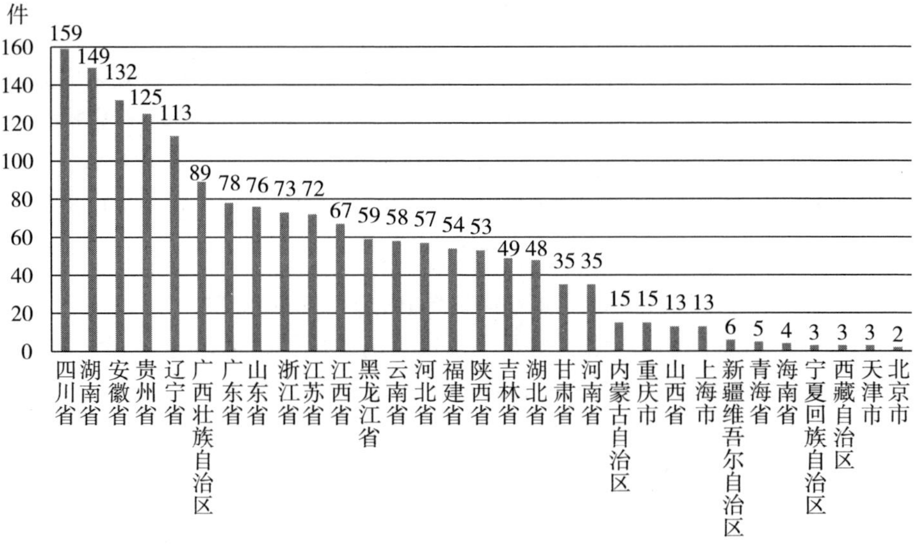

图 1－20　2021 年全国环境公益诉讼审结案件各省区市数量

3. 环境公益诉讼的预防性功能增强。在治理手段上,禁止令、惩罚性赔偿出现在环境公益诉讼中,环境公益诉讼呈现手段多样的治理局面,这有力增进了公益诉讼参与环境治理的效果。检察建议被大范围应用于诉前程序之中,有效推动了行政机关自我纠错、依法行政。在 2015 年以来“两高”公布的 118 件环境公益诉讼案例中,以检察建议结案并有效解决问题的案例有 20 件,占比 16.95%。(见图 1 - 21)

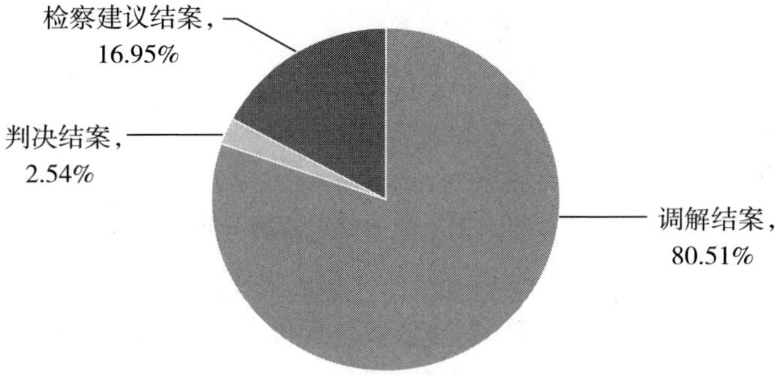

图 1 - 21　环境公益诉讼典型案例中不同结案方式的占比分布

(五)生态环境损害赔偿案件数量稳中有升,法律适用相关问题有待明确

2021 年是推进生态环境损害赔偿制度改革的第六年,《民法典》侵权责任编的相关规定为生态环境损害赔偿诉讼提供了实体法依据,解决了生态环境损害赔偿诉讼的基础性问题,意义重大。客观地看,《民法典》的原则性规定仍不足以解决生态环境损害赔偿诉讼的诸多实践难题,我国迫切需要进行相关配套立法,从环境法上解决生态环境损害赔偿诉讼的制度设计问题。

课题组对检索到的 74 份裁判文书进行了全面分析,从生态环境损害赔偿诉讼与生态环境损害赔偿行政磋商衔接等方面进行观察,得出如下结论:[77]

1. 整体上,生态环境损害赔偿案件数量稳中有升。从行使提起生态环境损害赔偿权利的主体来看,县、区级人民政府及其指定的部门提起的生态环境损害赔偿诉讼最多,说明行使主体从省、市级政府向县区级下沉。从履行生态环境损害赔偿的义务主体来看,以自然人为赔偿磋商义务人与诉讼被告[78]的案件共

---

〔77〕 具体详见《中国环境司法发展报告(2021 年)》分报告,冀鹏飞、欧恒:《生态环境损害赔偿诉讼的探索发展与实践检视:以责任制度为中心》。

〔78〕 磋商和诉讼共同构成生态环境损害赔偿制度,因此二者在提起主体和作用对象方面具有一致性,只不过名称不同。这里将磋商过程中的赔偿权利人与诉讼程序中的原告、与之对应的赔偿义务人与诉讼被告予以整合考虑是为了统计之便。

46 件,占比 63.89%,体现了生态损害赔偿的精细化发展方向。(见图1 - 22)

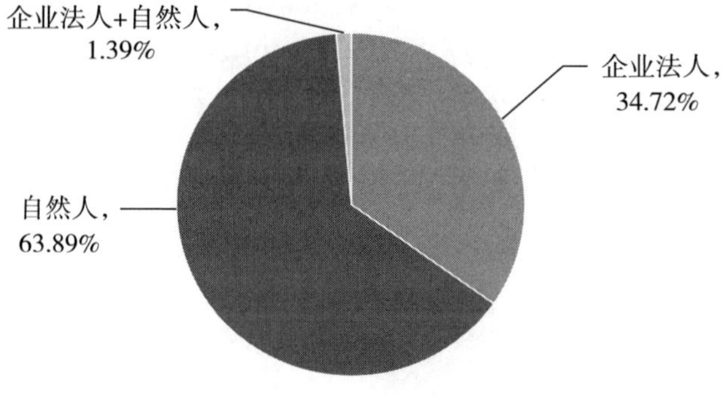

图 1 - 22　2021 年生态环境损害赔偿磋商赔偿义务人与诉讼被告的类型分布

2. 赔偿主体履行生态环境损害赔偿责任情况良好。磋商成为认定生态环境损害赔偿责任的主导程序,磋商结案的案件占比逐年上涨,在案件数量和履行情况方面均占优势。(见图 1 - 23)在审理的 74 件案件中,运用磋商程序确定生态环境赔偿责任的案件有 67 件,占比高达 90.54%。磋商成功但未申请司法确认的案件有 41 件,占 55.41%;磋商成功且申请司法确认的案件有 26 件,占 35.14%;磋商失败,欲通过诉讼程序确定生态环境损害赔偿责任的案件仅有 6 件,占 8.11%。(见图 1 - 24)

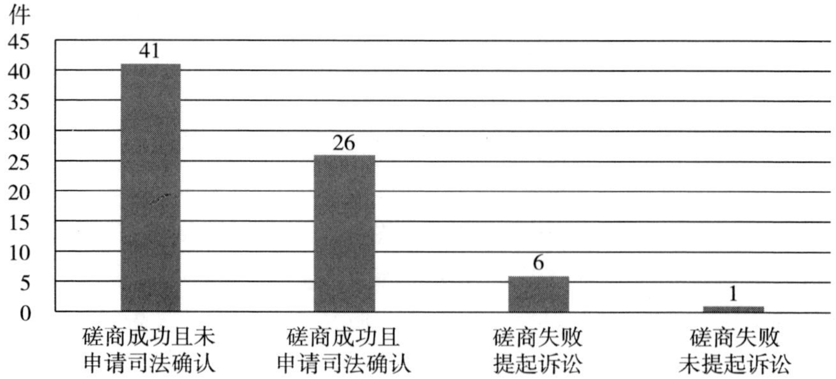

图 1 - 23　2021 年生态环境损害赔偿案件适用磋商程序情况分布

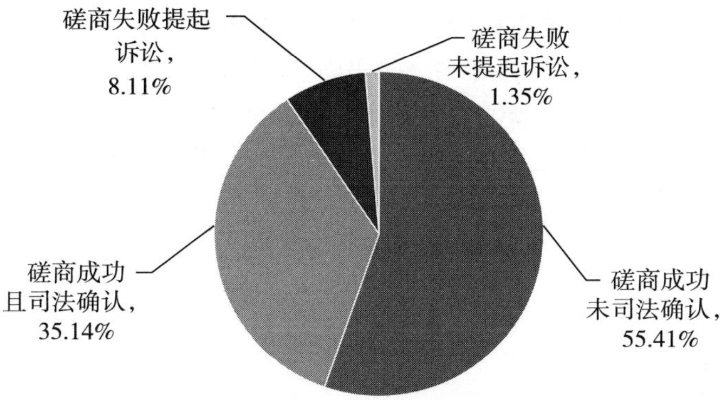

图 1－24　生态环境损害赔偿责任适用磋商程序情况

3. 修复生态环境和赔偿损失是主要的责任承担方式。适用消除危险和赔礼道歉两种责任承担方式的比重整体处于较低水平，但有缓慢提升。（见图 1－25）单一责任承担方式适用率略高于复合性责任承担方式。

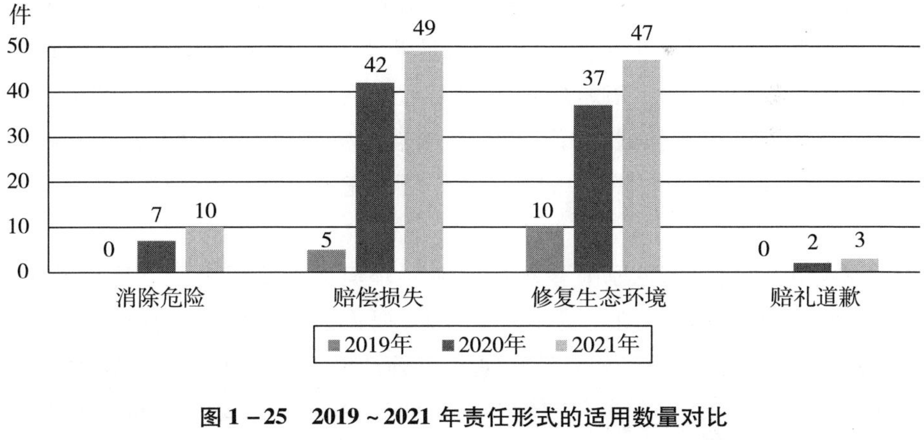

图 1－25　2019～2021 年责任形式的适用数量对比

4. 生态环境损害赔偿诉讼制度优势明显，但程序还需优化。观察上述案件，可以明显看到生态环境损害赔偿诉讼制度的巨大优势、所产生的显著效果，但也存在生态环境损害赔偿磋商与诉讼衔接的规则不够、磋商协议缺乏强制力等问题。我国应在《民法典》实施过程中，准确释明"绿色原则"的规范含义，加强环境立法的补充适用作用，实现"绿色条款"与环境法的有效衔接和"绿色条款"的补充完善，[79] 保证环境保护民事规则协调顺利地运行。

〔79〕 吕忠梅：《民法典绿色条款的类型化构造及与环境法典的衔接》，载《行政法学研究》2022 年第 2 期。

三、环境司法新兴领域空间广阔,未来发展可期

随着《民法典》和《长江保护法》的实施,环境司法的领域扩大至合同、长江流域保护等。随着检察公益诉讼工作体制机制的不断完善,环境检察公益诉讼也逐步走向成熟。本报告在对环境侵权民事案件、环境公益诉讼案件持续跟踪研究的基础上,专门针对合同案件适用《民法典》绿色条款情况、长江流域生态环境保护案件情况、检察公益诉讼发展情况进行专门分析,以观察在构建新发展格局过程中的环境司法发展趋势,为及时回应时代需求、实践需求提供理性方案。

(一)"绿色原则"适用的合同案件类型比较集中,适用思路多样化

《民法典》第 9 条规定的"绿色原则",应该对民事主体行使民事权利、履行民事义务和承担民事责任等各领域民事活动起到引导和规范作用。一般意义上,民法基本原则属于强行性规范,违反基本原则的法律行为无效。但是,"绿色原则"作为《民法典》新创设的限制性原则,[80] 违反绿色原则是否必然导致法律行为无效,既涉及对绿色原则与传统民法基本原则关系的认识,更涉及平衡资源开放利用与生态环境保护关系的实际,是涉及"统筹发展与安全"[81] 的重大理论与实践问题。因此,摆脱过分关注环境侵权责任而忽视交易行为的责任中心主义思维,观察司法实践中"绿色原则"对合同案件裁判的影响,对于充分发挥《民法典》在国家治理体系中的基础性作用及完善生态环境立法都具重大意义。

课题组分别以"绿色原则""环保原则""环境保护原则""生态环境原则"(下文概括称为"绿色原则")为全文检索词,搜集到相关裁判文书 837 件。[82] 剔除系列案重复、一审和二审重复案件后,共筛选出 227 个案件,其中 90 个案件在法院认定或者裁判部分出现"绿色原则"的表述,以下主要以这 90 个案例为样本进行分析。通过对这些裁判文书的分析,我们发现,虽然"绿色原则"在合同案件中的适用度不高,但其对司法裁判中的合同效力认定、义务履行、解除权成立等方面的影响实际存在。[83]

---

〔80〕 吕忠梅:《〈民法典〉"绿色规则"的环境法透视》,载《法学杂志》2020 年第 10 期。

〔81〕 《坚持统筹发展和安全——论学习贯彻党的十九届五中全会精神》,载《人民日报》2020 年 11 月 5 日,第 4 版。

〔82〕 数据来源:北大法宝司法案例数据库。

〔83〕 具体详见《中国环境司法发展报告(2021 年)》分报告,刘长兴:《合同案件适用绿色原则的模式与效果分析》。

1. 合同案件对“绿色原则”的整体接受度有限。《民法总则》实施之初，合同案件适用“绿色原则”的数量较多；《民法典》正式实施后，合同案件适用“绿色原则”的总数较少（见图 1－26）。这表明民事合同意思自治的价值立场与绿色原则的价值干预之间的关系如何协调存在认识差异与实践判断困难。具体而言，坚持意思自治价值立场可能在一定程度上限制绿色原则适用的可能，但“绿色原则”如何具体适用于个案判断也的确面临诸多困难。《民法总则》生效之初，合同案件适用“绿色原则”发生一定程度的“向一般条款逃逸”现象，[84] 也反映了这种困难的真实存在。

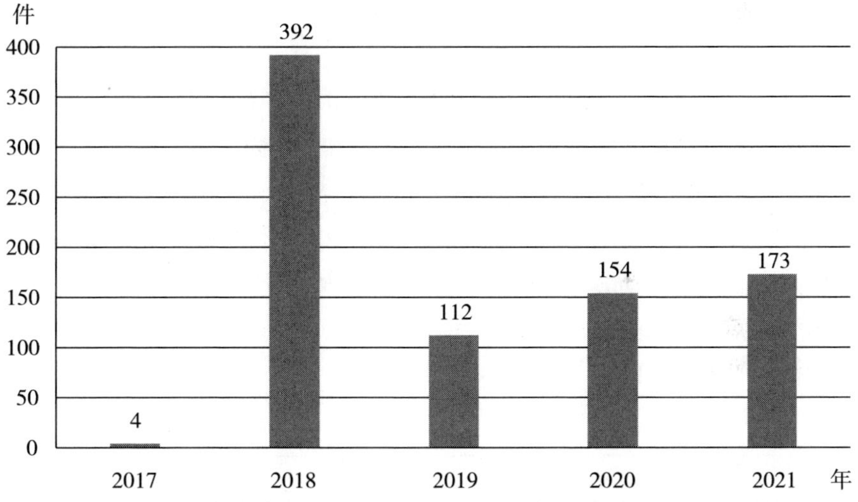

图 1－26　2017～2021 年适用“绿色原则”的合同案件数量年分布

2. “绿色原则”适用的合同类型相对集中。在法院事实认定和裁判部分引用“绿色原则”的合同案件中，买卖合同、租赁合同、承揽合同、土地承包经营合同和农林渔业承包经营合同纠纷占样本案例的 83.3%；物业服务合同纠纷是出现较多引用“绿色原则”案件的特殊领域，占样本案例的 8.89%。其他类型的合同纠纷分布则相对分散。（见图 1－27）由此看来，“绿色原则”适用的合同类型已较为清晰，未来关于“绿色原则”在合同领域的裁判依据，也应在这些合同类型上多做文章，建立更为详细明确的适用规则，平衡好保护当事人个人利益与生态环境公共利益的关系，实现可持续发展的价值目标。

---

〔84〕《民法总则》实施之初，有大量的合同类案件单以“绿色原则”进行司法裁判。杨翠柏、李宗恒：《绿色原则融入民事裁判的理解与适用》，载《河南财经政法大学学报》2020 年第 3 期。

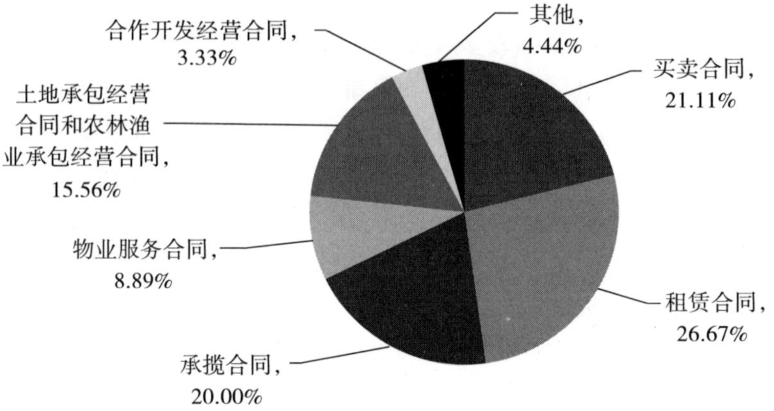

图 1-27　2021 年法院事实认定和裁判部分引用“绿色原则”的合同类型

3. 当事人对绿色原则的主张与法院的认定存在比较明显的分歧。分歧体现为在买卖合同纠纷、承揽合同纠纷等主要的合同类型中，当事人主张适用“绿色原则”获得法院支持的比例偏低；而在其他数量较少的合同类型中，法院对适用绿色原则的支持率浮动较大（见图 1-28）。整体上看，大部分案件中当事人提出适用绿色原则的主张都没有得到法院的支持，绿色原则作为裁判规范的认可度还有很大的提升空间。

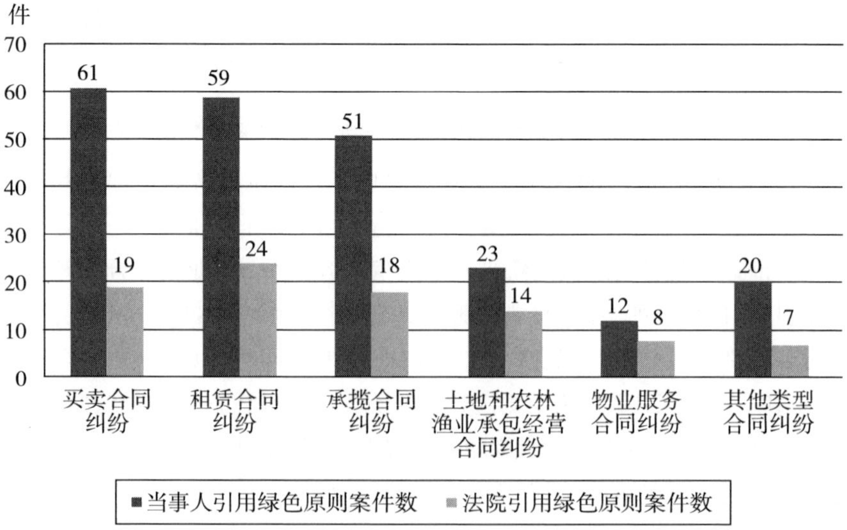

图 1-28　2021 年当事人和法院在不同类型合同纠纷中引用绿色原则的案件数量

4.“绿色原则”在合同案件适用中具有独立性与附属性相交织的特点。课题组分析样本数据，发现“绿色原则”在合同案件中发挥着作为法律规定之适用或者解释的补充、与其他原则结合作为强化论证的理由，以及直接作为评断合同权利义务的准则等方面的功能。样本案例中的相当一部分案件在引用“绿色原则”的同时引用了其他原则，而一部分合同纠纷案件则相对独立地适用了“绿色原则”，这反映了绿色原则对合同实践存在不同层次的影响。（见表1-6）

表1-6　合同案件中适用绿色原则的效果分析

适用情形	绿色原则发挥的功能
合同效力的认定	绿色原则作为认定合同效力的主要考量因素
	结合法律规定认定合同效力，将绿色原则作为强化论证的理由
合同履行的判断	考虑绿色原则对合同约定义务进行解释和确定
	绿色原则构成直接确认合同义务的依据
	将绿色原则作为确定合同义务范围的重要考量因素
	依据绿色原则确定合同履行的合理期限
合同解除的判断	依据绿色原则对合同继续履行的合理性进行判断
违约责任的考量	绿色原则是确认违约责任的内容和承担方式的重要考量因素
某些后合同义务的认定	绿色原则是认定后合同义务的重要考量因素

整体来看，合同纠纷解决适用“绿色原则”在规范和引导合同交易活动上存在较大的发展空间，主要体现在影响合同效力、规范合同权利义务关系、决定合同解除条件是否具备、影响违约责任的内容和承担方式、决定后合同义务的内容等方面。同时，从合同案件的司法实践的总量来看，目前“绿色原则”司法适用的接受度仍有待提高；从“绿色原则”司法适用的具体案件来看，存在合同当事人对“绿色原则”的主张与法院的认定存在分歧，以及对“绿色原则”的泛化解释倾向。这就需要在解释层面强化“绿色原则”对合同具体权利义务的规范性，通过充分发挥规范解释功能，探索“绿色原则”的司法适用空间；在规范层面，通过编纂环境法典，设置特别民事规范，制定环境法典中总则的一般条款、污染控制编及相关分编的管理性规范、自然生态保护编与绿色低碳发展编的特别民事规

范、生态环境责任编的环境侵权与生态环境损害责任专门规范等内容,[85] 更加周延地与“绿色原则”实现全面对接,进一步细化“绿色原则”的司法适用范围。

(二)《长江保护法》实施成效初显,司法保护作用逐渐提升

《长江保护法》作为新中国第一部流域立法,是体现“生态优先,绿色发展”理念的综合性立法,不仅明确了“共抓大保护,不搞大开发”的基本原则,而且建立了许多适合流域资源保护需求的法律制度。[86] 但由于《长江保护法》是我国首次进行的流域立法,许多新型制度也需要在实践中得到检验。课题组通过观察《长江保护法》适用情况,一方面可以深入了解立法意图的实现情况,便于及时发现立法存在的问题;另一方面可以了解司法功能的发挥情况,便于及时总结司法经验、出台司法政策或司法解释,完善司法体制机制。

2021 年是《长江保护法》实施的第一年。课题组基于长江流域 16 个省区市的高级人民法院院长所作的 2021 年度工作报告[87] 及中国司法大数据研究院提供的数据支持,对长江流域的环境资源案件进行了较为全面的研究。课题组具体分析了刑事、民事、行政、环境公益诉讼和生态环境损害赔偿诉讼案件的审理情况,重点分析了流域内突出的非法捕捞、盗伐林木、超标排磷等案件,特别关注了适用《长江保护法》审结的案件情况,以此观察《长江保护法》对司法功能的作用。

1.《长江保护法》总体实施情况良好,司法助力长江大保护的成效初显。据不完全统计,2021 年度,长江流域共计审结环境资源案件 120796 件。(见图1－29)总体上看,长江流域各级法院都在贯彻《长江保护法》确立的“生态优先、绿色发展”等法律原则,正确处理各类环境资源纠纷。同时,长江流域经济发展与生态环境保护的矛盾仍旧突出,尤其是已统计的长江经济带的环境资源案件达 66920 件,占比 55.40%,实现长江经济带绿色发展、高质量发展的环境司法保障任务仍旧任重道远。

---

〔85〕 吕忠梅:《民法典绿色条款的类型化构造及与环境法典的衔接》,载《行政法学研究》2022 年第 2 期。

〔86〕 详见《中国环境司法发展报告(2021)》分报告,罗文君、邱秋:《2021 年度长江流域环境司法的发展与创新》。

〔87〕 课题组通过长江流域 19 个省区市高级人民法院官方网站收集了 2021 年度各高级人民法院院长的工作报告,其中,西藏自治区高级人民法院未设置公开的官方网站,因此未查询到相应的院长的年度工作报告;上海市、浙江省的高级人民法院的工作报告中,没有环境资源案件方面的数据统计。此外,需要说明的是,各个省区市的统计口径和标准并不一致,有的省区市的高级人民法院在年度工作报告中使用的是“一审审结的环境资源案件”,有的使用的是“审结的环境资源案件”,相关的数据表述并不一致,因此数据可能与实际有一定误差。

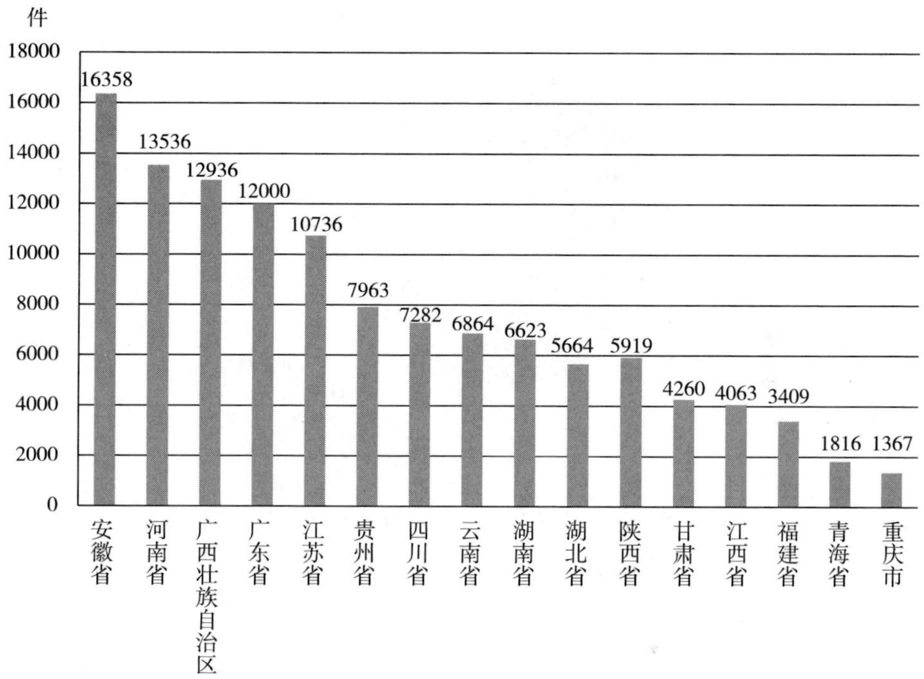

图 1 –29　长江流域主要省区市 2021 年环境资源案件分布

2. 2021 年长江流域的刑事、民事、行政案件较为突出地反映了流域性特征，《长江保护法》立法关注的“总磷污染”流域性环境问题在司法实践中展现。2021 年，长江流域环境资源刑事案件的数量仍然占居三大类型案件之首，共计 5090 件，其中非法捕捞水产品罪位居首位，共计 1333 件，占比 26.2%，其次是滥伐林木罪，共计 1250 件，占比 24.5%。环境资源民事案件共计 240 件，其中环境污染纠纷案件位居首位，共计 110 件，占比 45.8%，其次是水污染纠纷案件，共计 63 件，占比 26.3%。2021 年，长江流域发生了“超标排磷”行政案件 27 件，分布于 8 个省区市（见图 1 –30）。[88] 2021 年长江流域环境资源案件情况表明，接下来长江流域人民法院需要结合流域案件的分布情况，更加精准地提升流域环境司法保护水平，同时需要加强司法与行政的衔接，从而助力《长江保护法》行政规制功能的实现。

---

〔88〕 数据来源：中国司法大数据研究院。

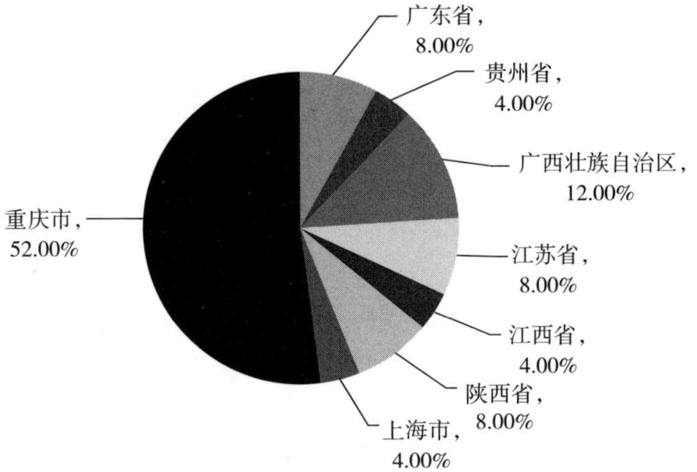

图 1 –30　长江流域 2021 年“超标排磷”行政案件分布

3.《长江保护法》得到司法适用，司法效能初步彰显，但需要进一步制定司法政策与解释保障实施。课题组通过中国裁判文书网收集到 2021 年适用《长江保护法》审结的环境资源案件共计 4 件，分别由 2 件非法捕捞水产品案件、1 件非法采矿案件、1 件采砂合同纠纷案件组成(见表 1 –7)。在这些案件中，《长江保护法》主要作为法院或公诉机关援引的支撑依据(但不是重点依据)来审理案件。同时，案件审理情况反映了《长江保护法》存在规定较为原则、司法的可操作性不强等问题，因此需进一步制定司法政策与解释来细化实施规则，以促进《长江保护法》的司法效能释放。

表 1 –7　2021 年适用《长江保护法》审结的环境资源案件

审理法院	案由	文书类型	案号	立案时间	审结时间	审理程序	依据
江苏省江阴市人民法院	非法捕捞水产品罪	刑事判决书	(2021)苏 0281 刑初 211 号	2021 年 3 月 3 日	2021 年 3 月 19 日	简易程序	《长江保护法》第 28 条、第 53 条

续表

审理法院	案由	文书类型	案号	立案时间	审结时间	审理程序	依据
湖南省保靖县人民法院	非法捕捞水产品罪	刑事判决书	（2021）湘3125刑初122号	2021年7月28日	2021年8月4日	简易程序	《长江保护法》第28条、第53条；《依法惩治长江流域非法捕捞等违法犯罪的意见》；《湖南省长江流域重点水域禁捕退捕工作实施方案》
四川省松潘县人民法院	非法采矿罪	刑事附带民事判决书	（2021）川3224刑初22号	2021年8月22日	2021年11月1日	普通程序	《长江保护法》第93条第2款
四川省康定市人民法院	采砂合同纠纷	民事判决书	（2021）川3301民初716号	2021年9月26日	2021年11月29日	普通程序	《长江保护法》第28条、第91条（证据部分）

4.长江流域以生态功能单元建设生态修复基地，切实加强长江流域生态环境的整体性保护，但长江流域生态修复费用的标准与管理尚需统一规范。课题组通过对长江流域7个省区市的环境公益诉讼和生态环境损害赔偿诉讼案件的研究，发现2021年长江流域各级法院坚持恢复性司法理念，探索多元化的生态修复方式，重点表现为以生态功能单元建设生态修复基地，切实加强司法在流域生态系统整体性保护方面的作用。例如，湖北省建立44个生态环境保护修复基地，四川省建立63个司法修复实践基地，甘肃省设立13个生态修复林基地，四川省与重庆市共建“长江上游珍稀特有鱼类国家级自然保护区川渝司法协作生态保护基地”等。同时，各级法院贯彻《长江保护法》第93条的规定，坚持“损害担责”原则，及时判决损害方赔偿生态环境修复费用。然而，从司法实践来看，长江流域存在生态环境修复费用标准不统一的问题，例如，7个省区市的法院在裁判文书中分别使用生态服务功能损失费、生态环境修复金（或资金）、生态环境修复费用、生态修复赔偿金、生态补偿金等表述（见表1－8）。这反映了长江流域的人民法院对生态环境修复费用的裁判标准并不一致。同时，由于生态环

境修复费用的资金规模较大,当地对于流域生态修复的资金管理也需要尽快规范化。

表 1-8　长江流域 7 个省区市生态环境修复资金

序号	省区市	生态环境修复资金的表述	数额/万元
1	福建省	生态服务功能损失费	5391.88
2	广西壮族自治区	生态环境修复金	4765
3	安徽省	生态环境修复费用	7773.6
4	江西省	生态环境修复资金	1600
5	陕西省	生态修复赔偿金	1751.57
6	河南省	生态修复赔偿金	2430.5
7	云南省	生态补偿金	1443
合计			25155.05

(三)环境检察公益诉讼的专业化建设不断加强,办案机制逐渐完善

2021 年,全国检察机关持续推进环境检察公益诉讼的专业化建设,逐步完善公益诉讼办案规则和办案机制,不断提高公益诉讼办案效果。全国检察机关通过建立健全一体化办案、跨区域协作、公开听证、磋商等办案机制和办案方式,不断提升环境检察公益诉讼的专业化建设。

1. 检察机关作为提起环境公益诉讼主体的地位依旧凸显。在案件数量上,2021 年,全国检察机关共立案公益诉讼案件 16.9 万件,同比上升 12.3%。[89]从起诉主体的角度分析,在整理的 2015 年至 2021 年"两高"发布的 118 件环境公益诉讼典型案例中,检察机关作为起诉主体或提出检察建议的有 96 件,占 81.36%;社会组织作为起诉主体的有 22 件,占 18.64%(见图 1-31)。此外,检察机关向公共安全等领域拓展办案空间。由此可知,检察机关参与公益诉讼的机制进一步得到强化。

---

〔89〕《最高检举行"办案全覆盖　持续'回头看'——2021 公益诉讼检察"新闻发布会》,载最高人民检察院网 2022 年 3 月 3 日,https://www.spp.gov.cn/spp/baqfgcxhtk/xwfbh.shtml。

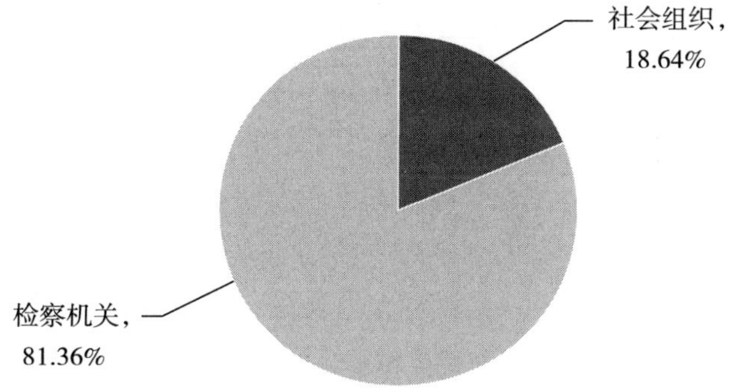

图1－31　环境公益诉讼指导性案例起诉主体分布

2. 跨区域司法协作成为推进公益诉讼工作的重要路径。最高人民检察院积极推动建立全国重要江河湖泊跨区划的行政公益诉讼管辖协作机制，长江流域21处省界断面已全面构建跨区划协作机制。上海、江苏、浙江三地检察机关会签《关于环太湖流域生态环境行政公益诉讼跨省际区划管辖协作意见》。陕西、山西、河南联合开展汾渭平原大气污染综合治理公益诉讼专项监督活动。辽宁、吉林、黑龙江、内蒙古共建东北“三省一区”林业生态资源和东北虎豹国家森林公园保护公益诉讼协作机制。

3. 综合运用多元手段保障公益诉讼程序。2021年，全国检察机关公益诉讼部门全面开展公益诉讼检察听证工作，2021年7月22日，最高人民检察院发布12件公益诉讼检察听证典型案例，其中有6件涉及生态环境和资源保护领域（见表1－9）。创设公益诉讼磋商办案机制，以明确规范行政公益诉讼磋商程序的适用情形、磋商方式。建立生态环境鉴定联合实验室、公益诉讼司法鉴定联合实验室，加强建设公益诉讼调查取证保障机制。

表1－9　公益诉讼检察听证典型案例

序号	典型案例目录	提起机关	立案时间
1	万峰湖流域生态环境保护公益诉讼案	最高人民检察院第八检察厅	2019年12月
2	河南省人民检察院郑州铁路运输分院督促保护黄河湿地、饮用水水源地行政公益诉讼案	河南省人民检察院郑州铁路运输检察分院	2020年7月
3	山东省青岛市检察机关督促大河东湿地生态修复行政公益诉讼案	山东省青岛市崂山区人民检察院	2018年6月

续表

序号	典型案例目录	提起机关	立案时间
4	重庆市两江地区人民检察院督促整治截污管网溢流污染环境行政公益诉讼案	重庆市两江地区人民检察院	2020 年 4 月
5	湖北省黄石市铁山区人民检察院督促整治乱占耕地违建房屋行政公益诉讼案	湖北省黄石市铁山区人民检察院	2020 年 4 月
6	四川省广元市利州区人民检察院督促整治违法占用国有存量土地停车乱象行政公益诉讼案	四川省广元市利州区人民检察院	2020 年 7 月
7	新疆维吾尔自治区布尔津县人民检察院督促收缴水土保持补偿费行政公益诉讼案	新疆维吾尔自治区布尔津县人民检察院	2020 年 10 月
8	福建省人民检察院督促保护英雄烈士纪念设施行政公益诉讼案	福建省人民检察院	2020 年 9 月
9	浙江省温州市鹿城区人民检察院督促保护不可移动文物行政公益诉讼案	浙江省温州市鹿城区人民检察院	2020 年 7 月
10	北京铁路运输检察院督促保护消费者知情权行政公益诉讼案	北京铁路运输检察院	2020 年 5 月
11	广东省江门市江海区人民检察院督促整治保护个人信息安全行政公益诉讼案	广东省江门市江海区人民检察院	2021 年 2 月
12	湖南省平江县人民检察院诉张某某等人非法捕捞水产品破坏生态资源刑事附带民事公益诉讼系列案	湖南省平江县人民检察院	2020 年 9 月

总体而言,2021 年,检察机关提起环境公益诉讼案件的办案规模稳中有升,办案质效和影响力不断提升。检察机关作为提起环境公益诉讼的绝对主力,推动环境公益诉讼从局部试点到全面推开,形成了环境公益司法保护的“中国方案”,有力促进环境公益诉讼发展。但也应看到,社会组织提起环境公益诉讼的制度还有提升空间,有关制度供给还有待加强。

四、深化环境司法改革创新,强化制度供给

回顾 2021 年,各级司法机关主动融入环境治理现代化的工作大局当中,充分发挥职能,在环境治理中发挥着越来越重要的作用;设置具有特色的地方环境司法专门机构,规范环境案件类型,创新管辖、审判和执行机制;促进形成“生态

优先、绿色发展”的司法理念,统一司法尺度,变革司法方式;设立环境司法外交主场,向世界输出环境司法的“中国经验”,推动构建“地球生命共同体”。环境司法工作继续高质量发展,环境司法领域扩大至合同、长江流域保护等新领域,工作体制机制日益完善。然而面对建设“大环保”格局的重任,环境司法规则仍有新规律、新举措有待持续探索和运用,环境司法作用的新空间、新场域有待深度挖掘和开发,环境司法工作尚须行远自迩、久久为功。2022 年,我们应当全面服务于国家整体战略,准确贯彻《关于新时代加强和创新环境资源审判工作为建设人与自然和谐共生的现代化提供司法服务和保障的意见》,以环境司法保护的“地区样本(模式)”为切入点,深化环境司法改革创新。我国应当进一步明确环境司法的性质、任务、组织体系、组织与活动原则及其工作制度,切实解决环境司法制度与已有司法制度的体系化、协调性问题,[90] 持续推动环境司法专门化体系建构,奋力提升环境审判专业化能力和水平,为生态保护积极贡献司法智慧和力量。我国应努力构建具有中国特色和国际影响力的生态环境司法保护体系,为协同推进人民富裕、国家强盛、中国美丽提供有力司法服务,[91] 绘就环境司法发展的新蓝图。

(一)持续推动环境司法专门化体系建构

在环境司法专门化体系建设的新征程中,司法机关须持续增强做好新时代环境司法工作的使命感与担当意识,提质增效、吐故纳新,做到系统化决策、精准化施策,推动环境司法专门化体系建设走深走实。

1. 深化专门司法组织体系建设,筑牢环境司法专业化根基

(1)深化环境资源审判机构建设。构建以集中管辖法院为统领、以专门法庭为主力、以巡回法庭为辅助的环境司法审判组织体系,着力保证跨域集中管辖法院的权威,提升专业法庭的执法力量,增强巡回法庭效能;深入贯彻《关于推动新时代人民法庭工作高质量发展的意见》,积极推动基层人民法庭的绿色化建设,赓续绿色理念,服务于全面推进乡村振兴;优化检察公益诉讼机构建设。严格遵循《人民检察院公益诉讼办案规则》,着力推动公益诉讼检察一体化进程;有序推动乡镇检察室公益诉讼办案中心设置,形成执法权下沉到底、基层环

[90] 吕忠梅:《习近平生态环境法治理论的实践内涵》,载《中国政法大学学报》2021 年第 6 期。

[91] 孙航:《周强对环境资源审判工作提出要求强调为协同推进人民富裕、国家强盛、中国美丽提供有力司法服务》,载中国法院网,https://www.chinacourt.org/article/detail/2021/12/id/6427804.shtml,最后访问日期:2022 年 4 月 27 日。

境资源专门法庭之间协作配合的治理格局;深入贯彻《关于健全完善侦查监督与协作配合机制的意见》,加强检察机关公益诉讼检察部门与派驻公安机关执法办案管理中心的协作,深化衔接机制,发挥部门合力。

(2)强化环境司法队伍能力建设。优化制度支撑,锻造“五个过硬”司法队伍,提升团队战斗力;全面加强队伍专业能力建设,加大培训力度,培养既精通环境法,又熟悉相关经济、社会以及环境科学知识的专家型法官,努力建设一支党和人民信得过、靠得住、能放心的专业化环境资源审判队伍;[92]以国际环境司法交流互访机制为平台,促进经验相互借鉴和共享;大力推进环境司法审判支持队伍的规范化建设,建立健全环境资源审判技术调查人才库,充分发挥环境司法保护专家智库的作用,加强法官和技术调查官的沟通,着力完善证据链条;发挥广大人民智慧,积极适用陪审制,普遍推行具有专门知识的人民陪审员参与环境资源审判的“3 + 4”合议制。

2. 积极探索环境司法新机制,大力提升环境司法程序质效

(1)完善环境资源案件集中管辖机制。在全国范围内普遍推广跨区域集中管辖,探索符合地域特点的具体领域管辖;积极健全以流域、森林、湿地等生态系统或者以国家公园、自然保护区等生态功能区为单位的跨行政区划集中管辖制度;[93]完善集中管辖法院跨区域集中管辖环境资源案件的原则和标准,保证地域范围的全覆盖;实现跨区域集中管辖法定化,[94]进一步明确一般管辖与专门管辖的衔接规则,保障当事人的管辖选择权。

(2)健全环境资源审判机制。以《环境资源案件类型与统计规范(试行)》为指引,明确归口审理案件类型;做好民、刑、行沟通工作,保证环境资源案件在立案上有效识别、统一归口、集中审理;完善环境资源刑事、民事、行政案件“三合一”审判模式,确保环境司法理念在不同类型环境资源案件中得到统一贯彻落

[92] 最高人民法院《关于新时代加强和创新环境资源审判工作为建设人与自然和谐共生的现代化提供司法服务和保障的意见》,载最高人民法院网,http://www.court.gov.cn/fabu-xiangqing-328811.html,最后访问日期:2022 年 4 月 28 日。

[93] 王丽丽:《为构建人与自然和谐共生的现代化提供有力司法服务和保障——最高法相关负责人就加强和创新环资审判答记者问》,载《人民法院报》2021 年 10 月 29 日,第 2 版。

[94] 徐胜萍、曾佳:《论环境资源案件跨区域集中管辖制度的完善》,载《华东师范大学学报(哲学社会科学版)》2017 年第 1 期。

实;[95]积极总结“四审合一”审判经验,探索一套成熟的审执衔接机制。建立由环境资源审判机构牵头,与立案、刑事、民事、行政、执行等业务部门分工配合的内部协同审判机制。[96]

(3)优化环境司法协作机制。要以体制机制建设为重点,构建环境资源案件刑事、民事、行政以及立案、执行协同审判大格局,完善预防性、恢复性司法措施,健全公益诉讼制度,丰富多元化纠纷解决方式;[97]以联席会议、专项督办、信息互通等机制建设为重要平台,强化公、法、检、政之间的协作;推动公、检、法派驻生态环境和资源保护主管部门的联络机构的常态化建设,积极构建司法保护一体化数字平台;逐步探索行政机关提起环境民事公益诉讼制度,做好行政机关与检察机关的职能配合,厘清行、民责任边界。

3. 推动专门规则体系化建构,强化司法理论的实践性转化

(1)注重顶层设计,用好最严密法治这一制度优势。完善生态环境司法保护的法律规范体系,加强生物安全、生态文明、防范风险等重要领域立法,为环境资源审判实践提供有力制度支持;积极探索气候变化司法应对、构建碳排放体系和碳交易体系等领域的司法新问题,努力成为国际规则的重要参与者、贡献者、引领者;[98]深入贯彻绿色理念和系统性思维,以宪法为根本遵循,全面把握环境保护立法修法精神,适时制定和完善刑法及民法典的相关司法解释,确保法律准确适用;同时建立健全典型案例常态化发布机制,充分发挥案例的引领示范和补充作用,统一裁判尺度。

(2)完善环境资源审理规则,着力解决生态环境保护领域的技术性难题。深入落实风险预防原则,以公益诉讼基金和环保禁止令为重要支撑,强化预防性公益诉讼规则的构建;以能动司法理论、系统治理理论为理论根基,创新审理规则;完善环境司法证据认定规则,运用科技提高证明力度;明确危险排除责任的

---

[95] 最高人民法院《关于新时代加强和创新环境资源审判工作为建设人与自然和谐共生的现代化提供司法服务和保障的意见》,载最高人民法院网,http://www.court.gov.cn/fabu-xiangqing-328811.html,最后访问日期:2022 年 4 月 29 日。

[96] 杨临萍:《践行习近平法治思想 全面加强生态环境司法保护》,载《人民法院报》2022 年 1 月 20 日,第 5 版。

[97] 最高人民法院《关于新时代加强和创新环境资源审判工作为建设人与自然和谐共生的现代化提供司法服务和保障的意见》,载最高人民法院网,http://www.court.gov.cn/fabu-xiangqing-328811.html,最后访问日期:2022 年 4 月 29 日。

[98] 江必新:《加强生态文明建设理论研究 推动环境资源司法创新发展》,载《人民司法(应用)》2018 年第 10 期。

内涵与形式，以生态环境风险管控标准为依据，识别和管控风险并合理分配证明责任；[99] 依托信息化技术手段，进一步促进信息技术与环境司法深度融合，提升环境司法便捷性、高效性和透明度，推进环境法治建设，[100] 全面推进在线诉讼规则适用，增强数字时代环境司法裁判规则的引领力。

（二）奋力提升环境审判专业化能力水平

在环境保护司法专门化基础上，将“生态优先、绿色发展”的司法理念进一步向传统司法领域延展，提升环境审判专业化的能力和水平。

1. 以“绿色”理念为指导，准确释义《民法典》“绿色条款”

在民法的价值上建立起与环境法相融合的理念，建立《民法典》“绿色条款”类型化的体系化解释框架，提升民事规范的体系化程度，增强裁判性功能；[101] 以司法解释和指导性案例为平台，强化“绿色原则”填补法律漏洞的功能；准确理解“绿色原则”的规范含义，统一“绿色”的基本范畴，明晰“绿色原则”与“绿色规则”的适用位阶和适用规则；通过适度法典化对环境法律体系进行优化，解决分散立法模式导致的制度碎片化问题，实现《民法典》“绿色条款”与环境法的有效对接与调适；[102] 加强环境污染原因行为的类型化标准与针对性处理规则的构建，完善环境侵权制度的行为判定要件；以完全赔偿为原则，以指导性案例为辅助，合理界定环境侵权惩罚性赔偿的适用范围与边界；探索满足生态环境责任承担的司法解释路径与综合性解释方法，真正建立恢复性司法机制。[103]

2. 提升司法实质性审查，增强环境行政诉讼的纠纷解决能力

环境行政诉讼应当注重司法实质审查，构建相应的多元制度规则体系。保证对具体行政行为的合法性审查，强化对行政行为合理性审查的司法意识；进一步把握环境行政诉讼的实质审查标准，以最大限度地维护公民合法权益为标准，确定具体被诉行政行为的司法审查强度，[104] 促进行政权与司法权的衔接与协

---

〔99〕 于文轩、宋丽容：《论环境司法中预防原则的实现路径》，载《武汉大学学报（哲学社会科学版）》2022 年第 1 期。

〔100〕 杨临萍：《凝聚共识　发挥环境司法最大成效　聚同化异　携手促进环境法治发展——〈世界环境司法大会昆明宣言〉解读》，载《法律适用》2021 年第 11 期。

〔101〕 吕忠梅：《民法典绿色条款的类型化构造及与环境法典的衔接》，载《行政法学研究》2022 年第 2 期。

〔102〕 吕忠梅、窦海阳：《民法典“绿色化”与环境法典的调适》，载《中外法学》2018 年第 4 期。

〔103〕 吕忠梅等：《中国环境司法发展报告（2020 年）》，法律出版社 2021 年版，第 45 页。

〔104〕 余德厚、蒋文玉：《论行政诉讼司法审查的强度》，载《西南民族大学学报（人文社科版）》2020 年第 6 期。

调;强化司法审查的绿色导向,[105]增强对责令性环境行政行为的性质界定,将预防性行政责任和惩罚性行政责任进行适度界分,以类型化思维做好环境行政行为的准确判断与识别;明确公众参与环境行政执法的过程、监督、评估的途径与权利诉求,促进环境整体治理能力提升。

3. 厘清环境刑事犯罪内在机理和强化多元化治理机制,提升环境司法效能

加强环境领域的刑事立法,做好环境立法与刑事立法的衔接与协调,尽可能实现对环境领域的动态覆盖。积极运用相关刑事政策,落实大局统筹观;对污染环境犯罪走多元治理的道路,加强法律治理、行政治理、经济治理、社会治理等方面的机制配置,并实现其充分协同;[106]强化行政外部力量,提高公民的生态文明守法水平和环境犯罪治理的司法效能;在生态环境犯罪领域引入恢复性司法机制,[107]加强犯罪行为人对生态修复责任的承担,助力提升生态环境治理效果;树立积极刑法观,加强对生态法益的实质性识别,构建多重利益衡量标准,科学界定相关行为;适时引入相对严格责任,降低对某些环境犯罪的证明责任,[108]细化证明标准,科学还原犯罪链条,增强行为认定能力。

4. 持续推动环境公益诉讼与生态环境损害赔偿诉讼分化与衔接

公益诉讼作为法律制度、司法制度的重大创新,其司法规则的建设依然在路上,还有许多新情况、新问题有待深刻认识。积极拓展公益诉讼受案范围,统一特定事项的裁判尺度;建立健全审核激励制度,拓展社会组织提起环境公益诉讼的空间;提升预防性环境民事公益诉讼的规范化程度,并有条件地探索预防性行政公益诉讼,明确预防性环境行政公益诉讼"督促与补充"的功能定位,明晰预防性环境公益诉讼的适用范围和启动条件等;[109]强化刑事诉讼与民事公益诉讼程序的有效统合,补足刑事附带环境民事公益诉讼的诉前程序规则;准确定位环境公益诉讼的目标及功能,完善环境公益诉讼内外部间的衔接与互动规则,确保在生态环境治理体系中形成制度合力。

结合《民法典》及相关司法解释,推动生态环境损害赔偿责任的承担方式、适用条件、诉讼请求、修复费用等规则制度细化、定型化,形成完备的"绿色规

---

〔105〕 吕忠梅等:《中国环境司法发展报告(2020 年)》,法律出版社 2021 年版,第 45 页。
〔106〕 焦艳鹏:《污染环境犯罪的司法效能提升与多元治理机制构建》,载《中州学刊》2021 年第 12 期。
〔107〕 徐军、钟友琴:《恢复性司法在生态环境刑罚中的定位重构》,载《环境污染与防治》2022 年第 4 期。
〔108〕 石艳芳:《我国环境犯罪刑事规制的检视与完善》,载《中国人民公安大学学报(社会科学版)》2021 年第 4 期。
〔109〕 张百灵:《预防性环境行政公益诉讼的理论基础与制度展开》,载《行政法学研究》2021 年第 6 期。

则”体系。准确界定生态环境损害赔偿责任的法律属性,明确生态环境损害代修复制度与环境行政代履行制度的关系,明晰行政机关代修复权和代履行权的适用边界;保障生态环境损害赔偿制度与其他法律法规及诉讼程序衔接的流畅性,实现生态环境损害赔偿制度立法的精细化、体系化以及实践的规范化;明确生态环境修复的标准,分类适用生态环境修复责任,规范代履行费用追偿,以保障责任的履行实效;把生态赔偿条款的原则性规定转化为细密的具体制度体系,为“两诉”协调互补提供充足依据和坚实基础。[110]

5. 积极探索重点领域的环境司法工作,实现法律与政策的良性互动

积极推动环境资源重点领域的环境司法保护工作。以三大“生命(命运)共同体”为目标指向,依法审理碳交易、流域和濒危物种等方面的相关案件,加强气候变化、生态系统多样性和生物多样性等领域的司法保护;研究碳排放权交易、生物多样性保护等相关案件的审理规则,制定环境资源案件证据规则。[111]

积极回应涉气候变化争议,助力“双碳”目标的达成。深入践行“两山”理念,精准服务“双碳”工作;[112] 梳理总结涉碳要素和涉碳领域的新问题、新样态,准确识别碳排放权交易纠纷、碳衍生品交易纠纷、碳税纠纷等,科学归类气候变化减缓类案件、气候变化适应类案件;依法审理涉碳民事、行政、刑事案件,推动涉碳纠纷案件“三合一”归口审理;优化气候变化应对类案件的协调机制建设,加强法院内部共建共享、外部协调联动,形成气候变化应对治理合力;积极探索审理碳排放权交易的各类案件,认真总结经验,为立法机关进行气候变化应对立法提供典型案例经验;[113] 优化生态司法修复机制,逐步推进碳汇认购等新型修复模式,探索适合自身特点的涉碳法律责任承担方式。

深入贯彻“地球生命共同体”理念,为生物多样性提供强有力的司法保障。积极运用法治为生物多样性“护航”,贯彻落实《昆明宣言》,尽快推动制定生物多样性司法保护意见及司法解释,发布审判白皮书和指导性案例;应当着力发挥审判职能,提炼生物多样性保护案件的裁判规则;建立健全生物多样性公益诉讼

---

〔110〕 巩固:《生态环境损害赔偿诉讼与环境民事公益诉讼关系探究——兼析〈民法典〉生态赔偿条款》,载《法学论坛》2022 年第 1 期。

〔111〕 王玮:《最高法:为中国美丽提供有力司法服务》,载《中国环境报》2021 年 12 月 27 日,第 8 版。

〔112〕 《2022 年最高人民法院工作报告》,载新华网,http://www.xinhuanet.com/politics/2022lh/2022-03/15/c_1128472515.htm,最后访问日期:2022 年 3 月 25 日。

〔113〕 孙佑海:《为实现“双碳”目标提供有力司法保障》,载《人民法院报》2021 年 6 月 11 日,第 2 版。

机制，强化公众参与生物多样性保护的司法保障；[114] 建立完善野生动物肇事补偿制度，积极探索补偿制度与多元解纷的衔接机制；增强环境司法的公众参与力度，倡导全民行动，发挥司法引领人民群众将保护生物多样性的法治意识转化为行动自觉的示范功能；协力构建环境司法案例、司法经验的多元化共享平台，建立常态化的国际环境司法交流互访机制，[115] 传播好中国声音。

强化"大江大河"的司法保护，建立健全流域环境资源审判体系。坚持系统治理理念，积极探索建立流域型公益诉讼机制，探索多元化生态修复方式，保障流域的可持续发展；结合违法行为发生地的区域现实，统一裁判标准和尺度，适时发布司法指导性案例；将成熟的流域司法保护经验和做法及时上升为司法解释等规范性文件，制定和完善流域司法诉讼规则；[116] 深化流域司法协作机制的实质内核，共建共享发布案例、宣传教育材料、印发刊物、环境修复资金池等，共抓流域司法保护机制一体化建设；以多形式、全角度推动普法宣传，形成全民共同参与保护"母亲河"的良好氛围；加强司法在推动"山水林田湖草沙冰"系统治理中的作用，积极落实国务院办公厅印发的《关于加强草原保护修复的若干意见》，完善草原行政执法与刑事司法衔接机制，依法惩治破坏草原的犯罪行为；[117] 强化对雪山、冰川等江水源头的司法保护，积极探索以国家公园为标准的跨区域集中管辖制度。

---

〔114〕《中共中央办公厅　国务院办公厅印发〈关于进一步加强生物多样性保护的意见〉》，载中国政府网，http://www.gov.cn/zhengce/2021-10/19/content_5643674.htm，最后访问日期：2022 年 4 月 29 日。

〔115〕最高人民法院《关于新时代加强和创新环境资源审判工作为建设人与自然和谐共生的现代化提供司法服务和保障的意见》，载最高人民法院网，http://www.court.gov.cn/fabu-xiangqing-328811.html，最后访问日期：2022 年 4 月 29 日。

〔116〕秦天宝：《我国流域环境司法保护的转型与重构》，载《东方法学》2021 年第 2 期。

〔117〕《国务院办公厅关于加强草原保护修复的若干意见》，载中国政府网，http://www.gov.cn/zhengce/content/2021-03/30/content_5596791.htm，最后访问日期：2022 年 4 月 26 日。

重点分析篇

环境侵权案件的系统审视与争点解析*

刘　超　陈梓铭

一、研究样本概述

本研究目标在于观察分析 2021 年环境侵权领域司法的动态进展与发展趋势，对其展开多维度的观察分析。科学合理地确定研究样本是达到研究目标的前提基础。本研究选定“中国裁判文书网”作为样本来源的数据库，明确以下三大检索事项，最终确定研究样本：（1）就检索的案由而言，依据最高人民法院《民事案件案由规定》所确定的案由分类标准，聚焦于该规定中的“第九部分”“三十一、侵权责任纠纷”之“377. 环境污染责任纠纷”类案件进行检索、下载、整理与分析；（2）就检索的裁判文书类型而言，检索后笔者经由比对取舍，综合考虑不同类型裁判文书的研究价值、总体数量、论证充分度等因素，最终选定判决书这一类型作为本研究的分析对象；（3）就检索时间范围而言，在检索条件中选定审结日期为 2021 年 1 月 1 日至 2021 年 12 月 31 日的案件。

本报告的研究样本主要通过前述方法收集，研究组共收集到 243 份民事判决书。经过具体分析、筛选和甄别，发现其中的 22 件环境民事公益诉讼案件、1 件产品责任纠纷案件不属于环境侵权纠纷，故最终纳入本报告研究样本的案件数量确定为 220 份环境侵权案件民事判决书。为研究便利，河南省灵宝市基层人民法院（2021）豫 1282 民再 12 号一审再审民事判决书、辽宁省鞍山市中级人民法院（2021）辽 03 民再 48 号二审再审民事判决书分别纳入一审判决书和二审判决书中统计梳理。经过进一步的筛选与归类，在 220 份环境侵权案件民事判决书中，一审判决书的数量为 123 份，二审判决书的数量为 97 份，其与 2020 年的情况对比详见表 2 - 1。

* 感谢华侨大学法学院硕士研究生伍森、陆鑫栩、郭志朋、林虹、马鹏飞、王祎、颜永材等同学参与裁判文书的收集与整理工作。

表 2-1 2021 年与 2020 年判决书数量比较

单位:件

年份	一审判决书数量	二审判决书数量	判决书总量
2021	123	97	220
2020	68	73	141

对前述 220 份研究样本进行归类与管理,需要依据《民事案件案由规定》和《环境资源案件类型与统计规范(试行)》中的相关规定,两份文件均是最高人民法院近年来颁布施行的规范性文件。《民事案件案由规定》于 2020 年 12 月 14 日修改,2021 年 1 月 1 日施行,长期以来在方便当事人进行民事诉讼,规范人民法院民事立案、审判和司法统计工作等方面发挥了重要作用。[1]《环境资源案件类型与统计规范(试行)》于 2021 年 1 月 4 日印发施行。《民事案件案由规定》将"环境污染责任纠纷"项下的案由类型划分为大气污染责任纠纷、水污染责任纠纷、土壤污染责任纠纷、电子废物污染责任纠纷、固体废物污染责任纠纷、噪声污染责任纠纷、光污染责任纠纷、放射性污染责任纠纷八大类型,《环境资源案件类型与统计规范(试行)》基本遵循此思路并基于审理环境污染防治类案件的需要,从定义、划分标准、基本特点等方面对环境资源案件予以明晰。

笔者通过解读《环境资源案件类型与统计规范(试行)》的表述可知,《民事案件案由规定》所确定的环境污染案件的分类思路,仍有精细化归类管理的空间。《环境资源案件类型与统计规范(试行)》明确将被侵害的环境介质属性与污染环境的原因类型作为划分标准,可进一步将环境污染类案件划分为环境介质污染案件、有毒有害物质污染案件、能量污染案件三大类型。环境介质污染案件按照被侵害的环境介质属性进行划分,分为土壤、大气、噪声、水等污染案件。有毒有害物质污染案件和能量污染案件按照污染环境的原因进行类型区分,前者指固体废物、电子废物、放射性物质、危险化学品等有毒有害物质污染案件,以及未纳入国家或地方环境标准的污染物等其他物质污染案件;后者指噪声、振动、光、热、电磁辐射、电离辐射等能量造成损害的案件。研究组根据《环境资源案件类型与统计规范(试行)》确定的案件分类标准,现就研究样本在三大类型案件中的分布情况进行统计。对于符合多种划分标准的环境污染案件,本报告

---

〔1〕 最高人民法院《关于印发修改后的〈民事案件案由规定〉的通知》。

依据《环境资源案件类型与统计规范(试行)》的要求,[2]详细阅读其判决原文并将其归入对应的单一污染防治案件类型。虽如此,仍存在11件案件难以进行单一类型化处理,这些案件包括:贾某1、贾某2、贾某3与喀左县宏盛达肉类食品有限公司的环境污染责任纠纷民事六大系列案(一审+二审),蒋某某与中铁十八局集团有限公司水污染责任纠纷一案,谢某1、胡某某、谢某2、牟某某、谢某3与屏山县五尺道生态种养殖有限公司环境污染责任纠纷两案(一审+二审),上诉人都安玉杰种养专业合作社与上诉人中国铁路财产保险自保有限公司、被上诉人中铁十一局集团有限公司、中铁十一局集团有限公司贵南高铁项目经理部环境污染责任纠纷一案,上诉人溧阳市万兴特种建材有限公司与被上诉人溧阳市陆申钢结构件有限公司环境污染责任纠纷一案。基于《环境资源案件类型与统计规范(试行)》,研究样本的分布频次如表2-2所示。

表2-2　环境介质污染案件、有毒有害物质污染案件、能量污染案件分布频次

单位:件

审级	环境介质污染案件	有毒有害物质污染案件	能量污染案件
一审	61	2	56
二审	54	3	33
合计	115	5	89

《环境资源案件类型与统计规范(试行)》既是审理环境资源案件的类型化指引,也是环境资源案件统计分析的规范标准。考虑到2021年环境侵权案件审判实践中的案由分类体系与认定标准均基于《民事案件案由规定》所确定的方案,因此,本研究报告沿用《民事案件案由规定》对于"环境污染责任纠纷"案件的分类,将其作为本研究报告写作的依据和线索。总体而言,2021年的环境侵权案件审判中相较上一年度,案件数量稳中有升,案件分布既反映共性规律又显现出个性特征;随着《民法典》的施行生效,该法第1232条规定的环境侵权惩罚性赔偿开始在环境司法审判活动中被适用。因此,本研究报告一方面展开对2021年环境侵权案件进行全面梳理和多维审视,另一方面对2021年环境侵权惩罚性赔偿案件进行样本梳理与争议点检讨。

[2]《环境资源案件类型与统计规范(试行)》中规定:"在一个污染行为同时符合两种划分标准,比如有毒有害物质污染了土壤,既可能形成有毒有害物质污染案件,也可能形成土壤污染案件的情况下,根据具体案件重点保护的法益、维护的秩序以及统计需要归入对应案由。"

二、环境侵权案件的多维检视

下文将从省域分布、诉讼主体类型、裁判援引实体法依据、污染种类、胜败诉及改判情况、共同侵权、责任形式等方面观察剖析 2021 年环境侵权案件,以期为整体认识 2021 年环境侵权纠纷司法解决情况提供多维视角。

(一)案件的省域分布

2021 年与 2020 年各省区市案件分布情况详见表 2-3。

表 2-3 2021 年与 2020 年各省区市案件分布情况

单位:件

省区市	一审判决书数量		二审判决书数量		判决书总量		
	2021 年	2020 年	2021 年	2020 年	2021 年	2020 年	合计
北京市	29	1	9	2	38	3	41
天津市	0	2	4	0	4	2	6
上海市	0	0	0	0	0	0	0
重庆市	4	5	7	1	11	6	17
河北省	2	2	1	1	3	3	6
山西省	15	2	0	2	15	4	19
辽宁省	8	11	19	4	27	15	42
吉林省	7	2	0	3	7	5	12
黑龙江省	2	1	2	3	4	4	8
江苏省	2	1	2	4	4	5	9
浙江省	1	2	1	0	2	2	4
安徽省	3	1	0	4	3	5	8
福建省	1	1	1	6	2	7	9
江西省	1	1	0	4	1	5	6
山东省	4	2	12	6	16	8	24
河南省	3	6	3	7	6	13	19
湖北省	2	2	4	3	6	5	11
湖南省	5	1	9	3	14	4	18
广东省	9	2	6	6	15	8	23

续表

省区市	一审判决书数量		二审判决书数量		判决书总量		
	2021 年	2020 年	2021 年	2020 年	2021 年	2020 年	合计
海南省	0	0	0	0	0	0	0
四川省	3	3	2	1	5	4	9
贵州省	3	10	6	1	9	11	20
云南省	11	2	1	2	12	4	16
陕西省	2	3	2	3	4	6	10
甘肃省	0	0	0	0	0	0	0
青海省	1	0	0	0	1	0	1
内蒙古自治区	1	2	0	2	1	4	5
广西壮族自治区	4	2	5	5	9	7	16
西藏自治区	0	0	0	0	0	0	0
宁夏回族自治区	0	0	0	0	0	0	0
新疆维吾尔自治区	0	1	1	0	1	1	2

注:2021 年各省区市案件分布数据来自本报告研究过程中对研究样本的分析提取,2020 年各省区市案件分布数据源于已出版的《中国环境司法发展报告(2020 年)》中的《环境侵权案件的多维检视与重点剖析》部分中的表 2－2。刘超、吴晓斌:《环境侵权案件的多维检视与重点剖析》,载吕忠梅等:《中国环境司法发展报告(2020 年)》,法律出版社 2021 年版,第 53～54 页。

我国 2021 年环境侵权案件判决书总量为 220 件,而 2020 年环境侵权判决书总量为 141 件,[3] 整体数量增长较为显著。阐明新一年环境侵权案件的具体演进情况,需要同时对 2021 年度与 2020 年度环境侵权案件判决书在各省区市的分布情况进行统计。为此,为阐明 2021 年情况,本报告在研究过程中对研究样本进行了内容阅读与数据提取,由此确定案件省域分布情况。本报告的数据提取自《中国环境司法发展报告(2020 年)》的《环境侵权案件的多维检视与重点剖析》部分中的相关图表,下文在分析中将逐一标出具体数据来源。与 2020 年相比,2021 年各省区市环境侵权案件数量变化的分布与演进呈现如下特征:

1. 环境侵权案件数量的省域分布呈大部分省区市增长,少部分省区市持平

〔3〕 2020 年环境侵权判决书总量的数据源于已出版的《中国环境司法发展报告(2020 年)》中的《环境侵权案件的多维检视与重点剖析》部分中的图 2－1。刘超、吴晓斌:《环境侵权案件的多维检视与重点剖析》,载吕忠梅等:《中国环境司法发展报告(2020 年)》,法律出版社 2021 年版,第 51 页。

或减少的发展趋势。基于表 2 - 3 可知,与 2020 年相比,2021 年案件数量出现增长的省区市共计 14 个,案件数量两年持平的省区市共计 9 个,案件数量减少的省区市共计 8 个。在检索所囊括的 31 个省份中,上海、海南、甘肃、西藏、宁夏两年间均未检索到环境侵权案件,研究组具体观察此外 26 个省区市的环境侵权案件数据可知:(1)新疆、浙江、河北、黑龙江 4 个省(自治区)两年间案件数量保持一致,每年的案件发生量分别为 1 件、2 件、3 件、4 件;〔4〕(2)福建、江西、安徽等 8 个省区市的案件数量有所减少,其中,江西、福建、河南环境侵权案件减少幅度位居前列,2021 年江西、福建、河南 3 个省份案件数量分别为 1 件、2 件、6 件,2020 年江西、福建、河南 3 个省份案件数量分别为 5 件、7 件、13 件,〔5〕案件发生量分别减少 4 件、5 件、7 件,但基于表 2 - 3 可知,2020 年特定省区市出现的环境侵权案件"从有到无"的现象,2021 年并未出现;(3)北京、天津、广东、辽宁、云南等 14 个省区市的环境侵权案件数量出现了程度不一的增长,其中,北京、辽宁、湖南、山西的案件数量增长显著,2021 年北京、辽宁、湖南、山西案件数量分别为 38 件、27 件、14 件、15 件,2020 年北京、辽宁、湖南、山西案件数量分别 3 件、15 件、4 件、4 件,增加的案件数量均不少于 10 件;(4)基于表 2 - 3 可知,青海省环境侵权案件"从无到有"。

2. 环境侵权案件数量的省域分布呈三档分布特征,即两年间环境侵权案件在各省区市间的分布情况可按照三个数量区间进行划分:(1)两年合计发生环境侵权案件数量小于或等于 6 件的省区市有 12 个,其中,上海、海南、甘肃、西藏、宁夏两年间的案件发生量均为 0 件,〔6〕2021 年青海、新疆、浙江、内蒙古、天津、河北、江西的案件数量分别为 1 件、1 件、2 件、1 件、4 件、3 件、1 件,2020 年青海、新疆、浙江、内蒙古、天津、河北、江西的案件数量分别为 0 件、1 件、2 件、

〔4〕 2021 年新疆、浙江、河北、黑龙江的案件分布数据源于本报告的表 2 - 3;2020 年新疆、浙江、河北、黑龙江的案件分布数据源于已出版的《中国环境司法发展报告(2020 年)》中的《环境侵权案件的多维检视与重点剖析》部分中的表 2 - 2,刘超、吴晓斌:《环境侵权案件的多维检视与重点剖析》,载吕忠梅等:《中国环境司法发展报告(2020 年)》,法律出版社 2021 年版,第 53 ~ 54 页。

〔5〕 2021 年江西、福建、河南的案件分布数据源于本报告的表 2 - 3;2020 年江西、福建、河南的案件分布数据源于已出版的《中国环境司法发展报告(2020 年)》中的《环境侵权案件的多维检视与重点剖析》部分中的表 2 - 2,刘超、吴晓斌:《环境侵权案件的多维检视与重点剖析》,载吕忠梅等:《中国环境司法发展报告(2020 年)》,法律出版社 2021 年版,第 60 ~ 68 页。

〔6〕 2021 年上海、海南、甘肃、西藏、宁夏的案件分布数据源于本报告的表 2 - 3;2020 年上海、海南、甘肃、西藏、宁夏的案件分布数据源于已出版的《中国环境司法发展报告(2020 年)》中的《环境侵权案件的多维检视与重点剖析》部分中的表 2 - 2,刘超、吴晓斌:《环境侵权案件的多维检视与重点剖析》,载吕忠梅等:《中国环境司法发展报告(2020 年)》,法律出版社 2021 年版,第 53 ~ 54 页。

4 件、2 件、3 件、5 件；[7] (2) 两年合计发生环境侵权案件数量大于 6 件且小于或等于 15 件的省份有 8 个，其中，福建省 2021 年案件量较 2020 年显著下降（2020 年案件数量为 7 件，2021 年案件数量为 2 件），[8] 其余省区市的案件发生量均维持在稳定水平，具体包括黑龙江、安徽、江苏、四川、陕西、湖北、吉林，2021 年的案件数量分别为 4 件、3 件、4 件、5 件、4 件、6 件、7 件，2020 年的案件数量分别为 4 件、5 件、5 件、4 件、6 件、5 件、5 件；[9] (3) 两年合计发生环境侵权案件数量大于 15 件的省区市有 11 个，其中云南、湖南、山西、广东、山东、北京、辽宁地区 2021 年的案件数量均较 2020 年出现显著增长，2021 年云南、湖南、山西、广东、山东、北京、辽宁的案件数量为 12 件、14 件、15 件、15 件、16 件、38 件、27 件，2020 年云南、湖南、山西、广东、山东、北京、辽宁的案件数量为 4 件、4 件、4 件、8 件、8 件、3 件、15 件。[10]

系列案仍然是导致环境侵权案件骤增现象的一大原因：北京市 29 件一审案件中的 26 件案件均属于北京市大兴区榆垡镇新城嘉园小区业主某某诉新航城公司噪音污染系列案，山西省的 15 件一审案件均属于某某诉山西潞安祥瑞焦化有限公司、长治市麟源煤业有限责任公司环境污染责任纠纷系列案。

（二）案件诉讼主体的类型

根据检索提取的环境侵权判决书样本，表 2－4 对一审案件不同主体类型的

[7] 2021 年青海、新疆、浙江、内蒙古、天津、河北、江西的案件分布数据源于本报告的表 2－3；2020 年青海、新疆、浙江、内蒙古、天津、河北、江西的案件分布数据源于已出版的《中国环境司法发展报告（2020 年）》中的《环境侵权案件的多维检视与重点剖析》部分中的表 2－2，刘超、吴晓斌：《环境侵权案件的多维检视与重点剖析》，载吕忠梅等：《中国环境司法发展报告（2020 年）》，法律出版社 2021 年版，第 53～54 页。

[8] 2021 年福建省的案件分布数据源于本报告的表 2－3；2020 年福建省的案件分布数据源于已出版的《中国环境司法发展报告（2020 年）》中的《环境侵权案件的多维检视与重点剖析》部分中的表 2－2，刘超、吴晓斌：《环境侵权案件的多维检视与重点剖析》，载吕忠梅等：《中国环境司法发展报告（2020 年）》，法律出版社 2021 年版，第 60～68 页。

[9] 2021 年黑龙江、安徽、江苏、四川、陕西、湖北、吉林等地的案件分布数据源于本报告的表 2－3；2020 年黑龙江、安徽、江苏、四川、陕西、湖北、吉林等地案件分布数据源于已出版的《中国环境司法发展报告（2020 年）》中的《环境侵权案件的多维检视与重点剖析》部分中的表 2－2，刘超、吴晓斌：《环境侵权案件的多维检视与重点剖析》，载吕忠梅等：《中国环境司法发展报告（2020 年）》，法律出版社 2021 年版，第 53～54 页。

[10] 2021 年云南、湖南、山西、广东、山东、北京、辽宁等地的案件分布数据源于本报告的表 2－3；2020 年云南、湖南、山西、广东、山东、北京、辽宁等地的案件分布数据源于已出版的《中国环境司法发展报告（2020 年）》中的《环境侵权案件的多维检视与重点剖析》部分中的表 2－2，刘超、吴晓斌：《环境侵权案件的多维检视与重点剖析》，载吕忠梅等：《中国环境司法发展报告（2020 年）》，法律出版社 2021 年版，第 53～54 页。

具体分布情况进行了梳理;图 2-1 及图 2-2 对二审案件不同主体类型的具体分布情况进行了梳理。整体而言,2021 年环境侵权案件中的各诉讼主体类型分布情况与 2020 年呈现相同特征,其中一审中最主要的原告主体类型、二审中最主要的上诉人主体类型均是自然人;一审中最主要的被告主体类型、二审中最主要的被上诉人主体类型均是企业;而政府及相关部门、农民专业合作社、社会组织三大类型的诉讼主体在环境侵权案件中占比较低,分别为 3 件、3 件、1 件。下文将聚焦自然人与企业这两大最主要的环境侵权诉讼主体类型,分别对其在一审、二审中的具体分布情况加以清晰呈现。

表 2-4　一审诉讼主体类型分布

单位:件

主体类型	原告	被告
自然人	115	19
企业	5	99
政府及相关部门	2	0
农民专业合作社	1	1
自然人、企业共同被告	—	4

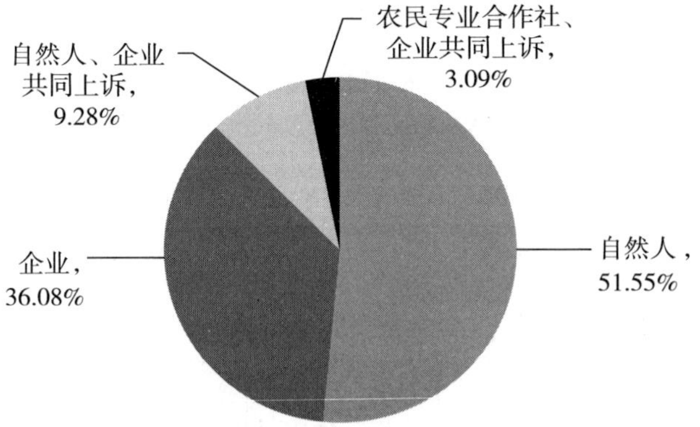

图 2-1　二审案件中上诉人主体类型

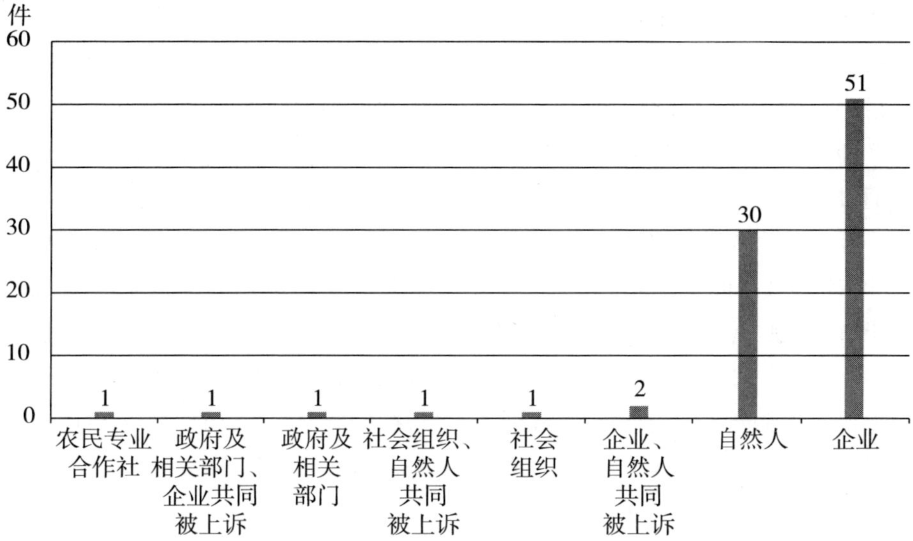

图 2－2　被上诉人主体类型

1. 自然人越发成为环境污染的主要受害者与环境侵权案件的主要上诉人。就一审案件而言,2021 年原告主体为自然人类型的案件数量达到 115 件,在一审案件原告主体类型总比中占比 93.50%,该数据反映出自然人因环境污染遭致权益损害进而提起环境侵权诉讼是环境侵权案件最为明显的发案情形。就二审案件而言,2021 年上诉人类型为自然人的案件数量达到 50 件,占上诉案件的比重达到 51.55%,且二审案件中共有 9 件自然人与企业共同上诉的案件,若将这一部分列入统计,上诉人为自然人类型的案件占比将进一步提高。由此可知,2021 年环境侵权上诉案件中,自然人类型的上诉人成为最主要的主体类型。自然人类型的上诉人认为原审法院在事实认定或法律适用方面存在错误,导致其诉讼请求无法得到支持(或仅得到部分支持),故此提起上诉,请求改判的主要事项包括:认定成立环境侵权、支持停止侵害、调整赔偿金额、调整损失赔偿比例。〔11〕 此外,环境侵权案件中原告类型、上诉人类型为农民专业合作社的案件分别有 1 件、3 件。

〔11〕 辽宁省阜新市中级人民法院二审民事判决书,(2021)辽 09 民终 104 号;重庆市第三中级人民法院二审民事判决书,(2021)渝 03 民终 269 号;湖南省娄底市中级人民法院二审民事判决书,(2021)湘 13 民终 471 号;广东省东莞市中级人民法院二审民事判决书,(2021)粤 19 民终 3445 号;湖南省衡阳市中级人民法院二审民事判决书,(2021)湘 04 民终 1797 号;北京市第四中级人民法院二审民事判决书,(2020)京 04 民终 372 号。

2. 环境侵权案件中企业往往是环境污染的主要实施者和环境侵权案件的主要被上诉人。就一审案件而言,2021 年被告主体为企业类型的案件数量达到 99 件,在一审案件被告主体类型总比中占比 80.49%。相较 2020 年,企业主体因其生产经营活动对环境造成影响,造成相关主体利益受损的情况日趋加剧,因此如何通过审判规则、程序的完善,以及审判方式与其他治理方式的协同以更有效解决企业环境侵权频发问题,仍然是环境司法治理的重难点工作。就二审案件而言,2021 年被上诉人为企业类型的案件数量达到 51 件,在二审案件被上诉人主体类型总比中占比 52.5%;若将二审案件自然人与企业共同上诉的案件列入统计,案件数量及比重还将升高,可见环境侵权二审案件中企业已经成为最主要的被上诉主体类型。为定分止争、降低上诉率,被告类型为企业的一审案件的审理有必要通过更科学的法律适用、更准确的事实认定、更充分的说理提高判决的可接受度。

(三)裁判援引实体法依据

2021 年是《民法典》施行的第一年,《民法典》的相关法条在 2021 年的判决书中均被以相当大的比例援引适用,此外,样本中也有相当一部分判决书援引以《环境保护法》为代表的环境行政法律规范,并将其作为判决依据。图 2-3、图 2-4、表 2-5 分别对一审环境侵权案件对于重要法律条文的援引频次进行了统计。

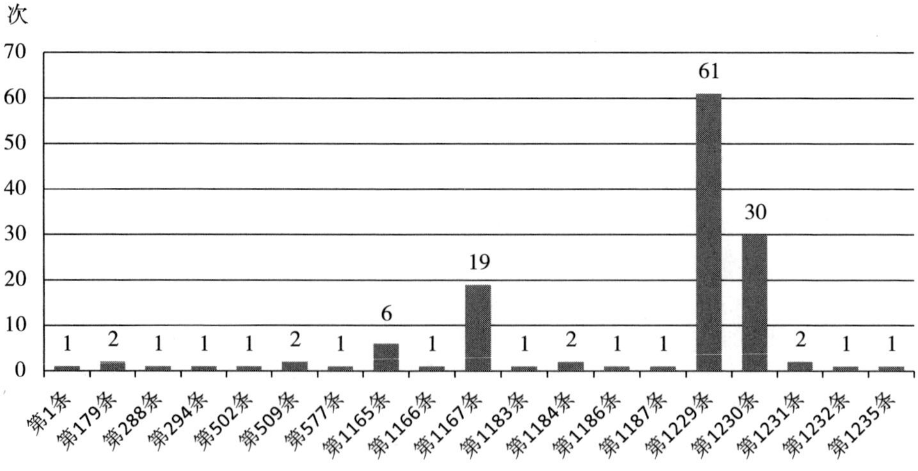

图 2-3 一审案件中《民法典》援引情况

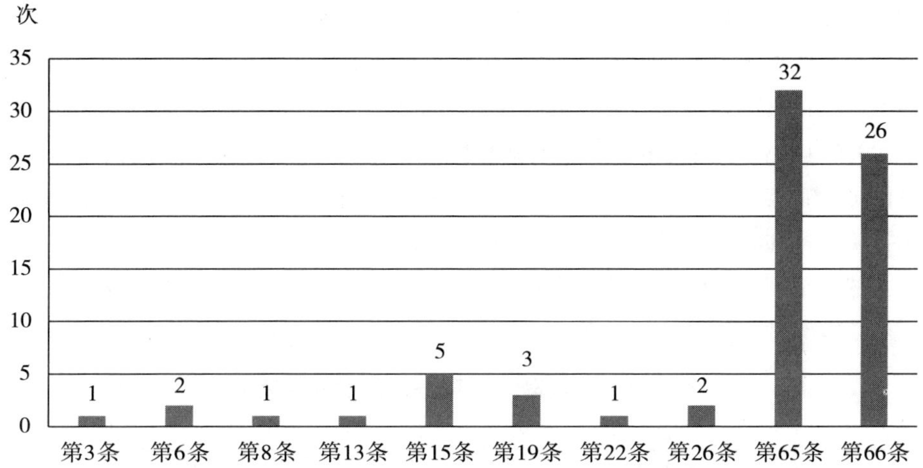

图 2-4　一审案件中《侵权责任法》援引情况

表 2-5　一审案件中环境保护基本法及其单行法援引情况

环境保护基本法及单行法	法条位置	援引频次
《环境保护法》	第 33 条	1
	第 42 条	1
	第 64 条	5
《大气污染防治法》	第 125 条	1
《固体废物污染环境防治法》	第 84 条	1
	第 85 条	1
《环境噪声污染防治法》	第 2 条	5
	第 41 条	2
	第 61 条	1
《水污染防治法》	第 85 条	1
	第 87 条	1
	第 96 条	1
	第 98 条	1

样本的二审案件中有 11 件案件得到改判，适用的实体法律依据有《民法典》《侵权责任法》《大气污染防治法》《环境噪声污染防治法》。由于二审案件

的周期比较长,很多案件侵权事实都发生在《民法典》正式施行前,因此二审案件的裁判依据主要是原来的《侵权责任法》,仅有 1 件适用《民法典》的规定。[12] 在上诉人刘某某与被上诉人京沪高速铁路股份有限公司噪声污染责任纠纷一案中,2016 年天津铁路运输法院以刘某某住宅环境噪声并没有超过国家标准为由驳回了刘某某的诉讼,北京市第四中级人民法院二审时认定刘某某遭受的噪声污染依然存在,是根据最高人民法院《关于适用〈中华人民共和国民法典〉时间效力的若干规定》第 1 条第 3 款的规定,[13] 以《民法典》为裁判的实体法律依据。二审案件中的具体法律条文适用频次如表 2 –6 所示。

表 2 –6　二审案件中具体法律条文适用频次

单位:次

法律条文	适用频次
《民法典》第 1229 条	1
《民法典》第 1230 条	1
《环境噪声污染防治法》第 2 条	1
《侵权责任法》第 6 条	1
《侵权责任法》第 11 条	1
《侵权责任法》第 19 条	1
《侵权责任法》第 65 条	8
《侵权责任法》第 66 条	5
《大气污染防治法》第 77 条	2
《大气污染防治法》第 82 条	2

1. 在环境侵权案件中,《民法典》与《侵权责任法》的重点适用法条被赋予的功能定位基本一致。环境侵权案件所适用的法条集中于《民法典》侵权责任编的第一章"一般规定"与第七章"环境污染和生态破坏责任",综合一审、二审情况,该编中的重点适用法条及援引频次如下:《民法典》第 1167 条、第 1229 条、第 1230 条的具体援引频次分别为 19 次、62 次、31 次。在环境侵权案件中,《侵权

〔12〕 北京市第四中级人民法院二审民事判决书,(2020)京 04 民终 372 号。

〔13〕 最高人民法院《关于适用〈中华人民共和国民法典〉时间效力的若干规定》第 1 条第 3 款规定:"民法典施行前的法律事实持续至民法典施行后,该法律事实引起的民事纠纷案件,适用民法典的规定,但是法律、司法解释另有规定的除外。"

责任法》的重点适用法条包括第 15 条、第 65 条、第 66 条，援引频次分别为 5 次、40 次、31 次。深入观察 2021 年《民法典》《侵权责任法》重点法条的内容及其援引情况可知：(1)《民法典》第 1167 条与《侵权责任法》第 15 条的条文内容基本一致，均是关于侵权责任承担方式的规定，其在判决中往往发挥确定责任承担方式的功能；(2)《民法典》第 1229 条与《侵权责任法》第 65 条的条文内容基本一致，均是关于环境侵权责任的规定，《民法典》拓展了其适用范围，由污染环境行为拓展至污染环境与破坏生态的行为，其在判决中往往发挥确定行为主体是否需要承担侵权责任的功能；(3)《民法典》第 1230 条与《侵权责任法》第 66 条的条文内容基本一致，均是关于减免事由与因果关系证明责任分配的规定，其在判决中往往发挥决定争讼双方胜败诉结果的功能。值得注意的是，适用《民法典》裁判的案件存在法院确定的案由为环境污染责任纠纷，但是裁判适用的是《民法典》物权编、合同编的法律条文的情况。例如，在桂某某诉邢某某噪声污染责任纠纷一案中，〔14〕法院确定的案由为噪声环境污染责任纠纷，但是法院结合双方楼上楼下的邻里关系，以《民法典》第 288 条（处理相邻关系的原则）为裁判的实体法依据。又如，在蓝田县清农冷水鱼养殖场诉被告西安伟康建设工程有限公司水污染责任纠纷一案中，原告与被告争讼的对象是环境侵权后赔偿协议的履行问题，陕西省蓝田县人民法院以《民法典》合同编的法律条文为裁判依据。〔15〕

2. 在环境侵权案件中，环境行政规范的总体适用频次处于低位，主要在行为违法性认定、补强相关法条适用的正当性、法律概念界定等方面发挥作用。整体观察样本可知，环境行政规范的适用频次虽处低位，但仍体现出共性规律，其与环境民事规范的协同适用提升了判决的说服力。具体而言，在环境侵权案件中，环境行政规范在如下方面发挥作用：(1)判决书中援引《民法典》《侵权责任法》相关规范裁判时，结合了环境行政规范引致条款的规定，增强了判决结论的正当性。相关引致条款及其具体援引情况如下：《环境保护法》第 64 条规定了环境侵权致害者应当按照《侵权责任法》相关法条的规定承担侵权责任，5 份判决书中法院援引《环境保护法》相关法条以强化适用环境侵权责任相关条款的正当

---

〔14〕 北京市大兴区人民法院一审民事判决书，(2021)京 0115 民初 11010 号。

〔15〕 陕西省蓝田县人民法院一审民事判决书，(2021)陕 0122 民初 2049 号。

性。[16]《大气污染防治法》第 125 条规定了排污致害行为人应依法承担侵权责任,判决中法院将其与《民法典》第 1229 条环境致害应承担侵权责任的规定一同适用,判定被告应承担侵权责任;[17]《环境噪声污染防治法》第 61 条规定了受环境噪声危害的主体有权要求排除妨害,法院在判决中将其作为判定被告应消除噪音、停止侵害的法条依据;[18]《水污染防治法》第 96 条规定了水污染受害者有权要求排除危害和赔偿损失,判决中法院将其与《侵权责任法》相关条文一同适用,作为判定被告承担赔偿损失责任的依据。[19] (2)判决书中将相关环境行政规范作为认定主体行为是否违法、是否成立侵权行为的理由,《大气污染防治法》第 77 条、第 82 条分别规定了政府划定禁焚烧污染物区域和行为人禁止在划定区域焚烧污染物,判决中法院据此认定主体行为构成环境污染行为。[20] (3)判决中依据环境行政规范条文明确了关键概念的法律定义,其中《环境噪声污染防治法》第 2 条明确了环境噪声、环境噪声污染的法律定义,第 41 条明确了社会生活噪声的法律定义,判决书中认为,明确所诉情形是否符合相关概念的法律定义,是判断被诉主体行为是否构成侵权、是否具有违法性的前置性条件。[21] 另外,部分判决虽援引了环境行政规范,但属于形式引用,未发现所引法条在判决中发挥的实际作用。[22]

(四)污染种类

图 2-5、图 2-6 梳理了 2021 年各污染类型案件在一审、二审中的数量分布情况,水污染类型案件依然是最常见的单一污染类型案件,混合型案件的发生频次呈现显著上升态势,噪声污染案件的出现频次亦处高位且易与其他污染类型

---

〔16〕 重庆市江津区人民法院一审民事判决书,(2020)渝 0116 民初 7910 号;阜新市新邱区人民法院一审民事判决书,(2021)辽 0903 民初 281 号。

〔17〕 广西壮族自治区贺州市平桂区人民法院一审民事判决书,(2020)桂 1103 民初 1966 号。

〔18〕 河南省郑州市中原区人民法院一审民事判决书,(2021)豫 0102 民初 2858 号。

〔19〕 湖南省湘潭县人民法院一审民事判决书,(2021)湘 0321 民初 1145 号。

〔20〕 贵州省六盘水市中级人民法院二审民事判决书,(2021)黔 02 民终 2397 号;贵州省六盘水市中级人民法院二审民事判决书,(2021)黔 02 民终 2398 号。

〔21〕 重庆市渝北区人民法院一审民事判决书,(2021)渝 0112 民初 17592 号;河南省郑州市中原区人民法院一审民事判决书,(2021)豫 0102 民初 2858 号;吉林铁路运输法院一审民事判决书,(2021)吉 7102 民初 339 号;重庆市渝北区人民法院一审民事判决书,(2021)渝 0112 民初 2939 号;吉林铁路运输法院一审民事判决书,(2021)吉 7102 民初 217 号;吉林铁路运输法院一审民事判决书,(2021)吉 7102 民初 329 号;天津铁路运输法院一审民事判决书,(2016)津 8601 民初 10049 号;云南省禄丰县人民法院一审民事判决书,(2021)云 2331 民初 335 号。

〔22〕 浙江省诸暨市人民法院一审民事判决书,(2020)浙 0681 民初 13578 号;湖南省双峰县人民法院一审民事判决书,(2021)湘 1321 民初 1900 号。

交叉混同发生。

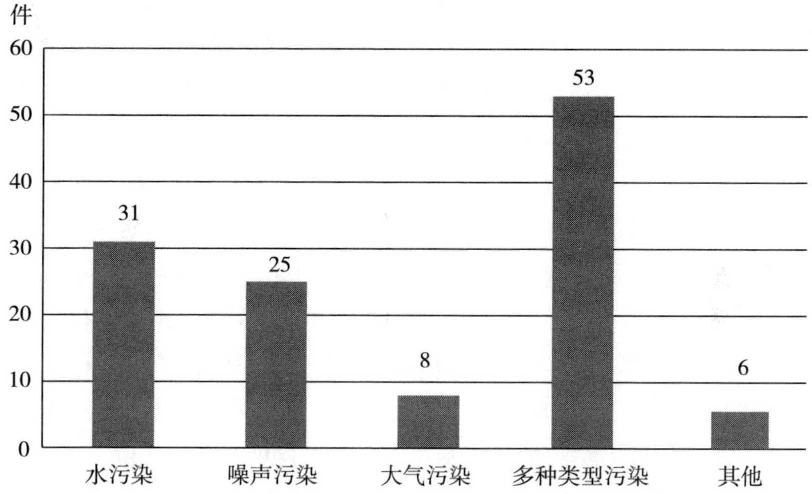

图 2-5　一审案件各污染类型数量分布情况

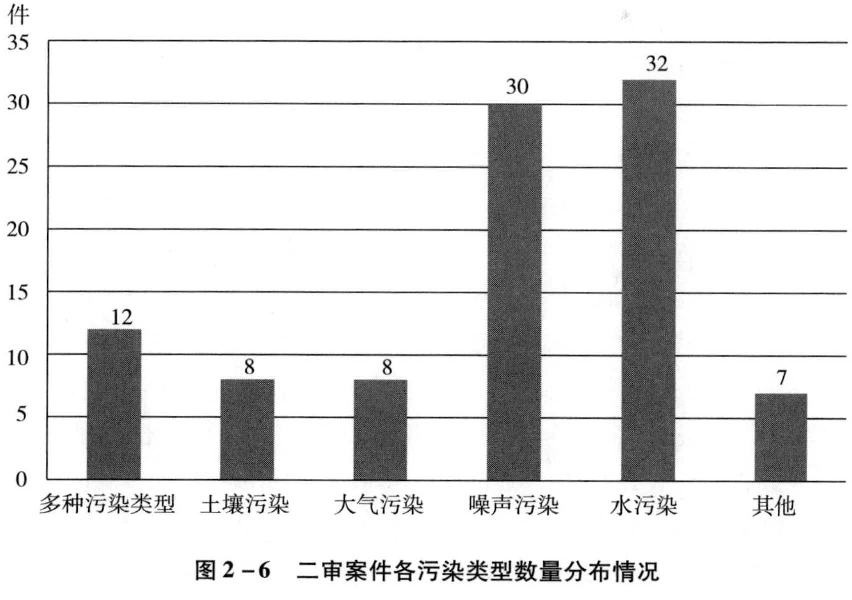

图 2-6　二审案件各污染类型数量分布情况

1. 混合污染型案件数量显著上升，成为最常见的案件类型。该类型案件一审、二审案件数量合计65 件，占比29.5%。在混合污染型案件中，大气与噪声混合污染型案件数量最多，一审、二审合计达35 件，占比53.8%，其中，系列案数量达到27 件。大气与水混合污染型案件数量位居其后，一审、二审合计达12 件，占比 18.5%。混合污染类型的案件中,大气污染类型的混合型案件出现频次最高,65 件混合污染型案件中仅有 10 件未混同发生大气污染纠纷。

2. 水污染类型案件是最常见的单一污染类型案件,一审、二审合计达 63 件,占比 28.6%。若将多污染类型的混合型案件中含有水污染情形的案件列入统计(其中一审、二审的案件数量分别为 21 件、5 件),水污染类型的案件数量将提升至 89 件,占比 40.5%。可见水体质量情况与美好舒适的生活环境息息相关,且在各环境要素类型的状态变化中,水体基于其质量变化及其对生产生活的影响成为最易于被感知的环境要素类型之一。从 2021 年的审理情况看,水污染案件的被侵害人举证相对容易,较其他类型败诉率低,63 件水污染案件中败诉 15 件,败诉率为 23.81%,但水污染类型案件极易与其他类型案件发生混合,加大案件审理难度。

3. 单一类型与混合类型的噪声污染案件的出现频次亦处高位。单一类型的噪声污染一审、二审案件合计达 55 件,占比 25.0%;混合型的噪声污染一审、二审案件合计 41 件,占比 18.6%,其中,大气与噪声混合污染型案件 35 件,噪声、水与大气混合污染型案件 3 件,噪声、光与辐射污染型案件 2 件,噪声与辐射混合污染型案件 1 件。

(五)胜败诉及改判

1. 胜败诉情况及判定理由

(1)梳理归纳 2021 年度环境案件中被侵权方的胜败诉情况。为此,本报告将案件一审原告视为环境案件被侵权方,并明确将如下标准作为判断胜败诉的依据:①一审原告的诉讼请求被一审法院全部支持的视为环境案件被侵权方胜诉;②一审原告胜诉后二审法院驳回上诉人(一审被告)的上诉请求视为被侵权方胜诉;③一审原告的诉讼请求被一审法院全部驳回视为被侵权方败诉;④一审原告败诉后二审法院驳回上诉人(一审原告)的上诉请求视为被侵权方败诉;⑤一审法院判决结果中含有"驳回其他诉讼请求"的视为被侵权方部分胜诉;⑥一审原告的诉讼请求被一审法院全部驳回,上诉后二审法院改判的,且二审判决中含有"驳回其他诉讼请求"的视为被侵权方部分胜诉。据此,可归纳得出图 2-7 关于被侵权方胜败诉的具体情况如下:权利被侵害方胜诉的案件 18 件,败诉的案件 82 件,部分支持诉讼请求的案件 120 件,完全胜诉率 8.19%,完全败诉率 37.27%。一审案件中权利侵害方胜诉的案件 11 件,败诉的案件 49 件,部分支持诉讼请求的案件 63 件,完全胜诉率 8.94%,完全败诉率 39.84%。97 件二审案件中权利侵害方胜诉的案件 7 件，败诉的案件 33 件，部分支持诉讼请求的案件 57 件，完全胜诉率 7.22%，完全败诉率 34.02%。

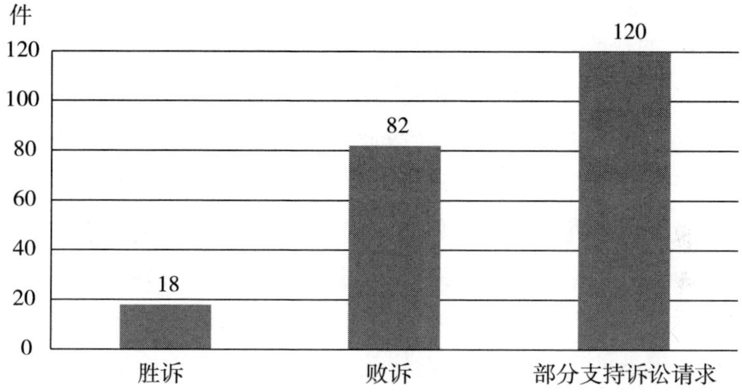

图 2－7　2021 年度环境侵权案件被侵害方的胜败诉情况

（2）检视剖析 2021 年度环境侵权案件关联判决书中法官判定胜败诉的理由。从法律适用的角度，2021 年环境侵权案件与 2020 年相比，其最明显的区别在于，2021 年样本中《民法典》有关侵权责任的条款得到一定比例的适用。最高人民法院《关于审理环境侵权责任纠纷案件适用法律若干问题的解释》规定了证明内容、证明程度、证明标准、举证责任分配等重点事项，尤其是其中第 6 条、第 7 条的规定明确了判定被侵权人胜败诉的基本思路，[23] 判定被侵权人胜诉需要满足两个条件：条件一，被侵权人提供证据证明存在污染事实、有证据证明损害后果，初步举证存在因果关系；条件二，侵权人未能提供证据证明行为与损害之间不存在因果关系。通过检视样本内容可知，判决中被侵权人胜败诉的判定基本遵循了上述思路：在两条件同时满足的情况下，被侵权人胜诉；在两条件均不满足或其中任一条件不满足的情况下，被侵权人败诉。在样本中，法院判定被侵权人胜诉的代表性判决及其判定理由如下：在麻某某诉中交绿色香料（怒江）

〔23〕 最高人民法院《关于审理环境侵权责任纠纷案件适用法律若干问题的解释》第 6 条规定：被侵权人根据《民法典》第七编第七章的规定请求赔偿的，应当提供证明以下事实的证据材料：（一）侵权人排放了污染物或者破坏了生态；（二）被侵权人的损害；（三）侵权人排放的污染物或者其次生污染物、破坏生态行为与损害之间具有关联性。第 7 条规定：侵权人举证证明下列情形之一的，人民法院应当认定其污染环境、破坏生态行为与损害之间不存在因果关系：（一）排放污染物、破坏生态的行为没有造成该损害可能的；（二）排放的可造成该损害的污染物未到达该损害发生地的；（三）该损害于排放污染物、破坏生态行为实施之前已发生的；（四）其他可以认定污染环境、破坏生态行为与损害之间不存在因果关系的情形。

有限公司、中交一公局第四工程有限公司水污染责任纠纷案的判决书中,法院认为,经调查核实,中交四公司在湾桥河进行挡墙基坑清理、石头破除、石笼网砌筑等拦河墙施工中造成湾桥河水水体浑浊,污染了河水,致使原告养殖的鱼死亡的事实客观存在,且中交四公司提供的证据不足以证明其存在法定的免责事由,以及不足以证明其排污行为与原告养殖鱼类的死亡后果之间不存在因果关系,上述判定被侵权人胜诉的条件均成立,故此法院判定被告承担损失赔偿责任。[24]法院判定被侵权人败诉的代表性判决及其判定理由如下:在上诉人韩某某与被上诉人孟某噪声污染责任纠纷一案中,法院认为,上诉人韩某某提供的证据不足以证明被上诉人孟某存在噪声污染行为,以及不足以证明被上诉人孟某在其居住房屋内活动产生的声音达到噪声污染的标准,未能证明上述判定被侵权人胜诉的条件一中污染事实的存在,故此法院判定驳回上诉人诉请;[25]在上诉人沅陵县顺达养殖场与被上诉人湖南西澳矿业有限公司环境污染责任纠纷一案中,法院认为,上诉人主张其养殖的猪只系因被上诉人污染水源的行为而死亡,但上诉人对其猪只的死因未进行鉴定,也未保存可供鉴定的猪只尸体,上诉人提供的证据无法证明猪只的死亡是被上诉人的行为所致,上诉人未完成其初步的举证责任,因其未能完成上述判定被侵权人胜诉的条件一中因果关系初步举证责任的证明,法院判定驳回上诉人诉请。[26]

2. 二审改判及判定理由

经梳理可知,2021 年环境侵权二审改判案件数量为 11 件,占比 5%,表 2-7 梳理了这些二审案件的具体信息。二审案件的改判内容主要包括改判支持或部分支持诉讼请求、改判调整赔偿金额、改判调整侵权人间的责任承担比例、改判撤销对共同侵权人内部责任份额的划分等。

---

〔24〕 云南省泸水市人民法院一审民事判决书,(2021)云 3321 民初 273 号。

〔25〕 河南省许昌市中级人民法院二审民事判决书,(2021)豫 10 民终 998 号。

〔26〕 湖南省怀化市中级人民法院二审民事判决书,(2020)湘 12 民终 2218 号。

表 2－7　二审改判案件

案件名称	二审案号	一审判决	二审判决	改判内容
巴马宏丰农民专业合作社与广西长长路桥建设有限公司、广西交通投资集团有限公司环境噪声污染责任纠纷、相邻关系纠纷案	（2021）桂 12 民终 850 号	1. 由被告广西长长路桥建设有限公司于本判决生效后 30 日内赔偿原告巴马宏丰农民专业合作社经济损失 431379.04 元； 2. 由被告广西交通投资集团有限公司于本判决生效后 30 日内赔偿原告巴马宏丰农民专业合作社停产停业损失、养猪场现有价值损失共计 3497650 元； 3. 驳回原告巴马宏丰农民专业合作社的其他诉讼请求	1. 维持巴马瑶族自治县人民法院(2019)桂 1227 民初 495 号民事判决第 1 项； 2. 变更巴马瑶族自治县人民法院(2019)桂 1227 民初 495 号民事判决第 2 项为：上诉人广西交通投资集团有限公司赔偿上诉人巴马宏丰农民专业合作社损失共计 3621716.15 元； 3. 驳回上诉人巴马宏丰农民专业合作社的其他上诉请求； 4. 驳回上诉人广西长长路桥建设有限公司、广西交通投资集团有限公司的其他上诉请求	上调被告广西交通投资集团有限公司的赔偿金额
上诉人曾某某与被上诉人湖北钟祥牧原养殖有限公司水污染责任纠纷案	（2021）鄂 08 民终 477 号	驳回曾某某的诉讼请求	1. 撤销湖北省钟祥市人民法院(2020)鄂 0881 民初 2959 号民事判决； 2. 湖北钟祥牧原养殖有限公司赔偿曾某某经济损失 45000 元，此款限本判决生效之日起 15 日内付清； 3. 驳回曾某某的其他诉讼请求	改判为部分支持原告一定数额的赔偿请求

续表

案件名称	二审案号	一审判决	二审判决	改判内容
上诉人都安玉杰种养专业合作社与上诉人中国铁路财产保险自保有限公司，被上诉人中铁十一局集团有限公司、中铁十一局集团有限公司贵南高铁项目经理部环境污染责任纠纷案	（2021）桂 12 民终 543 号	1. 被告中国铁路财产保险自保有限公司于本判决生效之日起 15 日内赔偿原告都安玉杰种养专业合作社经济损失 575480.58 元； 2. 被告中铁十一局集团有限公司于本判决生效之日起 15 日内赔偿原告都安玉杰种养专业合作社经济损失 63942.3 元； 3. 驳回原告都安玉杰种养专业合作社其他诉讼请求	1. 撤销都安瑶族自治县人民法院(2020)桂 1228 民初 938 号民事判决； 2. 由上诉人中国铁路财产保险自保有限公司支付经济损失 1383012 元给上诉人都安玉杰种养专业合作社； 3. 由被上诉人中铁十一局集团有限公司支付经济损失 153668 元给上诉人都安玉杰种养专业合作社； 4. 驳回上诉人都安玉杰种养专业合作社的其他诉讼请求	上调两被告的赔偿金额
上诉人毕节市恒业创新农业科技发展有限公司与被上诉人贵州永基矿业投资有限公司纳雍县猪场乡新春煤矿环境污染责任纠纷案	（2021）黔 05 民终 3242 号	驳回原告毕节市恒业创新农业科技发展有限公司的诉讼请求	1. 撤销贵州省毕节市七星关区人民法院(2020)黔 0502 民初 2973 号民事判决； 2. 贵州永基矿业投资有限公司纳雍县猪场乡新春煤矿于本判决生效后 10 日内向毕节市恒业创新农业科技发展有限公司赔付 10000 元； 3. 驳回毕节市恒业创新农业科技发展有限公司其他诉讼请求	改判为部分支持原告一定数额的赔偿请求

续表

案件名称	二审案号	一审判决	二审判决	改判内容
上诉人梁某某与上诉人恩平市祥达陶瓷有限公司、上诉人恩平市新安马陶瓷有限公司、上诉人恩平市翔鹰陶瓷有限公司及被上诉人恩平市景瑜陶瓷有限公司、被上诉人恩平市新德利陶瓷有限公司、被上诉人广东强强瓷业科技有限公司环境污染责任纠纷案	(2021)粤07民终2753号	1. 恩平市翔鹰陶瓷有限公司、恩平市景瑜陶瓷有限公司、恩平市新安马陶瓷有限公司、恩平市祥达陶瓷有限公司应在判决生效之日起10日内连带赔偿实际损失8920368.32元给梁某某； 2. 恩平市翔鹰陶瓷有限公司、恩平市景瑜陶瓷有限公司、恩平市新安马陶瓷有限公司、恩平市祥达陶瓷有限公司应在判决生效之日起10日内连带赔偿公证费损失770元给梁某某； 3. 驳回梁某某的其他诉讼请求	1. 维持广东省恩平市人民法院(2018)粤0785民初297号民事判决第1项、第2项； 2. 撤销广东省恩平市人民法院(2018)粤0785民初297号民事判决第3项； 3. 恩平市祥达陶瓷有限公司、恩平市新安马陶瓷有限公司、恩平市翔鹰陶瓷有限公司、恩平市景瑜陶瓷有限公司应在本判决生效之日起30日内连带赔偿涉案林地预期损失1803994.15元给梁某某； 4. 驳回梁某某的其他诉讼请求	改判增加支持原告的林地预期损失赔偿请求
刘某某与京沪高速铁路股份有限公司噪声污染责任纠纷案	(2020)京04民终372号	驳回原告刘某某的全部诉讼请求	1. 撤销天津铁路运输法院作出的(2016)津8601民初10049号民事判决； 2. 自本判决生效之日起90日内，京沪高速铁路股份有限公司在案涉的河北省沧州市青县陈咀乡前渔二庄村区段、在刘某某住宅等地采取改造、更换隔声屏、加装隔声窗等有效降低高铁运行噪声的措施，排除对原告刘某某造成的噪声污染损害	改判为支持原告的诉讼请求

续表

案件名称	二审案号	一审判决	二审判决	改判内容
山东金浩物流有限责任公司与中国人民财产保险股份有限公司东营市分公司环境污染责任纠纷案	（2021）津 03 民终 595 号	1. 被告中国平安财产保险股份有限公司深圳市分公司于本判决生效后 10 日内在交强险无责任财产损失赔偿限额内赔偿原告天津港保税区管理委员会经济损失 100 元； 2. 被告中国人民财产保险股份有限公司东营市分公司于本判决生效后 10 日内在主、挂车商业三者险限额内赔偿原告天津港保税区管理委员会经济损失 1935070 元，在道路危险货物承运人责任保险除污费用限额内赔偿原告天津港保税区管理委员会经济损失 95000 元； 3. 被告陈某某、被告山东金浩物流有限责任公司于本判决生效后 10 日内连带赔偿原告天津港保税区管理委员会经济损失 743394 元； 4. 驳回原告天津港保税区管理委员会的其他诉讼请求	1. 维持天津市滨海新区人民法院（2020）津 0116 民初 26053 号民事判决第 2 项； 2. 撤销天津市滨海新区人民法院（2020）津 0116 民初 26053 号民事判决第 1 项、第 3 项、第 4 项； 3. 中国平安财产保险股份有限公司深圳分公司于本判决生效后 10 日内在交强险无责任财产损失赔偿限额内赔偿天津港保税区管理委员会经济损失 100 元； 4. 中国人民财产保险股份有限公司东营市分公司于本判决生效后 10 日内在道路危险货物承运人责任保险第三者人身伤亡与财产损失每次事故限额内赔偿天津港保税区管理委员会经济损失 669054.6 元； 5. 陈某某、山东金浩物流有限责任公司于本判决生效后 10 日内连带赔偿天津港保税区管理委员会经济损失 74339.4 元； 6. 驳回中国人民财产保险股份有限公司东营市分公司的上诉请求； 7. 驳回山东金浩物流有限责任公司的其他上诉请求； 8. 驳回天津港保税区管理委员会的其他诉讼请求	改判中国人民财产保险股份有限公司东营市分公司承担约 90% 损害赔偿责任，陈某某和山东金浩物流有限责任公司只承担约 10% 的赔偿责任

续表

案件名称	二审案号	一审判决	二审判决	改判内容
上诉人项某、陈某某与上诉人吴某某、厦门泰地置业有限公司、原审第三人厦门金腾装饰集团有限公司环境污染侵权责任纠纷案	(2021)闽02民终4363号	1. 吴某某应向项某、陈某某支付赔偿款47033.25元; 2. 厦门泰地置业有限公司对本判决第1项所确定赔偿义务承担连带责任; 3. 吴某某对项某、陈某某的内部赔偿份额为9406.65元,厦门泰地置业有限公司对项某、陈某某的内部赔偿份额为37626.6元; 4. 驳回项某、陈某某的其他诉讼请求	1. 维持厦门市同安区人民法院(2020)闽0212民初3110号民事判决第1项、第2项、第4项; 2. 撤销厦门市同安区人民法院(2020)闽0212民初3110号民事判决第3项; 3. 吴某某向项某、陈某某赔偿上述款项后,有权向厦门泰地置业有限公司追偿	撤销了对共同侵权人内部责任份额的划分
上诉人永州华茂生物科技有限责任公司与被上诉人卿某1、卿某、卿某2水污染责任纠纷案	(2021)湘11民终1462号	被告永州华茂生物科技有限责任公司于判决生效后15日内支付原告卿某1、卿某2、卿某水污染损失赔偿款40000元	1. 变更湖南省双牌县人民法院(2021)湘1123号民事判决为:上诉人永州华茂生物科技有限责任公司于本判决书送达之日起15日内支付被上诉人卿某1、卿某2、卿某水污染损失赔偿款20000元; 2. 驳回被上诉人卿某1、卿某2、卿某其他诉讼请求	下调赔偿金额

续表

案件名称	二审案号	一审判决	二审判决	改判内容
上诉人张某1、张某2与上诉人四川长鑫管业有限公司环境污染责任纠纷案	（2021）川11民终357号	1. 四川长鑫管业有限公司于本判决生效后15日内支付张某1白茇损失费56666.53元； 2. 驳回张某1的其他诉讼请求； 3. 驳回张某2的全部诉讼请求	1. 维持四川省乐山市沙湾区人民法院(2020)川1111民初558号民事判决第3项,即"驳回张某2的全部诉讼请求"； 2. 撤销四川省乐山市沙湾区人民法院(2020)川1111民初558号民事判决第1项、第2项,即"一、四川长鑫管业有限公司于本判决生效后十五日内支付张某1白茇损失费56666.53元；二、驳回张某1的其他诉讼请求"； 3. 四川长鑫管业有限公司于本判决生效之日起15日内赔偿张某1白茇损失费93666.43元； 4. 驳回张某1的其他诉讼请求	上调赔偿金额
上诉人郑某某与被上诉人威海华育米山养殖有限公司环境污染责任纠纷案	（2020）鲁10民终3520号	驳回郑某某的诉讼请求	1. 撤销山东省威海市文登区人民法院(2020)鲁1003民初3214号民事判决； 2. 威海华育米山养殖有限公司赔偿郑某某西瓜苗、白菜苗、化肥及人工费等损失共计5000元,于判决生效后10日内付清； 3. 驳回郑某某的其他诉讼请求	改判为部分支持原告一定数额的赔偿请求

检视剖析表2－7中的样本内容可知，二审改判案件改判的主要事项及其理由如下：

(1)案由的认定。在上诉人曾某某与被上诉人湖北钟祥牧原养殖有限公司水污染责任纠纷一案中，案由的判定是二审的争议焦点，一审法院将其认定为侵权损害赔偿责任纠纷，二审法院将其改判为水污染责任纠纷；[27] 上诉人郑某某与被上诉人威海华育米山养殖有限公司环境污染责任纠纷一案中同样将案由由财产损害赔偿责任纠纷改判为环境污染责任纠纷。[28] 在案由认定这一事项上，若被诉侵权行为在性质上属于对环境产生影响的行为，且实际导致相应的负面影响，则构成二审法院将相关案由改判为环境污染案由的主要理由。案由的判定直接关系过错归责原则的确定与待证事项举证责任的分配，是影响胜败诉的关键事项。

(2)损失金额的调整。在上诉人都安玉杰种养专业合作社与上诉人中国铁路财产保险自保有限公司，被上诉人中铁十一局集团有限公司、中铁十一局集团有限公司贵南高铁项目经理部环境污染责任纠纷一案判决书中，二审法院认为一审法院将搬迁补偿款抵扣赔偿款的做法不当，故改判纠正，由此影响了损失赔偿金额的判定；[29] 在巴马宏丰农民专业合作社与广西长长路桥建设有限公司、广西交通投资集团有限公司环境噪声污染责任纠纷、相邻关系纠纷一案中，二审法院认定一审法院在停产停业损失时长方面出现计算错误并进行改判，由此影响了损失金额的认定；[30] 在上诉人永州华茂生物科技有限责任公司与被上诉人卿某1、卿某、卿某2水污染责任纠纷一案中，二审法院认为上诉人取得排污许可证后不再支付损失费，即终止支付时间应为2020年7月28日，以后无须再支付协议约定的损失，故下调了损失金额。[31] 检视判决书中损失金额事项的具体改判内容及其理由可知，环境侵权纠纷中损失金额的认定受到多方面因素的影响，环境侵权案件审理中二审对一审裁判结论加以纠偏的现象时有发生。

(3)是否需要承担污染责任。在刘某某与京沪高速铁路股份有限公司噪声污染责任纠纷一案中，二审法院认为京沪高铁公司在案涉区域存在噪声污染行为，构成侵权，撤销了一审认为不存在噪声污染行为的判定，改判被上诉人承担

---

〔27〕 湖北省荆门市中级人民法院二审民事判决书，(2021)鄂08民终477号。
〔28〕 山东省威海市中级人民法院二审民事判决书，(2020)鲁10民终3520号。
〔29〕 广西壮族自治区河池市中级人民法院二审民事判决书，(2021)桂12民终543号。
〔30〕 广西壮族自治区河池市中级人民法院二审民事判决书，(2021)桂12民终850号。
〔31〕 湖南省永州市中级人民法院二审民事判决书，(2021)湘11民终1462号。

污染责任;[32] 在上诉人郑某某与被上诉人威海华育米山养殖有限公司环境污染责任纠纷一案中,二审法院将案由改判认定为环境污染责任纠纷,由此认定被上诉人须就不存在因果关系承担举证责任,因被上诉人未能提供证据证明而判定被上诉人须承担污染责任。[33] 有关是否承担污染责任这一争议事项,环境侵权是否成立、案由的再判定均可能成为二审改判的认定理由。

(4)责任承担比例的认定。在山东金浩物流有限责任公司与中国人民财产保险股份有限公司东营市分公司环境污染责任纠纷一案中,二审法院认为保险公司应当按照道路危险货物承运人责任保险的相关规定,与事故方按照 90%、10% 的比例承担损失赔偿责任,故此改判一审中部分支持原告诉请的判决;[34] 在上诉人项某、陈某某与上诉人吴某某、厦门泰地置业有限公司、原审第三人厦门金腾装饰集团有限公司环境污染侵权责任纠纷一案中,二审法院认为一审法院判令吴某某与泰地置业公司共同对被侵权人损失承担连带责任并无不当,但吴某某并无过错,其赔偿被侵权人后有权向泰地置业公司追偿,故二审法院撤销了对共同侵权人内部责任份额的划分。[35] 共同环境侵权案件中侵权人责任承担比例问题常成为案件审理的争议焦点。法院对环境保护的强制性规定、侵权责任法相关规定及其相关司法解释的准确适用后做出的法律认定,往往成为二审审理中关于此事项改判的判定理由。

(六)共同侵权

本部分对 2021 年度环境侵权案件中共同侵权这一类型的案件进行梳理,在样本中将原告、被告(或上诉人、被上诉人)任一方出现多主体情况的案件认定为共同侵权案件并进行筛选梳理,进而从中提取出此类案件的共性特征。经筛选,共提取出 2021 年度共同环境侵权案件 118 件,具体分布情况如表 2-8 所示:

---

〔32〕 北京市第四中级人民法院二审民事判决书,(2020)京 04 民终 372 号。
〔33〕 山东省威海市中级人民法院二审民事判决书,(2020)鲁 10 民终 3520 号。
〔34〕 天津市第三中级人民法院二审民事判决书,(2021)津 03 民终 595 号。
〔35〕 福建省厦门市中级人民法院二审民事判决书,(2021)闽 02 民终 4363 号。

表 2－8　共同侵权案件主体分布情况

单位:件

审理级别	案件主体分布情况	数量分布	合计
一审	原告方为多主体	8	84
	被告方为多主体	71	
	原告、被告双方均为多主体	5	
二审	上诉人方为多主体	18	34
	被上诉人方为多主体	13	
	上诉人方、被上诉人方均为多主体	3	

1. 共同侵权案件占比较高,数人环境侵权案件具有重要分析价值。

经过整体审视 2021 年度的共同环境侵权案件可知,环境侵权案件中共同侵权案件占有较高比重,其中数人环境侵权类型案件具有重要分析价值。2021 年共同环境侵权案件为 118 件,占环境侵权案件的比重为 53.64%。其中,就一审案件而言,共同环境侵权案件占比为 68.29%,就二审案件而言,共同环境侵权案件占比为 35.05%。共同环境侵权案件既包括多位侵权人实施相关环境污染行为导致环境损害而引发的诉讼案件(以下简称数人环境侵权案件),也包括多位被侵权人因污染行为导致利益受损而提起的诉讼案件。从利益保护与救济的角度审视,通过环境侵权的司法制度供给与规范适用为上述两类案件的被侵权人提供救济均有必要。然而,从案件审理的实践状况审视,可发现上述两类案件的差异性:因单一主体的污染行为所引发多主体环境利益受损,其救济的聚焦点往往在于如何兼顾对不同利益受损方的司法保障诉求,但当多主体的不同行为引发相对主体环境利益受损的情况发生并进入案件审理阶段时,因果关系认定、举证责任分配、责任承担方式与比例等疑难问题便接踵而至。对比两类环境侵权案件可知,数人环境侵权案件的审理显现出更高的特殊性与复杂性。正如学者所言,数人环境侵权案件事实复杂,影响范围大,在侵权行为类型的区分、举证责任的分配、侵权人责任分担方式和责任份额的认定等领域,相关司法实践与立法、学说之间存在诸多矛盾。[36] 可知,共同环境侵权案件中的数人环境侵权案件存在众多审理疑难点,由此决定司法机关应当对其加以更充分地关照审视。

---

〔36〕 晋海、邵波:《数人环境侵权案件实证研究——以中国裁判文书网 499 份裁判文书为样本》,载《环境保护》2018 年第 18 期。

2. 数人环境侵权案件审理疑难点高度集中。

由前文可知,数人环境侵权案件的特殊性与复杂性导致环境侵权司法案件在审理中存在众多审理疑难点。下文对数人环境侵权案件的案件审理疑难点拟从三方面进行呈现。但需要注意,本部分限于篇幅,难以全景式地展现数人环境侵权案件的审理争点,此处仅选取具备高代表性、主体间存在较高关注度的案件的审理疑难点进行分析。

(1)侵权人承担连带责任后内部责任承担份额的认定。数人环境侵权案件中,多方侵权的现象往往导致实践层面中法院难以在判定双方或多方承担连带责任后对内部责任承担份额和比例进行准确认定,以上诉人项某、陈某某与吴某某、原审第三人厦门泰地置业有限公司、厦门金腾装饰集团有限公司环境污染侵权责任纠纷一案为例,[37] 原审法院认定吴某某与厦门泰地置业有限公司应对被侵权人承担连带责任,内部按比例分别承担 20% 与 80% 的赔偿责任,二审法院维持了原审关于承担连带责任的判定,但基于对双方过错情况的重新分析,明确无过错的吴某某承担连带责任后可向有过错的厦门泰地置业有限公司追偿。可见,关于连带责任中内部责任承担份额的认定,往往成为实践层面论争的焦点。

(2)因果关系的判断。在共同侵权案件中,被诉污染行为与损害结果是否存在因果关系是判断侵权人是否需要承担责任的关键要件。在共同侵权案件中,行为与损害的外在关联事实由被侵权人承担举证责任,若存在外在关联,则侵权人需要承担行为与结果不存在因果关系的举证责任。[38] 由于污染结果的生成往往是多方因素共同影响作用的结果,所以因果关系是否成立本身就是一项充满挑战性的法律认定工作,且共同侵权案件的多方侵权现象无疑提高了此事项认定的复杂性。正因如此,实践中法院往往从反面论证的角度提出被告无法排除因果关系的存在而需要承担污染责任,如在刘某某诉中交路桥建设有限公司、湖南省高速公路集团有限公司水污染责任纠纷一案中,法院认为:中交路桥建设有限公司虽然否认水污染与养殖鱼死亡间存在关联,同时否认相互存在因果关系,但其提交的证据尚不足以排除其排放的污染物造成环境损害的可能性,依法应推定被告施工行为与死鱼结果之间具有一定因果关系。[39]

(3)是否需要承担共同侵权责任。数人环境侵权案件中,对于被诉侵权方

---

〔37〕 福建省厦门市同安区人民法院二审民事判决书,(2021)闽 02 民终 4363 号。

〔38〕 湖南省新化县人民法院二审民事判决书,(2020)湘 1322 民初 3252 号。

〔39〕 湖南省新化县人民法院二审民事判决书,(2020)湘 1322 民初 3504 号。

是否需要对损害结果承担共同责任,共同责任是否成立的认定需要考量是否满足侵权主体的复数性、加害行为的共同性、损害结果的同一性等特征。如果被诉侵权主体间形成特殊民事法律关系,如劳务关系、劳动关系,还可能出现劳动者或被雇佣方免于连带承担责任的情况。以朱某某与新密市苟堂镇人民政府、邢某某、靳某某、王某某、梁山鸿福货运服务有限公司、张家口祥铭道路运输有限公司固体废物污染责任纠纷一案为例,[40]该案中一审法院基于转账记录认定被告朱某某多次实施倾倒行为,属于与其他侵权人共同实施侵权行为,应承担连带责任;朱某某在上诉中提出其与另一侵权人属于劳务关系,但未能提供证据予以证明,二审法院判定驳回其上诉请求。虽然该诉请最终被驳回,但《民法典》第1192条[41]关于劳务关系责任承担的规定已充分说明,劳务关系的认定是影响侵权人是否需要承担连带责任的关键因素。

(七)责任形式

从责任形式视角观察梳理2021年度环境侵权案件发现,既可基于原告诉请中所提出的责任承担方式对所有样本进行梳理,亦可聚焦于支持/部分支持原告诉请的判决,对该范围内的样本进行梳理。为清晰呈现侵权人被判定承担责任形式的整体情况,下文选取支持/部分支持原告诉请的判决进行梳理。

1. 各责任类型适用的整体观察

通过表2-9的梳理可知,2021年环境侵权案件判决中责任形式的分布相对集中,赔偿损失、消除影响、停止侵害和排除妨碍是环境侵权人被判承担责任最为常见的四大形式。

表2-9 2021年度环境侵权案件责任承担形式

单位:件

责任形式	一审	二审
赔偿损失	64	57
消除影响	2	5

---

〔40〕 河南省新密市人民法院二审民事判决书,(2020)豫0183民初3769号。

〔41〕 《民法典》第1192条规定:个人之间形成劳务关系,提供劳务一方因劳务造成他人损害的,由接受劳务一方承担侵权责任。接受劳务一方承担侵权责任后,可以向有故意或者重大过失的提供劳务一方追偿。提供劳务一方因劳务受到损害的,根据双方各自的过错承担相应的责任。提供劳务期间,因第三人的行为造成提供劳务一方损害的,提供劳务一方有权请求第三人承担侵权责任,也有权请求接受劳务一方给予补偿。接受劳务一方补偿后,可以向第三人追偿。

续表

责任形式	一审	二审
停止侵害	1	—
排除妨碍	2	—
停止侵害、赔偿损失	2	—
消除影响、赔偿损失	3	2

赔偿损失依然是环境侵权案件中最常见的责任形式。2021 年环境侵权案件中，判决环境侵权人承担赔偿损失责任的案件合计 121 件，占比 55.0%，若算上与其他责任类型合并适用的情况，占比将进一步提升。121 件案件中，一审 64 件、二审 57 件，分别占一审案件总量的 52.0%、二审案件总量的 58.8%。

消除影响是环境侵权案件中时有适用的责任形式。2021 年环境侵权案件中，判决承担消除影响责任的案件合计 7 件，在研究样本中占比 3.2%，其中一审 2 件，二审 5 件，分别占研究样本的一审案件总量的 1.6%、二审案件总量的 5.2%。值得注意的是，消除影响与赔偿损失合并适用的现象较为常见，合计 5 件，在研究样本中占比 2.3%，其中，一审 3 件、二审 2 件，分别占一审案件总量的 2.4%、二审案件总量的 2.1%。判决适用消除影响的案件的案由类型呈现高度一致性，均为噪声污染责任案由。

停止侵害与排除妨碍是环境侵权案件中适用频次处于低位的责任形式。2021 年环境侵权案件中，法院判决承担停止侵害、排除妨碍的案件数量分别为 1 件、2 件。由于实际损失的发生，停止侵害责任这一责任类型往往与赔偿损失合并适用。[42]

2. 重点检视

2021 年环境侵权案件中，法院判决承担消除影响责任的案件合计 7 件(一审 2 件，二审 5 件)，判决同时承担消除影响与赔偿损失责任的案件合计 5 件(一审 3 件，二审 2 件)，表 2 - 10 从一审、二审判决结果的角度，对此类案件中法院的判决要点进行梳理与归纳。

---

〔42〕 安徽省宣城市宣州区人民法院一审民事判决书，(2021)皖 1802 民初 5073 号；广西壮族自治区贺州市平桂区人民法院一审民事判决书，(2020)桂 1103 民初 1966 号。

表 2－10　消除影响案件法院判决要点

案件名称	案卷号	一审判决	二审判决
康某某与灵宝市强人房地产开发有限责任公司噪声污染责任纠纷案	(2021)豫1282民再12号	1. 被告灵宝市强人房地产开发有限责任公司于本判决生效后30日内对位于灵宝市强人街1号院4号楼101室房屋负一层的中央空调机组、循环水泵等设备进行降噪改造,使噪声达到《社会生活环境噪声排放标准》(GB 22337—2008)以下[昼间40dB(A)、夜间30dB(A)]; 2. 被告灵宝市强人房地产开发有限责任公司于本判决生效后10日内赔偿原告康某某经济损失30000元; 3. 被告灵宝市强人房地产开发有限责任公司于本判决生效后10日内支付原告康某某检测费2600元; 4. 驳回原告康某某其他诉讼请求	维持本院(2019)豫1282民初4036号民事判决(再审判决)
原告荔波县壹肆柒台球俱乐部与被告荔波浪巢娱乐会所、俞某某噪声污染责任纠纷案	(2020)黔2722民初732号	1. 被告荔波浪巢娱乐会所(经营者俞某某)于判决生效之日起3个月内完成天花板等隔音设施整改,消除对原告荔波县壹肆柒台球俱乐部的噪声污染影响; 2. 驳回原告荔波县壹肆柒台球娱乐会所的其他诉讼请求	—
原告禄丰润航大酒店与被告禄丰满天星文化有限公司噪声污染责任纠纷案	(2021)云2331民初335号	1. 被告禄丰满天星文化有限公司于本判决生效之日起5日内对其经营的KTV采取整改措施,消除对原告禄丰润航大酒店的噪声污染(具体标准为22时至次日6时不得超过30分贝,6时至22时不得超过40分贝); 2. 驳回原告禄丰润航大酒店的其他诉讼请求	—
原告王某与被告国瑞兴业(北京)实业股份有限公司、北京国瑞物业服务有限公司噪声污染责任纠纷案	(2021)京0101民初13282号	1. 被告北京国瑞物业服务有限公司于本判决生效后30日内对北京市东城区东花市南里三区7号楼1单元1008号房屋南侧的电梯采取降噪措施,使北京市东城区东花市南里三区7号楼1单元1008号房屋内的噪声符合《社会生活环境噪声排放标准》(GB 22337—2008)的相关要求; 2. 被告北京国瑞物业服务有限公司于本判决生效后30日内向原告王某赔偿检测费用3500元; 3. 驳回原告王某的其他诉讼请求	—

续表

案件名称	案卷号	一审判决	二审判决
原告徐某某诉被告郑州鑫岚光房地产开发有限公司、阳光城物业服务有限公司郑州分公司、阳光城物业服务有限公司噪声污染责任纠纷案	(2021)豫0102 民初2858 号	1. 被告郑州鑫岚光房地产开发有限公司于判决生效之日起 30 日内对郑州市中原区西三环东、伊河路南丽景公馆一期(中原区石羊寺 A-3-2 地块)1 号楼 2 单元内西电梯采取隔声降噪等整改措施,使电梯运行噪声在原告徐某某购买的郑州市中原区西三环东、伊河路南丽景公馆一期(中原区石羊寺 A-3-2 地块)1 号楼 2 单元 3401 号房屋内噪声符合《社会生活环境噪声排放标准》(GB 22337—2008)的要求,被告阳光城物业服务有限公司郑州分公司对上述整改措施的实施予以协助、配合; 2. 被告郑州鑫岚光房地产开发有限公司于判决生效之日起 10 日内支付原告徐某某检测费 1800 元; 3. 驳回原告徐某某的其他诉讼请求	—
上诉人北京天诚广厦物业服务有限公司与被上诉人王某某噪声污染责任纠纷案	(2021)京03 民终4228 号	1. 北京天诚广厦物业服务有限公司于判决生效之日起 60 日内对位于北京市朝阳区××号楼电梯采取降噪措施,使上述电梯的运行噪声在北京市朝阳区××号房屋内不超过《社会生活环境噪声排放标准》(GB 22337—2008)的标准; 2. 北京天诚广厦物业服务有限公司于判决生效之日起 7 日内给付王某某噪声检测费 1500 元; 3. 驳回王某某的其他诉讼请求	驳回上诉,维持原判
上诉人大庆市广益房地产开发有限公司与被上诉人李某某噪声污染责任纠纷案	(2021)黑06 民终442 号	1. 大庆市广益房地产开发有限公司于判决生效之日起 30 日内对涉案的电梯进行防震隔音降噪整改,使电梯运行噪声在李某某购买的欣凤学城小区 B-13-1-801 室房屋内符合《工业企业厂界环境噪声排放标准》(GB 12348—2008)的要求; 2. 大庆市广益房地产开发有限公司于判决生效后的 10 日内赔偿李某某精神损害赔偿金 3000 元; 3. 驳回李某某的其他诉讼请求	驳回上诉,维持原判

续表

案件名称	案卷号	一审判决	二审判决
上诉人大庆市广益房地产开发有限公司与被上诉人全某某噪声污染责任纠纷案	(2021)黑06民终599号	1. 广益房地产开发有限公司于本判决生效之日起30日内对案涉的电梯进行防震、隔声、降噪整改，使电梯运行噪声在全某某购买的欣凤学城小区B22－4－801室房屋内符合《工业企业厂界环境噪声排放标准》(GB 12348—2008)的要求； 2. 广益房地产开发有限公司于本判决生效后的10日内赔偿全某某精神损害赔偿金3000元； 3. 驳回全某某的其他诉讼请求	驳回上诉，维持原判
上诉人荔波县壹肆柒台球俱乐部与被上诉人荔波浪巢娱乐会所噪声污染责任纠纷案	(2021)黔27民终2269号	1. 被告荔波浪巢娱乐会所(经营者俞某某)于判决生效之日起3个月内完成天花板等隔声设施整改，消除对原告荔波县壹肆柒台球俱乐部的噪声污染影响； 2. 驳回原告荔波县壹肆柒台球娱乐会所的其他诉讼请求	驳回上诉，维持原判
刘某某与京沪高速铁路股份有限公司噪声污染责任纠纷案	(2020)京04民终372号	驳回原告刘某某的全部诉讼请求	1. 撤销天津铁路运输法院作出的(2016)津8601民初10049号民事判决； 2. 自本判决生效之日起90日内，京沪高速铁路股份有限公司在案涉的河北省沧州市青县陈咀乡前渔二庄村区段、刘某某住宅等地采取改造、更换隔声屏，加装隔声窗等有效减小高铁运行噪声的措施，消除对原告刘某某造成的噪声污染损害

续表

案件名称	案卷号	一审判决	二审判决
禄丰润航大酒店与禄丰满天星文化有限公司噪声污染责任纠纷案	(2021)云23民终825号	1. 由禄丰满天星文化有限公司于判决生效之日起5日内对其经营的KTV采取整改措施,消除对禄丰润航大酒店的噪声污染(具体标准为22时至次日6时不得超过30分贝,6时至22时不得超过40分贝); 2. 驳回禄丰润航大酒店的其他诉讼请求	驳回上诉,维持原判
武汉恒大都市房地产开发有限公司、李某某噪声污染责任纠纷案	(2021)鄂01民终2847号	1. 武汉恒大都市房地产开发有限公司于判决生效之日起30日内对武汉市青山区恒大御府2栋2单元内的电梯及电梯井采取隔声降噪等整改措施,使李某某购买的武汉恒大御府2栋2单元3302室房屋内的电梯运行噪声符合《民用建筑隔声设计规范》(GB 50118—2010)和《社会生活环境噪声排放标准》(GB 22337—2008)相关要求; 2. 武汉恒大都市房地产开发有限公司给付李某某精神损害抚慰金20000元(于判决生效之日起10日内付清); 3. 驳回李某某的其他诉讼请求	驳回上诉,维持原判

基于表2-10的梳理可知,环境侵权案件中适用消除影响责任的案件呈现如下特征:(1)消除影响与赔偿损失两种责任同时适用的情况较为常见,损失赔偿的主要项目包括经济损失〔43〕、噪声检测费用〔44〕、精神损害抚慰金〔45〕等。(2)消除影响这一责任形式集中适用于噪声污染防治领域,企业或个人因正常的生产经营/生活作息秩序受到噪声破坏,为此提起环境侵权诉讼以维护其权益。比如,在原审原告康某某与原审被告灵宝市强人房地产开发有限责任公司噪声污染责任纠纷一案中,康某某发现房屋有中央空调压缩机组,每年空调运行期间,噪声与共振通过楼板直接传到其房间,导致其晚上不能正常休息,出现耳

〔43〕 河南省灵宝市人民法院一审再审民事判决书,(2021)豫1282民再12号。

〔44〕 北京市东城区人民法院一审民事判决书,(2021)京0101民初13282号;河南省郑州市中原区人民法院一审民事判决书,(2021)豫0102民初2858号。

〔45〕 黑龙江省大庆市龙凤区人民法院一审民事判决书,(2020)黑0603民初1337号;湖北省武汉市青山区人民法院一审民事判决书,(2020)鄂0107民初1064号。

鸣、精神萎靡的状况，故起诉至法院要求被告消除影响并赔偿相应损失。[46]（3）决定消除影响诉请能否得到支持的关键因素在于产生的噪声是否超过噪声标准。被告产生的噪声是否超过《声环境质量标准》的限值决定了其是否构成违法行为，进而决定了被告是否构成侵权及是否需要承担消除影响责任。从实践层面看，关于被诉行为是否超过噪声标准这一事项的认定对法官的专业技术提出了较高要求。如上诉人刘某某与被上诉人京沪高速铁路股份有限公司噪声污染责任纠纷一案中，一审法院认定被告行为不构成侵权，但二审中上诉人提出依据《声环境质量标准》（GB 3096—2008）的规定，监测地点在室内，对应的标准应当降低10分贝后对行为进行评价。二审法院据此推翻一审判决，改判被诉行为构成侵权，判决支持上诉人请求。[47]

三、环境侵权惩罚性赔偿的司法适用情况及其争点解析

经由前文对2021年环境侵权案件的多维检视，本报告得以对环境侵权领域司法发展的动态进展与发展趋势进行基本把握。然而，环境侵权案件的特殊性决定了现有的填平性赔偿无法合理地救济环境侵权行为对环境本身造成的损害，故赔偿数额超出实际损害数额的惩罚性赔偿在环境司法实践中出现。[48] 惩罚性赔偿的规范依据源于《民法典》第179条、第1232条。[49] 《民法典》于2021年1月1日起施行，标志着环境侵权惩罚性赔偿制度由学理层面的讨论转向实施层面的适用，环境保护领域的惩罚性赔偿可被称为2021年度环境司法专门化的重要制度更新成果。本部分将结合最高人民法院《关于审理生态环境侵权纠纷案件适用惩罚性赔偿的解释》（以下简称《环境侵权惩罚性赔偿解释》）的配套规定，审视与检讨2021年度环境侵权惩罚性赔偿的司法适用实践。

（一）环境侵权惩罚性赔偿的法理与意义分析

环境侵权惩罚性赔偿制度正是在私法公法化的背景下，为应对生态环境治理需求而生。所谓私法公法化，即为了保护社会公共利益、保障社会弱者权利，国家对社会和经济生活领域的干预突破了传统的公、私法界限，公法原则渗入私

---

〔46〕 河南省灵宝市人民法院一审再审民事判决书，（2021）豫1282民再12号。

〔47〕 北京市第四中级人民法院二审民事判决书，（2020）京04民终372号。

〔48〕 王树义、刘琳：《论惩罚性赔偿及其在环境侵权案件中的适用》，载《学习与实践》2017年第8期。

〔49〕 《民法典》第179条规定："承担民事责任的方式主要有：（一）停止侵害；（二）排除妨碍；（三）消除危险；（四）返还财产；（五）恢复原状；（六）修理、重作、更换；（七）继续履行；（八）赔偿损失；（九）支付违约金；（十）消除影响、恢复名誉；（十一）赔礼道歉。法律规定惩罚性赔偿的，依照其规定。本条规定的承担民事责任的方式，可以单独适用，也可以合并适用。"第1232条规定："侵权人违反法律规定故意污染环境、破坏生态造成严重后果的，被侵权人有权请求相应的惩罚性赔偿。"

权自治领域并对私法关系加以规范。[50] 相对于传统的补偿性损害赔偿难以实现对受损利益的全面救济,惩罚性赔偿作为一种全新的责任类型被引入私法领域,该制度以更为全面、深入地识别和认定环境侵权“损害”为前提,以救济非稳定的、不可量化的环境侵权损害和环境健康损害等从传统侵权责任制度体系中“逃逸”的损害类型为功能。[51] 可见,环境侵权惩罚性赔偿制度的提出与构建契合了生态环境司法治理的现实需要,其对于更充分地实现环境保护领域的利益救济具有重要价值。

从法理层面解读,惩罚性赔偿对损害的救济不以实际损失为限。具体而言,《民法典》第 1232 条规定:侵权人违反法律规定故意污染环境、破坏生态造成严重后果的,被侵权人有权请求相应的惩罚性赔偿。有关环境侵权惩罚性赔偿金的确定,依据《环境侵权惩罚性赔偿解释》第 10 条的规定,人民法院确定惩罚性赔偿金数额一般不超过人身损害赔偿金、财产损失数额的 2 倍。环境侵权领域引入惩罚性赔偿制度的积极意义在于,惩罚性赔偿具有补偿受害人遭受的损失、惩罚和遏制不法行为的多重功能,[52] 通过提高环境违法成本制裁环境不法行为,可充分提升环境侵权的司法治理效能。但与此同时,惩罚性赔偿制度隐含着被不当适用的潜在风险,与惩罚性赔偿制度相伴的职业打假人“知假买假”现象之频发,便验证了消费者权益保护与食品安全领域中的惩罚性赔偿之适用长期以来面临正当性的拷问,而环境侵权领域的惩罚性赔偿概莫能外。缘由在于当前我国的环境法治建设中,无论是环境法的制定,还是环境法的实施,都强化了对环境违法行为的制裁,体现了重罚主义思想。[53] 环境侵权领域引入惩罚性赔偿可视为生态环境保护中重罚主义思想的进一步彰显,若不经充分的说理与法条援引,不考量主观恶意程度、行为违法程度、后果严重程度之限制即予以适用,不仅无法达致预期目标,更将导致过度威慑。故此,在肯定发挥惩罚性赔偿对环境司法治理效能之提升作用的同时,尚需从适用范围、构成要件、金额确定等方面明确惩罚性赔偿的裁判规则,以环境侵权领域惩罚性赔偿之审慎适用妥适回应生态环境治理之现实需求。

分析环境侵权领域惩罚性赔偿样本文书的意义在于,总结过往环境侵权惩

〔50〕 田喜清:《私法公法化问题研究》,载《政治与法律》2011 年第 11 期。
〔51〕 刘超:《〈民法典〉环境侵权惩罚性赔偿制度之功能剖辨》,载《政法论丛》2022 年第 1 期。
〔52〕 王利明:《惩罚性赔偿研究》,载《中国社会科学》2000 年第 4 期。
〔53〕 邓可祝:《重罚主义背景下的合作型环境法:模式、机制与实效》,载《法学评论》2018 年第 2 期。

罚性赔偿的实践经验与困惑，为此后环境侵权惩罚性赔偿之司法适用提供指引。一是对过往环境侵权惩罚性赔偿的实践经验与困惑之总结，本研究检索提取2021年环境侵权领域涉及惩罚性赔偿的裁判文书，挖掘其适用过程中隐含的争议性问题，明确哪些事项构成了此领域裁判活动的痛点、难点。二是为此后环境侵权惩罚性赔偿之司法适用提供指引。为此，笔者需要结合《环境侵权惩罚性赔偿解释》对过往裁判文书展开检视评析，《环境侵权惩罚性赔偿解释》是《民法典》环境侵权惩罚性赔偿制度司法适用的基本遵循与具体指引，其针对环境侵权惩罚性赔偿的提起主体、禁止另行起诉、举证责任、行为违法性的认定、认定故意的考量因素、认定故意的具体情形、造成严重后果的认定等事项做出了具体规定，相当程度上回应解决了此前环境侵权惩罚性赔偿司法实践层面面临的困惑。因此，结合《环境侵权惩罚性赔偿解释》对环境侵权惩罚性赔偿的各项规定，对环境侵权惩罚性赔偿案件的裁判文书展开分析，对环境侵权惩罚性赔偿制度的适用和完善具有重要现实意义。

（二）2021年环境侵权惩罚性赔偿案件样本分析

环境侵权惩罚性赔偿制度并非专属适用于环境侵权案由范围，民事案由中的生命权、健康权、合同纠纷案件，刑事案由中的污染环境罪案件均出现依据《民法典》第1232条提起环境侵权惩罚性赔偿诉请的现象，因此笔者需要设置更为多元的检索条件，[54]并进行二次比对以获取更全面的文书样本。经由检索与比对，本报告提取得到2021年度环境侵权惩罚性赔偿案件裁判文书合计14份，其中，一审裁判文书10份，二审裁判文书4份。

1. 环境侵权惩罚性赔偿案件样本的整体梳理

本报告笔者在详细反复阅读相关裁判文书样本原文的基础上，抽象出案号、判决书名称、诉讼请求、判决理由、法条援引、裁判结果六大要素，经由提炼、简化、归纳、概括，将2021年环境侵权惩罚性赔偿的整体情况呈现如表2－11所示。

---

〔54〕 故此，本次对样本提取与比对的具体思路为：一是通过检索初步确定筛选范围，具体进行了三次检索与提取，检索口径分别为“惩罚性赔偿＋2021年＋民法典＋污染＋民事案由”“惩罚性赔偿＋2021年＋民法典＋生态＋民事案由”“惩罚性赔偿＋2021年＋刑事案由”；二是阅读文书原文，比对确定符合条件的、2021年度司法实践中涉及环境侵权惩罚性赔偿实质适用的裁判文书合计14份。

表 2－11　2021 年环境侵权惩罚性赔偿样本裁判文书梳理

序号	案号	案件名称	诉讼请求	判决理由	法条援引	裁判结果
1	(2021)川 11 民终 357 号	上诉人张某 1、张某 2 与上诉人四川长鑫管业有限公司环境污染责任纠纷案	1. 撤销一审判决； 2. 依法改判支持张某 1、张某 2 一审的诉讼请求； 3. 由长鑫管业有限公司承担一审、二审诉讼费和律师代理费	本案系《民法典》施行前的法律事实引起的民事纠纷案件，故均应适用《民法典》实施前的法律、司法解释。张某 1 依据《民法典》第 1232 条的规定要求长鑫管业有限公司承担惩罚性赔偿的请求与上述司法解释的规定相悖，法院对其该项请求不予支持。一审判决本案适用《民法典》不当，法院予以纠正	最高人民法院《关于适用〈中华人民共和国民法典〉时间效力的若干规定》第 1 条第 2 款	不予支持惩罚性赔偿请求
2	(2021)粤 1881 民初 1262 号	英德市东华镇双寨村委会朱屋村民小组与朱某某环境污染责任纠纷案	1. 朱某某支付朱屋村民小组 1318800 元的惩罚性赔偿金； 2. 本案诉讼费用由朱某某负担	虽然朱屋村民小组在本案中提出了惩罚性赔偿，但其实质上仍属于损害赔偿的范围，与(2019)粤 1881 民初 1089 号案件的诉讼请求仅有数额的不同，实质上涉及的诉讼标的是相同的。朱屋村民小组起诉违反了民事诉讼"一事不再理"原则，应予驳回朱屋村民小组的起诉	《民事诉讼法》第 124 条、最高人民法院《关于适用〈中华人民共和国民事诉讼法〉的解释》第 247 条	不予支持惩罚性赔偿请求
3	(2021)沪 02 民终 10736 号	上诉人范某某、上诉人欧派家居集团股份有限公司生命权、身体权、健康权纠纷案	范某某上诉请求： 1. 撤销一审判决，依法改判支持范某某一审全部诉讼请求； 2. 本案诉讼费用由欧派家居集团股份有限公司承担。欧派家居集团股份有限公司上	范某某上诉主张由欧派公司承担惩罚性赔偿责任，但其所提供证据及所陈述的理由尚不足以证明本案符合事发时的有关法律关于惩罚性赔偿的规定，法院对此不予认可	《民事诉讼法》第 170 条第 1 款第 1 项	不予支持惩罚性赔偿请求

续表

序号	案号	案件名称	诉讼请求	判决理由	法条援引	裁判结果
			诉请求:(1)撤销一审判决,依法发回重审或改判驳回范某某的一审全部诉讼请求;(2)本案诉讼费用由范某某承担			
4	(2021)粤18民终3159号	上诉人英德市东华镇双寨村委会朱屋村民小组与被上诉人朱某某环境污染责任纠纷案	1. 撤销一审裁定,指令一审法院进行实体审理; 2. 一审、二审诉讼费用由朱某某承担	本案是在前案[(2019)粤1881民初1089号]的基础上上诉人增加惩罚性赔偿请求。两案的当事人相同,诉讼标的均为同一污染行为引起的侵权损害赔偿请求权;虽然本案的诉讼请求是惩罚性赔偿,前案的诉讼请求是填补性赔偿,两者具体权利内容不一,但均为侵权损害赔偿请求权的组成部分,实质仍属于相同的诉讼请求。据此,一审法院裁定朱屋村民小组本案的起诉构成重复起诉,并无不当。二审法院同时注意到,朱屋村民小组是在《民法典》实施之后对已经造成损害后果的环境侵权行为提出惩罚性赔偿请求,但因《民法典》对污染环境、破坏生态的行为进行惩罚性赔偿的规定突破了当事人原有的合理预期,并不具有溯及力;故此种情形下的法律变更并不构成前案裁判生效后出现的新事实,不符合前述司法解释规定的重复起诉的例外情形	《民事诉讼法》第169条第1款、第170条第1款第1项、第171条及最高人民法院《关于适用〈中华人民共和国民事诉讼法〉的解释》第333条第1项	不予支持惩罚性赔偿请求

续表

序号	案号	案件名称	诉讼请求	判决理由	法条援引	裁判结果
5	（2020）黔26刑终172号	蒋某某、张某1、阮某某、张某2非法采矿附带民事公益诉讼案	未载明	鉴于凯里市周边农村非法采矿现象多发，违法行为屡禁不止的特殊情况，对罪犯进行惩罚性赔偿符合客观形势需要，有助于打击犯罪，教育群众遵纪守法，因此，对于一审判决确定的赔偿数额，法院予以确认	《刑事诉讼法》第236条第1款	被告人承担刑事责任，附带承担生态修复相关费用
6	（2021）桂06刑初30号	阮某某、范某某走私珍贵动物、珍贵动物制品罪刑事附带民事诉讼案	1. 被告人范某某、阮某某依法共同连带承担生态资源受损费用34952.5元； 2. 被告人范某某、阮某某当庭向社会公众赔礼道歉	未体现相关内容	《刑法》第25条第1款、第27条、第52条、第53条、第64条、第67条第3款、第151条第2款、第156条，《民法典》第9条、第179条、第187条、第1168条、第1229条、第1235条	被告人承担刑事责任，附带承担生态资源受损费用
7	（2021）川0823刑初62号	刘某某非法狩猎罪刑事附带民事诉讼案	刑事部分：被告人刘某某承担相应刑事责任。 民事部分：1. 被告人刘某某承担生态损害赔偿金人民币7200元；2. 被告人刘某某当庭公开赔礼道歉	未体现相关内容	《刑法》第64条、第67条第3款、第72条、第73条、第341条第2款，《民法典》第120条、第179条、第1229条、第1232条，最高人民法院《关于审理破坏野生动物资源	被告人承担刑事责任，附带赔偿生态赔偿金

续表

序号	案号	案件名称	诉讼请求	判决理由	法条援引	裁判结果
					刑事案件具体应用法律若干问题的解释》第6条第2项，最高人民法院《关于审理环境民事公益诉讼案件适用法律若干问题的解释》第18条、第21条，最高人民法院、最高人民检察院《关于检察公益诉讼案件适用法律若干问题的解释》第20条，《刑事诉讼法》第15条、第101条第2款	
8	(2021)赣1103刑初200号	周某某非法狩猎罪刑事附带民事公益诉讼案	刑事部分：周某某承担相应刑事责任。 民事部分：周某某承担惩罚性赔偿、赔礼道歉的侵权责任，向国家缴纳猎获物价值一倍的野生动物资源损失费及生态环境损	根据《野生动物及其制品价值评估方法》第4条第1款第2项的规定，被告人周建敏狩猎的野生动物经济价值为5180元，其中17只珠颈斑鸠经济价值为5100元，一只华南兔经济价值为80元；以及生态损害评估鉴定费2000元。附带民事公益诉讼人的附带民事公益诉讼请求符	《刑法》第64条、第67条第1款、第341条第2款，《刑事诉讼法》第15条、第201条，《民法典》第1235条，《野生动物保护法》第46条，最高人民法院《关	被告人承担刑事责任，附带赔偿野生动物资源损失费与评估费

续表

序号	案号	案件名称	诉讼请求	判决理由	法条援引	裁判结果
			害鉴定评估费,并在媒体上刊登赔礼道歉信	合法律规定,法院予以支持	于审理环境民事公益诉讼案件适用法律若干问题的解释》第18条,《江西省实施〈中华人民共和国野生动物保护法〉办法》第52条第2款	
9	(2021)川0422刑初100号	田某某、李某某等非法狩猎罪刑事附带民事公益诉讼案	刑事部分:被告人承担相应刑事责任。 民事部分:1.判令被告人在攀枝花市市级媒体公开赔礼道歉;2.判令被告人按照责任比例承担相应连带赔偿责任;3.判令被告人在第2项诉讼请求的范围内按照野生动物经济价值50%的比例连带承担惩罚性赔偿责任	被告人田某某、李某某、陈某甲、陈某乙、邹某某违反国家野生动物保护规定,在禁猎期使用禁用工具猎捕野生动物及交易野生动物的行为,致使国家野生动物资源遭受侵害,破坏了生物多样性和生态环境,损害了社会公共利益,依法应承担民事侵权责任,对附带民事公益诉讼起诉人的诉请法院予以支持	《刑法》第64条、第67条第3款、第72条第1款、第73条、第341条第2款,最高人民法院《关于审理破坏野生动物资源刑事案件具体应用法律若干问题的解释》第6条,《刑事诉讼法》第201条,《野生动物保护法》第6条、第24条,《民法典》第179条、第251条、第1229条,最高人民法院、最高人民	被告人承担刑事责任,附带赔偿野生动物经济价值与惩罚性赔偿款

续表

序号	案号	案件名称	诉讼请求	判决理由	法条援引	裁判结果
					检察院《关于检察公益诉讼案件适用法律若干问题的解释》第20条	
10	(2021)陕0827刑初35号	徐某某、武某某、胡某某、张某某、任某某、刘某某盗掘古脊椎动物化石罪刑事附带民事公益诉讼案	刑事部分:承担相应刑事责任。 民事部分:1. 判令被告人共同承担公益诉讼赔偿共计18000元(恢复植被等费用12000元,惩罚性赔偿6000元);2. 判令被告人在市级以上的报纸上进行公开赔礼道歉	被告人徐某某、武某某、胡某某、张某某、任某某、刘某某的犯罪行为,破坏了古脊椎动物化石保存的完整性,同时改变了古生物化石原有的保存环境,破坏了生态环境,侵害了国家和社会公共利益,依法应承担相应的民事责任。故附带民事公益诉讼人要求六被告人承担被破坏环境修复费用及惩罚性赔偿金,并在媒体上公开赔礼道歉的诉讼请求符合法律规定,被告人亦无异议,法院予以支持	《刑法》第25条、第26条、第27条、第52条、第53条、第64条、第67条第3款、第72条、第73条、第328条第2款,《刑事诉讼法》第201条,最高人民法院《关于审理环境民事公益诉讼案件适用法律若干问题的解释》第18条	被告人承担刑事责任,附带共同赔偿恢复植被等费用与惩罚性赔偿
11	(2021)陕7101刑初1号	李某某非法猎捕、杀害珍贵、濒危野生动物罪,非法狩猎罪,非法持有枪支罪刑事附带民事公益诉讼案	刑事部分:判令李某某承担相应刑事责任。 民事部分:1. 判令李某某对非法猎捕野生动物的行为赔礼道歉;2. 判令李某某依法赔偿国家野生动物资源损失11000元	被告人李某某非法猎捕、杀害国家重点保护的珍贵、濒危野生动物和非法狩猎的行为,造成国家二级重点保护野生动物红腹锦鸡1只和国家"三有"保护动物小麂2只死亡,破坏了野生动物资源,影响了生物多样性和生态平衡,造成了野生动物资源损失,损害了社会公共利益	《刑法》第52条,第53条第1款,第64条,第67条第3款,第69条第1款、第3款,第72条第1款、第3款,第73条第2款、第3款,第128条第1款,第	被告人承担刑事责任,附带赔偿国家野生动物资源损失

续表

序号	案号	案件名称	诉讼请求	判决理由	法条援引	裁判结果
				公益诉讼起诉人请求判令李才金赔偿国家野生动物资源损失11000元,并对非法猎捕野生动物的行为赔礼道歉的请求于法有据,法院应予支持	341条;《民法典》第179条、第187条、第1165条第1款、第1184条、第1229条、第1232条、第1235条;最高人民法院、最高人民检察院《关于检察公益诉讼案件适用法律若干问题的解释》第20条	
12	(2021)川0411刑初151号	陈某某、杨某某盗伐林木罪刑事附带民事诉讼案	刑事部分:要求被告陈某某、杨某某承担相应刑事责任。 民事部分:1.要求被告人陈某某按照《补植补种方案》补种云南松295株;拒不补种或补种不符合规定,赔偿代为履行费用16750元;2.被告人陈某某按照盗伐林木价值的2倍支付惩罚性赔偿款93811元	因惩罚性赔偿款不属于物质损失,故不属于附带民事诉讼的赔偿范围,法院不予支持	《刑法》第25条、第26条、第27条、第61条、第65条、第67条第3款、第345条,最高人民法院《关于审理破坏森林资源刑事案件具体应用法律若干问题的解释》第4条,《民法典》第1229条、第1234条,《刑事诉讼法》第101条	被告人承担刑事责任,附带补种复绿

续表

序号	案号	案件名称	诉讼请求	判决理由	法条援引	裁判结果
			（其中 26479 元由被告人陈某某、杨某某共同赔偿）			
13	（2020）赣 0222 民初 796 号	江西省浮梁县人民检察院与浙江海蓝化工集团有限公司环境污染民事公益诉讼案	1. 判令被告浙江海蓝化工集团有限公司赔偿倾倒硫酸钠废液造成的环境污染修复费用 2168000 元、环境功能性损失费用 57135.45 元、应急处置费用 532860.11 元、检测鉴定费用 95670 元，并承担污染环境惩罚性赔偿款 171406.35 元，共计 3025071.91 元； 2. 判令被告浙江海蓝化工集团有限公司对本次违法倾倒硫酸钠废液的行为在国家级新闻媒体上向社会公众赔礼道歉	涉案倾倒废液行为造成了浮梁县寿安镇八角井周边约 8.08 亩范围内的环境受到污染，影响浮梁县湘湖镇洞口村约 6.6 平方公里流域的环境，妨害了当地 1000 余名居民饮用水安全，导致浮梁县寿安镇八角井、湘湖镇洞口村两处倾倒点的环境修复费用、环境功能性损失等达数百万元，该行为直接污染了环境，损害了社会公共利益，造成严重后果，符合《民法典》第 1232 条规定的环境侵权惩罚性赔偿适用条件。被告浙江海蓝化工集团有限公司亦同意承担环境污染修复、环境功能性损失、惩罚性赔偿等费用；在国家生态环境保护日益加强、司法实践不断累积的基础上适用《民法典》第 1232 条环境侵权惩罚性赔偿的规定，不会背离其合理预期、明显减损其合法权益、增加其法定义务，实际更为契合《民法典》保护环境的宗旨和本义	《民法典》第 120 条、第 179 条、第 1191 条第 1 款、第 1229 条、第 1232 条，《环境保护法》第 6 条第 3 款、第 48 条，最高人民法院《关于审理环境民事公益诉讼案件适用法律若干问题的解释》第 18 条、第 19 条、第 20 条第 2 款、第 21 条、第 22 条，最高人民法院、最高人民检察院《关于检察公益诉讼案件适用法律若干问题的解释》第 13 条第 1 款、第 2 款、第 26 条，《民事诉讼法》第 55 条、第 64 条第 1 款、第 142 条	支持惩罚性赔偿请求

续表

序号	案号	案件名称	诉讼请求	判决理由	法条援引	裁判结果
14	（2021）鲁02民初69号	山东省青岛市人民检察院诉被告青岛市崂山区意象空间艺术鉴赏中心破坏生态民事公益诉讼案	1. 依法判令被告意象空间艺术鉴赏中心赔偿涉案野生动物价值损失8.3万元和生态环境服务功能性损失（以专业性意见为准）； 2. 依法判令被告意象空间艺术鉴赏中心承担惩罚性赔偿责任； 3. 依法判令被告意象空间艺术鉴赏中心在全国性媒体上公开赔礼道歉； 4. 依法判令被告意象空间艺术鉴赏中心承担本案生态环境损害鉴定评估费用	被告意象空间艺术鉴赏中心收购、出售珍贵、濒危野生动物的主观故意明显，其行为导致了珍贵、濒危野生动物的减少，加深了濒危程度，破坏了生态资源和环境平衡，造成了严重后果，且对生态环境的损害后果在未修复前具有持续性的特点，依照《民法典》第1232条"侵权人违反法律规定故意污染环境、破坏生态造成严重后果的，被侵权人有权请求相应的惩罚性赔偿"的规定，可判令其承担惩罚性赔偿。综合其主观故意、危害后果及在本案中悔改态度较好，愿意提供生态环境公益劳动，以自己实际行动保护生态环境等情节，酌情判令其承担惩罚性赔偿99050元。同时，惩罚性赔偿具有惩罚和遏制不法行为的多重功能，对预防同类型损害的发生具有十分重要的意义。在与被告协商一致的情况下，由被告以提供环境公益劳动的方式承担全部或者部分惩罚性赔偿，有利于发挥惩罚性赔偿制度的惩罚和教育功能，有利于督促被告参与生态环境保护和预防同类型损害的发生	《民法典》第1232条、第1235条，最高人民法院《关于审理环境民事公益诉讼案件适用法律若干问题的解释》第18条，《民事诉讼法》第55条	支持惩罚性赔偿请求

2. 环境侵权惩罚性赔偿案件样本的多维考察

本部分从提起主体与规制对象、说理充分度、类型化分布三大维度，考察2021年环境侵权惩罚性赔偿的样本文书，以期更具象地把握该项制度之实施情况。

(1)环境侵权惩罚性赔偿案件样本的提起主体与规制对象考察。综合梳理表2－12、图2－8、图2－9可知，惩罚性赔偿诉讼中被侵权主体与侵权主体的分布存在特殊性：第一，惩罚性赔偿的提起主体主要是公权力主体（检察机关＋林业局），私主体提起惩罚性赔偿的比例较低，且尚未出现环保组织提起惩罚性赔偿的情况。第二，惩罚性赔偿的规制对象主要是自然人而非企业。这种现象与前文环境侵权案件中的主要提起主体为个人，规制对象主要为企业的情况形成了鲜明的反差。这进一步说明了环境侵权惩罚性赔偿的特殊性，由于消费领域、食品安全领域的惩罚性赔偿的作用机理在于通过经济激励调动私人主体参与公共秩序利益的维护，因此其他领域的惩罚性赔偿诉讼的提起主体主要是以自然人为代表的私主体。而环境侵权领域的惩罚性赔偿却并非如此，2021年度此类惩罚性赔偿的提起主体主要为公权力机关，说明环境侵权领域的惩罚性赔偿的制度功能主要被定位为公权力主体借助私法途径实现公益目的的手段工具。从责任性质层面上讲，惩罚性赔偿是环境民事责任形式之一，公权力主体在生态环境治理的过程中还将通过环境行政责任、环境刑事的责任的设置与追究保护生态环境，因此，我国应当规范环境侵权惩罚性赔偿制度的司法适用标准，避免该制度与行政罚款、刑事罚金叠加适用。[55]

表2－12　提起主体与规制对象数量统计

单位：件

提起主体	数量统计	规制对象	数量统计
自然人	2	自然人	10
村自治组织	2		
检察院	9	企业	4
林业局	1		

〔55〕王冲：《〈民法典〉环境侵权惩罚性赔偿制度之审视与规制》，载《重庆大学学报（社会科学版）》2021年网络首发。

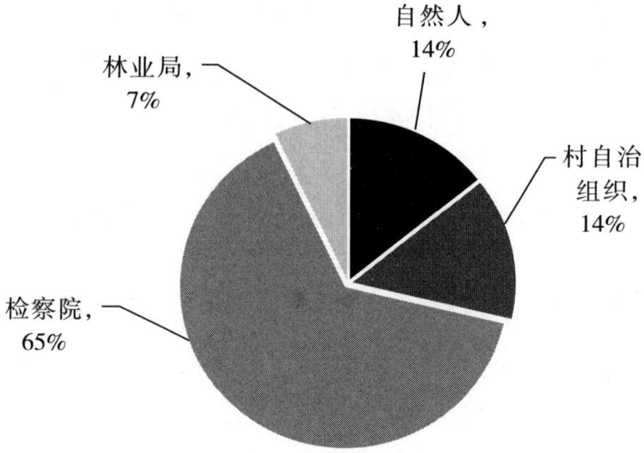

图 2-8　提起主体分布统计

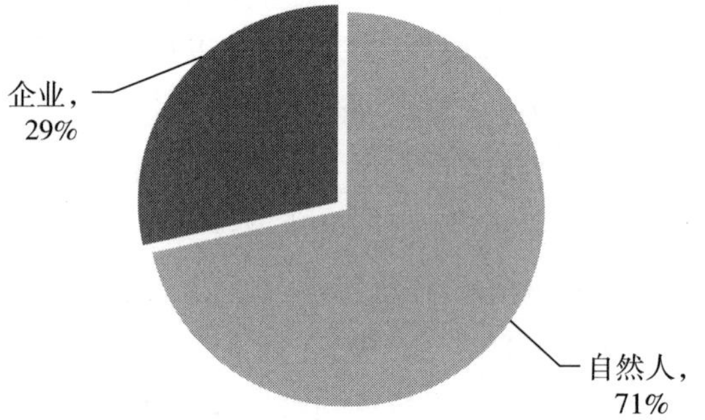

图 2-9　规制对象分布统计

(2)环境侵权惩罚性赔偿案件样本的说理充分度考察。基于表 2-13,在环境侵权惩罚性赔偿案件样本说理充分度方面,本报告将符合以下任一条件的裁判文书认定为说理较为充分:较为规范的基于构成要件及法条原文的支持诉请分析;经过分析明确给出了不支持的理由。同时,将符合以下任一条件之一的裁判文书认定为说理不充分:未提供理由、基于法外理由、未基于实质性分析即予以支持;不支持但未提供理由、仅援引相关法条但未说明不支持理由。由此可统计得出,在 2021 年环境侵权领域惩罚性赔偿的司法裁判中,说理较为充分与说理不充分的裁判文书各占 50%。更进一步分析,在支持惩罚性赔偿的裁判文书中,说理充分与说理不充分的裁判文书的比值为 2∶5,不支持惩罚性赔偿的裁判文书中,说理充分与说理不充分的裁判文书的比值为 5∶2,可知当法官否定惩罚性赔偿诉请时,其往往持更为谨慎的态度。

表 2-13　2021 年环境侵权惩罚性赔偿案件样本说理充分度分布

单位:件

分类	结果	具体类型	裁判文书号	数量
说理充分	支持	较为规范的基于构成要件、法条原文的分析支持诉请	(2020)赣 0222 民初 796 号 (2021)鲁 02 民初 69 号	2
	不支持	经过分析明确给出了不支持的理由	(2021)川 11 民终 357 号 (2021)粤 1881 民初 1262 号 (2021)粤 18 民终 3159 号 (2021)沪 02 民终 10736 号 (2021)川 0411 刑初 151 号	5
说理不充分	支持	未提供理由、基于法外理由、未基于实质性分析即予以支持	(2020)黔 26 刑终 172 号 (2021)川 0823 刑初 62 号 (2021)陕 0827 刑初 35 号 (2021)陕 7101 刑初 1 号 (2021)川 0422 刑初 100 号	5
	不支持	不支持但未提供理由、仅援引相关法条但未说明不支持理由	(2021)赣 1103 刑初 200 号 (2021)桂 06 刑初 30 号	2

(3)环境侵权惩罚性赔偿案件样本的类型化分布考察。基于图 2-10,在环境侵权惩罚性赔偿案件样本的类型化分布方面,根据案件性质、审判程序的划分标准,可将 2021 年环境侵权领域惩罚性赔偿案件划分为:一般性环境侵权案件、刑事附带民事案件、环境民事公益诉讼案件。在此类型化基础上,本报告根据前述确立的说理充分度的考察标准,观察了不同类型案件在说理充分度方面的分布情况,发现以下值得注意的现象:一般性环境侵权案件与环境民事公益诉讼案件的说理充分度高,而环境刑事附带民事诉讼案件显现出极高的说理不充分比例。此现象折射出在环境刑事案件审理中,刑事责任的判定被视为最主要的工作事项,民事部分尤其惩罚性赔偿这一判定事项的受重视程度较低。同时,公诉人与犯罪嫌疑人更为重视刑事责任的判定,涉及金额的判定并不成为双方的论争关注点,是导致惩罚性赔偿的裁判说理不充分现象普遍分布于环境刑事附带民事案件中的重要原因。

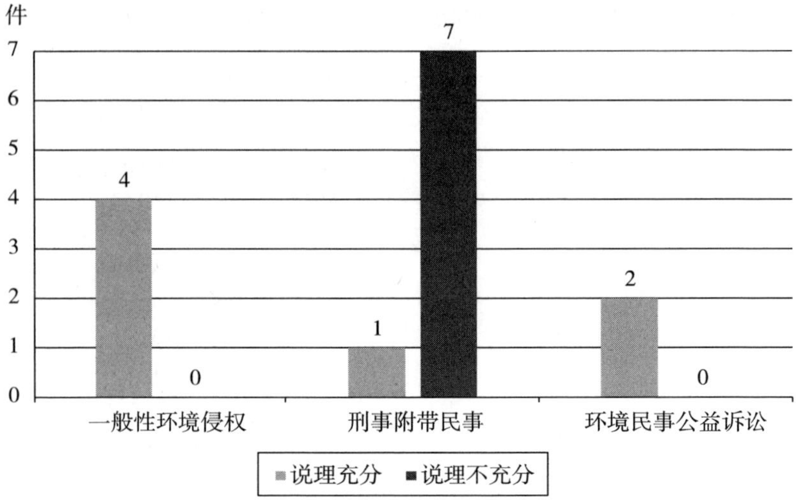

图 2-10 三大类型案件中法官适用惩罚性赔偿过程中的说理充分度分布

(4)环境侵权惩罚性赔偿裁判适用的争议性问题。2021 年度环境侵权惩罚性赔偿的司法实践显现出众多争议性问题,一是环境侵权事实认定与环境侵权审理规则的特殊性决定了环境案件审判的复杂性,二是环境法律规范的缺失与粗疏导致裁判标准的不统一。下文将对争议性问题展开逐一检讨并予以回应解决:

第一,环境侵权惩罚性赔偿的适用范围不明确。关于环境侵权惩罚性赔偿的适用范围,即目前惩罚性赔偿责任能否适用于生态环境损害赔偿诉讼与环境民事公益诉讼制度尚不明确。就规范层面而言,我国在此方面尚未存在明确规定,仅可通过文义解释,明确环境侵权惩罚性赔偿所救济的利益类型,不仅包括环境私益损害,更包括环境公共利益损害,《环境侵权惩罚性赔偿解释》第 12 条中规定了国家规定的机关或者法律规定的组织作为被侵权人代表,请求判令侵权人承担惩罚性赔偿责任的,惩罚性赔偿金数额的确定,应当将生态环境受到损害至修复完成期间服务功能丧失导致的损失、生态环境功能永久性损害造成的损失数额作为计算基数。此规定表明规范层面已将生态环境损害列入惩罚性赔偿的救济范围。就实践层面而言,样本中尚未出现生态环境损害案件中提起或支持惩罚性赔偿的文书,但已有将惩罚性赔偿责任适用于环境民事公益诉讼程序中的做法。在山东省青岛市人民检察院诉被告青岛市崂山区意象空间艺术鉴赏中心生态破坏民事公益诉讼案与江西省浮梁县人民检察院与浙江海蓝化工集团有限公司环境污染民事公益诉讼案中,两案件均为地方检察院诉请法院判令被告承担惩罚性赔偿责任并最终获得支持，且前一案例已被最高人民检察院列入生物多样性保护公益诉讼典型案例。[56] 样本中除了已出现在环境民事公益诉讼中支持惩罚性赔偿请求的裁判文书外，其他部分判决不予支持惩罚性赔偿主张，亦并非基于其不具有适用正当性之考虑，而在于其他原因，如在英德市东华镇双寨村委会朱屋村民小组与朱某某环境污染责任纠纷案中，法院不予支持惩罚性赔偿主张的理由在于构成重复起诉。

可见，规范层面已明确惩罚性赔偿需要兼顾环境私益与环境公共利益之救济需求，实践层面已肯定环境侵权惩罚性赔偿可适用于环境民事公益诉讼领域之正当性，但尚未出现在生态环境损害赔偿诉讼中提起与支持惩罚性赔偿诉请之做法，难以通过实践层面的分析阐明其是否具备适用正当性，质言之，惩罚性赔偿的适用范围处于不明确状态。

第二，环境侵权惩罚性赔偿的构成要件认定失当。环境侵权惩罚性赔偿的构成要件由主体要件、主观要件、行为要件、结果要件和因果关系要件组成。[57] 下文将基于此逐一检讨当前样本中所反映的环境侵权惩罚性赔偿构成要件的认定标准不明确问题。其一，就主体要件认定而言，此前的实践中人民检察院与政府部门提起惩罚性赔偿的规范依据缺失，但随着《环境侵权惩罚性赔偿解释》在第 12 条中赋予了国家规定的机关或者法律规定的组织提起惩罚性赔偿请求的正当性，此问题随之解决。但如前所述国家规定的机关或者法律规定的组织是否有权提起生态环境损害赔偿诉讼，目前规范层面尚未回应。其二，就行为要件而言，适用环境侵权惩罚性赔偿要求主体所实施的行为必须具有违法性。所谓违法性，指行为人实施的污染环境、破坏生态行为必须系“违反法律规定”的行为，不具有违法性的行为，就不能适用环境侵权惩罚性赔偿。[58] 《环境侵权惩罚性赔偿解释》第 5 条亦规定了污染环境、破坏生态行为的违法性认定以法律、法规为依据，可以参照规章的规定。但法院在支持惩罚性赔偿诉请的裁判文书中，并未通过明确的法条引用以认定其行为的违法性。[59] 这种做法与《环境侵权惩

---

〔56〕《生物多样性保护公益诉讼典型案例》，载最高人民检察院官网，https://www.spp.gov.cn/xwfbh/wsfbt/202110/t20211009_531433.shtml#2。

〔57〕梁勇、朱烨：《环境侵权惩罚性赔偿构成要件法律适用研究》，载《法律适用》2020 年第 23 期。

〔58〕梁勇、朱烨：《环境侵权惩罚性赔偿构成要件法律适用研究》，载《法律适用》2020 年第 23 期。

〔59〕若属于刑事附带民事责任案件，抑或被告已因其不法行为在另案中遭致刑事制裁，则其行为违法性已由刑事判决所评价认定，无须在民事判决中进行再次评价认定，故不存在此处所述的行为违法性认定失当问题。

罚性赔偿解释》第 5 条规定相悖,如山东省青岛市人民检察院诉青岛市崂山区意象空间艺术鉴赏中心生态破坏民事公益诉讼案中仅引用了《民法典》中惩罚性赔偿的规定、可主张损失和费用范围的规定,《民事诉讼法》及司法解释的相关规定,评价涉案行为违法的规范依据来源为何,文书中并未体现。其三,就结果要件而言,环境侵权惩罚性赔偿责任的承担以造成严重后果为要件,《环境侵权惩罚性赔偿解释》第 8 条对造成严重后果的认定做出了原则性规定,最高人民法院、最高人民检察院《关于办理环境污染刑事案件适用法律若干问题的解释》第 1 条列举了严重污染环境的法定情形,第 3 条列举了污染环境等后果特别严重的法定情形。但样本文书中的法院一定程度上忽视了有关严重后果的认定,如在徐某某、武某某、胡某某、张某某、任某某、刘某某盗掘古脊椎动物化石罪刑事附带民事公益诉讼案中,法院认为被告人的犯罪行为破坏了古脊椎动物化石保存的完整性,同时改变了古生物化石原有的保存环境,破坏了生态环境,侵害了国家和社会公共利益,依法应承担相应的民事责任;但并未结合对具体环境要素的影响、持续时间、地域范围等因素对其严重程度加以论证。其四,就因果关系要件而言,主体行为与损害后果具有因果关系是惩罚性赔偿责任的适用条件。但有关因果关系这一待证事实的举证责任分配,《环境侵权惩罚性赔偿解释》中并未予以明确规定。综观样本文书,关于环境侵权惩罚性赔偿责任中因果关系证明责任的分配,法院基本遵循了传统环境侵权案件中由污染者证明不存在因果关系的做法。如在上诉人张某 1、张某 2 与上诉人四川长鑫管业有限公司环境污染责任纠纷案中,法院认为作为被诉侵权方的四川长鑫管业有限公司对其乳化液外泄与张某 1 的白芨死亡不存在因果关系应当承担举证责任。但此种做法与审慎适用惩罚性赔偿的原则性要求是否契合?在通过惩罚性赔偿提高违法成本的同时,对被诉侵权人设置如此高的证明责任是否合适?

第三,环境侵权惩罚性赔偿金计算基准与最高倍数限制的认定标准模糊。有关环境侵权惩罚性赔偿金的计算基准与最高倍数限制的认定标准模糊,体现在两方面:一是在惩罚性赔偿金的确定中未提及计算基准与最高倍数限制。在徐某某、武某某、胡某某、张某某、任某某、刘某某盗掘古脊椎动物化石罪刑事附带民事公益诉讼案中,法院支持公诉机关的惩罚性赔偿金诉请,判令六被告人承担被破坏环境修复费用及惩罚性赔偿金,具体金额分别为 12000 元、6000 元,但判决原文并未释明惩罚性赔偿金的费用计算基准与计算倍数。山东省青岛市人民检察院诉被告青岛市崂山区意象空间艺术鉴赏中心破坏生态民事公益诉讼案亦是如此,该案中法院综合被告人的主观故意、危害后果及在本案中悔改态度较好,愿意提供生态环境公益劳动,以自己实际行动保护生态环境等情节,酌情判令其承担惩罚性赔偿金 99050 元。二是惩罚性赔偿金计算基准的确定欠缺规范依据,而最高倍数限制标准的确定需要借助于其他领域的惩罚性赔偿相关规定。江西省浮梁县人民检察院与浙江海蓝化工集团有限公司环境污染民事公益诉讼案中,法院根据《消费者权益保护法》《食品安全法》中以消费者所受损失的 3 倍确定惩罚性赔偿金的相关规定,认定被告浙江海蓝化工集团有限公司按照环境功能性损失的 3 倍费用承担环境污染惩罚性赔偿 171406.35 元。《民法典》仅对环境侵权惩罚性赔偿做出原则性规定,欠缺具体配套实施规则是导致此一问题出现的根本原因。为此,《环境侵权惩罚性赔偿解释》第 9 条、第 10 条、第 12 条分别就人身与财产损失惩罚性赔偿金的计算基数、惩罚性赔偿金的最高倍数认定、国家机关或法定组织提起惩罚性赔偿诉讼的赔偿基数确定进行明确规定。从而环境侵权惩罚性赔偿的计算应采用哪项损失作为计算基数,环境侵权惩罚性赔偿的最高计算倍数为多少均得到明确规定。此后环境侵权惩罚性赔偿的司法实践应当基于《环境侵权惩罚性赔偿解释》的具体规定,以明确具体的环境侵权惩罚性赔偿金的计算基准与最高倍数限制的认定标准裁判案件。

第四,环境侵权惩罚性赔偿的溯及力认定标准不统一。环境侵权惩罚性赔偿的溯及力认定标准不统一。所谓溯及力,是指新法颁布后对其生效前所发生的事件和行为是否适用的问题,如果适用就具有溯及力,不适用就没有溯及力。[60] 环境侵权领域的溯及力问题,是指新颁布的法律对此前主体所实施的环境影响行为能否适用的问题。关于这一问题的判断,样本文书中显现出一定程度的冲突。在英德市东华镇双寨村委会朱屋村民小组与朱某某环境污染责任纠纷案中,法院认为朱屋村民小组是在《民法典》实施之后对已经造成损害后果的环境侵权行为提出惩罚性赔偿请求,但因《民法典》对污染环境、破坏生态行为进行惩罚性赔偿的规定突破了当事人原有的合理预期,并不具有溯及力,故此种情形下的法律变更并不构成前案裁判生效后出现的新事实,不符合前述司法解释规定的重复起诉的例外情形。可知,法院对于《民法典》实施前已经做出且造成损害后果的环境侵权行为,并不支持溯及既往。然而,山东省青岛市人民检察院诉被告青岛市崂山区意象空间艺术鉴赏中心生态破坏民事公益诉讼案给出了

---

〔60〕 沈宗灵主编、张文显等撰稿:《法理学》(第 2 版),北京大学出版社 2009 年版,第 309 页。

截然不同的认定,该案中法院认为被告意象空间艺术鉴赏中心收购、出售珍贵、濒危野生动物的主观故意明显,其行为导致了珍贵、濒危野生动物的减少,加深了濒危程度,破坏了生态资源和环境平衡,造成了严重后果,且对生态环境的损害后果在未修复前具有持续性的特点。法院依照《民法典》第 1232 条“侵权人违反法律规定故意污染环境、破坏生态造成严重后果的,被侵权人有权请求相应的惩罚性赔偿”的规定,可判令其承担惩罚性赔偿。因此,样本文书反映出当主体环境影响行为做出于《民法典》生效前,能否溯及既往适用环境侵权惩罚性赔偿责任,裁判活动中的认定标准尚未统一。针对这一问题,最高人民法院《关于适用〈中华人民共和国民法典〉时间效力的若干规定》第 1 条第 3 款已做出明确规定:《民法典》施行前的法律事实持续至《民法典》施行后,该法律事实引起的民事纠纷案件,适用《民法典》的规定,但是法律、司法解释另有规定的除外。我国应当基于此规定,统一认定环境侵权惩罚性赔偿的溯及力问题:即使主体影响环境的行为于《民法典》实施前做出,但若其行为对生态环境的影响持续至《民法典》实施后,在不存在法律、司法解释除外规定的情况下,不妨碍惩罚性赔偿责任的适用。

四、结论与建议

本报告的研究目标在于检视与解析 2021 年环境侵权司法现状,一是对 2021 年度环境侵权司法案件展开多维检视,二是对 2021 年度环境侵权惩罚性赔偿案件的司法适用情况及其争点加以解析。为此,本研究选定“中国裁判文书网”作为样本来源的数据库,并基于上述两项目标的研究需要在检索与提取中采取不同标准与思路。基于多维检视 2021 年度环境侵权司法案件的研究需要,本研究依据最高人民法院《民事案件案由规定》所确定的案由分类标准,聚焦于该规定中“第九部分”“三十一、侵权责任纠纷”之“377. 环境污染责任纠纷”类案件的检索、下载、整理与分析,在检索条件中选定审结日期为 2021 年 1 月 1 日至 2021 年 12 月 31 日的案件。本报告的研究样本主要通过前述方法收集,共收集到 220 份民事判决书,其中一审判决书数量为 123 份,二审判决书数量为 97 份。基于解析 2021 年度环境侵权惩罚性赔偿案件司法适用争点的需要,本研究进行了三次检索与提取,口径分别为“惩罚性赔偿 +2021 年 + 民法典 + 污染 + 民事案由”“惩罚性赔偿 +2021 年 + 民法典 + 生态 + 民事案由”“惩罚性赔偿 +2021 年 + 刑事案由”,并通过文书原文的逐份阅读与比对,筛选提取出 2021 年度环境侵权司法实践中涉及实质适用环境侵权惩罚性赔偿的裁判文书合计 14 份,其中一般性环境侵权案件、刑事附带民事案件、环境民事公益诉讼案件数量分别为4份、8份、2份。

本报告首先从案件省域分布、诉讼主体类型、裁判援引实体法依据、污染种类、胜败诉及改判情况、共同侵权、责任形式七大方面对2021年度全国环境侵权案件进行多维检视,以期明确这一年度环境侵权领域的司法活动相较上一年度的"变"与"不变",透过现象层面的演进发展,提炼环境侵权领域司法发展的深层原因、共性特征与内在规律。在多维检视环境侵权案件的基础上,本报告考虑到《民法典》背景下的环境侵权惩罚性赔偿是2021年度环境侵权责任适用的关键制度创新,进一步将视角聚焦于环境侵权领域中涉及惩罚性赔偿责任适用的案件,对其予以整体梳理与多维考察,进而解析当下环境侵权惩罚性赔偿的适用争点。

(一)2021年环境侵权司法的进展与不足

在完成环境侵权司法案件多维检视与环境侵权惩罚性赔偿的司法适用争点解析的论证工作基础上,本部分对2021年度环境侵权司法的进展与不足加以总结,归纳2021年环境侵权司法工作所取得的成就,进而检讨具体问题,为下文的针对性完善奠定基础。

1. 2021年环境侵权司法的进展

基于前文对2021年环境侵权的司法检视与解析可知,与2020年相比,2021年环境侵权司法案件虽然在案件数量方面呈现较显著增长,但在诸多方面,两年度的此类案件显现出共性特征:2020年与2021年的环境侵权司法案件的不同主体类型的分布情况基本一致,水污染类型案件依然是最常见的单一污染类型案件,改判案件的数量在二审环境侵权案件中的占比普遍处于低位等。[61] 与此同时,《民法典》及其相关配套解释文件、环境司法领域的规范性与指引性文件使2021年环境侵权司法工作呈现新的发展态势。具体而言,2021年环境侵权司法工作的进展包括以下两方面:

(1)《民法典》与最高人民法院《关于适用〈中华人民共和国民法典〉时间效力的若干规定》的生效与适用推动环境侵权司法工作规范化。一是从制度设计

---

〔61〕 2021年环境侵权二审改判案件量为11件,占比5%。2021年的数据源于前文"胜败诉及改判"部分。而2020年环境侵权二审改判案件量为13件,占比17.8%。2020年的数据源于已出版的《中国环境司法发展报告(2020年)》中的《环境侵权案件的多维检视与重点剖析》部分,刘超、吴晓斌:《环境侵权案件的多维检视与重点剖析》,载吕忠梅等:《中国环境司法发展报告(2020年)》,法律出版社2021年版,第79页。

方面推动环境侵权司法工作规范化。《民法典》侵权责任编第七章通过规则传承与规则创新完善了环境侵权责任的制度设计。[62] 具体而言,该章对环境侵权责任制度设计的更新主要表现在如下方面:《民法典》第 1229 条将环境侵权的行为类型由环境污染行为拓展至环境污染与生态破坏行为,第 1232 条、第 1234 条分别增设了环境侵权惩罚性赔偿责任、生态环境修复责任,第 1235 条专门规定了生态环境损害赔偿请求权的主体与赔偿范围。上述制度的更新推动了环境侵权司法工作的规范化。尤其是第 1232 条关于环境侵权惩罚性赔偿的规定,2021 年我国已出现环境侵权惩罚性赔偿案件的审判实践,该条规定为此特殊责任形式的适用提供了规范依据。结合《环境侵权惩罚性赔偿解释》关于惩罚性赔偿具体适用事项的规定,可预期环境侵权司法工作将实现进一步规范化。二是从规则供给方面推动环境侵权司法工作规范化。《民法典》第 179 条规定了民事责任的承担方式,第 1167 条规定了危及他人人身、财产安全的责任承担方式,侵权责任编第七章"环境污染和生态破坏责任"专章规定环境违法行为人的环境侵权责任。基于图 2-3、图 2-4 可知,2021 年环境侵权司法案件中上述规定的适用频次居于高位,其中重点适用法条《民法典》第 1167 条、第 1229 条、第 1230 条的具体援引频次分别为 19 次、62 次、31 次,而《侵权责任法》的重点适用法条为第 15 条、第 65 条、第 66 条,援引频次分别为 5 次、40 次、31 次。根据最高人民法院《关于适用〈中华人民共和国民法典〉时间效力的若干规定》所坚持的法不溯及既往原则,可预期在当下与未来的环境侵权司法实践中,《民法典》有关环境侵权责任的重点法条的适用频次还将进一步提高,环境侵权司法实践对《民法典》相关重点法条的理解与适用将逐步趋于深入与统一,由此可进一步实现环境侵权司法工作的规范化。

(2)环境司法领域指引性文件的制定与施行有利于提升环境侵权司法工作专业化水平。相关文件包括《民事案件案由规定》《环境资源案件类型与统计规范(试行)》。2021 年生效的《民事案件案由规定》(法〔2020〕347 号)在"第九部分侵权责任纠纷"新增"377. 环境污染责任纠纷"之"(7)光污染责任纠纷"及新增"378. 生态破坏责任纠纷"。该规定一方面增设光污染责任纠纷以回应新型污染损害的救济需要,另一方面基于《民法典》对侵权原因行为的拓展规定而增设生态破坏责任纠纷,优化了环境侵权案件的分类管理,有助于提升环境侵权司

---

〔62〕 刘超:《〈民法典〉侵权责任编的绿色制度创新》,载《法学杂志》2020 年第 10 期。

法工作的专业化水平。2021年1月4日印发施行的《环境资源案件类型与统计规范(试行)》将环境污染防治类案件划分为环境介质污染案件、有毒有害物质污染案件、能量污染案件三大主要类型。依照《环境资源案件类型与统计规范(试行)》确定的分类标准,为今后不断完善各类环境资源案件的裁判规则和审判执行方式,提升环境侵权司法工作专业化水平搭建了框架,指明了方向。

此外,生态环境法典编纂工作在实践与理论研究层面的进展在某种程度上也指导着环境侵权司法工作的优化。一方面,生态环境法典编纂被定位为条件成熟领域的立法。2021年4月,全国人大常委会公布年度立法工作计划,提出将研究启动生态环境法典、教育法典、行政基本法典等条件成熟的行政立法领域的法典编纂工作。另一方面,环境法学界多年来围绕生态环境法典编纂的基础理论与体系化构建问题也展开了系统深入的研究。从实践与学理层面审视,生态环境法典编纂工作有了阶段性的实质进展。环境侵权司法治理水平很大程度上取决于既有规范的供给水平,而环境侵权司法实践的规范需求不仅来自民法中的环境保护规范供给,更来自环境保护专门法的规范供给。生态环境法典编纂之于环境侵权司法工作而言,能从立法层面提升环境侵权司法工作的规范化与专业化水平,具体路径在于,生态环境法典编纂是在与已有民事立法及环境侵权司法指引性文件协调配合的基础上,对生态环境损害赔偿与环境公益诉讼的细化规定、对环境标准制度的规范建构、对分散式各单行污染防治单行法的整合等,通过法律条文配置与规范体系建构为环境侵权司法实践提供更具科学性与协调性的规范支撑。

2. 当前环境侵权司法实践在制度与规则层面存在的不足

(1)环境侵权司法实践折射出环境侵权责任制度设计层面存在的不足。如前文所述,2021年环境侵权司法实践的一系列进展表明,多年环境司法专门化与专业化工作的推进使环境侵权裁判规则与程序不断趋于完善,但环境污染现象、环境污染致害原因的复杂性与混合性,环境侵权责任的特殊性仍在对环境司法审判工作提出新的挑战。环境司法制度的探索主要集中于实践层面,理性系统的"绿色司法"制度尚未真正形成。[63] 具体而言,环境侵权司法实践中折射出的制度设计层面的不足表现为:第一,环境侵权制度中的行为要件判定存在不足。虽然当前环境侵权司法实践中司法机关依据《民事案件案由规定》在立案

〔63〕 吕忠梅、张忠民、王雅琪、欧恒:《2019年环境司法回顾与展望:持续推进环境司法制度成熟定型》,载吕忠梅等:《中国环境司法发展报告(2019年)》,法律出版社2020年版,第42页。

与审判中对不同案由类型的环境污染案件进行了区分化处理,但此种处理停留于实践层面,《民事案件案由规定》中关于环境污染纠纷的规定立足于回应实践层面对于环境侵权案件分类管理的需要,并不能直接导致环境污染行为的类型化。当前环境污染原因行为的类型化标准与针对性处理规则的缺失状态导致环境侵权制度行为要件判定仍有不足。第二,环境侵权惩罚性赔偿制度的适用范围与边界仍未厘清。审视环境侵权惩罚性赔偿的司法实践,环境侵权惩罚性赔偿已适用于一般性环境侵权案件、环境民事公益诉讼案件和环境刑事附带民事诉讼案件中,但《民法典》第 1232 条仅对环境侵权惩罚性赔偿做出原则性规定而未明确其适用范围。作为 2021 年环境侵权司法领域的一项关键制度创新,如何合理界定环境侵权惩罚性赔偿的适用范围与边界以使其尽可能地实现对受损环境私益与公益的完全救济,是今后环境侵权惩罚性赔偿制度的重点完善方向。

(2)环境侵权司法实践折射出环境侵权规则理解与适用层面存在的不足。通过对环境侵权案件与环境侵权惩罚性赔偿案件样本的梳理分析可知,有关环境侵权的裁判规则供给日趋完备,审判机关对裁判规则的理解与适用不断形成共识。笔者在肯定上述所取得的成就的同时,不可否认,我国当前环境侵权司法实践在规则供给与适用层面显现出如下不足:

第一,对现有不同性质的环境法律规范的理解与适用仍有不足。环境行政法律规范在环境侵权司法审判中所能够与应当发挥的功能尚未得到具体明确的阐明,而环境侵权司法案件审判对于环境民事法律规范的准确理解是合理适用统一裁判标准的关键,进而使法院借助于环境行政法律规范,从法律事实认定层面强化判决的说理充分度与说服力,有助于提高当事人对判决结果的接受度。本报告的“裁判援引实体法依据”对环境行政法律规范在环境侵权司法实践中的功能作用进行了初步概括,下文将在此基础上进一步归纳与提炼。

第二,对法律规范与技术性规范的理解与适用仍有不足。在刘某某与京沪高速铁路股份有限公司噪声污染责任纠纷案中,关于被诉行为是否构成侵权,一审法院与二审法院做出了截然相反的判决,阅读判决原文可知,一审与二审法院分歧的根源在于对环境噪声相关标准文件的理解与适用上的不统一。二审法院认为由于检测地点在室内,对应的噪音标准限值应当降低 10 分贝后进行评价,由此认定被诉行为构成侵权,推翻了一审判决。[64] 该案充分说明,在环境侵权

---

〔64〕 北京市第四中级人民法院二审判决书,(2020)京 04 民终 372 号。

司法案件的审判中，以环境标准为代表的各种技术性规范要求环境侵权司法审判必须具有高度专业性，为此有必要深化对环境技术性规范的理解与认识，厘清环境法律规范与环境技术性规范间的关系。

第三，对环境侵权惩罚性赔偿裁判规则的理解与适用仍有不足。2021 年环境侵权惩罚性赔偿制度的司法实践囿于裁判规则的缺失，在适用惩罚性赔偿责任的过程中，有的法院参照了传统领域已有的关于惩罚性赔偿的规定，[65] 亦有的法院酌情自行确定了惩罚性赔偿金的具体数额。[66] 这两种情况共同反映出规则层面的缺失导致环境侵权惩罚性赔偿的司法实践面临缺乏操作指引的困顿，在总结 2021 年环境侵权惩罚性赔偿的实际实践与理论成果基础上，《环境侵权惩罚性赔偿解释》对环境侵权惩罚性赔偿责任适用的具体事项进行了针对性规定，但环境司法实践的具体做法与该文件内容的偏差表明，有必要针对性地探讨如何准确理解与适用其中部分条文的规定。

前述环境侵权司法实践在制度设计与规则供给层面的缺失，反映当前环境法律系统在回应环境侵权司法审判的现实需求方面仍面临一系列待解难题，而现实层面的挑战是系统性的，并非仅通过调整民事立法中的环境保护规范能妥善回应。其一，前述不足中有关环境侵权惩罚性赔偿制度的适用范围与边界，其实质问题在于该项制度能否适用于环境民事公益诉讼与生态环境损害赔偿诉讼，但这两项诉讼制度强调救济环境公益，《民法典》当前的体例安排对其予以概括性规定，具体适用事项留待环境法律规范体系中予以回应更为适宜。其二，环境侵权司法实践出现了对规范的多元化援引现象，民法性质、行政法性质、技术性质的规范在环境侵权案件审理中均开始发挥相应的功能，准确把握各属性规范的关系，并在对应的规范体系中予以妥善配置，可以更为准确地把握特定规范的功能并促使对其理解与适用的统一化。因此，回应当前环境侵权司法不足的思路在于采用整体性视角审视当前环境侵权的司法制度设计与规范供给。因此，环境侵权司法的完善，一方面是要立足于《民法典》确立的传统环境侵权司法制度与规则体系解决环境侵权司法中的疑难问题，另一方面是要研究生态环境法典的编纂，探讨生态环境法典与以《民法典》为代表的民事立法的衔接，基于充分救济环境利益的需要，对环境法上多样化的制度机制与多元化的规范体系予以适度的兼容考虑。

---

〔65〕 江西省浮梁县人民法院一审民事判决书，(2020)赣 0222 民初 796 号。

〔66〕 山东省青岛市中级人民法院一审民事判决书，(2021)鲁 02 民初 69 号。

(二)环境侵权司法的完善建议

针对2021年环境侵权司法领域反映的当下环境侵权司法制度与实践存在的不足,我国需要从制度设计与规则适用两方面予以完善。

1. 环境侵权责任制度设计的完善建议

(1)建议通过对环境污染行为的再类型化标准与针对性处理规则的探索,完善环境侵权制度的行为判定要件。对环境污染行为进行再类型化并构建针对性处理规则的意义在于对《民事案件案由规定》中“377. 环境污染责任纠纷”项下的大气污染责任纠纷、水污染责任纠纷、土壤污染责任纠纷、电子废物污染责任纠纷、固体废物污染责任纠纷、噪声污染责任纠纷、光污染责任纠纷、放射性污染责任纠纷进行再类型化处理。对环境污染行为进行再类型化,一是依据污染性质来源及其致害机理,可将前述环境污染行为划分为物质型污染(排放废液、废气、废渣等污染环境行为)与能量型污染(发射噪声、光、电磁辐射等污染环境行为)。[67] 二是参照《环境资源案件类型与统计规范(试行)》将环境污染防治类案件划分为环境介质污染案件、有毒有害物质污染案件、能量污染案件三大类型的思路,将物质型污染行为进一步细分为环境介质污染、有毒有害物质污染及能量污染行为。就环境介质污染而言,相关污染物并不直接对人体健康产生影响,而是通过空气、水源、土壤等多种介质的迁移转化后作用于人体。有毒有害物质污染是指固体废物、电子废物、放射性物质、危险化学品等有毒有害物质污染,以及未纳入国家或地方环境标准的污染物等其他物质污染。能量污染指噪声、振动、光、热、电磁辐射、电离辐射等能量的排放对人体健康产生影响的污染。三类环境污染行为的作用途径与致害过程的差异决定了在法律认定与适用中采取区分化的裁判规则的必要性,笔者建议在现有指导性文件基础上,出台专门司法解释文件或指导性案例,总结不同类型的环境污染行为的实践规律,明晰差异化处理的具体规则,以完善环境侵权制度的行为判定要件。

(2)建议尽可能地明确环境侵权惩罚性赔偿的适用范围能否包括环境民事公益诉讼与生态环境损害赔偿诉讼。当前关于《民法典》第1232条的认识存在两种观点:一种观点认为环境侵权惩罚性赔偿仅适用于环境私益诉讼,另一种观点认为环境侵权惩罚性赔偿可同时适用于环境私益诉讼与环境民事公益诉讼、生态环境损害赔偿诉讼。鉴于此,全国人大常委会法工委认为“惩罚性赔偿主

---

〔67〕 刘超:《论“绿色原则”在民法典侵权责任编的制度展开》,载《法律科学(西北政法大学学报)》2018年第6期。

要适用于由被侵权人提起的私益诉讼。在公益诉讼中,如果国家规定的机关或者法律规定的组织能够被法院认定为被侵权人代表的,可以适用该条的规定"[68]。就功能定位而言,该项制度应当定位为在侵权损害完全赔偿原则之下,针对环境侵权致害机理与救济需求的特殊性的一项制度创新。[69] 因此,有关环境侵权惩罚性赔偿的适用范围,当前所应采取的态度是基于贯彻环境侵权完全赔偿原则的需要,在肯定其可适用于环境民事公益诉讼与生态环境损害赔偿诉讼的基础上予以审慎适用环境侵权惩罚性赔偿。此种思路的具体实现路径有二:第一,考虑到《环境侵权惩罚性赔偿解释》中并未对此问题明确释明,未来环境侵权惩罚性赔偿适用范围的完善可通过颁布指导性案例重点回应如下事项:环境侵权惩罚性赔偿适用于环境民事公益诉讼与生态环境损害赔偿诉讼的正当性及适用要点。第二,《民法典》既为环境民事公益诉讼和生态环境损害赔偿诉讼的实践提供实体法依据,也为环境法与《民法典》的衔接留出空间。[70] 在生态环境法典编纂中,可通过创制环境民事公益诉讼与生态环境损害赔偿诉讼的适用范围条款,对环境侵权惩罚性赔偿能否适用于这两大诉讼制度进行回应。

2. 环境侵权规则司法适用完善建议

(1)归纳与提炼环境行政法律规范在环境侵权司法实践中的功能。对人体健康与环境利益提供充分救济保护的需要使环境法律规范同时包括公法规范与私法规范。环境法律规范的此种设置方式对环境侵权司法工作的规则适用提出了更高要求。经归纳与提炼环境侵权司法实践中环境行政规范的适用规律,可知其在实践中发挥的功能如下:第一,认定行为违法性。环境行政规范在环境侵权司法实践中发挥行为违法性认定功能。虽然环境侵权诉讼采用无过错责任原则,行为违法性并非环境侵权责任承担的前提,但是环境行政规范的相关规定在阐明主体的行为违法性、提高判决的可接受度与说服力方面具有现实价值。第二,增强适用环境侵权责任相关条款的正当性。具体实现方式是通过环境行政法律规范相关规定与《民法典》环境侵权责任条款一同适用,共同作为认定被诉侵权人承担侵权责任的依据,《环境保护法》第 64 条、《大气污染防治法》第 125 条、《噪声污染防治法》第 86 条发挥了此种功能。第三,界定法律概念。环境侵

〔68〕 刘竹梅、刘牧晗:《〈关于审理生态环境侵权纠纷案件适用惩罚性赔偿的解释〉的理解与适用》,载《人民司法》2022 年第 7 期。

〔69〕 刘超:《〈民法典〉环境侵权惩罚性赔偿制度之功能剖辨》,载《政法论丛》2022 年第 1 期。

〔70〕 吕忠梅:《民法典绿色条款的类型化构造及与环境法典的衔接》,载《行政法学研究》2022 年第 2 期。

权的法律判定前提在于对环境纠纷中涉及的概念进行清晰界定,对此,行政环境法律规范中存在众多生态环境保护相关的法律概念界定条款,如《噪声污染防治法》第 2 条、第 39 条、第 44 条、第 59 条中关于环境噪声、环境噪声污染、社会生活噪声的法律界定,对于消除分歧,达成共识具有重要作用。

(2)有必要深化对环境技术性规范的理解与认识。如前所述,当前环境司法实践中对环境技术性规范的适用仍存在偏差,反映出实践层面对以环境标准为代表的各类环境技术性规范在整体理解与具体把握方面仍有待进一步深化。环境污染本身具有科技性、复杂性等特点,传统法学理论中缺乏对其加以准确认识的工具,而环境标准基于其本身的科学性、明确性,使其能够在法律适用的过程中为案件裁判提供科学的依据。〔71〕 根据《生态环境标准管理办法》第 5 条的规定,国家和地方生态环境质量标准、生态环境风险管控标准、污染物排放标准和法律法规规定强制执行的其他生态环境标准属于强制性标准。环境侵权司法实践应根据不同污染类型案件的审理需要,在准确理解与认识对应强制性环境标准具体规定的基础上适用环境法律规范。此外,以生态环境法典编纂为契机使环境标准法律规范实现体系化,也有利于对环境标准规范的理解与认识进一步深化。当前我国环境标准的相关立法散见于《环境保护法》、各污染防治单行法与部门规章中,展望未来环境侵权司法的规则完善,以生态环境法典编纂为契机,采取提取公因式的思路于法典总则编中体系化地构建生态环境标准制度,一方面可为环境侵权司法中民法规范与环境标准规范的协调适用提供依据,另一方面可促进环境侵权司法对环境标准规范理解与适用的统一化。

(3)有必要准确理解与认识《环境侵权惩罚性赔偿解释》中关于环境侵权惩罚性赔偿关于行为违法性的举证责任分配、禁止另行起诉、国家机关或法定组织提起惩罚性赔偿诉讼的法条依据与赔偿基数确定等相关规定。具体而言,环境侵权惩罚性赔偿的司法实践需要司法机关在准确理解与认识下述条文的基础上裁判案件:《环境侵权惩罚性赔偿解释》第 4 条关于举证责任的规定明确被侵权人应承担“侵权人污染环境、破坏生态的行为违反法律规定”的证明责任,而传统环境侵权诉讼中承担环境侵权责任并不以具备行为违法性为要件。《环境侵权惩罚性赔偿解释》第 3 条中关于禁止另行起诉的规定明确被侵权人在生态环境侵权纠纷案件中若没有提出惩罚性赔偿的诉讼请求,诉讼终结后又基于同一

〔71〕 周骁然:《环境标准在环境污染责任中的效力重塑——基于环境物理学定律的类型化分析》,载《中国地质大学学报(社会科学版)》2017 年第 1 期。

污染环境、破坏生态事实另行起诉请求惩罚性赔偿的,人民法院不予受理。但此种限制仅适用于被侵权人,并未禁止法定机关与组织基于完全赔偿的需要,就同一事实提出环境民事公益诉讼与生态环境损害赔偿诉讼。《环境侵权惩罚性赔偿解释》第 12 条关于国家机关或法定组织提起惩罚性赔偿诉讼的法条依据与赔偿基数等相关规定为环境侵权惩罚性赔偿可适用于环境民事公益诉讼与生态环境损害赔偿诉讼预留了解释空间,在环境侵权惩罚性赔偿的立案与审理中可结合此条规定对环境侵权惩罚性赔偿的适用正当性予以明确。

环境行政诉讼的样态描述与重点解读*

王雅琪　王生珍　袁　明

一、问题限定及样本选择

(一)环境行政诉讼的制度特点与问题指向

环境行政诉讼是人民法院根据对环境行政行为不服的公民、法人或者其他组织的请求,在双方当事人和其他诉讼参与人的参与下,依照法定程序审理并裁决环境行政争议案件的司法活动。[1] 基于我国环境治理以行政管制为核心手段,以环境行政诉讼为规范环境行政权力的关键和最终途径,对促进依法行政和环境法治建设起到了重大推动作用。[2] 回顾我国环境行政诉讼的主要发展节点,2004 年最高人民法院《关于规范行政案由的通知》(已失效)在"行政管理范围"中包括了"环境保护行政管理"和"资源行政管理"两类案由,首次将环境行政案件与其他案件区分开来;2007 年贵州省高级人民法院批准设立清镇市环保法庭,对环境资源案件进行集中管辖,[3] 自此环境行政诉讼逐渐走向专门组织审理模式。基于环境管理具有风险性、复杂性,[4] 其行为后果在短期内可能无法显现。2014 年《行政诉讼法》的修改弥补了传统行政诉讼应对环境问题的不足,扩大了行政诉讼的受案范围,并规定了利害关系人的原告资格等一系列条款,增强了环境行政诉讼的风险预防功能。2020 年最高人民法院印发《关于行政案件案由的暂行规定》,在之前的基础上通过简化案由构成及细化案由适用规定,进一步明确了环境行政案件案由的形式规范。[5] 整体来看,我国环境行政诉讼以《行政诉讼法》和《环境保护法》为基本依据,受案范围、案件识别、审判

---

* 感谢中南财经政法大学法学院硕士研究生王江源、袁璐、吏妍等同学参与裁判文书的收集与整理工作。

〔1〕 吕忠梅主编:《环境法学概要》,法律出版社 2016 年版,第 254 页。

〔2〕 刘长兴:《环境行政案件司法审查的多维审视——以典型案例为对象》,载《南京工业大学学报(社会科学版)》2020 年第 3 期。

〔3〕 吕忠梅、吴一冉:《中国环境法治七十年:从历史走向未来》,载《中国法律评论》2019 年第 5 期。

〔4〕 刘长兴:《环境行政案件类型化的法理与方法》,载《法治社会》2021 年第 2 期。

〔5〕 赵珂:《论环境行政案件案由的规范化》,载《内蒙古社会科学》2021 年第 3 期。

组织及审理程序等制度框架已然基本成形。环境行政诉讼既具有一般行政诉讼的共性,又在不断发展中呈现环境司法专门化的趋势。同时,由于环境问题所具有的高度科技性,环境行政审判的专业化程度也在不断增强。

观察近几年的司法实践情况,处理环境行政案件的类型化意识逐步凸显,但仍陷于难以从纷繁复杂的案由中抽离检视的困境。检视现状是总结最新发展趋势、评估主要制度成效、聚焦重点规范问题的有效手段。本报告以 2021 年的环境行政案件为研究样本开展实证研究,梳理环境行政诉讼的实践运行现状及突出问题,重点观察二审改判案件的具象焦点,并结合学术界对这些实践问题的学理回应、研究程度和研究成果,以期探求可能的解决方案,对环境行政诉讼未来的发展提供一定指引。

(二)样本选择的路径与筛选标准

本部分主要是以 2021 年环境行政诉讼裁判文书为研究对象,预期通过定量分析等方法,对裁判文书进行整体回溯,系统梳理环境行政诉讼的现实状况,并在此基础上对环境行政诉讼进行多维检视和重点观察。本研究报告选取的样本全部源于最高人民法院设立的中国司法大数据研究院案例数据库,以保证本研究报告数据来源的权威性和全面性。为了充分反映近年环境行政诉讼的发展状况,中国司法大数据研究院为本报告提供了 2021 年以来的案件整体数量,同时笔者在该数据中心实地调研中,对其中二审改判的案件文书予以重点关注,并在此基础上开展微观聚焦分析,以期全面而有侧重地观测环境行政案件的运行现状与发展进路。

2021 年 1 月 24 日,最高人民法院印发《环境资源案件类型与统计规范(试行)》,将环境资源案件划分为环境污染防治、生态保护、资源开发利用、气候变化应对、生态环境治理与服务等五大类型。[6] 中国司法大数据研究院据此整理出相应的检索口径。就环境行政诉讼而言,环境污染防治类案件的检索口径设定为全文出现“大气”“空气”“土壤”“土地”“水”“海洋”“固体废物”“电子废物”“放射性物质”“有毒有害物质”“噪声”“噪音”“振动”“光”“热”“电磁”“电离”“能量”“辐射”之一的同时出现“污染”“损害环境”“环境损害”之一;生态保护类案件的检索口径设定为全文出现“生物遗传”“转基因”“微生物”“栖息地”“自然遗迹”“自然遗址”“古迹”“建筑群”“遗址”“人文遗迹”“人文遗址”“国家

---

〔6〕 最高人民法院《关于印发〈环境资源案件类型与统计规范(试行)〉的通知》,载中国法学会行政法学研究会网,http://fzzfyjy.cupl.edu.cn/info/1080/12688.htm,最后访问日期:2022 年 3 月 15 日。

公园""自然公园""自然保护区""自然保护地""湖泊线""河道线""海洋线""海岸线""外来物种""物种入侵""物种引入""引入物种""物种引进""引进物种"关键词之一,或全文出现"生态系统""溶洞""化石""冰川""火山""地质""温泉""地下水""乱捕滥杀""捕猎""矿产开采""工程建设""工程施工""采矿"之一并同时出现"生态"与"破坏"或"损害";资源开发利用类案件的检索口径设定为全文出现"森林""林木""矿业""土地承包经营权""建设用地使用权""水利工程""土地""矿藏""水流""荒地""滩涂""林地""山岭""海域""荒地或者滩涂权属确权""山岭权属确权""海域使用权属确权""水利工程权属确权""企业资产性质确认"之一的同时出现"资源开发利用",或全文出现"通风""采光""眺望""景观"之一的同时出现"侵害"或"损害";气候变化应对类案件的检索口径设定为全文出现"碳排放""碳汇交易""臭氧层",或全文出现"气候"的同时出现"环境影响评价""环评"之一,或全文出现"气象灾害"与"防御工程"的同时出现"气象变化"与"措施"或"应对";生态环境治理与服务类案件的检索口径设定为全文出现"环境影响评价""环境监测""环境损害评估""生态环境治理""环境污染治理""生态环境修复""环境税""环境资源税""绿色信贷""绿色债券""绿色发展基金""绿色保险""绿色金融",或全文出现"生态环境监测设备""污染处理设施"之一的同时出现"维护运营",或全文出现"排放量""排放额度"之一的同时出现"用能权交易""用水权交易""排污权交易""碳排放交易"之一。据此,最终得到环境行政诉讼的司法裁判文书共1204份。但是仍需要在此说明的是,作为本报告分析的数据样本存在不完全准确性,这使依赖不完全样本的分析结果与实际情况可能存在一定的偏差,但比"北大法宝""无讼"等案例数据库所含的样本更为宏大,原因包括以下几个方面:

一是检索口径的科学性不足。2021年是第一年试行五大案由规范模式,就此设定的检索口径是否能准确科学地囊括全部环境行政案件,尚需进一步审视。同时由于案件管理规范要求,最高人民法院所提供的数据中并不包含具体的案号,其仅能在数据中心内部查看,缺乏具体的裁判文书内容。本报告无法对全部案件进行一一的人工筛查,因此所得数据中可能还存在部分实质内容并非环境保护行政案件,对现实适用情况分析造成略微的影响。

二是公开数据库存在的局限性。本报告主要依据的数据由最高人民法院进行提供,是最权威和完整的数据。而在"北大法宝""无讼"等其他公开案例数据库中,除最高人民法院《关于人民法院在互联网公布裁判文书的规定》第4条

“(一)涉及国家秘密的;(二)未成年人犯罪的;(三)以调解方式结案或者确认人民调解协议效力的,但为保护国家利益、社会公共利益、他人合法权益确有必要公开的除外;(四)离婚诉讼或者涉及未成年子女抚养、监护的;(五)人民法院认为不宜在互联网公布的其他情形”的规定所涉及的五种情形外,从2014年1月1日起,其他人民法院生效的裁判文书均应当在互联网公布,可知部分案件因涉及此规定而没有网上公布,隐于内部数据中心。由此公开数据库得出的数据量和最高人民法院提供的数据量存在细微差别,同时亦有可能基于各数据库检索算法之间的差别,环境行政诉讼的真实案件数量依旧存在偏差的可能性。

尽管本报告做出的一些宏观分析,可能是建立在不够全面的数据基础之上,但是由于各地人民法院对案件的上传具有统一的标准,因此对以上数据的分析仍具有一定的合理性,能够大体反映环境行政诉讼的实际状况,因此本报告仍具有一定价值。

二、样态总览:环境行政案件的宏观梳理

本部分从宏观上梳理分析2021年环境行政案件的发生情况。

(一)环境行政诉讼案件的整体回溯

2021年1月1日至12月31日,全国法院共计审理环境行政案件1204件[7],课题组从案件地域、审理程序、案件审级、案件类型、法院级别、文书类型等方面对环境行政诉讼的司法状况进行定量分析。

1.案件地域

2021年度,我国环境行政诉讼案件共计1204件,其中,最高人民法院审理案件13件,31个省区市人民法院审理案件1191件。除西藏自治区外,其余30个省区市均发生了环境行政诉讼案件。(见表3-1)

表3-1　全国31个省区市环境行政案件量地域分布

省区市	案件发生数/件	全国排名
山东省	124	1
河南省	116	2
北京市	98	3
江苏省	94	4

〔7〕　数据来源:中国司法大数据研究院。

续表

省区市	案件发生数/件	全国排名
辽宁省	80	5
安徽省	79	6
浙江省	78	7
广东省	61	8
广西壮族自治区	49	9
湖南省	46	10
四川省	44	11
重庆市	38	12
贵州省	37	13
福建省	34	14
新疆维吾尔自治区	33	15
陕西省	31	16
湖北省	24	17
吉林省	16	18
江西省	16	19
天津市	15	20
宁夏回族自治区	11	21
山西省	11	22
云南省	11	23
黑龙江省	10	24
河北省	7	25
上海市	7	26
甘肃省	6	27
海南省	6	28
内蒙古自治区	5	29
青海省	4	30
西藏自治区	0	31

上述地域按照我国传统的行政区域划分，可分为西部地区、中部地区和东部地区。经统计，西部地区共计发生环境行政诉讼案件269件，中部地区共计发生环境行政诉讼案件318件，东部地区共计发生环境行政诉讼案件604件。（见图3－1）案件的地域分布特征较为明显，总体上看，案件的发生量呈现从西部向东部逐渐增长的趋势。这基本上也与当前我国各区域的经济与社会发展水平相对应。[8]

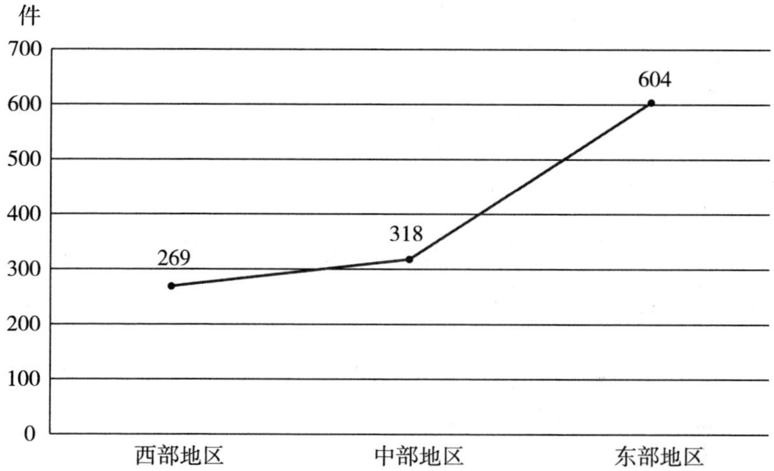

图3－1　2021年西部、中部、东部地区环境行政案件数量分布

西部地区环境行政诉讼案件共计269件，在31个省区市的环境行政诉讼案件中占比22.59%。其中，广西壮族自治区49件，四川省44件，重庆市38件，贵州省37件，新疆维吾尔自治区33件，陕西省31件，宁夏回族自治区11件，云南省11件，甘肃省6件，内蒙古自治区5件，青海省4件。（见图3－2）

〔8〕 2021年GDP排名前十的省区市中，东部地区有6个，分别是山东省、江苏省、山东省、浙江省、福建省、上海市。中部地区有2个，分别是河南省、湖北省。西部地区仅有1个，为四川省。《2021年，31省GDP排行榜》，载搜狐网，https://www.sohu.com/a/531878384_120099886，最后访问日期：2022年3月30日。

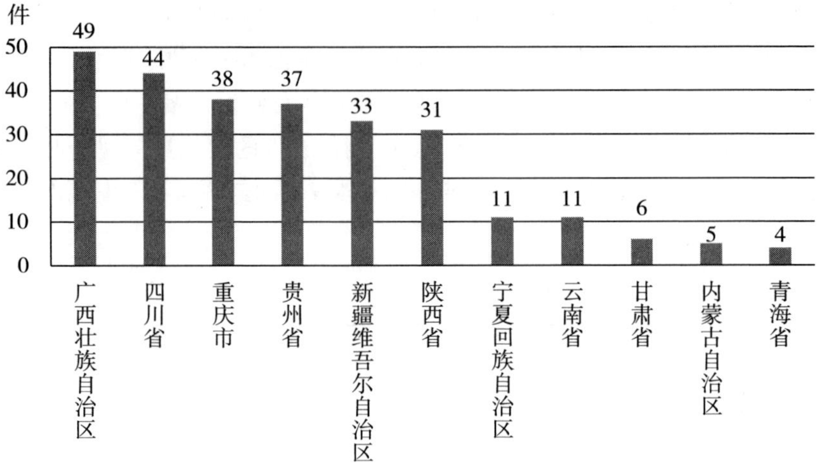

图 3－2　2021 年西部地区环境行政案件数量分布

中部地区环境行政诉讼案件共计 318 件，在 31 个省区市的环境行政诉讼案件中占比 26.70%。其中，河南省 116 件，安徽省 79 件，湖南省 46 件，湖北省 24 件，江西省 16 件，吉林省 16 件，山西省 11 件，黑龙江省 10 件。（见图 3－3）

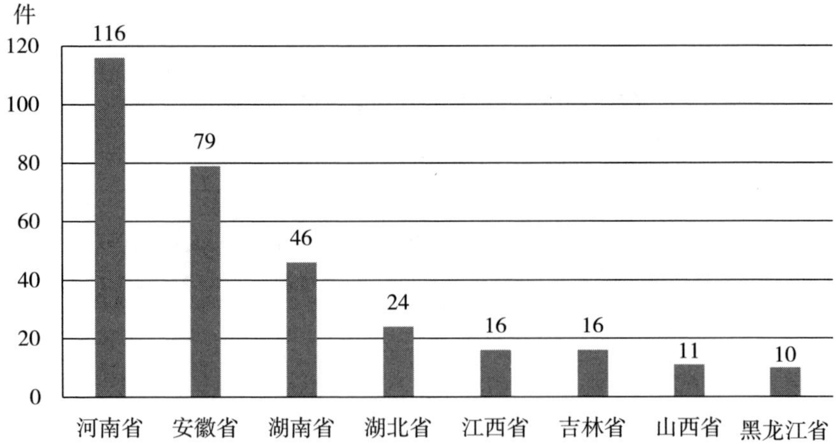

图 3－3　2021 年中部地区环境行政案件数量分布

东部地区环境行政诉讼案件共计 604 件，在 31 个省区市的环境行政诉讼案件中占比 50.71%。其中案件数量排名第 1 的区市是山东省，为 124 件；排名第 2 的区市为北京市，为 98 件；排名第 3 的区市为江苏省，为 94 件；排名第 4 至第 11 的区市分别是：辽宁省 80 件，浙江省 78 件，广东省 61 件，福建省 34 件，天津

市15件,河北省和上海市均为7件,海南省6件。(见图3-4)

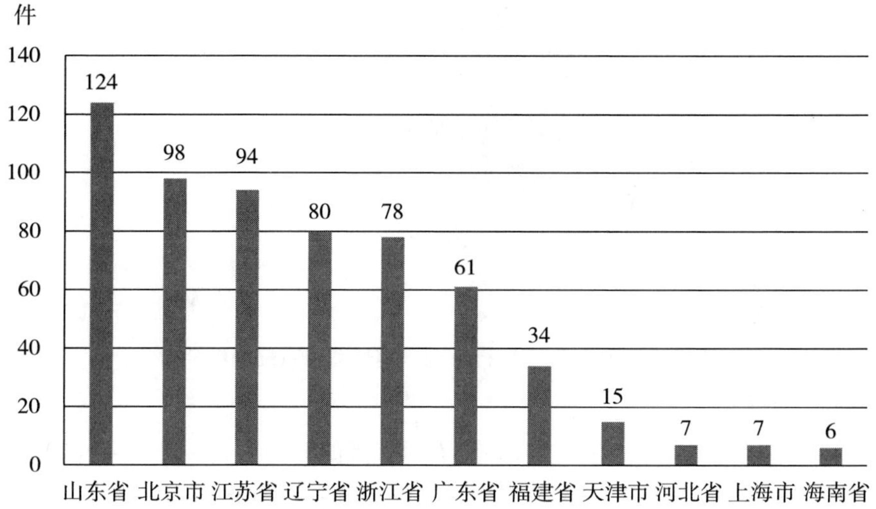

图3-4　2021年东部地区环境行政案件数量分布

2. 审理程序

在2021年全国1204件环境行政案件中,有1192件适用普通程序组成了合议庭进行审理,占比99%,12件适用简易程序采取了独任审判,占比1%。(见图3-5)根据2017年修订的《行政诉讼法》第82条的规定[9],一审行政案件只要符合简易程序适用条件,就可以适用简易程序审理。但是,环境行政诉讼案件往往涉及权利义务关系复杂、具有较大社会影响、法律责任形式多样等问题,需要法官审慎对待并按照普通程序进行审理。

[9] 《行政诉讼法》第82条规定:"人民法院审理下列第一审行政案件,认为事实清楚、权利义务关系明确、争议不大的,可以适用简易程序:(一)被诉行政行为是依法当场作出的;(二)案件涉及款额二千元以下的;(三)属于政府信息公开案件的。除前款规定以外的第一审行政案件,当事人各方同意适用简易程序的,可以适用简易程序。发回重审、按照审判监督程序再审的案件不适用简易程序。"

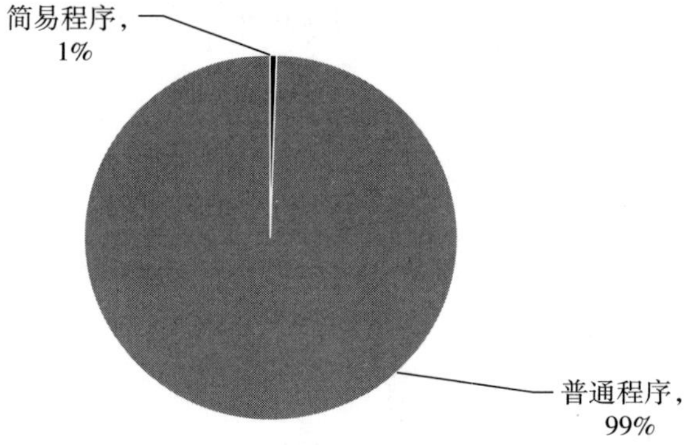

图 3－5　2021 年环境行政诉讼案件适用审理程序分布

3. 案件审级

图 3－6 呈现了全国环境行政案件不同审级的案件数量。2021 年全国法院共计审理案件 1204 件，其中一审案件 417 件，二审案件 738 件，再审案件 49 件。从数据来看，二审的案件远远多于一审的案件，这似乎有些不符合常理，原因可能在于环境行政诉讼案件情况比较复杂，审理期限较长，因此，2021 年二审案件的数据中包括了一些 2020 年度的一审上诉案件。

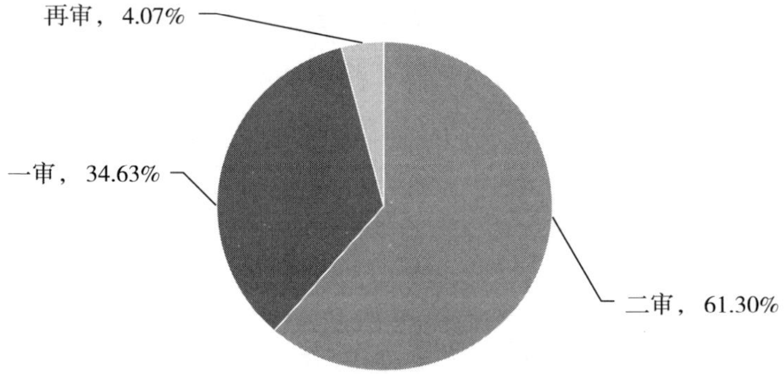

图 3－6　2021 年环境行政诉讼案件不同审级案件分布

4. 案件类型

根据《环境资源案件类型与统计规范(试行)》(法〔2021〕9 号)的规定，环境资源案件划分为环境污染防治、生态保护、资源开发利用、气候变化应对、生态环境治理与服务等五大类型。环境污染防治类案件，是指向大气、水、土壤和海洋等环境介质排放有毒有害物质、其他物质及能量，损害环境介质及其生态系统的服务功能，以及导致个人或公众的人身健康、财产受损而产生的刑事、民事、行政及公益案件。本课题重点以环境污染防治类行政案件为分析样本,梳理大气、土壤、水、噪声等污染案件类型的分布。

2021 年度环境污染防治类行政案件共计 435 件,其中案件数量最多的类型为水污染案件,达 212 件,占比 48.74%;其次为混合污染案件 116 件,占比 26.67%;再次为空气污染案件 48 件,占比 11.03%。案件类型数量最少的两种类型分别是:土壤污染案件 42 件,占比 9.66%;噪声污染案件 17 件,占比 3.91%。(见图 3-7)

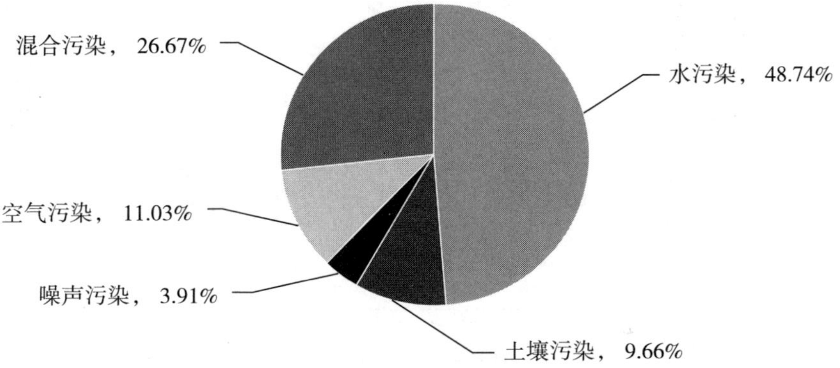

图 3-7　2021 年环境污染防治类行政案件具体类型案件量分布

图 3-8 呈现了 2021 年环境污染防治类行政案件一审、二审、再审案件数量。2021 年环境污染防治类行政案件共计 435 件,其中一审案件 174 件,占比 40.00%;二审案件 243 件,占比 55.86%;再审案件 18 件,占比 4.14%。

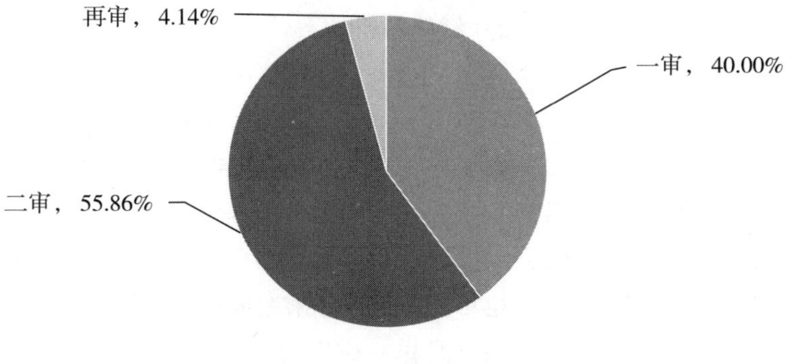

图 3-8　2021 年环境污染防治类行政案件一审、二审、再审案件量分布

图 3－9 呈现了 2021 年环境污染防治类行政案件具体类型的各审级案件量分布情况。

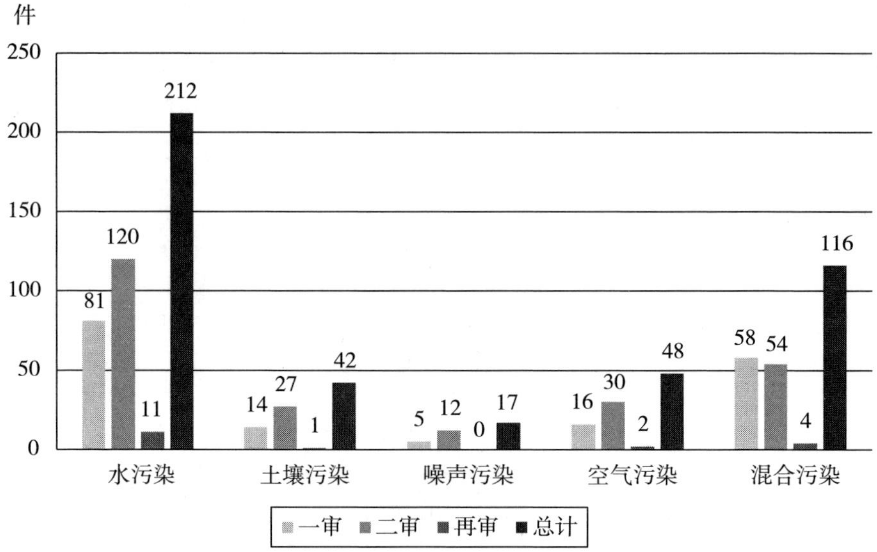

图 3－9 2021 年环境污染防治类行政案件具体类型的各审级案件量分布

以类型化的方式梳理和统计环境污染防治类行政案件涉及的污染类型，能够辨识当前发生频率较高的环境污染种类，有针对性地为行政执法部门提供施政导向和指引，从图 3－9 可以看出：

(1)水污染类环境行政案件的数量最多。水污染案件是指因排放污染物造成江河、湖泊、运河、渠道、水库等地表水、地下水环境损害，或因水环境损害致使他人人身、财产损害或者造成公众健康损害的案件。2021 年水污染类环境行政案件共计 212 件，其中，一审案件数 81 件，占 2021 年环境污染防治类一审案件总数的 46.55%；二审案件数 120 件，占 2021 年环境污染防治类二审案件总数的 49.38%；再审案件数 11 件，占 2021 年环境污染防治类再审案件总数的 61.11%。

(2)环境污染类型呈现交叉及混合趋势。环境是一个复杂体系，必须考虑各种因素的综合效应，多种污染物的交叉或混合作用对人或生物体的影响完全不同，可能单独发生危害结果，也可能相加或相乘造成难以估量的后果。污染物的排放量和污染因素的强度往往不是单一作用的结果，而是会随时间和气象条件的不同而不断变化，这导致了环境污染案件中出现多种污染类型的交叉和混合化结果。2021 年混合污染类环境行政案件 116 件，其中一审案件 58 件，占 2021 年环境污染防治类一审案件总数的 33.33%；二审案件 54 件，占 2021 年环境污染防治类二审案件总数的 22.22%；再审案件 4 件，占 2021 年环境污染防治类再审案件总数的 22.22%。

在 116 件混合污染案件中，两种污染类型混合的案件有 101 件，占混合污染案件总数量的 87.07%，其中，水污染与土壤污染混合、水污染与空气污染混合的案件数量最多，共计 81 件；三种污染类型混合的案件有 14 件，占混合污染案件总数量的 12.07%，其中水污染、土壤污染、空气污染混合的案件数量最多，有 9 件；四种污染类型混合的案件有 1 件，为水污染、土壤污染、噪声污染、空气污染这四种污染类型的混合，占混合污染案件总比例的 0.86%。（见图 3－10）

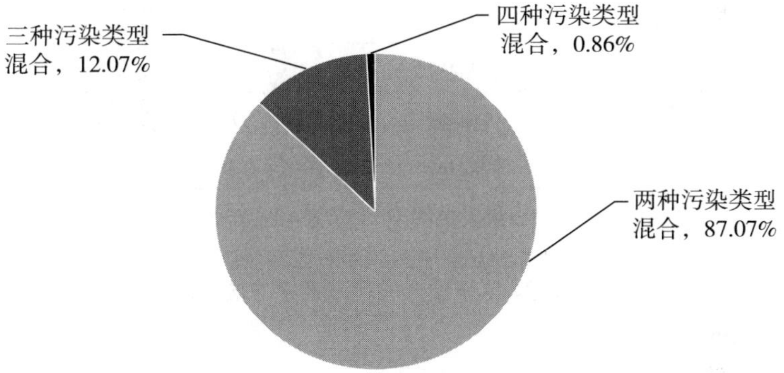

图 3－10　2021 年混合污染环境行政案件各类型的案件量分布

（3）空气污染类环境行政案件的发生率较高。空气污染是指因排放污染物造成大气环境损害，或致使他人人身、财产损害的案件。2021 年空气污染类环境行政案件共计 48 件，其中一审案件数 16 件，占 2021 年环境污染防治类一审案件总数的 9.20%；二审案件数 30 件，占 2021 年环境污染防治类二审案件总数的 12.35%；再审案件数 2 件，占 2021 年环境污染防治类再审案件总数的 11.11%。

（4）土壤污染类和噪音污染类环境行政案件的数量较少。2021 年土壤污染类环境行政案件共计 42 件，其中一审案件 14 件，占 2021 年环境污染防治类一审案件总数的 8.05%；二审案件 27 件，占 2021 年环境污染防治类二审案件总数的 11.11%；再审案件 1 件，占 2021 年环境污染防治类再审案件总数的 5.56%。2021 年噪声污染类环境行政案件共计 17 件，其中一审案件 5 件，占 2021 年环境污染防治类一审案件总数的 2.87%；二审案件 12 件，占 2021 年环境污染防治类二审案件总数的 4.94%。

5. 法院级别

2021 年全国法院共审理环境行政案件 1204 件，其中最高人民法院审理案件 13 件,占比 1.08%;高级人民法院审理案件 202 件,占比 16.78%;基层人民法院审理案件 317 件,占比 26.33%;中级人民法院审理案件 672 件,占比 55.81%。中级人民法院审理的环境行政案件数量最多,之后依次是基层人民法院、高级人民法院和最高人民法院。(见图 3-11)

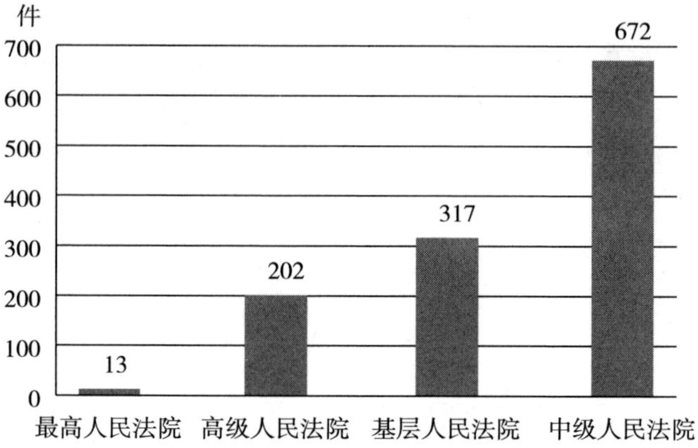

图 3-11　2021 年审理环境行政案件的法院级别分布

6. 文书类型

图 3-12 呈现了 2021 年环境行政诉讼案件不同类型裁判文书的数量,全国 1204 件环境行政案件中,裁判文书为判决书的共计 857 件,占比 71.18%;裁判文书为裁定书的共计 345 件,占比 28.65%;裁判文书为调解书共计 2 件,占比 0.17%。

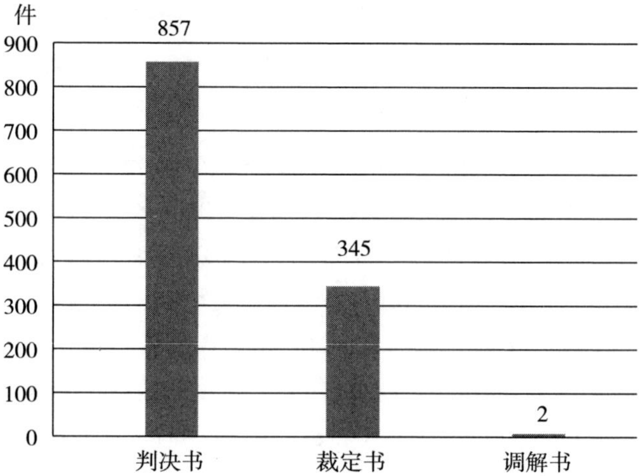

图 3-12　2021 年环境行政诉讼案件裁判文书类型分布

(二)环境行政诉讼的多维检视

1. 主体类型

图3－13统计了2021年1月1日至12月31日自然人、公司、个体工商户、集体经济组织作为环境行政一审案件原告的案件数量。其中,自然人作为原告的一审案件328件,公司作为原告的一审案件106件,个体工商户作为原告的一审案件35件,集体经济组织作为原告的一审案件13件。从数据来看,大部分环境行政诉讼案件的原告为自然人,其次为公司。

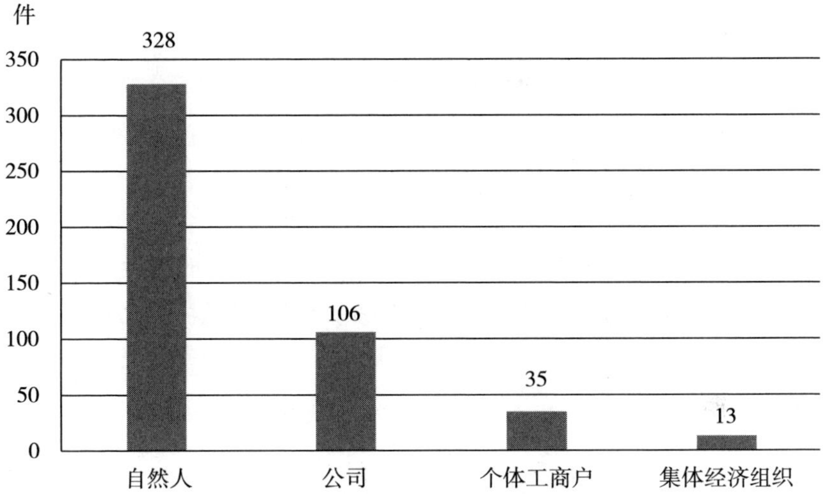

图3－13　2021年环境行政案件一审原告主体情况分布

图3－14统计了2021年1月1日至12月31日人民政府、生态环境主管部门、自然资源管理部门、林业和草业主管部门及其他行政主体作为环境行政案件一审被告的数量。其中,人民政府作为被告的一审案件200件,生态环境主管部门作为被告的一审案件66件,自然资源管理部门作为被告的一审案件61件,其他行政主体作为被告的一审案件144件。从数据看,人民政府作为环境行政案件被告的案件数量最多,其次是生态环境管理部门。

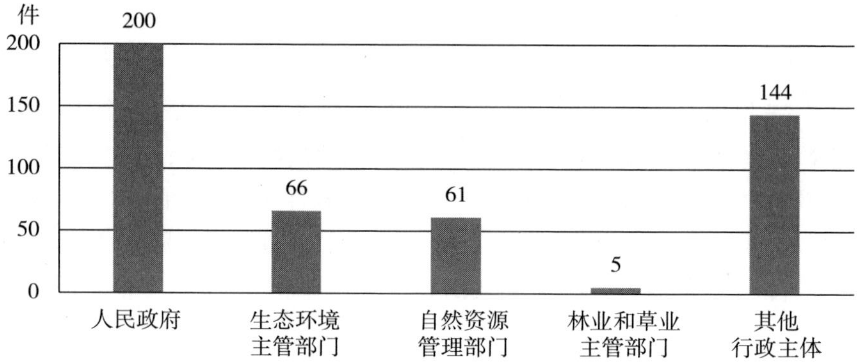

图 3 – 14　2021 年环境行政案件一审被告主体情况分布

图 3 – 15 统计了 2021 年 1 月 1 日至 12 月 31 日环境行政案件上诉人、被上诉人在原审中的主体情况。其中,原审原告作为上诉人的案件为 639 件,原审原告作为被上诉人的案件为 103 件;原审被告作为上诉人的案件为 145 件,原审被告作为被上诉人的案件为 582 件;原审第三人作为上诉人的案件为 11 件,原审第三人作为被上诉人的案件为 27 件。总体上看,大部分环境行政案件是由原审原告提起上诉的,可见,环境行政案件的判决结果并未支持或者完全支持一审原告的诉讼请求。

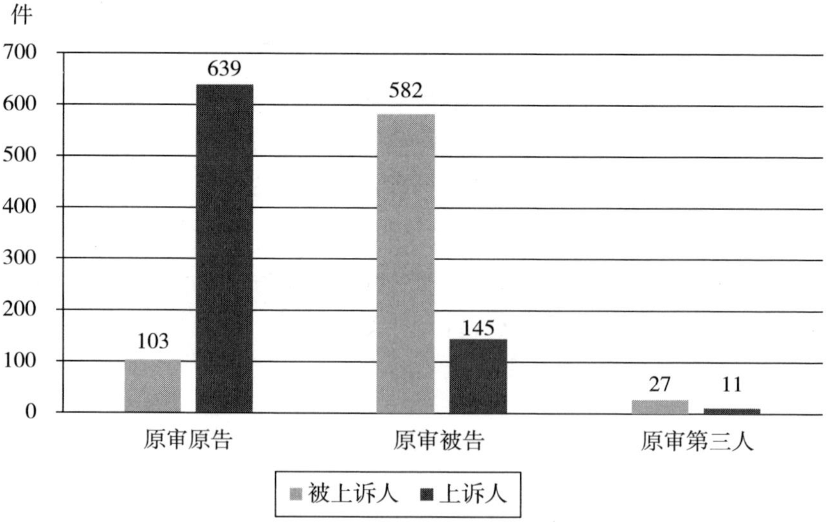

图 3 – 15　2021 年环境行政案件上诉人、被上诉人在原审中的主体情况分布

图3－16统计了2021年1月1日至12月31日环境行政案件再审申请人、被申请人在原审中的主体情况。其中,原审原告作为再审申请人的案件为40件,原审原告作为被申请人的案件为6件;原审被告作为再审申请人的案件为6件,原审被告作为被申请人的案件为40件;原审第三人作为再审申请人的案件为1件,原审第三人作为被申请人的案件为1件。总体上看,大部分环境行政案件再审申请是由原审原告提出的,原审第三人分别作为再审申请人和被申请人的案件数量都是最少的,均为1件。

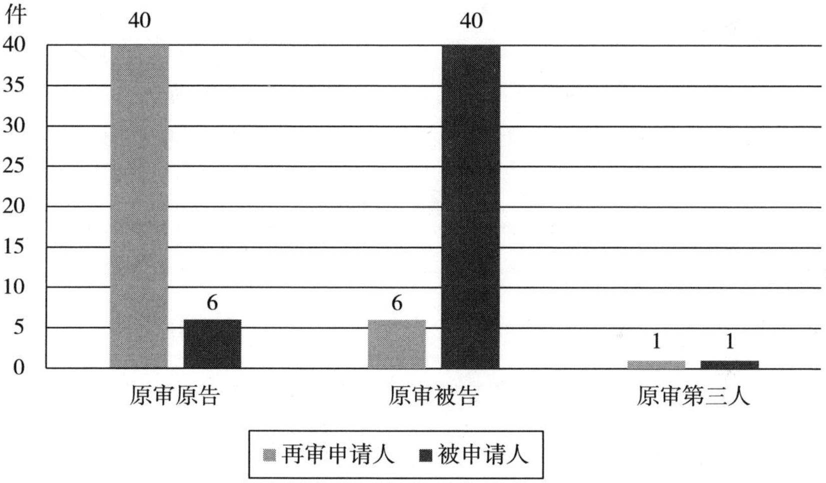

图3－16　2021年环境行政案件再审申请人、被申请人在原审中的主体情况分布

2. 争议类型

按照最高人民法院《关于行政案件案由的暂行规定》(法发〔2020〕44号)的规定,行政案件的一级案由为"行政行为",是指行政机关与行政职权相关的所有作为和不作为。二级、三级案由是对一级案由的细化。案由基本结构中删除了2004年案由通知规定的"行政管理范围"。此暂行规定自2021年1月1日起施行,最高人民法院《关于规范行政案件案由的通知》(法发〔2004〕2号)同时废止。按照规定,2021年度的法院审理行政案件的案由应依法统一按照"行政行为"进行分类,但是从中国司法大数据研究院提供的数据来看,此类案件还是按照原来的案由结构即行政管理范围和具体行政行为种类进行了分类。(见图3－13和图3－15)究其原因,可能在于新的案由规定还未全面普及,十几年来,法院法官已经习惯了按照法发〔2004〕2号的规定对案件进行分类的工作模式,但随着新案由的日益普及,这种现象将会得到改观。

(1)按具体行政行为种类划分的环境行政案件类型分布。图 3 – 17 呈现了 2021 年度行政处罚纠纷、行政征收纠纷等 17 类共 424 件环境行政诉讼案件从高到低的分布样态。其中,行政处罚案件 111 件,占比26.18%;行政强制案件 89 件,占比 20.99%;行政复议案件 86 件,占比 20.28%;行政补偿案件 47 件,占比 11.08%;行政许可案件 25 件,占比 5.90%;其他行政行为案件 21 件,占比 4.95%;行政确认案件 17 件,占比 4.01%;行政征收案件 6 件,占比 1.41%;行政批准案件 5 件,占比 1.18%;行政撤销案件 4 件,占比 0.94%;行政监督案件和行政命令案件均为 3 件,各占比 0.71%;行政裁决案件和行政登记案件均为 2 件,各占比 0.47%。行政给付案件、行政合同案件、行政规划案件数量最少,均为 1 件,各占比 0.24%。可见,行政处罚案件数量最多,是环境行政案件的主要类型。

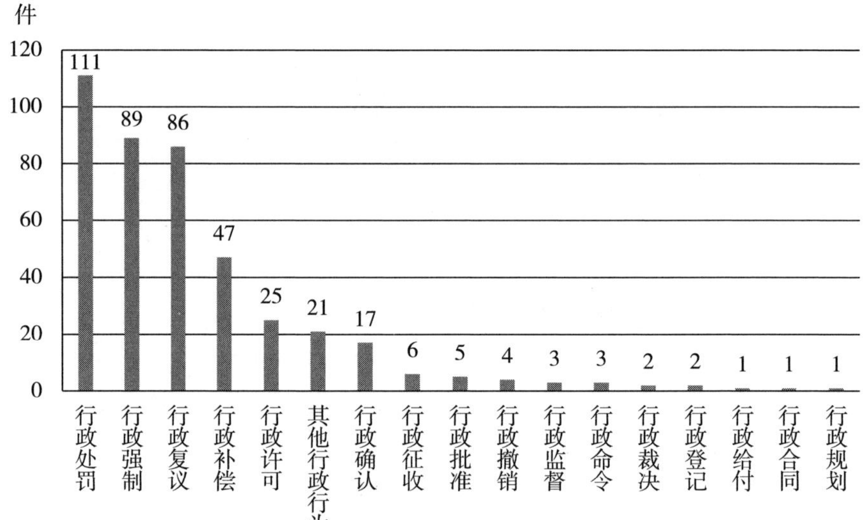

图 3 – 17 按行政行为划分的环境行政案件类型分布

在环境行政案件中,关于某一案由的案件争议大小如何,二审、再审案件量的多少是重要的衡量标准。从表 3 – 2 可以看出,二审上诉案件数量在前四位的案件从高到低分别是行政强制案件(70 件)、行政处罚案件(56 件)、行政复议案件(44 件)、行政补偿案件(33 件)。这些案件的一审基数就比其他案件大,且由于当事人对一审的服判率较低,因此相应的二审上诉案件数量也较多。从统计数据看,大部分环境行政行为类案件没有经过再审环节。再审案件共计16件,其中行政处罚案件8件,行政复议案件4件,行政强制案件2件,行政命令案件和行政许可案件各1件。行政处罚案件和行政复议案件的再审比例较高,涉及的案件经历多次处理,反映了争议的尖锐性。

表3-2 按行政行为划分的环境行政案件一审、二审、再审数量

单位:件

行政行为	一审	二审	再审	总计
行政补偿	14	33	0	47
行政裁决	2	0	0	2
行政撤销	1	3	0	4
行政处罚	48	56	8	112
行政登记	0	2	0	2
行政复议	38	44	4	86
行政给付	0	1	0	1
行政规划	0	1	0	1
行政合同	0	1	0	1
行政监督	0	3	0	3
行政命令	0	2	1	3
行政批准	1	4	0	5
行政强制	17	70	2	89
行政确认	2	15	0	17
行政许可	9	15	1	25
行政征收	2	4	0	6
其他行政行为	13	8	0	21
总计	147	262	16	425

(2)按行政管理范围划分的环境行政案件分布。2021年1月1日至12月31日,以“行政管理范围”为案由类别的环境行政诉讼案件共计310件。其中,城乡建设行政管理领域的案件123件(城市规划管理领域案件6件、房屋拆迁管理领域案件11件),占比39.68%;乡政府管理领域案件47件,占比15.16%;资

源行政管理领域案件 46 件(土地行政管理领域案件 13 件、地质矿产行政管理领域案件 7 件、能源行政管理领域 1 件),占比 14.84%;其他行政管理领域案件 22 件,占比 7.10%;环境保护行政管理领域案件 17 件,占比 5.49%;质量监督检验检疫行政管理领域案件 12 件,占比3.87%;公安行政管理领域案件 9 件(治安管理领域案件 7 件),占比 2.90%;卫生行政管理领域案件 7 件,占比 2.26%;交通运输行政管理领域案件 6 件,占比1.94%;农业行政管理领域案件 5 件,占比 1.61%;劳动和社会保障行政管理领域案件和水利行政管理领域的案件均为 4 件,各占比 1.29%;文化行政管理领域案件 3 件,占比 0.97%;财政行政管理领域案件、电力行政管理领域案件、工商行政管理领域案件、经贸行政管理领域案件、税务行政管理领域案件均为 1 件,各占比0.32%。(见图 3 - 18)

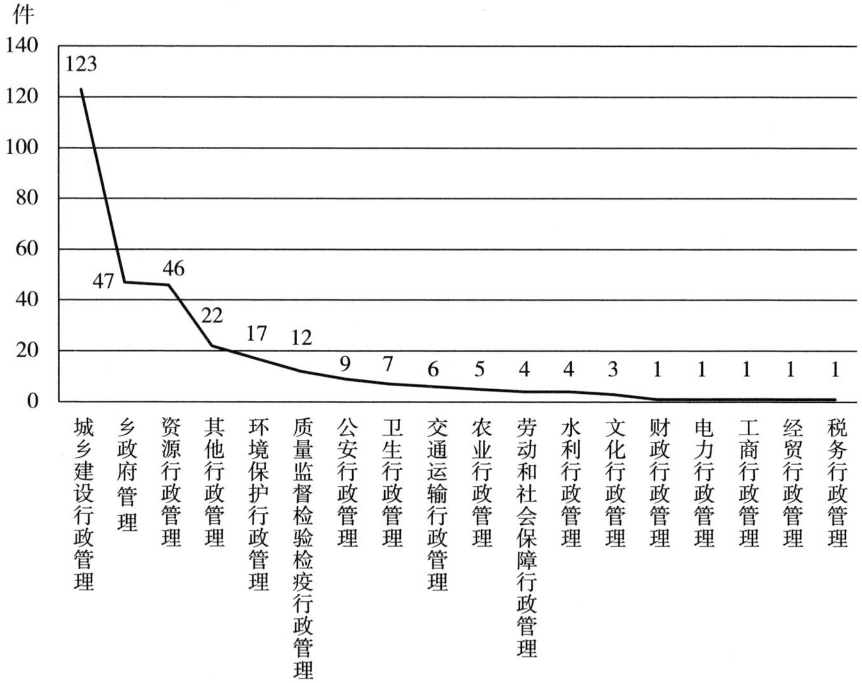

图 3 - 18 按行政管理领域划分的环境行政案件类型分布

城乡建设行政管理领域的案件的数量是最多的,之后依次是乡政府管理领域案件、资源行政管理领域案件,这三类案件的数量占总案件量的 69.68%。123 件城乡建设行政管理领域的案件中,一审案件 49 件,占比 39.84%;二审案件 68 件,占比 55.28%;再审案件 6 件,占比 4.88%(见图 3 - 19)。47 件乡政府管理领域的案件中，一审案件15件，占比31.91%；二审案件25件，占比53.19%；再审案件7件，占比14.89%（见图3－20）。46件资源行政管理领域案件中，一审案件10件，占比21.74%；二审案件32件，占比69.57%；再审案件4件，占比8.70%。（见图3－21）

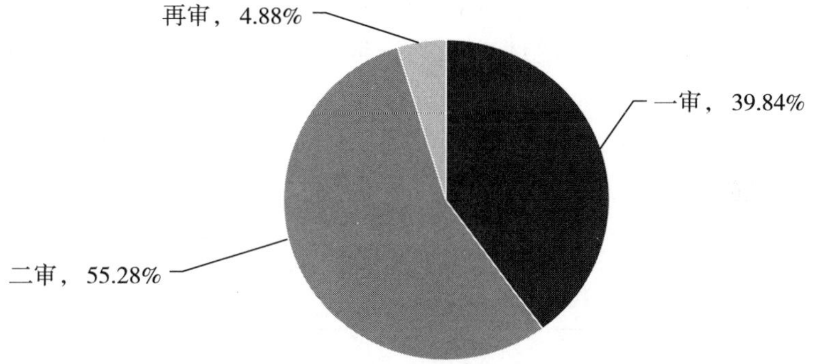

图3－19　2021年城乡建设行政管理领域环境行政案件各审级案件分布

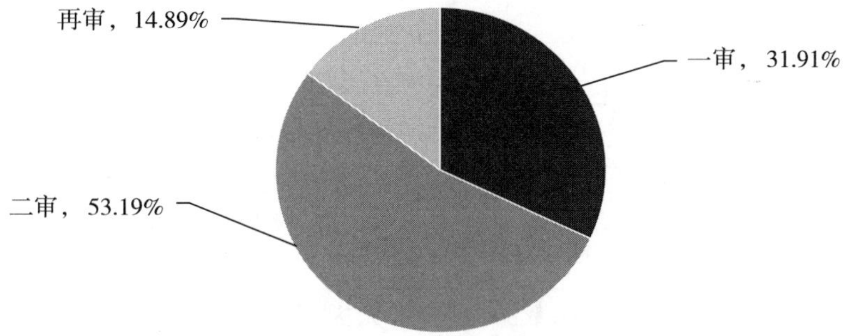

图3－20　2021年乡政府管理领域的环境行政案件各审级案件分布

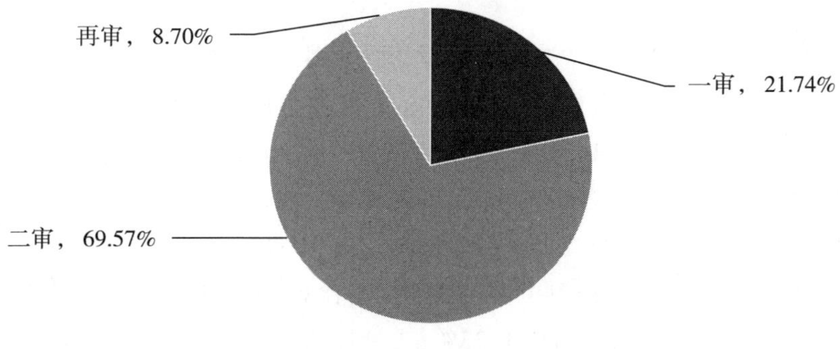

图3－21　2021年资源行政管理领域的环境行政案件各审级案件分布

3. 专家辅助人

环境问题具有浓厚的科技性、专业性,有些环境行政案件需要专家辅助人的参与,以便为法院裁判提供科学依据。但从中国司法大数据研究院提供的2021年1月1日至12月31日的环境行政诉讼案件数据来看,环境行政诉讼一审案件共计417件,其中有专家参与的案件仅有5件;二审案件共计738件,其中有专家参与的案件仅有4件(见图3-22)。可见,绝大部分的环境行政诉讼案件没有专家辅助人的参与。

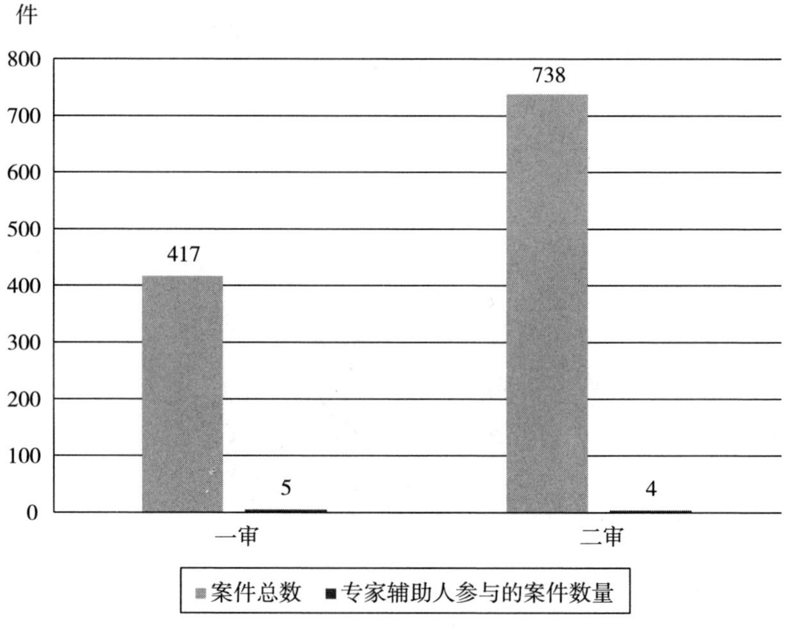

图3-22　2021年环境行政案件中专家辅助人参与各审级案件的数量分布

4. 裁判结果

2021年度全国法院共受理环境行政诉讼案件1204件,从案件裁判结果看,驳回起诉的案件94件,占比7.81%;驳回上诉维持原裁定的案件118件,占比9.80%;驳回上诉维持原判的案件472件,占比39.20%;驳回原告诉讼请求的案件110件,占比9.14%;驳回再审申请的案件40件,占比3.32%;不予立案的案件8件,占比0.66%;部分支持部分驳回的案件51件,占比4.24%;发回重审的案件29件,占比2.41%;改判的案件84件,占比6.98%;调解的案件2件,占比0.17%;移送的案件16件,占比1.33%;支持原告诉讼请求的案件140件,占比

11.63%；指令审理的案件22件，占比1.83%；终结诉讼的案件13件，占比1.08%；准予撤诉的案件5件，占比0.42%。（见图3－23）

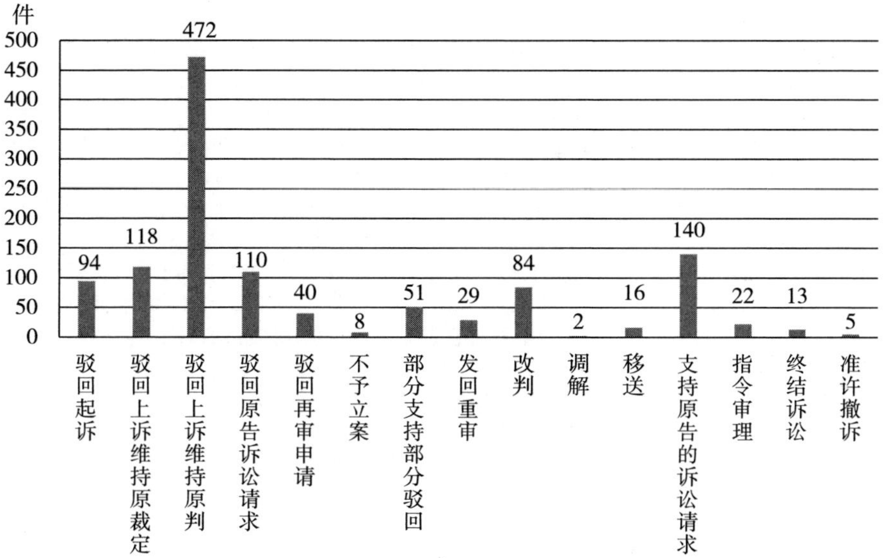

图3－23　2021年环境行政案件裁判结果分布

驳回上诉维持原判、支持原告的诉讼请求、驳回上诉维持原裁定、驳回原告诉讼请求、驳回起诉、改判的案件数量居于高位，其中，驳回上诉维持原判的案件数量远远高于其他类案件。部分支持部分驳回、驳回再审申请、发回重审、指令审理的案件数量居于中位。移送、终结诉讼、不予立案、准予撤诉、调解的案件数量居于末尾。

三、重点观察：环境行政诉讼中的二审改判案件

（一）环境行政诉讼中二审改判案件的特征呈现

从前述宏观的环境行政诉讼案件的研判中可知，2021年全国法院环境行政诉讼一审判决300件、裁定115件、调解2件；环境行政诉讼二审判决551件、裁定187件；环境行政诉讼再审判决6件，裁定43件。而二审中，驳回上诉维持原判471件、改判80件。下文将这80件二审改判案件的基本情况进行简要梳理。（见表3－3）

表 3－3　2021 年环境行政诉讼二审改判案件的梳理

序号	案件名称及其案号	二审法院	基本案情	审判情况	案件类型
1	徐某 1、兰溪市游埠镇人民政府错误执行赔偿案[(2020)浙07行赔终42号]〔10〕	浙江省金华市中级人民法院	兰溪市游埠镇人民政府基于养殖污染专项整治行动要求,认为徐某 1 的养殖场属于违法建筑,于 2018 年 4 月对徐某 1 作出责令限期拆除通知书。徐某 1 就该通知书申请行政复议,兰溪市人民政府于同年 9 月作出复议决定,确认该通知书由于违反法定程序而违法。但其间,游埠镇人民政府组织人员对案涉建筑中的生猪养殖场所进行强制拆除。后徐某 1 向金华市婺城区人民法院起诉请求确认强拆行为违法,婺城区法院作出(2018)浙 0702 行初 472 号行政判决书,确认游埠镇人民政府强制拆除养殖场的行为违法。判决生效后,徐某 1 申请国家赔偿,游埠镇人民政府作出不予赔偿决定书。徐某 1 提起行政诉讼	一审法院根据财产损失认定,部分支持了徐某 1 的赔偿请求,判处被告兰溪市游埠镇人民政府赔偿原告徐某 1 养殖场强制拆除赔偿款 86592 元。 二审判决维持了原审赔偿金额,并驳回其他诉讼请求	行政赔偿
2	黄某某与广州市番禺区石楼镇人民政府房屋拆迁管理(拆迁)案[(2021)粤71行赔终3号]	广州铁路运输中级法院	在未与黄某某对补偿事项协商一致的情况下,石楼镇人民政府依据国土规划对其承租土地附着物予以拆除。黄某某对其行为提起行政复议,后该行为被确认违法。石楼镇人民政府就此作出行政赔偿,决定赔偿黄某某 577273.03 元。黄某某对此不服,提起诉讼	一审法院撤销原行政赔偿决定,判处石楼镇人民政府赔偿黄某某财产损失 817273.03 元。 二审法院增加石楼镇人民政府对温棚设施的赔偿,改判石楼镇人民政府赔偿黄某某 917273.03 元	行政赔偿

〔10〕 另有(2020)浙 07 行赔终 41 号、(2020)浙 07 行赔终 39 号、(2020)浙 07 行赔终 40 号、(2020)浙 07 行赔终 45 号、(2020)浙 07 行赔终 43 号、(2020)浙 07 行赔终 44 号、(2020)浙 07 行赔终 35 号为本案类案,不予赘述。

续表

序号	案件名称及其案号	二审法院	基本案情	审判情况	案件类型
3	刘某某与毕节市人民政府、贵州省人民政府不履行补偿安置职责及行政复议案[(2020)黔行终1249号]	贵州省高级人民法院	刘某某在未取得建设审批手续的情况下于2012年在功能区规划范围内修建养殖场,2015年毕节市人民政府的派出机构百里杜鹃管委会强制拆除案涉建筑物。后刘某某向百里杜鹃管委会提交拆迁补偿申请遭拒,继而向毕节市人民政府申请行政复议,仍然被拒。刘某某由此向法院提起行政诉讼	一审法院撤销原不予赔偿的答复及复议决定,判决百里杜鹃管委会依法应重新对刘某某拆迁补偿申请书作出回复。 二审认为一审适用法律错误,改判驳回刘某某的诉讼请求	行政补偿
4	张某、宜宾市叙州区人民政府、宜宾市自然资源和规划局等行政强制案[(2020)川行终550号]	四川省高级人民法院	2018年8月,叙州区人民政府组织人员将张某的房屋强制拆除,同时清除张某承包地上的附着物。张某就此提起行政诉讼,请求确认叙州区人民政府强制拆除行为违法。四川省宜宾市中级人民法院作出(2018)川15行初47号判决未予支持张某诉求,张某遂提起上诉。同时,张某又就叙州区政府、宜宾市自然资源和规划局、宜宾市自然资源和规划局叙州区分局、宜宾市叙州区水利局强制清除其承包地上的青苗等附着物,推平土地的行为提起违法确认之诉	一审法院驳回张某的诉讼请求。 二审法院予以改判,确认宜宾市叙州区人民政府2018年8月实施的强制清除张某承包地上青苗等附着物、推平土地的行政行为违法	行政强制

续表

序号	案件名称及其案号	二审法院	基本案情	审判情况	案件类型
5	鞍山市生态环境局、鞍山开发区热力中心环境保护行政管理案[(2021)辽03 行终 36 号]	辽宁省鞍山市中级人民法院	鞍山市生态环境局于 2020 年 2 月在鞍山开发区热力中心检查时发现,其生产过程中产生灰渣堆放于作业场区内,没有全部采取有效覆盖的措施防治扬尘污染,于同年 3 月作出鞍环罚决字〔2020〕第(13005)号环境保护行政处罚决定。鞍山开发区热力中心不服该行政处罚决定,遂诉至法院	一审法院撤销鞍山市生态环境局鞍环罚决字〔2020〕第(13005)号行政处罚决定。 二审法院认为鞍山开发区热力中心未采取有效措施将生产产生的灰渣完全覆盖系由于其生产过程中不间断排渣所致,新冠感染疫情并非造成该企业违法行为的直接原因,不能成为违法阻却事由,改判驳回鞍山开发区热力中心的诉讼请求	行政处罚
6	东台市东吴生猪养殖场与盐城市东台生态环境局行政处罚案[(2020)苏01 行终 406 号]	江苏省南京市中级人民法院	2018 年 5 月 4 日,原东台环境保护局因东吴养殖场的生猪养殖项目涉嫌生猪养殖过程中利用渗坑排放水污染物,作出东环限改字〔2018〕203 号环境违法行为限期改正通知书。后因整改效果不佳,东台环保局于 6 月 14 日作出东环罚〔2018〕31 号行政处罚决定书,对东吴养殖场处 50 万元罚款。此后东吴养殖场就该行政处罚提起行政诉讼	一审法院驳回东吴养殖场的诉讼请求。 二审法院认定听证程序不合法,改判撤销原东台环境保护局作出的东环罚〔2018〕31 号行政处罚决定,责令盐城市生态环境局重新作出行政处罚	行政处罚
7	宋某某、南阳市卧龙区人民政府农业行政管理案[(2021)豫行终 495 号]	河南省高级人民法院	宋某某在饮用水水源保护区白河水域进行网箱养殖,南阳市卧龙区农业农村局于 2020 年 1 月 17 日张贴通告要求清除,同年 4 月 15 日,蒲山镇政府等部门受卧龙区政府的委托参与网箱清理工作。宋某某对此不服,提起行政诉讼要求确认行政行为违法并要求相关单位予以赔偿	一审法院确认卧龙区人民政府、农业局强制拆除网箱的行政行为违法,并驳回宋某某其他诉讼请求。 二审法院支持一审法院确认行政行为违法,并认为一审法院驳回赔偿部分的诉讼请求不当,改判赔偿部分发回南阳市中级人民法院重审	行政赔偿

续表

序号	案件名称及其案号	二审法院	基本案情	审判情况	案件类型
8	吕某某、驻马店市驿城区交通运输局执法所交通运输行政管理案[(2021)豫17行终74号]	河南省驻马店市中级人民法院	驻马店市驿城区交通运输局执法人员巡查时,发现吕某某未取得网络预约经营许可,擅自从事网约车经营活动,执法人员当即作出豫驻驿交执罚〔2020〕35082201号行政处罚决定书,对吕某某予以罚款1万元整的行政处罚。吕某某不服该处罚决定提起行政诉讼请求撤销处罚决定并退还罚款	一审法院驳回吕某某的诉讼请求。 二审法院改判支持吕某某的全部诉讼请求;撤销原行政处罚决定书,并退还其已交付的10000元罚款	行政处罚
9	钟山县城市管理综合执法局、广西汉威节能环保科技有限公司城乡建设行政管理案[(2021)桂11行终16号]	广西壮族自治区贺州市中级人民法院	广西汉威节能环保科技有限公司系钟山县垃圾卫生填埋场特许经营权转让项目的中标人,于2019年9月协议终止了其对涉案垃圾卫生填埋场的特许经营权,但钟山县城市管理综合执法局同意其可以自主对自行投资建设的"活垃圾无害化综合处理项目"继续进行投资和运营;后又下发通知,限其于10月15日前将钟山县生活垃圾卫生填埋场填埋二库区场地上搭建的铁皮棚自行拆除。广西汉威节能环保科技有限公司认为该通知缺乏事实和法律依据而予以拒绝。钟山县城市管理综合执法局在没有作出处理决定,也未对现场铁皮棚和设施设备进行丈量、登记和清点的情况下,拆除涉案垃圾卫生填埋场的铁皮棚,并导致现场设施设备损坏。广西汉威节能环保科技有限公司遂向法院提起诉讼	一审法院确认钟山县城市管理综合执法局的拆除行为违法,并要求该单位赔偿广西汉威节能环保科技有限公司损失961790元。 二审法院认为一审法院认定被拆除建筑物的数量部分不当,变更判决为钟山县城市管理综合执法局赔偿广西汉威节能环保科技有限公司损失519398元	行政强制与行政赔偿

续表

序号	案件名称及其案号	二审法院	基本案情	审判情况	案件类型
10	董某某、大连市旅顺口区人民政府行政纠纷案 [(2020)辽行终 952 号]	辽宁省高级人民法院	2016 年 10 月,董某某所经营的海富佳水产养殖场因无法排污,被旅顺口区人民政府在依法清理整顿环保违规建设项目时,列入关闭类范围。2017 年 1 月 25 日,政府联合检查组在现场检查时发现海富佳水产养殖场仍未关闭,遂采取查封及断电的关闭措施。董某某对此不服提起诉讼,要求法院确认大连市旅顺口区人民政府查封及断电的强制行为违法,并要求政府赔偿因断电导致的海参苗损失 69.6 万元	一审法院确认大连市旅顺口区人民政府强制查封及断电行为违法,并驳回董某某的其他诉讼请求。 二审法院支持确认违法,并改判大连市旅顺口区人民政府赔偿董某某海参苗损失 23.2 万元	行政强制与行政赔偿
11	宣恩县市场监督管理局不履行食品安全行政管理职责行政公益诉讼案 [(2021)鄂 28 行终 8 号]	湖北省恩施土家族苗族自治州中级人民法院	宣恩县人民检察院在履行职责过程中发现,“美团”“饿了么”网络餐饮服务第三方平台未在网上公示网络餐饮服务食品安全量化分级信息,多个入网餐饮服务提供者未在餐饮服务经营活动主页面公示食品经营许可证。2019 年 9 月,宣恩县人民检察院向宣恩县市场监督管理局发出检察建议书,建议该局对辖区内“美团”“饿了么”网络餐饮服务第三方平台提供者和有关入网餐饮服务提供者的违法行为依法履行监督管理职责。该检察院后跟进监督发现直至 2020 年 5 月涉案平台和服务者仍未完全整改到位。宣恩县人民检察院遂提起公益诉讼	一审法院责令宣恩县市场监督管理局于判决生效之日起 3 个月内完成餐饮服务量化分级评定工作,对辖区内“美团”的入网餐饮服务提供者未公示食品经营许可证的行为依法履行监督管理职责。 二审法院基于行业客观因素,为避免餐饮服务量化分级评定工作过于仓促,改判取消 3 个月履行完毕的限定要求	行政公益诉讼

续表

序号	案件名称及其案号	二审法院	基本案情	审判情况	案件类型
12	王某某与永宁县胜利乡人民政府、永宁县自然资源局行政强制案[(2021)宁01行终79号]〔11〕	宁夏回族自治区银川市中级人民法院	李某依合同在金沙林场承包土地,并在未获批的情况下自行建设生产生活用房,后于2018年转租给王某某。后2020年3月,永宁县胜利乡人民政府、永宁县自然资源局对金沙林场作出责令限期改正违法行为通知书,并以电话形式向王某某告知要求其自行拆除房屋。2020年4月,上述单位将位于金沙林场的共计12处房屋进行拆除。王某某不服,提起行政诉讼请求法院判令上述单位强制拆除违法并要求单位予以赔偿	一审法院确认永宁县胜利乡人民政府、永宁县自然资源局强制拆除原告王某某房屋的行政行为程序违法,要求上述单位于判决生效之日起60日内针对王某某的赔偿请求作出处理,并驳回原告王某某的其他诉讼请求。 二审法院基本支持一审法院的判决,但认为一审法院对王某某的请求均已进行审理并作出判决,不存在需要驳回的其他请求,因此撤销原判决第3项,即驳回王某某的其他诉讼请求	行政强制与行政赔偿
13	陕西明德集中供热有限责任公司与西安市生态环境局行政处罚案[(2021)陕71行终25号]	西安铁路运输中级法院	2018年11月,西安市生态环境局雁塔分局的执法工作人员在陕西明德集中供热有限公司电子城供热站进行现场检查时发现煤库有一辆出库车未使用洗车台冲洗出库。2020年6月,西安市生态环境局责令陕西明德集中供热有限公司立即改正上述环境违法行为,并于该年7月作出罚款4万元的行政处罚。陕西明德集中供热有限公司不服,提起行政诉讼	一审法院驳回陕西明德集中供热有限公司的诉讼请求。 二审法院认为行政处罚幅度不当,因此变更西安市生态环境局2020年7月9日作出的陕A雁塔环罚字〔2020〕005号行政处罚决定书中的"罚款四万元"为"罚款二万元"	行政处罚

〔11〕 另有(2021)宁01行终83号为本案类案,不予以重复赘述。

续表

序号	案件名称及其案号	二审法院	基本案情	审判情况	案件类型
14	南通祥通建材有限公司诉南通市生态环境局行政处罚案[(2020)苏01 行终 58 号]	江苏省南京市中级人民法院	原南通市通州区环境保护局执法人员于2018 年7 月对南通祥通建材有限公司进行现场检查时发现,南通祥通建材有限公司从事的水泥砖生产项目未经环境影响评价及配套环保设施竣工验收。随后经过集体讨论和听证,原南通市通州区环境保护局作出通环罚字〔2018〕第 211 号行政处罚决定书,责令南通祥通建材有限公司在 90 日内完成水泥砖生产项目配套环保设施的验收,并对其罚款 20 万元。南通祥通建材有限公司对处罚不服,提起行政诉讼	一审法院判决驳回南通祥通建材有限公司的诉讼请求。 二审法院认为行政处罚决定的程序违法,判决撤销原南通市通州区环境保护局作出的通环罚字〔2018〕第211 号行政处罚决定,责令南通市生态环境局对南通祥通建材有限公司案涉违法行为重新作出行政处罚	行政处罚
15	安化县百选石煤矿诉安化县人民政府责令关闭案[(2020)湘行终1635 号]	湖南省高级人民法院	安化县百选石煤矿因采矿许可证到期申请延续登记,在审批阶段,因百选石煤矿存在严重安全隐患、未取得环保审批手续,未能按要求整改落实,当地相关单位不予受理百选石煤矿延续安全生产许可证的申请,并对该矿继续予以停产整治。2017 年12 月 15 日,安化县人民政府作出决定,对环境污染突出、安全隐患严重的 5 家石煤(钒)矿企业予以关闭,但关闭决定未送达给百选石煤矿,后东坪镇人民政府对其进行强制关闭。百选石煤矿不服,对安化县人民政府及后坪镇人民政府提起行政诉讼并要求赔偿	一审法院准许安化县百选石煤矿撤回对被告安化县东坪镇人民政府强制关闭行为的起诉,以及因强制关闭行为要求安化县人民政府和安化县东坪镇人民政府共同赔偿经济损失的起诉,并驳回安化县百选石煤矿的其他诉讼请求。 二审法院认为因政府行政处罚文书的送达程序不符合法律规定,改判确认安化县人民政府作出的《关于关闭安化县百选石煤矿等5 家石煤(钒)矿企业的决定》违法	行政处罚

续表

序号	案件名称及其案号	二审法院	基本案情	审判情况	案件类型
16	永宁县胜利乡人民政府诉永宁县菲思力牧业有限公司行政赔偿案[(2021)宁01行赔终6号]	宁夏回族自治区银川市中级人民法院	2017年9月18日,胜利乡人民政府作出银川市南部水源地禁养区畜禽养殖场关闭拆除告知书,告知菲思力牧业有限公司做好拆除工作。但直至2018年1月11日该公司仍在原址从事养殖活动,永宁县人民政府发出通知责令其立即停止生产,关闭企业。随后于2018年1月17日至18日,胜利乡人民政府对菲思力牧业有限公司的奶牛实施了强制搬离。这一强制行为后被法院生效判决确认违法。2020年1月13日,一审原告菲思力牧业有限公司向胜利乡人民政府申请行政赔偿,一直未有答复,故诉至法院,请求该政府依法赔偿行政强制执行行为造成的损失	一审法院判决责令永宁县胜利乡人民政府于判决生效后60日内对永宁县菲思力牧业有限公司的赔偿申请作出处理,并驳回原告永宁县菲思力牧业有限公司的其他诉讼请求。 二审法院基本支持一审法院的判决,但认为一审法院对永宁县菲思力牧业有限公司的请求均已进行审理并作出判决,不存在需要驳回的其他请求,撤销原判决第2项,即驳回该公司的其他诉讼请求	行政赔偿
17	新干县大洋洲镇人民政府、李某某行政赔偿案[(2021)赣08行赔终2号]	江西省吉安市中级人民法院	李某某于新干县大洋洲镇金泉江山从事养殖业。2014年年底,李某某在收到有关部门的关停通知后,停止了生猪养殖。2017年8月7日,大洋洲镇人民政府对案涉生猪养殖场进行强制拆除。这一强制拆除行为被已生效判决确认违法后,李某某通过EMS邮寄的方式向大洋洲镇人民政府提出行政赔偿的申请,始终未获得答复,遂提起行政赔偿诉讼	一审法院判决由大洋洲镇人民政府赔偿李某某的案涉生猪养殖场被违法强制拆除所产生的各项直接经济损失2386180.56元。 二审法院认为原审认定事实错误,改判大洋洲镇人民政府赔偿李某某的案涉生猪养殖场被违法强制拆除所产生的各项直接经济损失790990元	行政赔偿

续表

序号	案件名称及其案号	二审法院	基本案情	审判情况	案件类型
18	吴某某诉舒城县水利局、舒城县舒茶镇人民政府强制拆除行为案[(2021)皖15行终18号]	安徽省六安市中级人民法院	吴某某在舒城县投资兴建舒城县舒茶镇樟树塑料颗粒厂及附属设施,为生产需要,在河道装置了引水设施,即案涉取水井。2014年5月,舒城县舒茶镇人民政府组织相关单位,将吴某某的厂房及附属设施强制拆除。2019年6月,舒城县水利局根据六水审〔2019〕67号文件规定,决定对涉案清水河段进行治理,后对河道内废弃的取水井进行了拆除清理。之后,吴某某多次同舒茶镇人民政府磋商赔偿事宜,但未达成协议。吴某某认为舒城县水利局、舒城县舒茶镇人民政府共同实施了强制拆除行为,遂将其一并起诉要求赔偿	一审法院判决驳回原告吴某某的赔偿请求。 二审法院认为一审法院适用法律不当,改判为确认舒城县水利局对吴某某涉案取水设施实施的清除行为违法	行政强制
19	老熊海鲜商行诉阜新市市场监督管理局行政处罚及市政府行政复议案[(2021)辽09行终60号]	辽宁省阜新市中级人民法院	阜新市市场监督管理局在对花园市场水产产品进行抽样检查工作时发现老熊海鲜商行销售的皮皮虾不合格,经听证程序后对其出具阜市监处〔2020〕第32号行政处罚决定书,决定对其没收违法所得52元,并处罚款5000元。老熊海鲜商行不服,提起行政复议,市政府作出阜政行复决字〔2020〕10号行政复议决定,维持了原行政行为。老熊海鲜商行不服,提起行政诉讼	一审法院驳回原告老熊海鲜商行的诉讼请求。 由于行政处罚的证据不足,二审法院撤销阜新市细河区人民法院(2020)辽0911行初43号行政判决,撤销阜新市人民政府作出的阜政行复决字〔2020〕10号行政复议决定,撤销阜新市市场监督管理局(阜新市知识产权局)作出的阜市监处〔2020〕第32号行政处罚决定中没收违法所得52元的处罚,并驳回老熊海鲜商行的其他诉讼请求	行政处罚

续表

序号	案件名称及其案号	二审法院	基本案情	审判情况	案件类型
20	宁某某、麻城市龟山镇人民政府行政违法赔偿案[(2021)鄂11行终1号]	湖北省黄冈市中级人民法院	为了推动畜禽污染整治,推动禁养区规模养殖场关停或拆迁,2018年4月13日至6月3日,麻城市龟山镇人民政府多次与处于关停区的大坳村大坳岗湾养殖场的宁某某沟通未果,于2018年6月3日对宁某某的养殖场实施了强制拆除,这一拆除行为后被生效的(2018)鄂1181行初66号行政判决确认违法。宁某某据此向麻城市龟山镇人民政府申请了行政赔偿,该镇人民政府收到申请后未给予答复。宁某某遂提起行政赔偿诉讼	一审法院判令麻城市龟山镇人民政府于判决生效之日起30日内给付宁某某毛牛处置及养殖场构筑物赔偿金623170元。 二审法院基于原审法律适用不当,撤销一审判决,改判责令麻城市龟山镇人民政府对宁某某于2020年1月14日提出的赔偿申请作出处理	行政赔偿
21	冯某某与西安市长安区王寺街道办事处强制拆除房屋或者设施行政赔偿案[(2021)陕71行赔终19号]	西安铁路运输中级法院	冯某某在西安市长安区承包土地上修建经营用房,出租给陕西久久衡器有限公司,后这一房屋于2018年7月8日被王寺街道办事处拆除。拆除行为被生效的(2019)陕7102行初931号行政判决书确认违法。之后冯某某向王寺街道办事处邮寄行政赔偿申请书,王寺街道办事处未在法定期限内履行行政赔偿职责,冯某某遂提起行政赔偿诉讼	一审法院驳回冯某某的诉讼请求。 二审法院驳回冯某某的行政赔偿诉讼请求,但判决由西安市长安区王寺街道办事处补偿上诉人冯某某414334元及从2018年7月9日即强拆次日起计算的同期人民银行存款利率的利息	行政赔偿
22	李某与广州市白云区人和镇人民政府环境保护行政赔偿案[(2020)粤71行赔终59号]	广州铁路运输中级法院	人和镇横沥村西二经济合作社与沈某某签订土地承包合同书,约定将村承包土地发包给沈某某用于种植蘑菇。其后沈某某将该地块交广州市某食用菌专业合作社作草菇种植基地使用,李某为该社成员,且其出资并担任该社法定代表人。2018年年初,人和镇政府对李某的草	一审法院判决广州市白云区人和镇人民政府赔偿原告李某71500元,并驳回原告李某的其他赔偿请求。 二审法院改判广州市白云区人和镇人民政府赔偿上诉人李某57间草菇房损失290700元	行政赔偿

续表

序号	案件名称及其案号	二审法院	基本案情	审判情况	案件类型
			菇养殖场进行巡查,认为李某的草菇场排放废水与废气,对周边环境造成污染,遂要求关停整改。因李某未按要求关停,2018 年 1 月 17 日,人和镇政府对李某的草菇养殖场菇房的门窗、屋顶等部分设施进行强制拆除。这一强制拆除行为后被已生效的判决确认违法。后李某向人和镇政府邮寄提交行政赔偿申请书,人和镇政府未作出赔偿决定。李某遂提起行政诉讼		
23	孙某、天津市西青区市场监督管理局质量监督检验检疫行政管理案[(2021)津 01 行终 104 号]	天津市第一中级人民法院	天津市西青区张家窝镇瑞欣家园 29 号楼为商住两用楼,孙某为瑞欣家园 29 - 1 - 202 的业主,其向天津市西青区市场监督管理局反映瑞欣家园 29 - 1 - 201 业主存在未征得利害关系人同意办理营业执照,并且房屋有油烟、异味的问题,要求天津市西青区市场监督管理局进行处理,并撤销为第三人核发的营业执照。天津市西青区市场监督管理局经受理、调查作出回复,认为其核发的营业执照程序正当、材料齐全、符合法定形式,不存在违法问题。孙某向天津市市场监督管理委员会申请行政复议,天津市市场监督管理委员会驳回了孙某的行政复议申请。孙某不服,提起行政诉讼	一审法院判决驳回原告孙某的诉讼请求。二审法院认为天津市市场监督管理委员会在未明确上诉人复议请求的情况下即作出驳回其复议申请的决定,一审法院适用法律错误,因此二审法院改判撤销天津市市场监督管理委员会于 2020 年 6 月 5 日作出的津市场监管复决〔2020〕38 号行政复议决定书	行政监督

续表

序号	案件名称及其案号	二审法院	基本案情	审判情况	案件类型
24	贵阳市乌当区道路运输管理局、王某交通运输行政管理案[(2021)黔01行终48号]	贵州省贵阳市中级人民法院	贵阳市乌当区道路运输管理局执法人员在巡查时,发现王某未取得网络预约经营许可,擅自从事网约车经营活动,对王某的车辆实施暂扣,后决定作出罚款10000元的行政处罚。王某不服该处罚决定提起行政诉讼,请求法院撤销该处罚	一审法院判决撤销被告乌当区道路运输管理局于2020年9月23日作出的行政处罚决定书筑运政罚〔2020〕第1004721号。 二审法院认为一审判决适用法律错误,改判撤销一审判决,驳回王某某的诉讼请求	行政处罚
25	王某某诉武汉市青山区行政审批局危险化学品经营许可案[(2021)鄂01行终153号]	湖北省武汉市中级人民法院	王某某作为唯一股东出资设立湖北楚储宸信石油化工有限公司,于2020年4月23日向武汉市青山区行政审批局(可简称青山审批局)提交了申请颁发危险化学品经营许可证相关资料。但因王某某的经营场所处于禁设区范围内,青山行政审批局未受理王某某提交的申请。为此王某某以青山行政审批局行政不作为为由起诉至原审法院,该院于2020年9月15日作出(2020)鄂0107行初38号行政判决书,责令青山行政审批局于判决生效之日起30日内对王某某的申请作出处理。2020年10月12日,青山行政审批局认为湖北楚储宸信石油化工有限公司申请设立企业的经营地址不符合审批条件,向其作出不予受理通知单。后王某某提起诉讼,请求确认青山行政审批局作出的不予受理王某某出资设立的湖北楚储宸信石油化工有限公司的危险化学品经营许可证申请的行政行为违法	一审法院判决驳回王某某的诉讼请求。 二审法院撤销一审判决,改判撤销武汉市青山区行政审批局2020年10月12日向湖北楚储宸信石油化工有限公司作出的不予受理通知单,责令武汉市青山区行政审批局于判决生效之日起20日内对王某某的申请重新作出处理	行政许可

续表

序号	案件名称及其案号	二审法院	基本案情	审判情况	案件类型
26	梅州市生态环境局丰顺分局、丰顺县发展和改革局、丰顺县科工商务局与梅州昌盛钢铁有限公司工商行政管理案[(2021)粤14 行终 69号]	广东省梅州市中级人民法院	2019 年,梅州昌盛钢铁有限公司(可简称昌盛公司)因年产钢坯 49 万吨的建设项目的污染防治和环境保护措施未经验收合格,擅自投入生产,被梅州市生态环境局丰顺分局责令改正违法行为,并处以 20 万元罚款。2020 年 6 月 29 日,广东省发展和改革委员会、工业和信息化厅、生态环境厅核查时,认为其仍存在违法违规生产的迹象。梅州市生态环境局丰顺分局、丰顺县发展和改革局、丰顺县科工商务局遂在 2020 年 7 月 2 日联合向昌盛公司作出涉案停产通知,责令昌盛公司在完善相关部门手续前,不得进行生产。原告对该停产通知不服,遂向法院提起诉讼	一审法院判决撤销梅州市生态环境局丰顺分局、丰顺县发展和改革局、丰顺县科工商务局在 2020 年 7 月 2 日向昌盛公司作出的停产通知。 二审法院撤销一审判决,改判确认上诉人梅州市生态环境局丰顺分局、丰顺县发展和改革局、丰顺县科工商务局 2020 年 7 月 2 日向被上诉人昌盛公司作出的停产通知违法	行政撤销
27	百色市万成生态农业开发有限公司(可简称万成生态公司)诉田林县人民政府支付征收补偿款案[(2020)桂行终 1773号]	广西壮族自治区高级人民法院	梁某某拟在田林县乐里镇风洞村风老屯上建设百色万成生态农业庄园暨农产品综合交易市场,后其向田林县招商局、建设局等部门申报立项预审,于 2011 年 1 月 20 日取得田发改登字〔2011〕03 号项目备案通知书。2013 年,田林县人民政府将涉案土地列入体育中心建设项目的征收范围。由于百色市万成生态农业开发有限公司(可简称万成生态公司)一直未获得补偿,遂于 2019 年 11 月 5 日向百色市人民政府申请行政复议,要求田林县人民政府支付土地征收补偿款。2020 年 4 月 17 日,万成生态	一审法院判决由田林县人民政府支付万成生态公司补偿款 2780180.44 元。 二审法院认为一审法院没有对涉案填土工程的合法性作出正确认定,适用法律错误,因此撤销一审判决,驳回万成生态公司的诉讼请求	行政补偿

续表

序号	案件名称及其案号	二审法院	基本案情	审判情况	案件类型
			公司在百色市人民政府未作出复议决定之前提起行政诉讼,请求法院判令田林县人民政府支付征地补偿。2020年6月9日,田林县人民政府作出田政处字〔2020〕1号行政处理决定书,以万成生态公司使用涉案36.8047亩土地未经依法审批为由,决定对其要求支付征地补偿款的请求不予支持		
28	广州市生态环境局与增城市纬豪纺织有限公司责令停产及罚款案[(2021)粤71行终326号]	广州铁路运输中级法院	广州市生态环境局增城区分局于2019年7月4日到广州市增城区石滩镇南坣村工业区现场检查时发现,增城市纬豪纺织有限公司未办理建设项目配套建设环境保护防治设施的竣工验收手续即投入生产。后经听证程序,广州市生态环境局责令该项目停止生产或者使用,并处罚款6万元。增城市纬豪纺织有限公司不服上述行政处罚,诉诸法院	一审法院判决撤销广州市生态环境局于2019年10月17日作出的穗增环罚〔2019〕309号行政处罚决定第2项(罚款6万元),并驳回增城市纬豪纺织有限公司的其他诉讼请求。 二审法院改判驳回增城市纬豪纺织有限公司的全部诉讼请求	行政处罚
29	屈某某与博罗县柏塘镇人民政府乡政府责令拆除案[(2021)粤13行终67号]	广东省惠州市中级人民法院	屈某某在博罗县柏塘镇石湖村某屋小组承包土地进行养殖。2019年8月2日,由于水库建设的棚房工程未履行相关报批手续,属于"两违建筑",博罗县柏塘镇人民政府发出清拆通知,要求屈某某自行拆除"棚房工程"。屈某某不服,提起行政诉讼,要求撤销这一通知	一审法院驳回屈某某的诉讼请求。 二审法院认为由于清拆通知的法律依据表述不清,改判撤销博罗县柏塘镇人民政府于2019年8月2日对屈某某作出的清拆通知	行政强制

续表

序号	案件名称及其案号	二审法院	基本案情	审判情况	案件类型
30	李某诉山东黄河三角洲国家级自然保护区管理委员会、东营市垦利区人民政府行政赔偿案[(2021)鲁行终 138 号]	山东省高级人民法院	李某于 2014 年 12 月 1 日通过转包韩某某的部分养殖场地,开始在东营市垦利区内从事海参养殖。2017 年 12 月,中央环保督察组在东营市督查期间,涉案养殖区域被列入整改清单,要求停止养殖行为,恢复生态。2018 年 3 月 23 日,黄河口镇人民政府到涉案养殖区域向养殖户告知退出养殖事项,并就补偿事宜与韩某某及养殖户进行了协商,但未达成一致意见。2019 年 1 月 10 日,垦利区人民政府组织人员对涉案养殖区域的海堤、码头、房屋等设施进行了拆除,对养殖池进行了填埋。这一强制拆除行为后被生效判决确认违法。并且李某就其在强制中的海参损失提起行政赔偿诉讼	一审法院判决山东黄河三角洲国家级自然保护区管理委员会、东营市垦利区人民政府共同赔偿李某海参损失费 5729000 元、承担本案评估费 70000 元,并驳回李某其他诉讼请求。 二审法院纠正原审法院认定的事实,维持原判决的第 2 项与第 3 项(原案被告承担评估费及驳回李某其他诉请),改判第 1 项为山东黄河三角洲国家级自然保护区管理委员会、东营市垦利区人民政府共同赔偿李某海参损失费 10312200 元	行政赔偿
31	连云港市海州区板浦镇人民政府、赵某某、高某某与方某某强制拆除房屋、设施案[(2021)苏 07 行终 21 号]	江苏省连云港市中级人民法院	因高某某、赵某某一直拖欠方某某借款未还,2016 年 1 月 27 日高某某、赵某某二人出具欠条,载明经赵某某和方某某双方同意以养猪场所有财产全部抵押,约定到 2017 年 1 月 27 日如不还现金,养猪场全部归方某某所有。事实上,2016 年 10 月,因高某某、赵某某无力还款将养猪场交给方某某,方某某便将养猪场承包给案外人宗某某、冯某使用。2017 年 6 月,板浦镇政府基于关闭拆除畜禽养殖禁养区的工作要求,与赵某某达成拆除补偿协议。后赵某某指示其女儿自行拆除涉案养猪场。板浦	一审法院判决确认板浦镇政府拆除方某某位于海州区板浦镇东北村埝西组后新河北养猪场猪舍等财产的行为违法。 二审法院认为板浦镇政府对方某某形成法律意义上影响的行为是前置“拆除补偿协议”,而非后续拆除事实行为,因此撤销一审判决,改判驳回方某某的诉讼请求	行政强制

续表

序号	案件名称及其案号	二审法院	基本案情	审判情况	案件类型
			镇政府于2020年1月7日将补偿款支付给赵某某、高某某夫妇。方某某对此不服,提起行政诉讼,要求确认板浦镇政府强制拆除行为违法		
32	融水县德煜公司与融水苗族自治县城市管理行政执法局强制拆除房屋及行政赔偿纠纷案[(2020)桂行终29号]	广西壮族自治区柳州市中级人民法院	2019年3月,融水苗族自治县住房和城乡建设局以融水县德煜公司所经营养猪场内的建筑物未取得建设行政主管部门核发的建设工程规划许可证为由,作出责令限期拆除违法建设催告书要求其自行拆除其经营的养猪场内的建筑物。融水苗族自治县城市管理行政执法局(可简称融水县执法局)于2019年4月18日作出违法建筑强制拆除告知书,当日送达后,对融水县德煜公司养殖场内的建筑实施强制拆除。融水县德煜公司认为融水县执法局对其养殖场建筑进行强制拆除的行政行为违法,且该行政行为导致其养殖场产生损失,故起诉要求融水县执法局赔偿其损失	一审法院确认融水县执法局于2019年4月18日作出的强制拆除行为违法,并驳回融水县德煜公司的其他诉讼请求。 二审法院维持原审判决的第1项,撤销原审判决第2项,改判为融水县执法局赔偿融水县德煜公司经济损失共计149020元,并驳回融水县德煜公司的其他诉讼请求	行政强制与行政赔偿
33	上诉人连云港金诺新材料有限公司诉被上诉人连云港市生态环境局行政处罚案[(2021)苏01行终105号]〔12〕	江苏省南京市中级人民法院	原连云港市赣榆区环境保护局环境执法人员在连云港金诺新材料有限公司调查时,发现该公司自2017年开始陆续生产,生产线项目未报批环境影响评价文件。连云港市生态环境局于2020年5月9日对涉案公司作出连赣环罚字〔2020〕1号行政处罚决定书。当月12日,连云港金诺新材料有限公司自行组织环保验收,因对行政处罚	一审法院驳回连云港金诺新材料有限公司的诉讼请求。 二审法院认为被上诉人连云港市生态环境局作出处罚决定的程序违法,因此撤销一审行政判决及连云港市生态环境局作出的连赣环罚字〔2020〕1号行政处罚决定书,并责令被上诉人对案	行政处罚

〔12〕 另有(2021)苏01行终108号为本案类案,不予以重复赘述。

续表

序号	案件名称及其案号	二审法院	基本案情	审判情况	案件类型
			不服,提起诉讼。江苏省灌南县人民法院作出(2020)苏0724行初18号行政判决后,连云港金诺新材料有限公司又提起上诉	涉违法行为重新作出行政处罚	
34	李某某、中牟县狼城岗镇人民政府行政赔偿案[(2021)豫01行赔终18号]	河南省郑州市中级人民法院	李某某在辛庄村承包土地并在其上建设了案涉房屋。因郑州黄河湿地自然保护工作的推进,中牟县狼城岗镇人民政府将案涉房屋拆除。李某某认为政府强制清除其房屋的行为侵犯其合法权益,遂诉至法院。河南省中牟县人民法院于2020年9月28日作出(2020)豫0122行初92号行政判决书,确认强拆行为违法。被告狼城岗镇政府不服,提起上诉。郑州市中级人民法院于2020年11月27日作出(2020)豫01行终602号判决,驳回上诉,维持原判。原告李某某遂向该院提起行政赔偿,且后因不服河南省中牟县人民法院(2021)豫0122行赔初1号行政赔偿判决提起上诉	一审法院判决中牟县狼城岗镇人民政府赔偿原告李某某因拆除其房屋造成的房屋内物品损失7400元,并驳回了原告李某某的其他赔偿请求。 二审法院撤销了原审判决,纠正赔偿金额为10800元,并驳回了上诉人其他诉讼请求	行政赔偿
35	卢某1、纳雍县房屋征收补偿服务中心城乡建设行政管理案[(2021)黔05行终113号]〔13〕	贵州省毕节市中级人民法院	2013年卢某1之子即案外人卢某2与人合伙修建养殖场,后被纳入自然保护区内。2018年9月25日纳雍县城乡规划局向卢某2下发行政处罚决定书,认定其建设房屋属违法建设行为。其间,卢某1领取了征收补偿款。此后因群众举报,纳雍县房屋征收与补偿局以故意提供	一审法院驳回了卢某1的诉讼请求。 二审法院认为原审法院适用法律错误,判决撤销原审判决,并撤销了被上诉人纳雍县房屋征收补偿服务中心《关于解除〈纳雍县城市棚户区改造房屋征收补偿安置协议	行政补偿

〔13〕 另有(2021)黔05行终114号为本案类案,不予以重复赘述。

续表

序号	案件名称及其案号	二审法院	基本案情	审判情况	案件类型
			虚假信息,隐瞒事实真相,谎报合法建筑的形式骗取房屋征收补偿款为由,作出解除此前签订的征收合同,并要求卢某1返还所领取的补偿款的决定。卢某1遂提起诉讼,后因不服(2020)黔0524行初24号行政判决提起上诉	(974号)和(975号)〉的行政处理决定》	
36	东港市广泰铸造有限公司、东港市黄土坎镇人民政府城乡建设行政管理案[(2021)辽06行终80号]	辽宁省丹东市中级人民法院	东港市广泰铸造有限公司于2013年取得丹东国用(2013)第0681103005号国有土地使用权,2014年取得建设用地规划许可证,于2016年开工建设厂房。基于保护自然保护区的建设需要,2018年黄土坎镇人民政府对涉案厂房予以拆除,东港市广泰铸造有限公司遂向法院提起诉讼。后因不服东港市人民法院(2020)辽0681行初17号行政判决,提起上诉	一审法院确认拆除行政行为违法,并判决黄土坎镇人民政府赔偿东港市广泰铸造有限公司直接经济损失47870元,且驳回其他诉讼请求。 二审法院维持了原审判决,但将赔偿金额纠正为68875元	行政赔偿
37	朱某某、台前县后方乡人民政府城乡建设行政管理案[(2021)豫09行终52号]〔14〕	河南省濮阳市中级人民法院	朱某某于2016年9月建造涉案房屋。后台前县城管大队、后方乡人民政府认定涉案房屋系违章建筑,责令其限期拆除。2020年7月11日台前县城管大队、后方乡人民政府共同将涉案房屋强制拆除。朱某某遂向台前县人民政府提出行政复议,同年7月20日台前县人民政府将责令限期拆除违法建筑决	一审法院确认强制拆除朱某某涉案房屋的行为违法,并要求被告单位共同赔偿朱某某财产损失55000元。 二审法院维持了确认原审行政违法的判决,但撤销赔偿损失的判决,并将案件发回原审法院重审	行政赔偿

〔14〕 另有(2021)豫09行终50号、(2021)豫09行终53号、(2021)豫09行终48号、(2021)豫09行终51号、(2021)豫09行终47号、(2021)豫09行终49号、(2021)豫09行终44号为本案类案,不予以重复赘述。

续表

序号	案件名称及其案号	二审法院	基本案情	审判情况	案件类型
			定书予以撤销。朱某某遂向法院提起行政诉讼,请求确认强拆行为违法,并要求上述单位赔偿其财产损失。后朱某某因不服河南省台前县人民法院作出的(2020)豫0927行初17号行政判决,提起上诉		
38	梁某某诉紫云苗族布依族自治县人民政府行政赔偿案[(2021)黔行赔终53号]〔15〕	贵州省高级人民法院	梁某某位于紫云苗族布依族自治县(以下简称紫云自治县)的房屋在黄家湾水利枢纽工程建设项目的征收范围内,梁某某因认为补偿标准过低,未签订安置补偿协议。2019年11月1日,紫云自治县人民政府将上述房屋强制拆除。梁某某认为强制拆除其房屋的行政行为违法,遂向法院提起行政诉讼,后因不服贵州省安顺市中级人民法院作出的(2020)黔04行赔初24号行政赔偿判决,提起上诉	一审法院判决紫云自治县人民政府赔偿梁某某房屋损失352003.20元,房屋装修及附属设施损失34087.52元,其他补偿补助损失123012.66元和上述款项的利息,驳回其他诉讼请求。 二审判决纠正房屋损失费为346503.20元,其他补偿补助损失为122737.66元,并判决紫云自治县人民政府支付上述款项的逾期利息	行政赔偿

〔15〕 另有(2021)黔行赔终57号为本案类案,不予以重复赘述。

续表

序号	案件名称及其案号	二审法院	基本案情	审判情况	案件类型
39	深圳市华泰动物药业有限公司与国家知识产权局商标申请驳回复审行政纠纷案[(2020)京行终7777号]	北京市高级人民法院	深圳市华泰动物药业有限公司于2018年12月26日就商品申请注册商标,国家知识产局2020年3月15日作出商评字〔2020〕第42357号"关于第35561242号'华大'商标驳回复审决定书",驳回了在复审商品上的商标注册申请。深圳市华泰动物药业有限公司不服上述驳回通知,于2019年8月12日向国家知识产权局提出复审申请;后复审申请被驳回,遂提起诉讼;后因不服北京知识产权法院(2020)京73行初4861号行政判决,提起上诉	一审法院驳回了深圳市华泰动物药业有限公司的诉讼请求。 二审法院撤销原审行政判决和驳回复审决定书,并判决国家知识产权局就深圳市华泰动物药业有限公司针对第35561242号"华大"商标所提出的商标驳回复审申请重新作出决定	行政许可
40	杨某某、都匀市人民政府行政赔偿案[(2020)黔行赔终318号]	贵州省高级人民法院	都匀市综合行政执法局对杨某某作出责令限期拆除违法建设决定书(匀综执局〔2018〕第001号)的决定,认定杨某某在未取得城乡建设规划部门行政许可情况下建设的房屋属违法建筑,责令其自行拆除。后都匀市综合行政执法局于2018年8月30日作出责令限期拆除违法建设公告,责令杨某某予以拆除,在其逾期未自行拆除的情况下,有关单位强制执行。此后杨某某就强制拆除房屋行为提起诉讼,法院最终确认强拆行为违法。杨某某申请国家赔偿,并于4月29日以被申请人未在法定期限内作出答复为由提起诉讼。后原被告双方均不服一审法院作出的(2020)黔27行赔初43号行政赔偿判决,提起上诉	一审法院撤销了都匀市政府于2020年4月29日作出的5号赔偿决定,判决都匀市政府支付杨某某赔偿金3031095.65元,每月支付杨某某过渡费8294.70元;并将存放在都匀市沙包堡办事处办公楼七楼房屋内的物品返还给杨某某,对杨某某的其他赔偿请求予以驳回。 二审法院维持了撤销行政决定和返还物品的判决,但纠正赔偿金为2750745.97元,过渡费为6214.4元	行政赔偿

续表

序号	案件名称及其案号	二审法院	基本案情	审判情况	案件类型
41	王某某、凤阳县文化和旅游局强制拆除清除地上物案[(2021)皖11行终24号]〔16〕	安徽省滁州市中级人民法院	原凤阳县文化广电新闻出版局为落实文物保护和遗址公园建设需要,2016 年 4 月、5 月占用了王某某 6.16 亩葡萄园的承包土地,后在该土地上进行了绿化。之后凤阳县府城镇人民政府于 2016 年 4 月 5 日、27 日就承包土地分别支付给王某某补偿款 98802.70 元、524840.70 元,其中包括 6.16 亩葡萄园的土地补偿款及附属物补偿款。王某某后又因对葡萄园等附属物补偿款不满意而提起诉讼。由于不服一审法院作出的(2020)皖 1126 行初 39 号行政判决,王某某提起上诉	一审判决驳回了王某某的诉讼请求。 二审法院认为原审法院认定不当,撤销了原审判决,并确认凤阳县文化和旅游局占用王某某 6.16 亩葡萄园承包土地的行为违法	行政强制
42	东港市水利局、周某某水利行政管理案[(2021)辽06行终27号]〔17〕	辽宁省丹东市中级人民法院	2020 年 8 月 19 日,针对周某某开渠引水和运送泥沙的行为,东港市水利局作出东水罚字〔2020〕第 005 号行政处罚决定,认定周某某未办理采砂许可证,并处以 6 万元罚款的行政处罚。周某某不服,遂于 2020 年 11 月 2 日向法院提起行政诉讼。东港市人民法院作出(2020)辽 0681 行初 58 号行政判决,后东港市水利局不服,提起上诉	一审法院判决撤销被告东港市水利局作出的东水罚字〔2020〕第 005 号行政处罚决定。 二审法院维持了原审判决,补充判决责令上诉人东港市水利局对被上诉人周某某 2020 年 5 月 15 日采砂 38 立方米的行为重新作出行政行为	行政处罚

〔16〕 另有(2021)皖 11 行终 23 号为本案类案,不予以重复赘述。
〔17〕 另有(2021)粤 14 行终 73 号为本案类案,不予以重复赘述。

续表

序号	案件名称及其案号	二审法院	基本案情	审判情况	案件类型
43	陈某某、淮滨县城市管理局城乡建设行政管理案[(2021)豫15行终35号]	河南省信阳市中级人民法院	因原告陈某某的房屋未取得建设工程规划许可手续,被告淮滨县城市管理局拟对陈某某的违法房屋进行拆除。后淮滨县城市管理局于2020年3月25日作出淮城责拆决字〔2019〕第H－0059号责令限期拆除违法建筑的决定,责令原告自行拆除违法建筑。陈某某向淮滨县人民政府申请行政复议。淮滨县人民政府作出淮政复决字〔2020〕2号行政复议决定,维持淮城责拆决字〔2019〕第H－0059号责令限期拆除违法建筑的决定。陈某某不服复议决定而起诉,河南省淮滨县人民法院作出(2020)豫1527行初20号行政判决,陈某某不服判决结果又提起上诉	一审法院判决驳回原告陈某某的诉讼请求。 二审法院判决撤销原审判决、责令限期拆除违法建筑决定书及行政复议决定书,并责令淮滨县城市管理局60日内重新作出行政行为	行政复议
44	沂源源丰兄弟商贸有限公司与国家知识产权局商标申请驳回复审行政纠纷案[(2021)京行终2135号]	北京市高级人民法院	2020年6月22日,国家知识产权局作出商评字〔2020〕第166836号"关于第37030476号'华杰'商标驳回复审决定书",驳回诉争商标在复审商品上的注册申请。沂源源丰兄弟商贸有限公司不服,在法定期限内向北京知识产权法院提起行政诉讼。一审法院作出(2020)京73行初10982号行政判决,沂源源丰兄弟商贸有限公司不服判决结果,提起上诉	一审法院驳回了沂源源丰兄弟商贸有限公司的诉讼请求。 二审法院撤销了原审判决及被诉行政决定,并判决国家知识产权局就沂源源丰兄弟商贸有限公司针对第37030476号"华杰"商标的复审申请重新作出决定	行政许可

续表

序号	案件名称及其案号	二审法院	基本案情	审判情况	案件类型
45	浙江源口生态农业有限公司、浙江紧水滩生态农业旅游开发有限公司错误执行赔偿案[(2020)浙11行赔终7号]	浙江省丽水市中级人民法院	龙泉市水利局作出行政处罚决定,要求浙江紧水滩生态农业旅游开发有限公司(可简称紧水滩生态公司)按照整改要求对水上违法建筑物或构筑物予以自行拆除。后龙泉市水利局强制拆除了紧水滩生态公司的设施。紧水滩生态公司不服,提起诉讼。法院以生效判决确认涉案行政处罚决定合法,但强制拆除行为违反程序。紧水滩生态公司于2019年5月向龙泉市水利局提交国家赔偿申请书,要求龙泉市水利局赔偿经济损失。龙泉市水利局于2019年7月12日作出不予行政赔偿决定书。紧水滩生态公司不服,提起诉讼。水市莲都区人民法院作出(2019)浙1102行赔初2号行政赔偿判决后,原告不服提起上诉	一审法院驳回了原告的诉讼和赔偿请求。二审法院维持原审判决第1项,即驳回浙江源口生态农业有限公司的诉讼请求;同时撤销了驳回紧水滩生态公司赔偿请求的判决,责令被上诉人龙泉市水利局对紧水滩生态公司依法予以赔偿,并驳回其他诉讼请求	行政赔偿
46	湖南瑞丰园林建设有限公司湘潭分公司、湘潭经济技术开发区管理委员会行政强制案[(2020)湘03行终147号]	湖南省湘潭市中级人民法院	湘潭经济技术开发区管理委员会基于项目建设政府需要征收湖南瑞丰园林建设有限公司湘潭分公司的土地,且在未支付公司苗木及办公楼征拆款的情况下强行拆除。2018年2月8日,湖南瑞丰园林建设有限公司湘潭分公司提起行政诉讼,请求确认强制腾地的行政行为违法并赔偿。此后湖南瑞丰园林建设有限公司湘潭分公司、湘潭经济技术开发区管理委员会均不服湘潭市雨湖区人民法院(2019)湘0302行初426号行政赔偿判决,提起上诉	一审法院确认湘潭经济技术开发区管理委员会强拆行为违法,并判决湘潭经济技术开发区管理委员会向湖南瑞丰园林建设有限公司湘潭分公司赔偿损失共计8273901元,且驳回了湖南瑞丰园林建设有限公司湘潭分公司其他诉讼请求。二审法院维持原审判决第1项,即确认被诉行政行为违法,但撤销赔偿金额的判决,纠正为11710801元及利息,并驳回其他诉讼请求	行政强制与行政赔偿

续表

序号	案件名称及其案号	二审法院	基本案情	审判情况	案件类型
47	科·汉森有限公司与国家知识产权局商标申请驳回复审行政纠纷案[(2021)京行终347号]	北京市高级人民法院	2020年3月27日,国家知识产权局以诉争商标与引证商标1、2分别构成《商标法》第30条所指情形为由作出被诉决定,驳回科·汉森有限公司诉争商标在复审商品上的注册申请。科·汉森有限公司不服被诉决定,提起行政诉讼。北京知识产权法院作出(2020)京73行初11348号行政判决后,科·汉森有限公司又提起上诉	一审法院驳回了科·汉森有限公司的诉讼请求。 二审法院判决撤销原审判决及被诉行政决定,并判决国家知识产权局就科·汉森有限公司针对第33750121号"科·汉森"商标的复审申请重新作出决定	行政许可
48	刘某某、五河县双忠庙镇人民政府行政赔偿案[(2021)皖03行赔终1号]	安徽省蚌埠市中级人民法院	2017年4月五河县双忠庙镇人民政府(可简称双忠庙镇政府)下发《天井湖双忠庙镇境内水域集中整治工作方案》,要求集中清理涉案水域的围网、网箱、庵棚、船只、畜禽等,同月11日该政府向刘某某发出通知,要求其自行拆除违法设施,逾期不拆除的将强行拆除。2019年7月19日,双忠庙镇政府联合有关行政机关将涉案看护房拆除,同时将刘某某的围网拆除,两只木船被拖走。刘某某遂提起诉讼。安徽省固镇县人民法院作出(2020)皖0323行赔初5号行政赔偿判决后,刘某某和双忠庙镇政府均不服又提起上诉	一审法院判决双忠庙镇政府赔偿刘某某经济损失197938.6元,并驳回其他诉讼请求。 二审法院判决撤销行政赔偿判决第1项,改判双忠庙镇政府赔偿刘某某经济损失59400元,并驳回其他诉讼请求	行政赔偿

续表

序号	案件名称及其案号	二审法院	基本案情	审判情况	案件类型
49	翟某某、巩义市康店镇人民政府行政赔偿案[(2021)豫71行赔终19号]	郑州铁路运输中级法院	郑州黄河河务局巩义黄河河务局认定翟某某建房养鸡的行为侵占了水利设施用地,责令其自行拆除涉案房屋。2018年6月12日相关单位对养鸡场实施强制拆除。2020年6月28日,河南省高级人民法院作出(2019)豫行终3688号行政判决,认定强制拆除的行政行为违法。翟某某于2020年7月26日向巩义市康店镇人民政府(可简称康店镇政府)邮寄了行政赔偿申请书,但康店镇政府未作回复,翟某某遂诉至法院。后因不服郑州铁路运输法院(2020)豫7101行赔初85号行政赔偿判决,翟某某、康店镇政府提起上诉	一审判决康店镇政府赔偿翟某某财产损失117602.8元,并驳回了其他诉讼请求。二审法院撤销原审判决,并判决康店镇政府赔偿翟某某建筑及其他物品损失81720元	行政赔偿
50	宋某某、福州市长乐区梅花镇人民政府行政赔偿案[(2021)闽01行赔终41号]	福建省福州市中级人民法院	福州市长乐区梅花镇人民政府强制拆除了宋某某涉案的地上物(搭盖建筑物及生产设施)。宋某某不服,提起行政诉讼,原长乐市人民法院一审判决驳回宋某某的诉讼请求。宋某某与梅花镇人民政府均提起上诉。2016年11月22日,福州市中级人民法院作出(2016)闽01行终636号二审行政判决,撤销原一审行政判决、确认被告强拆行为违法。宋某某向梅花镇人民政府邮寄国家赔偿申请,梅花镇人民政府收件后未予以回复。宋某某不服,向原审法院提起行政赔偿诉讼	一审法院根据财产损失认定,部分支持了宋某某的赔偿请求,判处梅花镇人民政府赔偿宋某某22571.86元、支付调取证据费3330.56元、评估费4400元。 二审法院判处撤销原行政赔偿判决第1项;维持行政赔偿判决第2项,改判梅花镇人民政府赔偿宋某某38555.86元	行政赔偿

续表

序号	案件名称及其案号	二审法院	基本案情	审判情况	案件类型
51	上诉人伊拉兹马斯大学鹿特丹医学中心、罗某与被上诉人国家知识产权局发明专利申请驳回复审行政纠纷案[(2020)最高法知行终6号]	最高人民法院	2016年1月19日,被告国家知识产权局原审查部门驳回了原告伊拉兹马斯大学鹿特丹医学中心(可简称鹿特丹医学中心)、罗某申请号为200980151815.7、名称为“表达人源化抗体的非人转基因动物及其用途”的发明专利申请。后原告向被告提出复审请求。国家知识产权局维持了原审查部门的驳回决定。鹿特丹医学中心、罗某向原审法院提起诉讼,原审法院驳回其诉讼请求。鹿特丹医学中心、罗某不服北京知识产权法院(2017)京73行初5497号行政判决,向最高人民法院提起上诉	一审法院判决驳回鹿特丹医学中心、克雷格的诉讼请求。 二审法院判决:(1)撤销一审行政判决;(2)撤销国家知识产权局第121386号复审请求审查决定;(3)国家知识产权局就发明专利申请的复审请求重新作出审查决定	行政许可
52	朝阳县汇龙湾九老书画苑有限公司、朝阳县木头城子镇人民政府城乡建设行政管理案[(2021)辽13行终31号]	辽宁省朝阳市中级人民法院	朝阳县政府为落实上级生态环境保护督查组的要求,责令有关部门对朝阳县汇龙湾九老书画苑有限公司违规建筑强制拆除。朝阳县林业和草原局以朝县林草催告字〔2020〕第1号非法占用林地恢复原状催告书,催告朝阳县汇龙湾九老书画苑有限公司恢复林地原状。后镇政府作出木政罚决字〔2020〕第1号行政处理决定。朝阳县汇龙湾九老书画苑有限公司向一审法院提起诉讼,朝阳县人民法院作出(2020)辽1321行初15号行政判决,朝阳县汇龙湾九老书画苑有限公司不服提起上诉	一审法院判处:(1)撤销被告镇政府作出的木政罚决字〔2020〕第1号行政处理决定;(2)驳回朝阳县汇龙湾九老书画苑有限公司要求被告赔偿违法拆除建筑物一栋造成的800万元损失的诉讼请求。 二审法院判处变更朝阳县人民法院(2020)辽1321行初15号行政判决第1项为确认被上诉人朝阳县木头城子镇人民政府作出的木政罚决字〔2020〕第1号行政处理决定违法,并驳回其他诉讼请求	行政赔偿

续表

序号	案件名称及其案号	二审法院	基本案情	审判情况	案件类型
53	李某某与珲春市自然资源局、珲春市人民政府行政复议案[(2021)吉24行终44号]	吉林省延边朝鲜族自治州中级人民法院	2020年9月15日,珲春市自然资源局对李某某未经批准建设仓房的行为作出了珲自然资限拆告限期〔2020〕150号限期拆除告知书。后珲春市自然资源局责令其限期拆除。李某某不服,依法向珲春市政府复议,珲春市政府作出珲行复决字〔2020〕第1号行政复议决定书,维持了珲春市自然资源局作出的珲自然资限拆决〔2020〕150号限期拆除决定书。后李某某提起行政诉讼,珲春市人民法院作出(2021)吉2404行初3号行政判决,李某某不服,提起上诉	一审法院判决驳回原告李某某的全部诉讼请求。 二审法院判决:(1)撤销一审行政判决;(2)撤销珲春市自然资源局作出的珲自然资限拆决〔2020〕150号限期拆除决定书;(3)撤销珲春市人民法院作出的珲行复决字〔2020〕第1号行政复议决定书	行政复议
54	韩某某、大连市文化和旅游局文化行政管理案[(2021)辽02行终203号]	辽宁省大连市中级人民法院	原告韩某某向被告大连市文化和旅游局请求被告对大连市甘井子区鞍子积石冢考古队破坏集体山体植被的行为进行调查核实。后原告要求被告公开调查结果。被告大连市文化和旅游局告知原告其申请获取的信息非可公开信息。韩某某不服提起行政复议,大连市人民政府作出大自行复字〔2019〕76号行政复议决定书,维持大连市文化和旅游局作出的2019第9384号非政府信息范围告知书。后韩某某提起行政诉讼,辽宁省大连市中山区人民法院作出(2020)辽0202行初25号行政判决,韩某某不服,提起上诉	一审法院判决驳回原告韩某某的全部诉讼请求。 二审法院判决:(1)撤销一审行政判决;(2)撤销大政行复字〔2019〕76号行政复议决定书;(3)确认被上诉人大连市文化和旅游局作出(2019)第9384号非政府信息范围告知书行政行为违法	行政复议

续表

序号	案件名称及其案号	二审法院	基本案情	审判情况	案件类型
55	芜湖市昌隆建材有限公司与安徽芜湖三山经济开发区管理委员会、芜湖市自然资源和规划局三山分局行政补偿案[(2021)皖行终216号]	安徽省高级人民法院	被告三山区住房和城乡建设委员会与原告芜湖市昌隆建材有限公司(可简称昌隆建材公司)签订国有土地上房屋征收补偿协议,对原告进行补偿共计19029978.39元。昌隆建材公司认为被告还有相关项目损失未补偿,于2018年、2019年向被告申请国家赔偿未果,遂提起诉讼。安徽省芜湖市中级人民法院作出(2020)皖02行初37号行政判决,原告昌隆建材公司不服,提起上诉	一审法院判决被告三山区管委会支付原告昌隆建材公司工人工资补偿款551100元。二审法院在一审判决的基础上酌定三山区管委会补偿昌隆建材公司该项损失10万元	行政补偿
56	住建部与江苏中建工程设计研究院有限公司行政处罚案[(2021)京行终1904号]	北京市高级人民法院	2020年4月28日,住建部作出建督罚字〔2020〕51号住房和城乡建设部行政处罚决定书,主要内容为:2017年12月9日,连云港聚鑫生物科技有限公司间二氯苯装置发生爆炸事故,造成人身、财产损失;住建部决定对江苏中建工程设计有限公司进行行政处罚。江苏中建工程设计有限公司不服,提起诉讼。北京市第一中级人民法院作出(2020)京01行初384号行政判决,住建部不服,提起上诉	一审法院判决撤销被诉行政处罚决定。二审法院判决确认住建部作出的建督罚字〔2020〕51号住房和城乡建设部行政处罚决定书违法	行政处罚

续表

序号	案件名称及其案号	二审法院	基本案情	审判情况	案件类型
57	高某1、高某2、高某3与兴宁市合水镇人民政府、兴宁市人民政府、罗某某土地行政管理案[(2021)粤14行终73号]	广东省梅州市中级人民法院	第三人罗某某要求被告兴宁市合水镇人民政府对土地进行确权。被告作出了一份处理决定书,原告高某1等人接到处理决定书后不服,申请行政复议。复议期间,被告合水镇政府因数据有误、附图与文本不一致而自行撤回处理决定书。后被告合水镇政府重新作出了合镇调决字〔2020〕1号土地权属争议调查处理决定书。原告等人仍不服,又向被告兴宁市政府申请行政复议,被告兴宁市政府作出了兴宁府行复〔2020〕8号行政复议决定书。后原告等人提起行政诉讼,兴宁市人民法院作出(2020)粤1481行初153号行政判决,原告等人仍不服,遂提起上诉	一审法院判处驳回原告的全部诉讼请求。 二审法院判处:(1)撤销一审行政判决;(2)撤销被上诉人兴宁市合水镇人民政府作出的合镇调决字〔2020〕1号土地权属争议调查处理决定书;(3)撤销被上诉人兴宁市人民政府作出的兴宁府行复〔2020〕8号行政复议决定书;(4)被上诉人兴宁市合水镇人民政府重新作出处理决定	行政复议
58	舞钢市人民政府、李某某行政补偿案[(2021)豫行终290号]	河南省高级人民法院	李某某种植果树的土地被规划纳入征收土地范围内,舞钢市人民政府发布〔2018〕1号征收土地方案公告。后李某某所种植的猕猴桃果树因征地被清除。双方后因征收补偿问题产生分歧,李某某提起行政诉讼,平顶山市中级人民法院作出(2020)豫04行初146号行政判决,舞钢市人民政府不服,提起上诉	一审法院判处:(1)撤销舞钢市人民政府作出的舞钢市人民政府征收补偿决定书;(2)责令舞钢市人民政府对李某某重新作出补偿决定。 二审法院判处:(1)撤销一审行政判决;(2)驳回李某某的诉讼请求	行政补偿

续表

序号	案件名称及其案号	二审法院	基本案情	审判情况	案件类型
59	乳源瑶族自治县富邦华景房地产开发有限公司与乳源瑶族自治县自然资源局土地行政管理(土地)案[(2021)粤02行终31号]	广东省韶关市中级人民法院	原告乳源瑶族自治县富邦华景房地产开发有限公司(以下简称富邦华景有限公司)与被告乳源瑶族自治县自然资源局(以下简称乳源自资局)签订国有建设用地使用权出让合同。后富邦华景有限公司与乳源自资局因互有违约行为而产生分歧,原告富邦华景有限公司提起行政诉讼,广东省韶关市武江区人民法院作出(2020)粤0203行初308号行政判决。富邦华景有限公司不服,提起上诉	一审法院判处:(1)确认乳源自资局已将国有土地交付给富邦华景有限公司;(2)确认国有建设用地使用权出让合同成立;(3)富邦华景有限公司在缴清规定的违约金和利息后,可申请登记涉案地块的国有建设用地使用权,并办理登记手续。 二审法院判处:(1)撤销一审行政判决;(2)发回重审	行政合同
60	宋某1、宋某2城乡建设行政管理案[(2021)豫01行终27号]	河南省郑州市中级人民法院	因遥感测绘院检测到宋某1、宋某2的违法建筑,区综合执法局作出中原综执限拆字〔2019〕第16001号限期拆除决定书。宋某1、宋某2提起行政诉讼,河南省郑州市中原区人民法院作出(2020)豫0102行初49号行政判决,宋某1等人不服,提起上诉	一审法院判处确认被告郑州市中原区城市综合执法局作出中原综执限拆字〔2019〕第16001号限期拆除决定书的行政行为违法。二审法院判处撤销一审行政判决,并撤销该决定书	行政处罚

1. 案件类型集中于行政赔偿形式

统计梳理环境行政诉讼的二审改判案件,涉及行政赔偿、行政强制、行政处罚等多种行政行为,其中又以行政赔偿为主要表现形式。具体而言,在80件二审改判的案件中,行政赔偿案件有34件,行政处罚案件有15件,行政强制案件有6件,行政补偿案件有6件,行政许可案件有5件,行政复议案件有4件,行政撤销、行政监督、行政合同、行政公益诉讼案件均有1件,另有6件案件兼具行政赔偿与行政强制行为。若将兼具多种行政行为的案件一并纳入统计,涉及行政赔偿案件共有40件,占全部二审改判案件的50%,并且环境行政诉讼二审案件的案情多集中为强制拆除后的赔偿争议。(见图3-24)

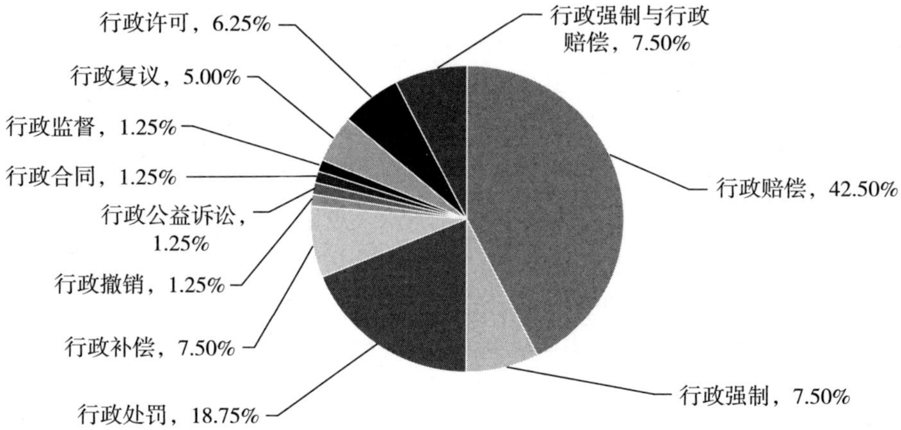

图 3-24　2021 年环境行政诉讼中二审改判案件的类型分布

2. 上诉人分布多以原审原告为主

分析环境行政诉讼二审改判案件的上诉人身份可知,80 件二审改判案件中,57 件为原审原告提起上诉,占比 71.25%;15 件为原审被告(行政机关)提起上诉,占比 18.75%;7 件为原审原告与原审被告均提起上诉,占比 8.75%,1 件为原审被告与第三人均提起上诉,占比 1.25%。环境行政诉讼也呈现一般行政案件中的特性,即私主体不服判的比例相对更高。

同时,笔者将上诉人类型与实质改判情况作为双变量予以对照,在原审原告为上诉人的 57 件案件中,法院实质支持了上诉请求的案件有 46 件,占以该类型主体为上诉人案件的 80.70%;在原审被告为上诉人的 15 件案件中,实质支持了上诉请求有 9 件,占以该类型主体为上诉人案件的 60.00%;在原审原告与原审被告均提起上诉的 7 件案件中,有 2 件案件的法院二审改判支持了原审原告,占以该类型主体为上诉人案件的 28.57%,其余改判案件为形式改判;原审被告与原审第三人均提起上诉的案件中,法院均以改判实质支持了二者的上诉请求。比较行政机关与原告在上诉时获得有利于自己的审判结果的比例,原告的改判率略高一筹,这与行政机关在上诉时更可能获得有利的二审程序结果的一般印象相悖,表明环境行政案件中司法机关对相对人的权益保护意识逐步得到加强。(见表 3-4)

表 3－4　环境行政二审改判案件的上诉主体及诉请结果梳理

序号	上诉人及原审诉讼地位	上诉请求
1	徐某 1(原审原告)[18]	(1)撤销浙江省兰溪市人民法院(2020)浙 0781 行赔初 17 号行政赔偿判决并依法改判; (2)本案诉讼费由被上诉人承担
2	黄某某(原审原告)	依法撤销原审判决中第 2 项和第 3 项,改判支持上诉人的第 2 项诉讼请求
3	毕节市人民政府(原审被告)、贵州省人民政府(原审被告)	毕节市人民政府:(1)撤销一审判决第 1 项和第 3 项,依法改判或发回重审;(2)判令被上诉人承担本案一审、二审诉讼费用。 贵州省人民政府:(1)撤销一审判决;(2)驳回被上诉人的诉讼请求;(3)本案诉讼费用由被上诉人承担
4	张某(原审原告)	撤销四川省宜宾市中级人民法院(2019)川 15 行初 53 号行政判决,确认被上诉人于 2018 年 8 月 10 日强制清除被上诉人承包地上的青苗等附着物,推平土地的行为违法
5	鞍山市生态环境局(原审被告)	(1)请求依法撤销海城市人民法院辽 03 行初 128 号行政判决; (2)请求依法判决本案一审、二审的诉讼费由被上诉人承担
6	东台市东吴生猪养殖场(原审原告)	撤销原审判决,改判支持上诉人的全部诉讼请求,并由被上诉人承担一审、二审诉讼费
7	宋某某(原审原告)	确认 2020 年 4 月 15 日被告清除 11 个网箱的行为违法,由被上诉人赔偿 11 个网箱和涉及养殖鱼的经济损失 33 万元,并公开赔礼道歉
8	吕某某(原审原告)	撤销一审判决,并撤销被诉的行政处罚决定,由被上诉人退还上诉人已交付的 10000 元罚款
9	钟山县城市管理综合执法局(原审被告)	撤销贺州市八步区人民法院(2020)桂 1102 行初 86 号行政判决,依法发回原审人民法院重审,或者查清事实后改判驳回被上诉人的原审起诉
10	董某某(原审原告)	撤销原判,依法改判旅顺口区人民政府强制查封断电超越职权、超范围查封没有法律依据,属于程序违法,并由该政府赔偿上诉人直接损失 69.6 万元

[18] 如前所述,本案相应类案共有 7 件,本栏分析统计时计数为 8。

续表

序号	上诉人及原审诉讼地位	上诉请求
11	宣恩县市场监督管理局(原审被告)	撤销原判,驳回被上诉人的公益行政诉讼请求
12	王某1(原审原告)、永宁县胜利乡人民政府(原审被告)、永宁县自然资源局(原审被告)〔19〕	王某1:(1)撤销一审判决第2项和第3项判决内容,改判支持上诉人的全部诉讼请求(赔偿经济损失610800元);(2)本案诉讼费由被上诉人承担。 永宁县胜利乡人民政府、永宁县自然资源局:(1)撤销一审判决,改判驳回被上诉人的诉讼请求或发回重审;(2)一审、二审诉讼费由被上诉人承担
13	陕西明德集中供热有限责任公司(原审原告)	(1)撤销西安铁路运输法院(2020)陕7102行初1795号行政判决,发回重审或依法改判撤销被上诉人作出的陕A雁塔环罚字〔2020〕005号行政处罚决定书; (2)本案诉讼费用由被上诉人承担
14	南通祥通建材有限公司(原审原告)	撤销原审判决,改判支持上诉人的诉讼请求或将本案发回重审
15	安化县百选石煤矿(原审原告)	请求撤销原审行政判决第2项,确认被上诉人的关闭决定违法
16	永宁县胜利乡人民政府(原审被告)	(1)撤销银川铁路运输法院(2020)宁8601行赔初8号行政赔偿判决书,依法改判或发回重审; (2)被上诉人承担本案一审、二审诉讼费用
17	新干县大洋洲镇人民政府(原审被告)	撤销一审判决,依法驳回李某某的诉讼请求
18	吴某某(原审原告)	要求被上诉人承担赔偿责任
19	阜新市细河区老熊海鲜活鱼商行(原审原告)	(1)撤销(2020)辽0911行初43号行政判决; (2)本案全部诉讼费由被上诉人负担
20	宁某某(原审原告)	(1)撤销原审判决; (2)依法改判或将发回重审; (3)判令被上诉人支付拍卖毛牛和羊导致的损失202100元

〔19〕 如前所述,本案相应类案共有1件,本栏分析统计时计数为2。

续表

序号	上诉人及原审诉讼地位	上诉请求
21	冯某某(原审原告)	(1)撤销西安铁路运输法院(2020)陕7102行赔初8号行政赔偿判决; (2)依法改判被上诉人王寺街道办事处赔偿因违法强拆给上诉人造成的以下损失:房屋损失550800元、房屋附属物损失1482120元、物品损失费用9500元、被强拆房屋内的装修费用8400元、搬迁临时安置费200000元,共计2250820元
22	李某(原审原告)	请求二审法院依法撤销原审判决并改判支持上诉人的全部诉讼请求,本案诉讼费由被上诉人承担
23	孙某(原审原告)	撤销一审判决,改判支持上诉人的一审诉讼请求
24	贵阳市乌当区道路运输管理局(原审被告)	(1)依法撤销贵阳市云岩区法院作出的(2020)黔0103行初114号行政判决,并改判驳回被上诉人王某某的诉讼请求; (2)诉讼费用由被上诉人承担
25	王某某(原审原告)	(1)撤销湖北省武汉市青山区人民法院(2020)鄂0107行初75号行政判决; (2)确认青山行政审批局于2020年10月12日作出的不予受理王某某出资设立的湖北楚储宸信石油化工有限公司申请危险化学品经营许可证(票面经营)的行政行为违法; (3)本案一审、二审案件受理费由青山行政审批局承担
26	梅州市生态环境局丰顺分局(原审被告)、丰顺县科工商务局(原审被告)、丰顺县发展和改革局(原审被告)	市生态局丰顺分局:(1)撤销广东省兴宁市人民法院(2020)粤1481行初215号行政判决;(2)裁定发回广东省兴宁市人民法院重新审理本案,或直接改判驳回被上诉人的全部诉讼请求;(3)本案一审、二审诉讼费用由被上诉人承担。 县科工局、县发改局:(1)撤销兴宁市人民法院作出的(2020)粤1481行初215号行政判决,依法改判驳回被上诉人的所有诉讼请求;(2)由被上诉人承担本案一审、二审诉讼费用
27	田林县人民政府(原审被告)	撤销一审判决,依法改判驳回一审原告的诉讼请求,或者撤销原判决,发回重审
28	广州市生态环境局(原审被告)	撤销原审判决,驳回被上诉人的全部诉讼请求;一审、二审诉讼费用由被上诉人承担

续表

序号	上诉人及原审诉讼地位	上诉请求
29	屈某某(原审原告)	(1)撤销惠州市惠城区人民法院(2020)粤 1302 行初 112 号行政判决; (2)撤销柏塘镇政府 2019 年 8 月 2 日向上诉人作出的清拆通知; (3)二审诉讼费由柏塘镇政府承担
30	李某(原审原告)、山东黄河三角洲国家级自然保护区管理委员会(原审被告)、东营市垦利区人民政府(原审被告)	李某:(1)依法撤销原审法院判决第 1 项;(2)改判黄三角管委会及垦利区政府于本判决生效之日起 10 日内共同赔偿李某海参损失费 1145.8 万元及利息损失。 管委会、垦利区政府:(1)依法撤销原审法院判决,发回重审或依法改判驳回养殖户的全部诉讼请求;(2)一审、二审案件受理费由养殖户承担
31	连云港市海州区板浦镇人民政府(原审被告)、高某某(原审第三人)、赵某某(原审第三人)	板浦镇政府:撤销原审判决,依法改判驳回方某某的原审诉讼请求或发回重审,二审诉讼费用由方某某承担; 高某某、赵某某:撤销原审判决,依法改判驳回方某某的原审诉讼请求或发回重审,二审诉讼费用由方某某承担
32	融水县德煜生态农业开发有限公司(原审原告)	(1)撤销一审判决第 2 项; (2)判决被上诉人融水县执法局赔偿原告损失 5815140 元; (3)依法将涉嫌渎职侵权犯罪的被上诉人的相关责任人移送检察院等侦查部门立案查处
33	连云港金诺新材料有限公司(原审原告)〔20〕	(1)撤销江苏省灌南县人民法院(2020)苏 0724 行初 18 号行政判决; (2)撤销连赣环罚字〔2020〕1 号行政处罚决定
34	李某某(原审原告)	撤销河南省中牟县人民法院(2021)豫 0122 行赔初 1 号行政赔偿判决,将本案发回重审或依法改判为支持上诉人的一审诉请
35	卢某(原审原告)〔21〕	(1)撤销贵州省织金县人民法院(2020)黔 0524 行初 24 号行政判决; (2)撤销纳雍县房屋征收补偿服务中心作出的《关于解除〈纳雍县城市棚户区改造房屋征收补偿安置协议(974 号)和(975 号)〉和行政处理决定》(纳房征发〔2020〕13 号)

〔20〕 如前所述,本案相应类案共有 1 件,本栏分析统计时计数为 2。
〔21〕 如前所述,本案相应类案共有 1 件,本栏分析统计时计数为 2。

续表

序号	上诉人及原审诉讼地位	上诉请求
36	东港市广泰铸造有限公司(原审原告)	(1)撤销一审判决第2项,改判支持上诉人的一审诉求,赔偿上诉人直接损失6594440元; (2)撤销一审法院判决第3项,改判支持上诉人一审期间的各项合法请求
37	朱某某(原审原告)〔22〕	(1)维持原审判决的第1项判决内容; (2)撤销原审判决的第2项判决内容,并按照上诉人的一审赔偿请求进行改判或发回重审
38	梁某某(原审原告)〔23〕	(1)撤销安顺市中级人民法院(2020)黔04行赔初24号行政赔偿判决; (2)责令紫云苗族布依族自治县政府承担行政侵权责任
39	深圳市华泰动物药业有限公司(原审原告)	撤销原审判决和被诉行政决定,判令国家知识产权局重新作出行政决定
40	杨某某(原审原告)、都匀市人民政府(原审被告)	杨某某:撤销一审行政赔偿判决,将本案发回重审或查清事实后改判。 都匀市政府:撤销一审判决,发回重审或依法改判
41	王某某(原审原告)〔24〕	撤销原审判决,改判确认凤阳县文化和旅游局强占上诉人6.16亩葡萄园的行政行为违法
42	东港市水利局(原审被告)〔25〕	(1)撤销(2020)辽0681行初58号行政判决,并依法驳回被上诉人的诉讼请求,或将本案发回重审; (2)一审、二审诉讼费用由被上诉人承担
43	陈某某(原审原告)	(1)撤销淮滨县城市管理局作出的淮城责拆决字〔2019〕第H-0059号责令限期拆除违法建筑决定书; (2)撤销淮滨县人民政府淮政复决字〔2020〕2号行政复议决定书
44	沂源源丰兄弟商贸有限公司(原审原告)	撤销原审判决及被诉决定,改判支持上诉人的一审诉讼请求

〔22〕 如前所述,本案相应类案共有7件,本栏分析统计时计数为8。

〔23〕 如前所述,本案相应类案共有1件,本栏分析统计时计数为2。

〔24〕 如前所述,本案相应类案共有1件,本栏分析统计时计数为2。

〔25〕 如前所述,本案相应类案共有1件,本栏分析统计时计数为2。

续表

序号	上诉人及原审诉讼地位	上诉请求
45	浙江源口生态农业有限公司、浙江紧水滩生态农业旅游开发有限公司(原审原告)	撤销(2019)浙 1102 行赔初 2 号行政赔偿判决,改判支持上诉人的诉讼请求
46	湖南瑞丰园林建设有限公司湘潭分公司(原审原告)、湘潭经济技术开发区管理委员会(原告被告)	湖南瑞丰园林建设有限公司湘潭分公司:撤销原判,改判支持上诉人的一审诉讼请求,一审、二审诉讼费用由湘潭经济技术开发区管理委员会承担。 湘潭经济技术开发区管理委员会:撤销原审判决
47	科・汉森有限公司(原审原告)	撤销原审判决和被诉行政决定,责令国家知识产权局重新作出行政决定
48	刘某某(原审原告)、五河县双忠庙镇人民政府(原审被告)	刘某某:撤销一审判决,并依法改判。 双忠庙镇政府:撤销一审判决,并依法改判
49	翟某某(原审原告)、巩义市康店镇人民政府(原审被告)	翟某某:撤销一审判决,并依法改判。 巩义市康店镇人民政府:撤销一审判决,并依法改判
50	宋某某(原告原审)	(1)撤销福州市晋安区人民法院(2018)闽 0111 行赔初 2 号行政判决第 1 项,第 2 项之要求上诉人承担评估费用 4400 元; (2)改判被上诉人按照鑫八闽价鉴〔2019〕632 号评估价格赔偿上诉人的房屋损失及承担全部评估费用
51	伊拉兹马斯大学鹿特丹医学中心、罗某(原审原告)	撤销原审判决和第 121386 号复审请求审查决定,责令国家知识产权局针对申请号为 200980151815.7、名称为“表达人源化抗体的非人转基因动物及其用途”的复审请求重新作出审查决定
52	朝阳县汇龙湾九老书画苑有限公司(原审原告)	(1)纠正原审判决关于案涉建筑属于违法建筑的事实认定结论; (2)撤销原审判决第 2 项,改判被上诉人赔偿因违法行为给上诉人造成的经济损失
53	李某某(原审原告)	撤销原判,依法改判或发回重审

续表

序号	上诉人及原审诉讼地位	上诉请求
54	韩某某(原审原告)	(1)判决撤销原审判决; (2)判决撤销大连市人民政府行政复议决定书(大政行复字〔2019〕76号); (3)判决撤销大连市文化和旅游局非政府信息范围告知书(〔2019〕第9384号)
55	芜湖市昌隆建材有限公司(原审原告)	撤销一审判决,改判支持其一审诉讼请求
56	中华人民共和国住房和城乡建设部(原审被告)	撤销一审判决,改判驳回江苏中建公司的全部诉讼请求
57	高某1、高某2、高某3(原审原告)	(1)撤销兴宁市人民法院作出的(2020)粤1481行初153号行政判决; (2)撤销兴宁市人民政府作出的兴宁府行复〔2020〕8号行政复议决定书及合水镇政府作出的合镇调决字〔2020〕1号土地权属争议调查处理决定书
58	舞钢市人民政府(原审被告)	撤销一审判决,改判驳回被上诉人李某某的诉讼请求
59	乳源瑶族自治县富邦华景房地产开发有限公司(原审原告)	撤销一审判决,改判支持富邦华景有限公司的诉讼请求
60	宋某1、宋某2(原审原告)	(1)依法撤销郑州市中原区人民法院(2020)豫0102行初49号行政判决; (2)改判被上诉人作出的中原综执限拆字〔2019〕第16001号《限期拆除决定书》实体和程序均违法,并判决予以撤销; (3)纠正一审判决中法院认为部分有关案涉房屋为违法建筑的越权和错误认定

3. 纠纷起源聚焦于环保拆迁发生

参见表3-3中对环境行政二审改判案件的宏观梳理,研判环境行政诉讼这一系列二审改判案件的纠纷起源,将其凝练总结可类型化为环保拆迁、排污处罚与行政监管三大类。其中,以环境污染整治引起强制拆迁,进而引发对违法拆迁行为的行政赔偿争议是主要纠纷,有55件,占总体比例为68.75%;常规环境巡查中发生排污处罚纠纷,有9件,占总体比例为11.25%;15件案件为行政审批、行政许可等行政监管类纠纷,占总体比例为18.75%;1件为生态破坏引起的争

议纠纷,仅占总体的 1.25% 。(见图 3 - 25)

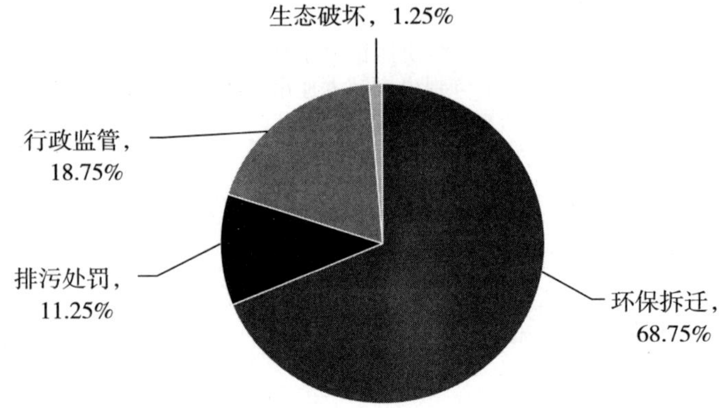

图 3 - 25　2021 年环境行政诉讼中二审改判案件的纠纷起源分布

4. 争议焦点围绕在赔偿认定展开

细化总结二审改判案件的争议焦点,整理如下(见表 3 - 5)。其中涉及是否应予赔偿、具体赔偿范围如何界定、赔偿金额如何计算等有关赔偿认定争议的案件共计 39 件,占总体比例为 48.75% 。

表 3 - 5　环境行政二审改判案件的争议焦点

序号	争议焦点
1	上诉人徐某某提出的涉案赔偿请求是否应当予以支持,主要包含: (1)对生猪进行返还; (2)赔偿房屋损失; (3)赔偿沼气池、监控等设施设备损失; (4)赔偿停产停业损失〔26〕
2	(1)被上诉人财物现场损害情况及被上诉人是否存在抢种、抢建行为; (2)是否应当赔偿上诉人果树、鱼塘估算一年的年产值部分
3	刘某某申请毕节市政府履行补偿安置职责的理由是否成立
4	强拆房屋行为能否代替、包含或吸收案涉强制清除承包地上青苗等附着物、推平土地的行为
5	新冠疫情是否为扬尘污染未及时处理的违法阻却事由

〔26〕 如前所述,本案相应类案共有 7 件,本栏分析统计时计数为 8。

续表

序号	争议焦点
6	1. 行政处罚的程序是否合法； 2. 针对未建成配套的污染防治设施即投入使用的行为和利用渗坑排放水污染物行为的处罚是否属于重复处罚
7	1. 强制拆除网箱行为的是否合法； 2. 对宋某某的损失是否应当给予赔偿
8	被诉行政处罚决定是否合法
9	1. 确认涉案财产的所有权人和其合法性； 2. 上诉人的强拆行为是否合法； 3. 上诉人是否应当承担行政赔偿责任及赔偿数额的确定
10	1. 旅顺口区政府对董某某经营的水产养殖项目实施强制查封和断电的行为是否符合法律规定； 2. 旅顺口区政府应否赔偿董某某海参苗损失
11	1. 宣恩县市场监督管理局是否具有餐饮服务量化分级评定的法定职责； 2. 本案是否满足行政公益诉讼的起诉条件； 3. 原审判决结果是否得当等
12	永宁县胜利乡人民政府、永宁县自然资源局强制拆除原告王某1房屋的行政行为是否违法，是否应当对王某1予以赔偿〔27〕
13	西安市生态环境局作出的涉案被诉行政处罚决定认定事实是否清楚，证据是否充分，程序是否合法，适用法律是否正确
14	原通州环保局作出的211号处罚决定认定事实是否清楚，适用法律是否正确，程序是否合法
15	政府的关闭行为是否违法
16	上诉人胜利乡政府是否应对被上诉人菲思力公司的赔偿申请作出处理
17	1. 上诉人对被上诉人的养殖场进行拆除是否违法； 2. 被上诉人是否应当获得国家赔偿
18	1. 涉案取水设施被强制拆除是否属于可诉的行政行为； 2. 若属于行政行为，该行政行为的主体如何确定，该行为是否应被确认违法
19	被上诉人的行政处罚行为是否合法
20	赔偿范围及标准如何确定

〔27〕 如前所述，本案相应类案共有1件，本栏这分析统计时计数为2。

续表

序号	争议焦点
21	行政机关的拆除行为是否合法
22	确认行政违法后国家赔偿的计算
23	被诉变更登记行为及被诉行政复议决定是否合法
24	被上诉人王某某的行为属于私人小客车合乘服务还是网约车经营服务
25	青山审批局对于案涉经营许可申请作出的不予受理通知书是否合法
26	上诉人于 2020 年 7 月 2 日向被上诉人作出的涉案停产通知是否应当撤销
27	1. 万成生态公司的第 1 项诉讼请求是否属于行政诉讼的受案范围; 2. 万成生态公司的起诉是否超过法定的起诉期限; 3. 万成生态公司请求田林县人民政府支付征地补偿款 4535090. 11 元是否有事实和法律依据
28	1. 本案环保行政处罚是否以造成环境污染后果为前提条件; 2. 被上诉人的环保违法行为长期未被追究法律责任,能否免除其法律责任; 3. 被上诉人承租地块被纳入旧村更新改造范围,上诉人能否对其违法行为进行查处
29	柏塘镇政府作为清拆通知这一具体行政行为的主体是否合法
30	1. 关于垦利区政府的被告主体资格问题; 2. 关于海参损失是否应予赔偿问题; 3. 关于海参损失赔偿标准问题; 4. 关于涉案评估报告是否应予采信问题; 5. 关于高温天气对本案损失数额影响及利息问题; 6. 关于原审法院审理程序问题
31	政府对行政相对人的拆除行为是否违法
32	1. 融水县执法局是否具备本案行政执法主体资格; 2. 融水县执法局的执法程序是否合法; 3. 融水县执法局的强制拆除行为与融水县德煜公司的财产损失是否有因果关系
33	连云港市环境局作出连赣环罚字〔2020〕1 号行政处罚决定书的程序是否合法〔28〕
34	1. 涉案被拆除房屋是否属于违法建筑; 2. 一审法院未准许上诉人对调查统计表上“李某某”的签名进行笔迹鉴定是否构成程序违法; 3. 一审判赔金额是否适当

〔28〕 如前所述,本案相应类案共有 1 件,本栏分析统计时计数为 2。

续表

序号	争议焦点
35	被上诉人作出的《关于解除〈纳雍县城市棚户区改造房屋征收补偿安置协议(974号)和(975号)〉和行政处理决定》是否合法〔29〕
36	上诉人提出应当给予其6594440元赔偿有无事实及法律依据
37	1. 案涉强拆行为是否合法; 2. 涉案建筑是否为违法建筑〔30〕
38	1. 一审判决确定的赔偿范围与赔偿标准是否正确; 2. 本案的赔偿金是否应当支付利息〔31〕
39	诉争商标与引证商标是否构成使用在同一种或类似商品上的近似商标
40	行政赔偿范围及其项下的赔偿数额如何确定
41	凤阳县文化和旅游局占用王某某6.16亩承包土地的行为是否合法〔32〕
42	被诉处罚决定是否合法〔33〕
43	被上诉人作出的淮城责拆决字(2019)第H-0059号责令限期拆除违法建筑决定书及淮滨县人民政府作出的淮政复决字(2020)2号行政复议决定书是否合法
44	诉争商标与引证商标是否构成使用在同一种或类似商品上的近似商标
45	1. 源口公司是否为适格原告; 2. 龙泉市水利局作出的龙水罚决字〔2018〕第3号行政处罚决定是否合法; 3. 赔偿事项和赔偿数额
46	1. 上诉人湖南瑞丰园林建设有限公司湘潭分公司的起诉是否超过起诉期限; 2. 上诉人湖南瑞丰园林建设有限公司湘潭分公司作为诉讼主体是否适格; 3. 上诉人湘潭经济技术开发区管理委员会强制拆除涉案房屋和强制清除涉案景观花卉苗木的行为是否合法,是否应当承担赔偿责任; 4. 对涉案房产及景观花卉苗木的赔偿金总额的认定; 5. 赔偿金是否应当计算利息; 6. 对湘潭经济技术开发区管理委员会已付款项如何定性,是否应从本案所涉赔偿金中扣除
47	诉争商标的申请注册是否违反了《商标法》第30条的规定

〔29〕 如前所述,本案相应类案共有1件,本栏分析统计时计数为2。
〔30〕 如前所述,本案相应类案共有7件,本栏分析统计时计数为8。
〔31〕 如前所述,本案相应类案共有1件,本栏分析统计时计数为2。
〔32〕 如前所述,本案相应类案共有1件,本栏分析统计时计数为2。
〔33〕 如前所述,本案相应类案共有1件,本栏分析统计时计数为2。

续表

序号	争议焦点
48	双忠庙镇政府因强拆围网、设施给刘某某造成的损失是否应予赔偿及赔偿的具体数额
49	行政赔偿数额如何确定
50	房屋赔偿的面积及标准问题
51	申请号为 200980151815.7、名称为“表达人源化抗体的非人转基因动物及其用途”的发明专利申请是否具备《专利法》第 22 条第 3 款规定的创造性
52	案涉被拆除建筑是否属于违法建筑
53	被上诉人珲春市自然资源局和珲春市政府拆除案涉李某某仓房的行为是否合法
54	1. 上诉人韩某某申请公开的事项是否属于可公开的范畴; 2. 被上诉人大连市文化和旅游局作出的涉案非政府信息范围告知书是否合法
55	1. 被告是否因国有土地规划调整而负有相应的补偿职责; 2. 原告的起诉是否超过起诉期限; 3. 补偿的范围和数额
56	1. 住建部是否具有作出本案被诉处罚决定的行政职权; 2. 被诉处罚决定认定的事实是否清楚; 3. 被诉处罚决定适用的法律是否正确; 4. 被诉处罚决定的程序是否合法
57	被上诉人合水镇政府作出的合镇调决字〔2020〕1 号土地权属争议调查处理决定书及被上诉人兴宁市政府作出的兴宁府行复〔2020〕8 号行政复议决定书是否应当撤销
58	被诉征收补偿决定否合法、合理
59	1. 两份图纸的对比结果是否一致; 2. 单方违约或是双方违约的事实是否清楚,双方签署土地交付资料是否属于法律意义上的交付,法律关系是否明确
60	1. 案涉被拆除建筑是否属于违法建筑; 2. 案涉限拆决定书是否存在实体违法

5. 改判审查着眼于事实查明方面

深入研读二审改判的裁判文书,可知并非所有文书都对上诉人和被上诉人的权益进行了实质的保障。比如徐某1、兰溪市游埠镇人民政府错误执行赔偿案[34]中,法院二审改判的理由在于对于上诉人提出的一审法院未予支持的其他赔偿请求,原审法院未予驳回。从实质的权利义务关系来看,二审法院未对一审审判结果予以真实改判。笔者以此为依据,梳理80个二审改判文书的具体内容予以类型化,呈现如下(见表3-6)。

表3-6 环境行政二审改判案件的改判类型

<table>
<tr><th>序号</th><th>案号</th><th colspan="2">改判类型</th></tr>
<tr><td>1</td><td>(2020)浙07行赔终42号</td><td colspan="2" rowspan="13">形式改判</td></tr>
<tr><td>2</td><td>(2020)浙07行赔终41号</td></tr>
<tr><td>3</td><td>(2020)浙07行赔终39号</td></tr>
<tr><td>4</td><td>(2020)浙07行赔终40号</td></tr>
<tr><td>5</td><td>(2020)浙07行赔终45号</td></tr>
<tr><td>6</td><td>(2020)浙07行赔终44号</td></tr>
<tr><td>7</td><td>(2021)宁01行终79号</td></tr>
<tr><td>8</td><td>(2021)宁01行赔终6号</td></tr>
<tr><td>9</td><td>(2021)宁01行终83号</td></tr>
<tr><td>10</td><td>(2021)辽06行终27号</td></tr>
<tr><td>11</td><td>(2021)辽13行终31号</td></tr>
<tr><td>12</td><td>(2021)京行终1904号</td></tr>
<tr><td>13</td><td>(2021)豫01行终27号</td></tr>
<tr><td>14</td><td>(2020)川行终550号</td><td rowspan="7">实质改判</td><td rowspan="7">事实认定错误</td></tr>
<tr><td>15</td><td>(2020)苏01行终406号</td></tr>
<tr><td>16</td><td>(2021)豫行终495号</td></tr>
<tr><td>17</td><td>(2021)赣08行赔终2号</td></tr>
<tr><td>18</td><td>(2021)辽09行终60号</td></tr>
<tr><td>19</td><td>(2021)鲁行终138号</td></tr>
<tr><td>20</td><td>(2021)苏07行终21号</td></tr>
</table>

[34] 浙江省金华市中级人民法院行政赔偿判决书,(2020)浙07行赔终42号。

续表

序号	案号	改判类型	
21	(2021)辽06行终80号	实质改判	事实认定错误
22	(2021)豫09行终52号		
23	(2021)黔行赔终53号		
24	(2021)豫09行终50号		
25	(2020)黔行赔终318号		
26	(2021)豫15行终35号		
27	(2021)豫09行终53号		
28	(2020)浙11行赔终7号		
29	(2020)湘03行终147号		
30	(2021)皖03行赔终1号		
31	(2021)豫09行终48号		
32	(2021)豫09行终51号		
33	(2021)吉24行终44号		
34	(2021)黔行赔终57号		
35	(2021)辽06行终29号		
36	(2021)粤14行终73号		
37	(2021)豫行终290号		
38	(2021)粤02行终31号		
39	(2021)皖11行终23号		
40	(2021)豫09行终47号		
41	(2021)豫09行终49号		
42	(2021)豫09行终44号		
43	(2020)黔行终1249号		法律适用错误
44	(2021)豫17行终74号		
45	(2021)鄂28行终8号		
46	(2020)湘行终1635号		
47	(2021)皖15行终18号		

续表

序号	案号	改判类型	
48	（2021）鄂 11 行终 1 号	实质改判	法律适用错误
49	（2021）津 01 行终 104 号		
50	（2021）黔 01 行终 48 号		
51	（2021）鄂 01 行终 153 号		
52	（2021）粤 14 行终 69 号		
53	（2020）桂行终 1773 号		
54	（2021）粤 71 行终 326 号		
55	（2021）粤 13 行终 67 号		
56	（2020）桂 02 行终 29 号		
57	（2021）黔 05 行终 113 号		
58	（2021）皖 11 行终 24 号		
59	（2021）豫 71 行赔终 19 号		
60	（2020）最高法知行终 6 号		
61	（2021）辽 02 行终 203 号		
62	（2021）辽 03 行终 36 号		行政行为程序不规范
63	（2020）辽行终 952 号		
64	（2020）苏 01 行终 58 号		
65	（2021）苏 01 行终 105 号		
66	（2021）苏 01 行终 108 号		
67	（2021）黔 05 行终 114 号		
68	（2021）粤 71 行赔终 3 号		其他
69	（2021）桂 11 行终 16 号		
70	（2020）浙 07 行赔终 43 号		
71	（2021）陕 71 行终 25 号		
72	（2021）陕 71 行赔终 19 号		
73	（2020）粤 71 行赔终 59 号		
74	（2020）浙 07 行赔终 35 号		

续表

序号	案号	改判类型	
75	(2021)豫01行赔终18号	实质改判	其他
76	(2020)京行终7777号		
77	(2021)京行终2135号		
78	(2021)京行终347号		
79	(2021)闽01行赔终41号		
80	(2021)皖行终216号		

二审改判的裁判文书中,形式层面改判的案件有13件,占总体比例为16.25%;实质层面改判的案件有67件,占总体比例为83.75%。(见图3-26)而在实质改判的案件中,又可将改判理由类型化为事实认定错误、法律适用错误、行政行为程序不规范及其他,分别各有19件、29件、6件、13件,占比各为23.75%、36.25%、7.50%、16.25%。其中法律适用错误与事实认定错误多由对纷繁复杂的行政规章等规定理解的冲突及案情的复杂性引起,我国应继续加强环境司法专门化机构的建设与专业化能力的提升。而其中显现的行政机关在执法中重结果而忽视程序规范的现象也需要引起重视,如南通祥通建材有限公司诉南通市生态环境局行政处罚案[35]中,行政机关在听证程序之前就已商定了行政处罚,将听证的公众参与价值视若无物,容易影响行政行为的公信力。同时,若无程序正义的基石,即使是合理恰当的处罚结果,原告也会提起行政诉讼,而后司法机关以程序违法判决撤销原决定,并要求行政机关重新作出行政决定,故此将会造成行政决定的反复性,这既是对司法资源的浪费,也会影响环境保护工作的有序开展。

〔35〕 江苏省南京市中级人民法院行政判决书,(2020)苏01行终58号。

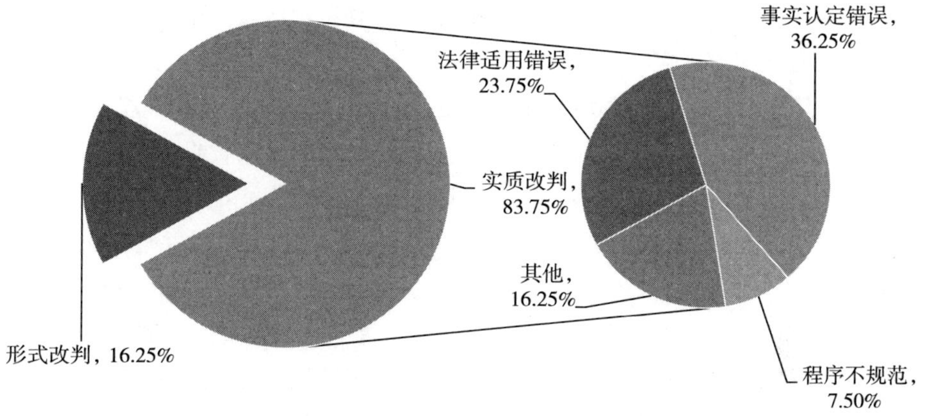

图 3-26　2021 年环境行政诉讼中二审改判案件的类型及改判原因

（二）环境行政诉讼中二审改判案件的问题折射

对于环境保护而言，多元治理的模式因为吸纳多方力量更有利于环境治理目的的实现。目前来看，我们仍无法否认政府在环境治理实践中的核心地位，但政府在环境治理中的权力需要规范和限制。行政诉讼是规范行政权力行使的最终途径，对环境行政诉讼进行审查使政府在环境行政中更加注重依法行政，从而更好地实现环境治理的目标。

尽管环境保护的管理力度空前加大，管理规范也逐步健全，但在过程中也不可避免地存在冲突，部分冲突会转化为行政诉讼；在行政诉讼的过程中，政府行使权力被公开审视，因此环境行政诉讼案件不失为观察环境治理中权力运行的重要视角。[36] 但由于环境案件的复杂性，其在事实认定和法律适用方面往往存在争议，部分案件会进入二审程序。

我国《行政诉讼法》第 85 条明确当事人具有上诉的权利，上诉的首要目的是纠正下级法院错误的判决，重新审查案件事实和法律适用情况。改判，是指二审法院根据法律程序，以判决的方式撤销一审判决的部分或全部内容，是对一审法院判决的更改，某种程度上或者相当于对下级法院的监督。我国《行政诉讼法》第 89 条明确规定了二审人民法院对上诉案件的几种处理方式，“原判决、裁定认定事实错误或者适用法律、法规错误的”及“原判决认定基本事实不清、证据不足的”，二审法院可以改判。本研究报告在整理和分析后，发现环境行政诉

---

〔36〕 刘长兴：《环境行政案件司法审查的多维审视——以典型案例为对象》，载《南京工业大学学报（社会科学版）》2020 年第 3 期。

讼二审改判案件存在民生问题协调性相对不足、规范程序意识稍显薄弱、行政管理边界略有模糊等不完善之处。

1. 污染整治中民生问题协调相对不足。《环境保护法》第 25 条规定了人民政府环境保护主管部门可以对造成污染物的设施、设备予以查封、扣押。同时为了打击环境保护违法行为,原环境保护部(现生态环境部)又出台了《环境保护主管部门实施查封、扣押办法》,对查封扣押的行为予以具体化,并且提出了"以日连续罚款""限制生产""行政拘留"等新的处罚形式。这些措施自该部门规章出台以后,被各地广泛采用,由于其措施严厉,并且多以"命令控制"的形式运用,具有较强的威慑力,初期达到了较好的效果,但长远来看,这些措施对污染问题改善的作用有限。同时这些措施在运行过程中也出现了较多问题:一是在运用过程中表现出较强的功利性,过于关注环境污染,而对其他民生问题缺乏重视;二是由于手段较为刚硬,容易引发群众和企业的不满,从而影响到政府的权威。[37] 实践中,政府环境保护主管部门对查封扣押的手段过于依赖,违反了比例原则,对污染物查封扣押的措施已然超越了环境保护的目的本身。以徐某某、兰溪市游埠镇人民政府错误执行赔偿案件[38]为例,该案系行政相对人因不服一审判决的行政赔偿相关事由而提起上诉的行政案件。在一审判决中,原审法院判处被告兰溪市游埠镇人民政府赔偿原告徐某某养殖场强制拆除赔偿款 8 万余元,而对原告的其他诉讼请求如返还养殖场生猪、相关设备,赔偿房屋损失、停产停业损失未予以支持,原告不服一审判决提起上诉。从该案件中可以看出,人民政府环境保护主管部门针对环境污染行为采取行政强制与行政处罚的正当性毋庸置疑,但相关部门手段过于强硬,未给予行政相对人进行整改的缓冲空间,导致养殖场的停产停业使行政相对人遭受了巨大的损失。《环境保护法》赋予生态环境部门查封、扣押权,是为了提高执法机关环境行政执法的效率,同时促使排污者尽快停止违法行为,但过分依赖强制手段会使行政相对人的生产生活难以为继,不仅与环境保护相关法律的目的相悖,同时也会造成执法机关在执法过程中对公众权利保障的忽视,使行政相对人和环境行政执法机关之间产生矛盾和冲突,加剧社会民生问题。环境行政执法中"查封扣押"的行为是否正当规范?环境行政执法效率与公平是否统一?行政相对人的经济利益和社会公共环

〔37〕 高利红、徐玺:《比例原则视角下环境行政执法规范化研究——以环境保护查封、扣押为切入点》,载《东南学术》2021 年第 3 期。

〔38〕 浙江省金华市中级人民法院行政赔偿判决书,(2020)浙 07 行赔终 42 号。

境利益是否得到协调？这些问题，有待进一步论证和研究。

2. 行政执法中程序规范意识稍显薄弱。《环境保护法》赋予了行政主体较大的环境管理权限，使人民政府环境保护主管部门在环境治理的过程中处于核心地位，但与此同时，对行政权力的规制也显得越发重要。由于目前行政主体在环境治理中的作用不可替代，并且以实体法形式控制行政权的难度加大，因此应更加注重对行政权的程序性审查。行政程序是行政机关作出行政行为时所应当遵循的一个连续过程，其中包含步骤、方式、时空等要素。法律规定作出行政行为的顺序、步骤，不仅是为了提高行政管理和行政执法的效率，更重要的是对行政权力运行的规范和约束。〔39〕但从环境行政二审改判的案件来看，目前行政执法中行政程序的规范意识略显薄弱。首先是听证程序不当，《行政处罚法》第44条明确规定了行政机关在作出行政处罚决定前，应当告知当事人具有陈述、申辩、要求听证等权利。听证程序从本质上讲，保障的是行政相对人的受告知权，其包括告知当事人拟作出的行政处罚内容及事实、理由、依据，告知当事人依法享有的陈述、申辩、要求听证等权利。但在具体的实践中，行政相对人的受告知权多数未得到保障。以东台市东吴生猪养殖场与盐城市东台生态环境局行政处罚案件〔40〕为例，该案系行政相对人因不服一审判决的行政处罚而提起上诉的行政案件。该案原告东台市东吴生猪养殖场认为被告盐城市东台生态环境局的行政处罚程序不合法，一审法院驳回原告的诉讼请求；而二审法院查明认为被告在原告听证之前就已经决定了行政处罚结果，违反了听证程序，此行政处罚决定应当撤销。除了听证程序不当，部分案件还存在超越职权的程序违法行为，以王某1与永宁县胜利乡人民政府、永宁县自然资源局行政强制案件（表3－3案例18）为例，被上诉人永宁县自然资源局对上诉人的涉案房屋进行了拆除，但《土地管理法》并未规定上诉人永宁县自然资源局此类行政机关具有实施强制拆除的权力，此行为属于超越职权，属于程序违法。从上述案件来看，行政机关具有很强的单方性，对于执法程序的规范意识相对薄弱，后期对此问题应该给予较多的关注。

3. 司法审判中行政管理边界略有模糊。行政权和司法权在国家权力结构中存在本质区别，行政权属于管理权，行使目的是实现社会管理；而司法权属于判断权，其权力落脚点在于社会的公平正义。一般来说，行政权和司法权趋向于实

---

〔39〕 于立深：《违反行政程序司法审查中的争点问题》，载《中国法学》2010年第5期。

〔40〕 江苏省南京市中级人民法院行政判决书，(2020)苏01行终406号。

现适当的动态平衡,[41]应满足两个条件:一是行政权优先,司法权是对行政权的补充;二是司法权和行政权互相尊重,各守所长。[42] 但由于环境问题的复杂性,在环境行政诉讼的具体实践中,两者常常动态失衡,使行政管理的边界略有模糊。以王某 1 与永宁县胜利乡人民政府、永宁县自然资源局行政强制案件[43]为例,二审法院判决确认被告永宁县胜利乡人民政府、永宁县自然资源局强制拆除原告王某 1 房屋的行政行为违法,同时要求行政主体在规定时间内作出赔偿处理;在陕西明德集中供热有限公司与西安市生态环境局罚款案件[44]中,二审法院判决撤销一审行政判决,同时变更原行政处罚决定书中的罚款金额;在融水县德煜生态农业开发有限公司、融水苗族自治县城市管理行政执法局城乡建设行政管理案件[45]中,二审法院确认行政行为违法,撤销了一审行政判决的部分内容,同时直接判决确认了赔偿金额。从上述三个案件可以看出,在环境行政案件中司法机关针对赔偿金额问题的做法各异,这体现出司法权在不同案件中对行政权的干涉程度不同,司法权和行政权的界限不够明晰。部分学者认为:司法权应充分尊重行政权,对于用行政手段可以解决的问题,司法权应避免介入[46];也有部分学者认为应当发挥"能动司法"的作用,要求司法权从被动转为主动,强调司法权的能动实践[47];同时还有部分学者认为行政权与司法权的冲突处理规则是"先管优先"原则,即哪一个权力先管辖了需要处理的法律关系并发生效力,则哪一个权力优先。[48] 行政权和司法权关系复杂的背后是司法权干涉行政权的限度问题,这一问题值得继续探讨,从而明确行政管理的边界。

四、实证总结:环境行政诉讼的进展与建议

本报告以最高人民法院案例数据库所提供的 2021 年环境行政诉讼的案件数据为样本,从案件的地域分布、适用程序、类型分布、法院级别、裁判文书类型、原被告主体的类型、上诉人与被上诉人主体的类型、环境行政诉讼的争议类型、

---

〔41〕 王明远:《论我国环境公益诉讼的发展方向:基于行政权与司法权关系理论的分析》,载《中国法学》2016 年第 1 期。

〔42〕 张辉:《环境行政权与司法权的协调与衔接——基于责任承担方式的视角》,载《法学论坛》2019 年第 4 期。

〔43〕 宁夏回族自治区银川市中级人民法院行政判决书,(2021)宁 01 行终 79 号。

〔44〕 西安铁路运输中级法院行政判决书,(2021)陕 71 行终 25 号。

〔45〕 广西壮族自治区柳州市中级人民法院行政判决书,(2020)桂 02 行终 29 号。

〔46〕 王明远:《论我国环境公益诉讼的发展方向:基于行政权与司法权关系理论的分析》,载《中国法学》2016 年第 1 期。

〔47〕 公丕祥:《当代中国能动司法的意义分析》,载《江苏社会科学》2010 年第 5 期。

〔48〕 彭涛:《司法权与行政权的冲突处理规则》,载《法律科学(西北政法大学学报)》2016 年第 6 期。

专家辅助人参与案件情况、裁判结果这几个方面分别对其进行整体回溯和多维检视,以期从宏观和中观层面呈现2021年我国环境行政诉讼情况。在此基础上,本报告选取2021年全国环境行政诉讼二审案件中的改判案件作为该年度环境行政诉讼司法报告的研究重点,以环境行政诉讼二审改判案件的文书样本作为在环境行政诉讼微观功能检视部分详细梳理和深入剖析的支撑,揭示环境行政二审改判案件审理与判决中折射出的规则供给与实践运行问题,以求通过两种路径的结合以保证本研究报告的权威性和分析结果的全面性。

(一)环境行政诉讼的司法进展

1. 环境行政诉讼立足于较为完备的法律体系

现有的法律制度为环境行政诉讼的运行提供了丰富的规范资源。从规范样态来看,环境行政诉讼并不是孤立地适用某个法律制度,而是立足于较为完备的规则体系来解决相应的环境行政争议,通过对环境私益的救济使得环境公益的保障成为可能。具体言之:

(1)《行政诉讼法》的既有法律规则为环境行政诉讼提供了基础的法律体系,构成了环境行政诉讼运行的法律框架。近年来,行政诉讼立法建设针对“行政诉讼立案难、判决难和执行难”的问题进行了较有力的回应,在实践中取得了明显的进展。譬如在2014年11月1日,第十二届全国人民代表大会常务委员会第十一次会议审议通过了《关于修改〈中华人民共和国行政诉讼法〉的决定》,此《行政诉讼法》修改决定共61条,修改决定涉及扩大了受案范围、明确应当登记立案与起诉期限可以延长等,完善了管辖制度、畅通了诉讼渠道、加强了对行政行为的监督。2017年6月27日,第十二届全国人民代表大会常务委员会第二十八次会议通过了修改《行政诉讼法》的决定,增加了人民检察院提起行政公益诉讼的制度,加强对人民合法权益的保障。从2021年环境行政诉讼案件样本来看,《行政诉讼法》(以第89条第1款第1项、第74条第2款第1项、第69条为代表)、《行政强制法》(以第35条、第36条、第37条为代表)、《国家赔偿法》(以第2条、第3条、第9条、第15条为代表)等法律,以及最高人民法院《关于适用〈中华人民共和国行政诉讼法〉的解释》、最高人民法院《关于审理行政赔偿案件若干问题的规定》等司法解释在环境行政诉讼中发挥着基础性作用,辽宁省高级人民法院《关于跨区域集中管辖环境资源案件的规定(试行)》、《阜新市市场监督管理局行政处罚自由裁量指导标准》等地方性法规、规章以及一般规范性文件为环境行政诉讼提供了一定的依据。整体观察样本可知,《行政诉讼法》为环境行政诉讼提供制度框架的共性样态,为环境行政诉讼定分止争的权威性与可接受度提供了必要支撑。

(2)环境法律体系为环境行政诉讼提供了裁判依据,构成了环境行政诉讼对行政行为实体审查的基础。现代环境风险与生态损害的复杂性要求环境保护法律法规具有整体性。整体观察环境立法的进程,环境法律体系表现出独立性、系统化的发展走向,注重污染防治全面化和生态保护整体化,形成了环境法与其他部门法之间的"层次性重叠关系"〔49〕。由此环境行政诉讼在环境法、行政法与行政诉讼法之间交互影响的规则体系中,得以严格、有序地进行起诉、审判、执行等活动〔50〕,达到有效调整环境行政纠纷、修正行政违法与行政不作为行为、保障公民权利的目的。在环境立法内容上,如果规定企业环境义务的条款远多于规定政府环境义务的条款,则会相对淡化政府的环境义务和责任。〔51〕 而我国有关环境的法律法规较为重视环境行政权的怠用和滥用问题,对行政机关的环保职责往往会作出较为详细的规定,以此有助于环境行政诉讼发挥对环境行政权的审查作用,实现司法权在实体和程序上防止行政权滥用的审查目标〔52〕。这为环境行政诉讼进一步提供了裁判依据,强化了环境行政诉讼对行政行为实体审查的规范基础。从 2021 年环境行政诉讼案件样本来看,《环境保护法》《水污染防治法》《大气污染防治法》《固体废物污染环境防治法》《矿产资源法》《渔业法》《防洪法》《土地管理法》《环境影响评价法》等环境法律,以及《矿山地质环境保护规定》等行政法规、规章的总体适用频次处于高位,主要在环境行政行为违法性认定、相关法条适用正当性补强等方面发挥着作用,其与《行政诉讼法》的协同适用提升了环境行政诉讼判决的说服力。可以预期,未来的环境行政诉讼实践将深化对环境法律重点法条的规范理解并使其适用频次将进一步提高,进一步实现环境行政诉讼司法工作的规范化。

2. 环境行政诉讼统合于环境司法专门化进程

环境行政诉讼高度统合于环境司法专门化,使环境行政诉讼不仅可以有效审查环境行政权是否出现违法作为与不作为,更能够通过较为完备、协调的环境

---

〔49〕 郭武:《层次性重叠,抑或领域性交叉?——环境法与其他部门法关系省思》,载《社会科学》2019 年第 12 期。

〔50〕 王启梁、张丽:《理解环境司法的三重逻辑》,载《吉林大学社会科学学报》2020 年第 6 期。

〔51〕 颜运秋:《生态文明背景下环境司法的几个根本转变》,载《求索》2020 年第 2 期。

〔52〕 鄢德奎:《我国环境行政司法的功能与现状——基于环境保护行政案件二十大典型案例的文本分析》,载《大连理工大学学报(社会科学版)》2017 年第 3 期。

诉讼程序规则有效解决复杂的环境纠纷，以节约环境司法资源并提升环境纠纷解决效率〔53〕。环境司法专门化是在司法领域围绕生态文明建设，为实现有效的环境治理、解决环境问题、实质解决环境纠纷所进行的专门化设计与适应性改革〔54〕。环境司法专门化并非要把环境行政诉讼从传统行政司法模式中割裂出来，而是根据生态环境纠纷的特殊性与环境行政纠纷数量持续攀升的客观情况而采取的因应制度措施。其中，作为有形载体的环境审判机构和作为无形载体的环境审判机制〔55〕是环境行政诉讼统合于环境司法专门化的枢纽所在，具体支撑着环境行政诉讼的运行进程与未来发展。由于环境利益的公共性及跨域生态环境破坏的复杂性，在环境司法专门化进程中环境行政诉讼的重点在于以环境公共利益的保护为最终目标、以保障环保部门依法行政为直接目标，通过能动发挥行政诉讼审判机制与执行措施的作用来弥合环境司法与现实情境之间的鸿沟，达到有效控制环境行政权、调解环境行政争议、保护公民合法权益的基本目标，这也正是环境司法专门化推进的目标之一。根据2021年环境行政诉讼案件的司法数据，环境行政诉讼案件总计1204件，涉及的行政行为类型包括行政补偿、行政撤销、行政处罚、行政复议、行政给付、行政监督、行政赔偿、行政批准、行政强制、行政确认、行政许可、行政征收、行政命令、行政合同、行政规划、错误执行等行政行为，基本囊括了当前所有的行政行为类型。同时在一些环境行政诉讼案件中，法院逐渐更多地从环境行政诉讼的价值目标与社会功能方面对裁量权进行审查，这代表当前环境行政诉讼正在逐步实现环境执法系统规范化、体系化建设，通过发挥司法能动的良性效果以改善环境司法和环境执法的关系。这为提升环境行政诉讼的专业化水平指明了方向，稳步提升环境司法专门化的效能。

3. 环境行政诉讼的司法样态因应于社会现实

环境行政诉讼案件样本与环境污染纠纷现状呈现出相关性，这说明环境行政诉讼的程序规则和司法实践能较好地回应社会的环境问题与纠纷。如上所述，环境行政诉讼缘起于行政诉讼系统对生态环境现实问题的重视，其承担着对于国家运用司法力量提升环境治理社会效能的期待。为此，环境行政诉讼的专

---

〔53〕 占善刚、王译：《环境司法专门化视域下环境诉讼特别程序设立之探讨》，载《南京工业大学学报（社会科学版）》2019年第2期。

〔54〕 颜运秋：《生态环境公益诉讼的司法模式与司法组织探讨》，载《法治研究》2019年第1期。

〔55〕 张忠民：《环境司法专门化发展的实证检视：以环境审判机构和环境审判机制为中心》，载《中国法学》2016年第6期。

门化调整制度的形成需要与社会现实保持“同频共振”,贯彻“能动司法”,保证环境行政诉讼对行政行为的审查和专业审理技术等独有的优势承担起及时回应社会现实的期待可能性。在2021年环境行政诉讼案件中,从案件分布上看,除最高人民法院审理的13件案件以外,31个省(自治区、直辖市)人民法院审理案件1191件,案件的地域分布特征较为明显,案件发生量呈现从西部向东部逐渐增长的趋势,这基本上也与当前我国各区域的经济与社会发展水平相对应;从案件类型上看,2021年环境行政诉讼案件以水污染、大气污染、土壤污染、噪声污染及混合污染为主要污染类型,这符合环境污染的现实状况;从参与主体来看,自然人、公司、个体工商户、集体经济组织是环境行政诉讼一审的主要原告,其中自然人与公司占比最多,而人民政府、生态环境主管部门、自然资源管理部门、林业和草业主管部门及其他行政主体是一审的主要被告,其中人民政府与生态环境管理部门占比最多,这种环境行政诉讼的司法样态契合现实社会中环境行政纠纷多元主体关系的特征。可预期在接下来的环境行政诉讼实践中,环境行政诉讼司法实践与社会现实的互动将逐步深化、趋于统一,由此进一步提升环境行政诉讼的实效性。

(二)环境行政诉讼的实然缺憾

1. 环境行政诉讼的受案范围有所局限

环境行政诉讼旨在修正环境行政机关的违法行为或不作为,鉴于环境行政实务的复杂性与环境执法权的扩张要求,在应对环境问题需要环境法全过程控制[56]的理念要求下,环境行政诉讼对司法审查的要求也相对较高,环境行政诉讼受案范围的广度应当得到进一步重视。目前,环境行政诉讼主要是通过法定程序对传统行政行为的合法性进行审查,这种有限审查在面对复杂的环境行政事务时存在局限:

(1)环境法律的发展与环境行政事务的复杂性决定了当前环境行政执法手段的多元性,尽管《行政诉讼法》用抽象行政行为替代具体行政行为以扩展行政诉讼的受案范围,但很多新型环境行政行为的立法尚处在逐步完善状态,该类行为因不具备典型行政行为的外在表现形式而难以进入行政诉讼的受案范围,这使得环境行政诉讼无法完全回应环境行政法治发展的新变化。[57] 笔者根据对2021年度环境行政诉讼案件的梳理,(见图3-17)发现目前环境行政诉讼基本

---

〔56〕 吕忠梅:《环境法新视野》(修订版),中国政法大学出版社2007年版,第220页。
〔57〕 蒋银华:《人权行政诉讼保障的路径选择及其优化》,载《政法论坛》2018年第5期。

遵循了传统行政行为形式的受案范围;根据对 2021 年环境行政诉讼二审改判案件裁判文书的内容厘析,(见表 3-3)发现也尚没有针对新型行政行为的环境行政诉讼。从公民权利司法保护的价值追求出发,我国对于环境行政诉讼需要适度扩大其案件的受理范围,及时关注新型的行政行为,既要给予公民更多、更有效的行政救济途径和方式,更有效地保障公民的合法权益,又要通过倒逼机制推动环境行政执法朝着法治化和规范化的方向发展。[58]

(2)从实践的角度来看,环境行政执法的高成本与环境事务的社会影响决定了环境行政诉讼有必要将非强制性的行政行为明确纳入受案范围。通过对 2021 年度 424 件环境行政诉讼案件的梳理(见图 3-17),发现行政处罚案件 111 件,占比 26.18%;行政强制案件 89 件,占比 20.99%;行政补偿案件 47 件,占比 11.08%;而行政裁决案件和行政登记案件均为 2 件,各占比 0.47%,行政给付案件、行政合同案件、行政规划案件数量最少,均为 1 件,各占比 0.24%。这反映了环境行政诉讼案件的涉案行为仍然以行政机关的传统行政行为为主,而非强制性的行政指导、行政协议、行政奖励、行政规划等行政行为仍缺乏司法审查的关注。这背后的原因可能是置身于行政诉讼规范框架下的环境行政诉讼的聚焦点始终在于损害救济,即关注实际损害结果,这种事后救济视野的局限性直接决定了目前环境行政诉讼仍然聚焦于以国家强制力作为后盾、与实际损害结果存在"高度关联性"的强制性行政行为上。在规范层面,根据《行政诉讼法》第 2 条[59]可一般推定"已经侵犯了"行政相对人合法权益的行政行为可以被提起行政诉讼,若"尚未侵犯"行政相对人合法权益的行政行为则不会被提起行政诉讼。依照《行政诉讼法》第 25 条第 4 款关于检察机关提起公益诉讼的规定中,"致使国家利益或者社会公共利益受到侵害"依然是提起诉讼的要件之一,该条款依旧是以客观的损害事实为起诉的必要条件,内含的诉讼发生逻辑仍然是现实的损害后果。在实践层面,譬如鞍山市生态环境局、鞍山开发区热力中心环境保护行政管理案[60]、东台市东吴生猪养殖场与盐城市东台生态环境局行政处罚案[61]等大多数案件都提及了生态环境受到具体损害的情况。往往相对人的

---

〔58〕 孙萍、邓小川:《论我国行政指导的诉讼救济》,载《辽宁大学学报(哲学社会科学版)》2019 年第 5 期。

〔59〕 《行政诉讼法》第 2 条第 1 款规定:"公民、法人或者其他组织认为行政机关和行政机关工作人员的行政行为侵犯其合法权益,有权依照本法向人民法院提起诉讼。"

〔60〕 辽宁省鞍山市中级人民法院行政判决书,(2021)辽 03 行终 36 号。

〔61〕 江苏省南京市中级人民法院行政判决书,(2020)苏 01 行终 406 号。

违法行为对生态环境都造成了可以进行客观评估的生态环境损害,行政机关采取事后整治方式纠正相对人的违法行为,在救济方式上以损害赔偿、生态环境修复或专项整治等事后救济为主,[62]要求违法者赔偿生态环境修复费用等。而行政指导、行政协议、行政规划等行政行为与损害后果的因果关系相对模糊,证明标准的要求更高,且目前诉讼请求、构成要件等司法审查标准问题可能得不到充分论证,因此,上述行为可能在受案范围上有所缺失。

2. 环境行政诉讼的司法审查略有不足

现行环境行政规范体系保障了初期环境行政执法过程的较好效果,但同时在运行过程中也出现了过于关注环境污染而对民生方面缺乏重视,以及手段刚硬而影响了政府的权威的问题。通过研判环境行政诉讼二审改判的一系列案件的纠纷起源可知,(见图 3 - 25)其中环境污染整治引起强制拆迁作为行政赔偿争议开端的案件,占总体样本的 68.75%。以其中的徐某某、兰溪市游埠镇人民政府错误执行赔偿行政赔偿的案件[63]为例,行政机关因过分强调对行政相对人的强制执行而使得行政相对人的生产生活难以为继,忽视了公众其他的权利保障,加剧了社会民生问题。这表明环境行政诉讼需要进一步强化司法审查的力度,这应当是实现环境行政诉讼实质正义的关键点。然而在当前的环境行政诉讼中,对具体被诉行为的司法审查一般是以形式合法性审查为主,[64]法院对被诉行政行为的实质合理性与形式妥帖性则保持着较为谨慎的审查态度。譬如在王某 1 与永宁县胜利乡人民政府、永宁县自然资源局行政强制案[65],陕西明德集中供热有限公司与西安市生态环境局罚款案[66],融水县德煜生态农业开发有限公司、融水苗族自治县城市管理行政执法局城乡建设行政管理案[67]等案件中,司法机关对赔偿金额问题的做法各异,这可以体现出司法机关在不同环境诉讼案件中对行政行为的干涉程度不同。这背后的深层原因除在国家权力的分工上,司法权应充分尊重行政权,对于用行政手段可以解决的问题,司法权应

---

〔62〕 李凌云:《从损害控制到风险预防:野生动物保护公益诉讼的优化进路》,载《中国环境管理》2020 年第 5 期。

〔63〕 浙江省金华市中级人民法院行政赔偿判决书,(2020)浙 07 行赔终 42 号。

〔64〕 余德厚、蒋文玉:《论行政诉讼司法审查的强度》,载《西南民族大学学报(人文社科版)》2020 年第 6 期。

〔65〕 宁夏回族自治区银川市中级人民法院行政判决书,(2021)宁 01 行终 79 号。

〔66〕 西安铁路运输中级人民法院行政判决书,(2021)陕 71 行终 25 号。

〔67〕 广西壮族自治区柳州市中级人民法院行政判决书,(2020)桂 02 行终 29 号。

避免介入[68]之外,还可能存在一个客观原因,即环境案件的特殊性导致了环境行政诉讼的司法能力不足,以此造成环境行政诉讼中法院的实质审查不足。在司法实践中,环境行政案件的承办法官往往会受限于环境问题的复杂性、事实认定与证据采信的困难性而无法进行较为深度的审查。这就需要通过规则供给等路径完善环境行政诉讼的司法审查机制,强化司法审查力度,落实司法权的能动实践。

3. 环境行政执法的公众参与有待加强

《环境保护法》赋予了行政主体较大的环境管理权限,使环境保护主管部门在环境治理的过程中具有较大的自由裁量权限。但从东台市东吴生猪养殖场与盐城市东台生态环境局行政处罚案[69],王某1与永宁县胜利乡人民政府、永宁县自然资源局行政强制案[70]等环境行政二审改判的案件来看,目前环境行政执法中行政主体的程序规范意识略显薄弱,存在听证程序不当等程序违法情况,多数行政相对人的受告知权未得到保障。而造成该情况的深层原因在于环境行政执法的公众参与不足。我国环境行政领域一直注重公众参与制度的设计:在2002年制定通过的《环境影响评价法》(已被修改)和在2006年制定的《环境影响评价公众参与暂行办法》(已失效)使公众参与原则最先在环境影响评价制度中正式确立,但制度规则的可操作性不强致使无法满足公众参与的实质诉求;2014年修订的《环境保护法》在第五章明确规定了信息公开和公众参与;2015年《环境保护公众参与办法》对公众参与的范围、参与方式及配套制度等进行了一定程度的细化。但基于行政正当程序的理论分析,既有环境行政执法领域的公众参与规范仍然不够完善,存在参与主体类型界分不明、形式选择权与公众陈述权的权利保障内容缺失及法律责任规范效力存疑等问题,使环境行政执法中的公众参与仍然存在走过场之嫌。[71] 从制度发生机理来看,规范有效并不意味着实质有效,规范有效必须在制度自身完备的情况下才有望形成实质有效。目前环境行政执法中关于公众参与的规定无法为公众参与提供可操作性的规则指引与制度保障,自然无法对政府行政执法中的程序运行进行实效约束。

---

[68] 王明远:《论我国环境公益诉讼的发展方向:基于行政权与司法权关系理论的分析》,载《中国法学》2016年第1期。

[69] 江苏省南京市中级人民法院行政判决书,(2020)苏01行终406号。

[70] 宁夏回族自治区银川市中级人民法院行政判决书,(2021)宁01行终79号。

[71] 于晶晶:《行政正当程序视角下环境公众参与制度的规范与完善》,载《中国环境管理》2021年第1期。

(三)环境行政诉讼的完善建议

1. 行政实体与程序规则的结构调整

在生态文明价值秩序的要求下,环境行政诉讼受案范围的着眼点应当从行政权力的控制转变到公民权利的保障上,立足于行政相对人的权利保障来明确受案范围,以便更好地实现个案正义。首先在行政实体规则上,立法应当明确政府及其职能部门通过行政指导、行政协议、行政规划、行政合同、行政奖励、行政信息服务等非强制性行政行为及新型行政行为来预防生态环境风险、控制环境危害、修复生态环境损害。立法需要重点在规范层面对公民的"合法权益"进行系统性认定,综合分析环境法规范欲保障的环境领域的个人利益与公共利益,以此明确相应制度中所需的各类行政行为,进而将这些行政行为明确为一种可强制执行、可行政复议、可行政诉讼的具体行政行为。其次在行政责任结构上,当前环境行政责任尚未在形式层面完全明确并体系化,而是在实质层面与既有的传统行政责任被囊括在一起,一般会在行政处罚、行政强制等行政行为中间接实现。因此预防性新型环境行政责任的法律效力无法超越目前环境行政诉讼体系中既有行政责任的客观范畴与满足解决实际损害的要求。立法需在形式上将预防性行政责任、惩罚性行政责任及其他的行政责任进行适度界分,改变当前所有类型的行政责任都被囊括于行政处罚、行政强制等行政行为之中而被间接实现的现状。立法可根据可能造成损害后果的情况设置罚款等财产罚,对可能继续造成污染的主体设置行为罚,在既有行政责任体系中加入责令限期采取治理措施等相对特殊的处罚方式,将责令修复生态环境、限制特定物质使用等作为新的行政法律责任的履行方式进行规定〔72〕。最后在受案范围上,因为一旦立法明确了各类行政责任与处罚方式,环境行政诉讼就应当与此类型的责任发生关联,故而环境行政诉讼需要明确哪些行政指导行为、行政规划行为可以纳入受案范围中,并对撤销之诉、确认之诉和救济之诉以概括加列举的模式构建更加合理的受案范围,来应对公民可能受到权利侵害的情形。

2. 诉讼机制与法官素养的双重优化

基于前述环境行政诉讼司法审查略有不足的问题,环境行政诉讼的司法实质审查需要依托诉讼机制的能力建设与法官素养的能力强化来实现制度上的保障。首先,司法审查机制需要在既有规则框架的基础上,恪守保障公民权利的基

---

〔72〕 刘长兴:《环境法典污染控制编的行政法律责任》,载《法学论坛》2022年第2期。

本原则。《行政诉讼法》第6条为人民法院对被诉行政行为进行司法审查提供了基础性法律依据。在环境行政诉讼案件中,原则上法院对行政处罚、行政命令、行政强制、行政许可等包含强制性内容的行政行为应以形式合法性审查为主,即主要围绕事实是否清楚、证据是否确凿、程序是否合法等开展审理。但同时基于行政诉讼的目的是通过限制行政权力确保公民权利的实现〔73〕,法院仍需要根据行政争议案件的具体情况对被诉行政行为进行更为实质性的审查。基于环境行政诉讼的制度定位,法院在对具体的被诉行政行为进行司法审查时必须恪守保障公民权利的基本原则。特别是在某些涉及民生问题的环境争议中,一旦涉及相关行政行为显失公平,不矫正可能会对行政相对人造成较大权益损害的情形,法院应当以最大限度地维护公民合法权益为标准确定对于具体被诉行政行为的司法审查强度〔74〕。法官在审查行政行为、做出司法决定时,需要在运用实证主义阐释法律的基础上,着重依据《行政诉讼法》"滥用职权"的标准进行合理性审查,〔75〕主要包含目的不适当、考虑不相关因素或不考虑相关因素、显失公正、对裁量的不适当拘束等方面〔76〕;并在环境政策的内涵确定与具体权利的实际保障上做出更多的考虑,以避免环境行政主体不合法、不合理的行为给公民权益造成不可挽回的损失,进而提升环境行政诉讼保障公民权益的司法能力。

在法官的能力强化上,我国应当从理念塑造、人才选拔与行动促进三方面优化审判资源,提升法官的司法能力。伴随着环资案件"三合一"审判机制的推行,法官队伍在环资案件上的审判能力与专业判断较以往具有了一定的提升。但同时由于环境行政诉讼司法实质审查的高要求,法官队伍的司法能力还需进一步提升。一是在理念塑造上,应当强化司法机关和司法人员的生态环境司法观念,既要对从事环境案件审理法官的环境知识素养进行强化,也要注重对其生态环境司法实践的技能培养〔77〕。二是在人才选拔上,既要将环境法领域的专

---

〔73〕 林鸿潮:《论行政行为不成立之诉——〈行政诉讼法〉修订中的一个遗漏》,载《国家行政学院学报》2015年第1期。

〔74〕 余德厚、蒋文玉:《论行政诉讼司法审查的强度》,载《西南民族大学学报(人文社科版)》2020年第6期。

〔75〕 吴凯杰:《论环境行政决策的调适模式及其法律控制》,载《华中科技大学学报(社会科学版)》2021年第1期。

〔76〕 余凌云:《行政自由裁量论》(第3版),中国人民公安大学出版社2013年版,第63页。

〔77〕 黄爱宝:《司法机关应对政府生态责任追究的职能解析与优化》,载《东南大学学报(哲学社会科学版)》2019年第4期。

家学者、律师作为专业人才支持法官队伍,奠定好法官队伍的内部基础;又要建立环境资源审判专家库,作为外部司法支持帮助法官审查环境行政诉讼中的专业问题,[78]增强环境行政诉讼的纠纷解决功能。三是在行动促进上,法官在环境行政审判过程中要注重开展规范释明活动与价值引导活动,使行政相对人可以通过理性思维更加务实地为自身权益争取法律保障,以此提升法院行使行政审判权发挥的权利保障效益[79],引导社会上生态文明意识与权利保障意识的形成。

3. 环境执法中公众参与的制度保障

通过梳理环境行政诉讼案件中二审改判的案件,我们可以发现政府行政执法中存在程序规范意识不强的问题,深层次的原因在于环境行政执法中的公众参与有待加强。此外,污染整治中解决民生问题的协调性相对不足也间接表明环境行政权的监督需要公众参与。为保障环境行政主体在执法过程中的程序意识,公众参与政府行政执法应当具有其深刻的制度要求:在规范制定层面,应当明确公众在环境行政执法、后期监督与评估中的参与途径与权利诉求表达途径。在制度实施层面,环境行政执法过程中吸纳的公众参与意见要对具体的执法过程产生实质影响。

因此,在规范构造上,立法应当围绕"公众有权参与、督促环境行政决策的执行,以实现环境行政执法目标和维护自身合法权益"[80]展开。首先,立法应当在《环境保护公众参与办法》的基础上,进一步明确环境行政执法中公众参与的事项及有权参与的公众范围,明确公众参与环境行政执法的一般标准与具体范畴。其次,立法应当构建公众参与环境行政执法的救济与保障机制,对必须吸纳却未吸纳公众意见的环境执法活动进行监督,拓宽救济机制与渠道,对于行政机关拒不接受公众合理建议与公示采纳情况的问题,要依托行政问责机制对环境行政机关的直接责任人员或主管人员进行问责,追究其相应的法律责任[81]。最后,在制度实施层面,政府在环境行政规范的制定、执行以及监督过程中应当

---

[78] 鄢德奎:《我国环境行政司法的功能与现状——基于环境保护行政案件二十大典型案例的文本分析》,载《大连理工大学学报(社会科学版)》2017 年第 3 期。

[79] 章志远:《地方法院行政诉讼制度创新的法理解读——以上海法院近五年的实践为例》,载《华东政法大学学报》2020 年第 4 期。

[80] 邓佑文:《行政参与权的政府保障义务:证成、构造与展开》,载《法商研究》2016 年第 6 期。

[81] 曹昌伟:《政府环境管理公众参与的法规范构造》,载《安徽大学学报(哲学社会科学版)》2021 年第 1 期。

以充分听取公众意见为原则，自觉接受公众监督。行政机关不应局限于采取某种方式听取公众意见，无论是征求意见、问卷调查等单方主导机制，还是座谈会、论证会、听证会等多方互动机制，行政机关都应当以保障公民能充分地参与为目的来选择具体的参与方式，从而加强环境行政行为的科学性与可接受性。

五、结语

“生态兴则文明兴，生态衰则文明衰”[82]。环境司法是环境治理的最后一道保障。环境司法专门化改革应当成为我国生态文明建设的重要内容，从机构专门化、程序专门化、人员专门化等不同领域逐步推进，拓展生态环境纠纷的司法救济渠道，为生态环境保护提供更加周延的司法保障。环境行政是生态环境法治的重要力量，环境行政权的重要性与特殊性产生了对环境行政诉讼案件进行样态描述与重点观察的客观需求。我们需从整体上透视环境行政诉讼的司法实践状况，以期洞悉环境行政诉讼与环境行政行为之间的复杂关系，从而把握环境司法对生态文明建设需求的回应情况及其不足。对于环境行政案件审理过程的各类问题我们需要在环境司法体系化的框架下进一步研究，立足行政法基础理论和环境司法专门化要求对环境行政诉讼进行重点观察，挖掘环境行政诉讼的关联要素与具体问题，最终目标是提升环境行政诉讼的裁判质量与实现公平正义。如前所述，通过对环境行政诉讼现有实践裁决的文本进行宏观梳理与重点观察，我们可发现虽然环境行政诉讼的顶层设计日趋明确、规则体系日渐完善、程序机制逐步精细，但作为环境司法专门化的行政诉讼类型，环境行政诉讼的制度建设仍有需要提升的空间。以环境行政诉讼二审改判案件的文书样本为基础，我们从微观的个案角度可发现，环境污染行政诉讼中解决民生问题协调性相对不足、行政执法中程序规范意识稍显薄弱，以及环境司法审判的行政管理边界略有模糊的问题较为明显，背后的原因在于环境行政诉讼的司法能力与救济模式略有不足。此类问题在规则和实践上的探索仍在继续，为更好地实现环境行政诉讼从“程序正义”拓展到“实质正义”做准备。未来生态环境法治规则体系的进一步完善，必将为生态文明建设保驾护航。

---

〔82〕《习近平：生态兴则文明兴　生态衰则文明衰》，载新华网，http://www.xinhuanet.com/video/2019-04/29/c_1210121835.htm。

生态环境犯罪刑法惩治分析

焦艳鹏

生态环境犯罪是一种以生态环境为侵害客体的犯罪。我国国土面积辽阔，且国家处于快速发展过程中，生态环境犯罪高发、多发、频发，成为一种常见的犯罪。研究与分析生态环境犯罪的案发情况，不仅有利于掌握该类犯罪的发案规律，指导实践中的犯罪治理，而且有利于进一步厘清在经济发展与人民生活水平提升过程中，生态环境、自然资源等与人类生产、生活活动的关系。

本研究报告以2021年度我国生态环境犯罪的审判情况为分析切入点。研究对象包括我国《刑法》第六章第六节规定的"破坏环境资源保护罪"中的相关罪名。本报告中的数据主要源于最高人民法院中国司法大数据研究院基于"中国裁判文书网"数据库所生成的数据。同时涉及对典型个案的介绍由作者本人基于本项研究的需要而收集与整理。[1]

一、2021年度我国生态环境犯罪案件整体情况分析

(一)2021年全国生态环境犯罪案件数量的统计数据

图4-1和表4-1为基于"中国裁判文书网"后台数据所统计的2021年我国生态环境犯罪一审案件总量及分省区数量(按降序排列)的具体情况：

---

〔1〕 本项研究中统计分析的全国污染环境罪案件数量不包括我国港澳台地区的数据。

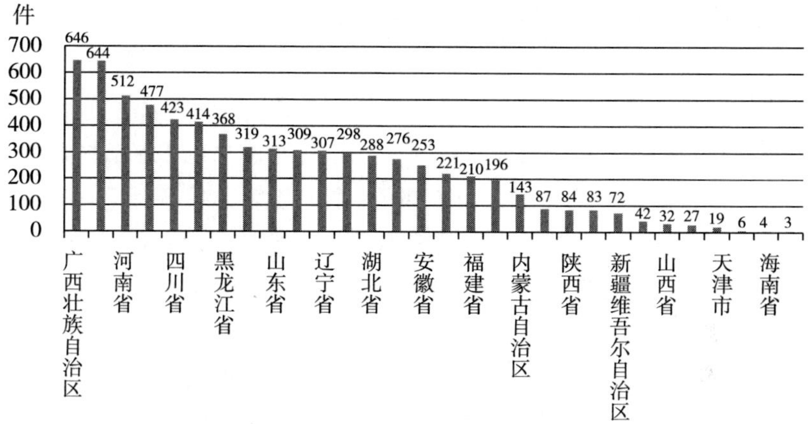

图 4－1　2021 年生态环境犯罪一审案件数量各省区市分布

表 4－1　2021 年生态环境犯罪一审案件各省区市数量分布

单位：件

省区市	案件数量	省区市	案件数量
广西壮族自治区	646	河北省	221
湖南省	644	福建省	210
河南省	512	浙江省	196
吉林省	477	内蒙古自治区	143
四川省	423	重庆市	87
云南省	414	陕西省	84
黑龙江省	368	上海市	83
江苏省	319	新疆维吾尔自治区	72
山东省	313	甘肃省	42
江西省	309	山西省	32
辽宁省	307	北京市	27
广东省	298	天津市	19
湖北省	288	青海省	6
贵州省	276	海南省	4
安徽省	253	宁夏回族自治区	3
总计	7076		

(二)2021 年全国生态环境犯罪案件数量总量分析

根据统计数据可知,2021 年度全国生态环境一审审结案件的数量为 7076 件。该数据与过去几年的全国生态环境犯罪案件数量形成巨大落差,表 4 -2 为基于同样统计口径而形成的近年来我国生态环境犯罪一审判决案件数量:

最高人民法院 2019 年 3 月 2 日发布的《中国环境资源审判(2017 - 2018)》显示:“2018 年,全国法院共受理环境资源刑事一审案件 26481 件,审结 25623 件。同比 2017 年,受理数增加 3752 件,上升 16.51%;审结数增加 2986 件,上升 13.19%。”〔2〕

最高人民法院 2020 年 5 月发布的《中国环境资源审判(2019)》显示:“2019 年,全国法院共受理各类环境资源刑事一审案件 39957 件,审结 36733 件,判处罪犯 114633 人,收结案数同比 2018 年分别上升 50.9%、43.4%。”〔3〕

由上述信息可知,2017 年、2018 年、2019 年全国环境资源刑事案件的审结数量分别为 22637 件、25623 件、36733 件。根据笔者对 2020 年我国生态环境犯罪的全国一审案件数量的统计,2020 年度全国法院审结并公布在中国裁判文书网的生态环境犯罪案件数量为 24193 件。由此可以得出过去五年我国生态环境犯罪的年度一审审结案件数量(见表 4 -2):

表 4 -2　2017 ~ 2021 年全国生态环境犯罪一审审结案件数量

单位:件

年度	2017 年	2018 年	2019 年	2020 年	2021 年
数量	22637	25623	36733	24193	7076

出于案件的审理时间与案发时间存在一定的时间差(少则几个月,多则一年多)的考虑,并在排除犯罪黑数和统计周期误差等其他共存的客观因素后,笔者可以初步认为,上述统计年度内的全国法院审结的一审生态环境刑事案件的数量可以代表上一年度实际发生的生态环境犯罪案件数量。

由上表可知,在过去五年中 2019 年的此类案件数量最大,达到了 36733 件,笔者可以初步认为,在过去五年中,2018 年全国发生并被查处的生态环境刑事

〔2〕《最高法:去年全国法院受理环境资源刑事一审案件 26481 件》,载网易新闻网,https://www.163.com/dy/article/E997S8BC051492T3.html,最后访问日期:2022 年 2 月 11 日。

〔3〕数据来源:最高人民法院网,https://www.court.gov.cn/zixun - xiangqing - 228341.html,最后访问日期:2022 年 2 月 11 日。

案件数量最多,其次是2017年,然后是2019年。可以发现,2018年发生的生态环境犯罪案件数量可能是过去五年中的峰值。

笔者认为,生态环境犯罪案件的数量与两个要素具有紧密关联:第一,与人类生产、生活活动对生态环境的影响度直接相关;第二,与生态文明法律制度对人类上述基于生产、生活活动而对生态环境的破坏的制约程度有关。笔者认为,上述两个因素相互关联,共同影响了生态环境犯罪案件数量的多少。按照此种观点,在上述两个要素中的一个要素不变的情形下,另一个要素的变化可能对年度案发数量的变化产生显著影响。

初步认为,在2020年新冠肺炎疫情发生之前,上述两个影响因子的具体情况相对是稳定的。2020年审结的一审同类案件数量所表现的2019年度的发生的全国生态环境犯罪案件数量具有真实性,也即2020年24193件的审结数量较好地反映了2019年的实际案发数量,但该数据比上一年度(2019年)审结的案件数量有较大降幅,初步认为,我国生态环境犯罪案发数量可能在2018年度达到了峰值,而在2019年度呈现出较大的降幅。

造成2019年度生态环境犯罪案件数量下降的可能原因有二:一是党的十八大以来,我国大力推进生态文明建设,国民的生态文明素质大幅提升,对生态文明法律制度特别是生态环境犯罪有了一定程度的认知,客观上降低了犯罪率;二是各地严格落实生态环境执法与司法工作,在一定程度上抑制了犯罪现象的发生。

(三)2021年全国生态环境犯罪案件数量大幅下降的原因分析

基于前文分析,虽然可以认为2020年审结的案件数量表明2019年我国生态环境犯罪案件的数量已经进入下降趋势,但2021年审结的此类案件数量表明2020年我国发生的生态环境犯罪的数量为7076件(仅约为上一年度24193件的1/3)的现实,仍然使人感到惊讶。

造成上述2021年生态环境犯罪案件审结数量大幅下降的根本原因在于,2020年受新冠肺炎疫情的影响,我国人民的生产、生活活动受到了严重影响,同期对生态环境诸要素产生影响的破坏生态环境的行为活动因此受到了影响,客观上降低了该类犯罪的发生数量。

虽然2020年度我国经济仍实现了正增长,但因为当前我国生态环境犯罪的主体绝大多数为自然人,且生态破坏类案件在生态环境犯罪案件中占绝大多数,因此该类案件的案发数量与自然生态环境周边居民的生产、生活的活跃度具有直接关系,这可以在下文中与居民生活具有紧密关联的犯罪案件数量存在大幅下降中的情况得到印证。

(四)2021 年全国生态环境犯罪案件数量分罪名统计分析

下述图 4 - 2 与表 4 - 3 为各省区市及罪名统计的 2020 年度我国生态环境犯罪一审审结案件数量图与表。为方便读者阅读,图表采取了降序排列。

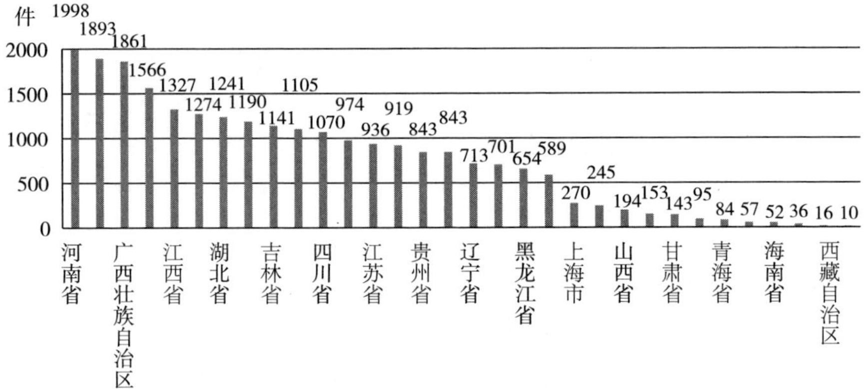

图 4 - 2　2020 年全国生态环境犯罪案件数量各省区市统计

表 4 - 3　2020 年全国生态环境刑事案件罪名数量统计

单位:件

罪　　名	数量
滥伐林木罪	4614
非法捕捞水产品罪	4608
非法采矿罪	2834
非法占用农用地罪	2832
非法狩猎罪	2681
污染环境罪	1986
非法收购、运输、出售珍贵、濒危野生动物、珍贵、濒危野生动物制品罪	1544
盗伐林木罪	1477
非法猎捕、杀害珍贵、濒危野生动物罪	709
非法采伐、毁坏国家重点保护植物罪	661
非法收购、运输、加工、出售国家重点保护植物、国家重点保护植物制品罪	134
非法收购、运输盗伐、滥伐的林木罪	102
非法占用耕地罪	9
破坏性开采罪	2
总计	24193

对比上述两个年度中图表中的2020年全国生态环境刑事分罪名审结案件数量可知:在主要生态环境犯罪案件上,2021年度的审结案件数量比2020年度均有剧烈下降。如具有强烈表征意义的滥伐林木罪的案件数量,从2020年度的4614件降低为2021年度的1475件;同样,与居民生活行为具有紧密关联的非法捕捞水产品罪的案件数量,从2020年度的4608件下降到了2021年度的1475件。上述两类案件的案发数量均下降了2/3以上。相比较上述两类对生态要素具有较为密切的属地依赖的犯罪,对比具有一定地域普遍性的非法狩猎罪的发案情况,相比较于2020年度的审结数量为2681件,2021年该罪名的审结案件数量仅为1073件,降幅达到近60%。

在案发数量排名前五的生态环境犯罪中,非法采矿罪与非法占用农用地罪这两个罪名的案发数量具有较为广泛的地域分布,这两类案件的数量变化具有一定的说明意义。2020年度这两个罪名的审结案件数量分别为2834件与2832件,2021年度的审结案件数量仅分别为783件与713件,其降幅均超过了2/3。

与上述主要反应人民群众生产、生活活动的活跃度案件不同的是,污染环境罪的发生率与企业生产经营活动的活跃度具有紧密关系。通过上述图表可知,2020年度污染环境罪的年度审结案件数量为1986件,而2021年度这个数据则下降为474件,降幅达76.13%。如果没有新冠肺炎疫情影响,这样剧烈的降幅是难以得到解释的。

笔者初步认为,造成上述生态环境犯罪案件数量大幅下降的主要原因是2020年1月开始流行于全国的新冠肺炎疫情造成我国人民生产、生活活动的紧缩,客观上减少了人类对生态环境的影响与破坏。2020年1月至4月,为应对首轮新冠肺炎疫情,全国受疫情影响地区的人民基本上处于居家状态,对生态环境产生影响的生产、生活活动大幅减少;2020年5月以后,疫情蔓延的态势虽然得到控制,但由于境外输入而引起的疫情传播情况仍较为普遍,对人民群众的生产、生活活动,以及企业的生产经营活动形成了严重影响,客观上大幅减少了生态环境犯罪活动的发生数量。

二、2021年度我国生态环境刑事案件各省区市统计与分析

(一)各省区市生态环境犯罪案件的基本特征

表4-4是2020年度我国生态环境犯罪案件一审审结案件数量的各省区市数据:

表 4-4 2020 年度生态环境犯罪一审审结案件数量各省区市数量

单位:件

省区市	案件数量	省区市	案件数量
河南省	1998	辽宁省	713
云南省	1893	山东省	701
广西壮族自治区	1861	黑龙江省	654
湖南省	1566	内蒙古自治区	589
江西省	1327	上海市	270
广东省	1274	陕西省	245
湖北省	1241	山西省	194
重庆市	1190	新疆维吾尔自治区	153
吉林省	1141	甘肃省	143
浙江省	1105	天津市	95
四川省	1070	青海省	84
安徽省	974	北京市	57
江苏省	936	海南省	52
河北省	919	宁夏回族自治区	36
贵州省	843	西藏自治区	16
福建省	843	其他	10
总计	24193		

对比表 4-1 和表 4-4 的数据可知:第一,在全国生态环境犯罪刑事案件数量大幅下降的背景下,各省区市的案件数量也大幅下降,在一定程度上表现出成比例性的下降特征。第二,尽管各省区市案件数量大幅下降,但各省区市在生态环境犯罪案件数量全国排名中的相对位置没有太大改变。这表明生态要素的富集程度、自然资源禀赋及人口等自然指标仍然是控制生态环境犯罪刑事案件数量的主要变量因素。

(二)重点省区市生态环境犯罪案件数量的大致分析

1. 生态要素富集省区市的生态环境犯罪案件数量的基本特征。对比前述两个年度的数据,可发现,广西、湖南、云南、江西等生态环境要素富集的省(自治区)的生态环境犯罪刑事案件数量居于前列。但在2021年的数据表明,云南、江西二省作为生态环境要素大省,其2021年度的审结案件数量有较大幅度的排位后移,个中原因值得进一步深入分析。笔者初步认为,因疫情防控而实行的经济政策与社会政策,对上述两地居民基于生产或生活需要而对生态环境要素的开发与利用活动形成抑制,是导致上述省区市案件数量下降的重要因素,笔者进一步认为,这些政策对居民行为的抑制作用比对企业行为的抑制作用还要明显。

2. 部分省区市案件数量全国排名有较大程度的前移。该情形集中表现为吉林、辽宁、山东三个北方省份。其中山东省由第19位前移至第9位,吉林省由第9位上升至第4位,辽宁省由第18位前移至第11位。出现这种变动的重要原因可能是:第一,由于各省区市案件数量均出现了大幅下降,省区市之间的数量区分度变得相对较小;第二,上述北方省份,尤其是山东省的经济体量较大,对生态环境要素开发利用的整体规模较大,所以其与广东、江苏等经济体量大的省份2021年该类案件的数量排名仍分列全国第8位、第9位、第11位。这表明经济规模与生态环境犯罪案件数量仍然具有一定程度的正相关关系。

3. 部分省区市的案件数量排名仍维持在低位。与2020年数据相比,部分省区市2021年案件数量仍维持在较低区间,这些省区市要么是生态环境要素单一的地区(如西藏自治区),要么是区域面积较小的地区(如海南、北京、天津、上海等),要么是产业结构要素较为集中的地区(如山西、陕西、新疆、内蒙古等)。最后一类省区虽然也有较大的工业规模,但产业结构偏向于煤炭工业等传统重工业门类,这些省区市的地上自然资源的品种、数量等较南方省份相对较少,所以其案件数量处于相对低位。

三、2021年度我国生态环境刑事案件罪名统计与分析

本部分将基于2021年度全国范围内审结的生态环境犯罪刑事案件的数量与地域分布等信息,按照污染环境罪、涉水生态环境犯罪、动物资源生态环境犯罪、植物资源生态环境犯罪、矿产资源生态环境犯罪、涉林生态环境犯罪等类别对我国生态环境犯罪进行分罪名的统计与分析。

(一)污染环境犯罪案件的统计分析

污染环境罪是我国《刑法》第338条规定的典型的生态环境犯罪。我国《刑法》第338条规定:“违反国家规定,排放、倾倒或者处置有放射性的废物、含传染病病原体的废物、有毒物质或者其他有害物质,严重污染环境的,处三年以下有期徒刑或者拘役,并处或者单处罚金;情节严重的,处三年以上七年以下有期

徒刑,并处罚金;有下列情形之一的,处七年以上有期徒刑,并处罚金:(一)在饮用水水源保护区、自然保护地核心保护区等依法确定的重点保护区域排放、倾倒、处置有放射性的废物、含传染病病原体的废物、有毒物质,情节特别严重的;(二)向国家确定的重要江河、湖泊水域排放、倾倒、处置有放射性的废物、含传染病病原体的废物、有毒物质,情节特别严重的;(三)致使大量永久基本农田基本功能丧失或者遭受永久性破坏的;(四)致使多人重伤、严重疾病,或者致人严重残疾、死亡的。有前款行为,同时构成其他犯罪的,依照处罚较重的规定定罪处罚。"

惩治污染环境犯罪在我国生态环境保护以及生态文明法治建设中具有重要地位,对该罪名的年度发案情况进行动态分析,也变得极为重要。

1. 2021 年污染环境罪案件审结情况的数量统计

图 4 - 3 及表 4 - 5 为 2021 年度我国法院审结的以"污染环境罪"为罪名判决的一审刑事案件数量的地区分布情况:

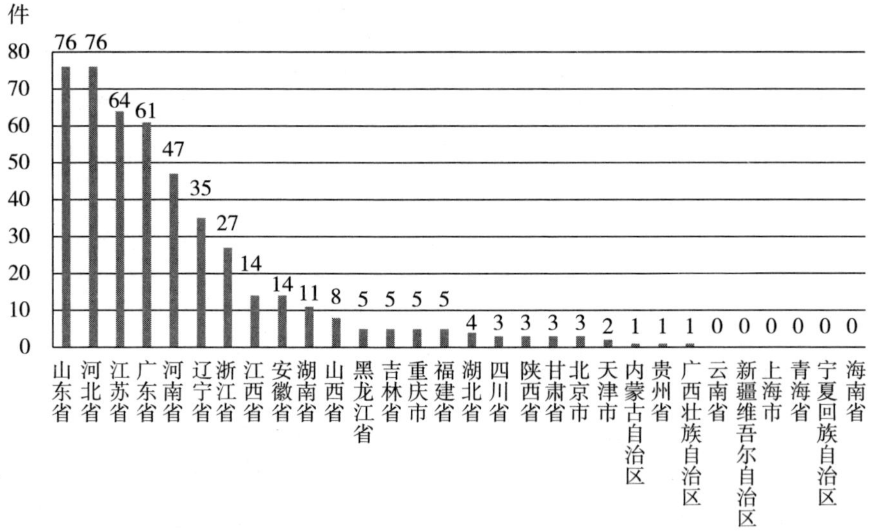

图 4 - 3　2021 年度我国污染环境罪案件审结数量各省区市数量

表 4－5　2021 年度我国污染环境罪案件审结数量各省区市数量

单位：件

省区市	案件数量	省区市	案件数量
山东省	76	湖北省	4
河北省	76	甘肃省	3
江苏省	64	北京市	3
广东省	61	四川省	3
河南省	47	陕西省	3
辽宁省	35	天津市	2
浙江省	27	内蒙古自治区	1
江西省	14	广西壮族自治区	1
安徽省	14	贵州省	1
湖南省	11	新疆维吾尔自治区	0
山西省	8	宁夏回族自治区	0
福建省	5	上海市	0
吉林省	5	青海省	0
黑龙江省	5	海南省	0
重庆市	5	云南省	0
总计	474		

2. 2021 年污染环境罪案件审结情况的数量分析

通过上述表格中的统计数据，笔者结合往年数据，可以得出如下基本结论：

（1）2021 年度法院审结的污染环境犯罪案件数量较往年剧烈下降。在前文中笔者已经从整体上分析造成此种下降的主要原因是 2020 年 1 月以来新冠肺炎疫情在全国的大流行，导致 2020 年度该案件的审结数量为 1986 件，2021 年度污染环境罪案件的审结数量仅有 474 件，这个数据远远低于往年同期水平。笔者认为，2021 年度此类案件的数据不具有常态性，伴随着新冠肺炎疫情对经济社会发展抑制作用的逐步消解，污染环境犯罪案件的总体数量仍会回归到以"千"为单位的数量级。

（2）在上述全国审结案件数量整体大幅下降的情况下，区域案件数量分布情况显示出一定特征。笔者发现：第一，经济大省的污染环境犯罪案件数量仍处于前列,如山东、江苏、广东、河北、河南等省份,这表明污染环境罪的发案率与经济总量具有高度相关性;第二,安徽、湖南、山西等中部省份的案件数量近年快速上升,一方面是因为这些省份的经济特别是工业经济加快转型升级,另一方面是因为这些省份的环境刑事政策的落实水平较以往有了较大提升;第三,北京、天津、海南等区域面积较小省区市的案件数量依然维持在低位,西部地区省区市的案件数量仍然处于全国后位,笔者在去年的年度报告中分析过原因,此处不再赘述。

(二)涉水环境犯罪案件

涉水类生态环境刑事案件主要是指非法捕捞水产品罪。我国《刑法》第 340 条规定:"违反保护水产资源法规,在禁渔区、禁渔期或者使用禁用的工具、方法捕捞水产品,情节严重的,处三年以下有期徒刑、拘役、管制或者罚金。"依据相关司法解释,在陆地水域非法捕捞水产品 500 公斤以上,在海洋水域非法捕捞水产品 2000 公斤以上即构成犯罪。我国国土面积辽阔,江河湖泊水域众多,该类犯罪又比较生活化,所以是一种常见的生态环境犯罪。

1. 2021 年非法捕捞水产品罪案件审结情况的数量统计

图 4 -4 及表 4 -6 为 2021 年度我国法院审结的以"非法捕捞水产品罪"为罪名判决的一审刑事案件数量的地区分布情况:

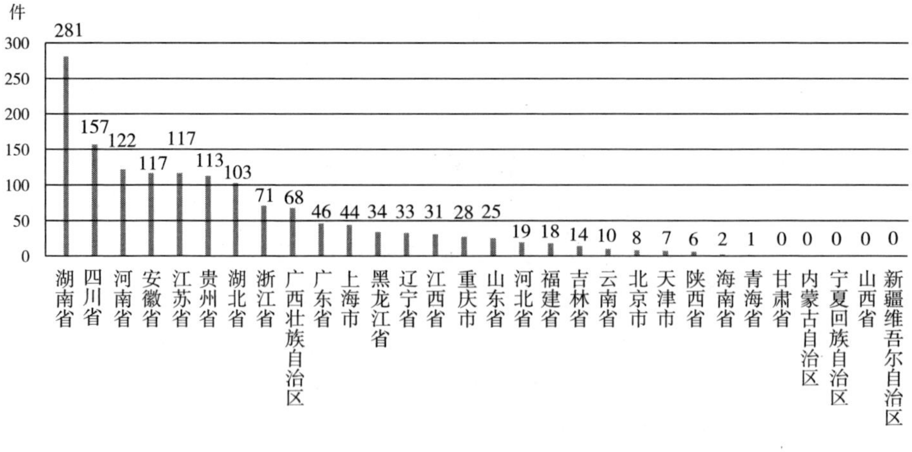

图 4 -4　2021 年度我国非法捕捞水产品罪审结数量各省区市数量

表 4-6　2021 年度我国非法捕捞水产品罪审结数量各省区市数量

单位:件

省区市	案件数量	省区市	案件数量
湖南省	281	山东省	25
四川省	157	河北省	19
河南省	122	福建省	18
江苏省	117	吉林省	14
安徽省	117	云南省	10
贵州省	113	北京市	8
湖北省	103	天津市	7
浙江省	71	陕西省	6
广西壮族自治区	68	海南省	2
广东省	46	青海省	1
上海市	44	内蒙古自治区	0
黑龙江省	34	新疆维吾尔自治区	0
辽宁省	33	甘肃省	0
江西省	31	山西省	0
重庆市	28	宁夏回族自治区	0
总计	1475		

2. 2021 年非法捕捞水产品罪案件审结情况的数量分析

与 2020 年度相比,2021 年度非法捕捞水产品罪案件的审结情况与案发情况出现巨大差异,主要体现在:

(1)2021 年度此类案件审结数量及由此表征的前一年度(2020 年度)的非法捕捞水产品罪的案发数量出现巨大降幅。相关数据表明,2020 年度全国审结的非法捕捞水产品罪的案件数量为 4608 件,而 2021 年度该类犯罪的审结案件数量仅为 1475 件。这并不符合该类犯罪案发的通常情形。笔者初步认为该类犯罪案件数量的急剧下降可能有两个主要原因:一是新冠疫情对人民群众生产、生活活动的抑制;二是《长江保护法》的制定与施行对长江流域的非法捕捞案件也产生了较大的抑制作用。

(2)重庆、湖北、江苏等沿长江流域省市的非法捕捞水产品案件数量有大幅下降。除上述疫情原因对涉水类犯罪形成客观抑制作用外,笔者认为,自 2020 年 1 月开始实施的长江十年禁渔计划,以及 2021 年 3 月实施的《长江保护法》对长江流域的非法捕捞水产品行为的规制亦具有强烈的抑制作用。资料显示:"2021 年 2 月 10 日农业农村部公布的数据显示,长江十年禁捕,共计退捕上岸渔船 11.1 万艘、涉及渔民 23.1 万人。"[4]这种政策对于非法捕捞行为具有强烈的抑制作用,长江流域涉及十几个省份,流域面积占全国 1/5 左右的国土面积,由于部分捕鱼行为成为非法行为,客观上对该类犯罪的发生起到了强大的抑制作用。

(3)东北、西北、华北等地区的该类犯罪案件数量持续处于低位。由于相关地区的水域面积有限,且可能存在的渔政执法强度不足等问题,西北地区该类犯罪数量持续处于低位。值得注意的是,海南省作为海洋大省,该类犯罪数量连续多年为个位数,其内在原因值得深入研究。此外,辽宁、山东、浙江、福建、广东等沿海省份该类犯罪数量相对不大(基本上处于两位数),表明非法捕捞水产品罪在我国实际上更多地发生在内陆水域,这可能与海洋非法捕捞行为更具隐蔽性与其查证的难度较大有一定的关系,具体原因还有待进一步探讨与分析。

(三)动物环境犯罪案件

我国《刑法》中关于以动物为犯罪对象的生态环境犯罪罪名共有三个,即危害珍贵、濒危野生动物罪,非法猎捕、收购、运输、出售陆生野生动物罪,非法狩猎罪,其中危害珍贵、濒危野生动物罪客观表现行为分为两个方面,即非法猎捕、杀害珍贵、濒危野生动物和非法收购、运输、出售珍贵、濒危野生动物及其制品的行为,因为这两种行为具有"成罪"的外观,并且特性明显,故把二者单独作为一种"罪名"看待,而把危害珍贵、濒危野生动物罪分解解读。此外,考虑到非法猎捕、收购、运输、出售陆生野生动物罪与前述"罪名"内容有重复,故未做统计。以上罪名分别规定在我国《刑法》第六章第六节中的第三百四十一条的第一款与第二款。下文主要对三个"罪名"2021 年度的案件审结情况逐一进行分析。

1. 非法捕猎、杀害珍贵、濒危野生动物类犯罪

非法猎捕、杀害珍贵、濒危野生动物类犯罪规定在我国《刑法》第 341 条第 1 款,即"非法猎捕、杀害国家重点保护的珍贵、濒危野生动物的,或者非法收购、运输、出售国家重点保护的珍贵、濒危野生动物及其制品的,处五年以下有期徒

---

〔4〕《农业农村部慰问渔民和渔政执法人员》,载中华人民共和国农业农村部官网,http://www.moa.gov.cn/xw/zwdt/202102/t20210210_6361632.htm,最后访问日期:2022 年 4 月 22 日。

刑或者拘役,并处罚金;情节严重的,处五年以上十年以下有期徒刑,并处罚金;情节特别严重的,处十年以上有期徒刑,并处罚金或者没收财产”。

图 4 -5 为 2021 年度我国法院审结的以“非法猎捕、杀害珍贵、濒危野生动物罪”为名而判决的一审刑事案件数量的省区市分布情况:

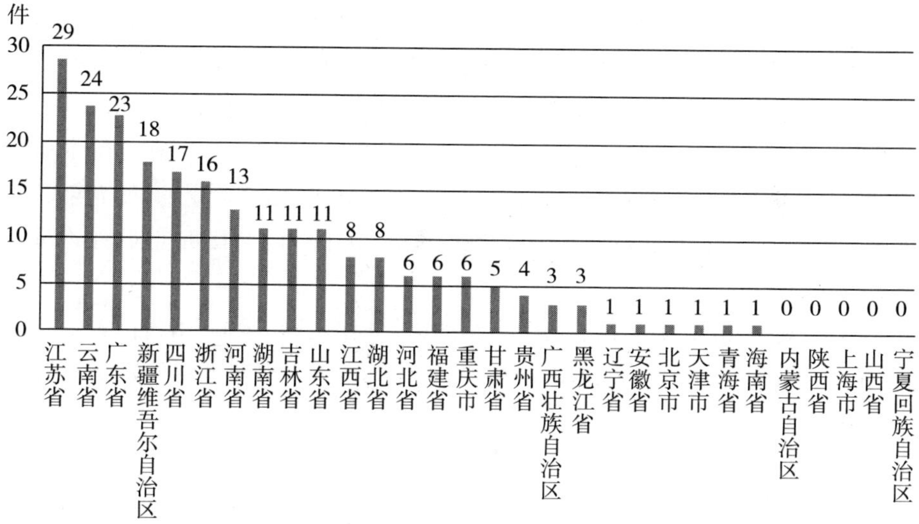

图 4 -5　2021 年度“非法狩猎、杀害珍贵、濒危野生动物罪”案件各省区市数量

笔者通过图 4 -5 并结合该罪名 2020 年度的同类数据相比,可以得出如下基本结论:

(1)2021 年该类犯罪的案发及审结数量同比 2020 年大幅下降。至于下降的原因,笔者认为也是与新冠肺炎疫情对社会面的人员活动的抑制直接相关。这个原因使我们更加明确:非法猎捕、杀害珍贵、濒危野生动物的行为与后续的出售等行为直接关联,甚至可以认为买卖是导致非法猎捕、杀害行为产生的直接原因。这是因为新冠肺炎疫情对人们生活的抑制更多的是对营利性活动的抑制,如果非法猎捕、杀害行为是基于基本的生活需求(如获得食物)而导致的,犯罪数量不应该下降到往年同期的 1/3。

(2)发案数量居于前列的省区市各有其特点。从图 4 -5 统计的数据可知,江苏、云南、广东、新疆、四川五个省(自治区)居于最前列。根据多年的长期观测,江苏省在生态环境刑事司法方面颇为理性,对国家的生态环境刑事司法政策的理解与适用较为准确,加之江苏省内生态环境要素多样,故其案件数量居于前列实属正常。云南省是我国的“动物王国”,该类案件数量较多的原因,自不必多言。四川省地域面积广大,山川河流众多,珍贵、濒危野生动物种类多、种群大,因此该类犯罪案件数量较多亦属正常。在其他地区此类案件数量大幅下降的背景下,新疆维吾尔自治区的案件数量在 2021 年度仍保持与 2020 年度一致的 18 件,表明该地区对该类犯罪刑事政策的执行情况较为稳定。

2. 非法收购、运输、出售国家重点保护的珍贵、濒危野生动物及其制品类犯罪

非法收购、运输、出售国家重点保护的珍贵、濒危野生动物及其制品类犯罪规定在我国《刑法》第 341 条第 1 款,即"非法猎捕、杀害国家重点保护的珍贵、濒危野生动物的,或者非法收购、运输、出售国家重点保护的珍贵、濒危野生动物及其制品的,处五年以下有期徒刑或者拘役,并处罚金;情节严重的,处五年以上十年以下有期徒刑,并处罚金;情节特别严重的,处十年以上有期徒刑,并处罚金或者没收财产"。

图 4 -6 为 2021 年度我国法院审结的以"非法收购、运输、出售国家重点保护的珍贵、濒危野生动物及其制品罪"为名而判处的一审刑事案件数量的省区市分布情况:

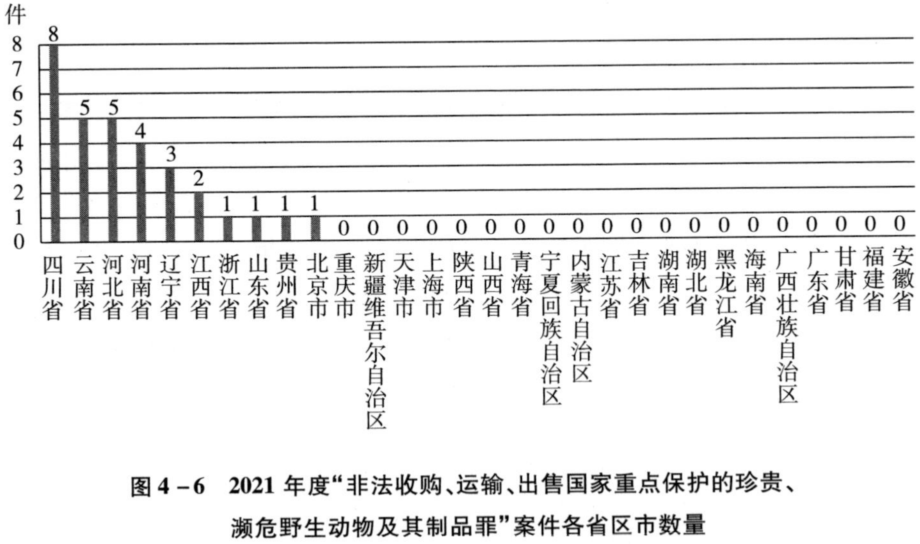

图 4 -6　2021 年度"非法收购、运输、出售国家重点保护的珍贵、濒危野生动物及其制品罪"案件各省区市数量

数据显示,与 2020 年度该罪名全国有 1544 件审结案件相比,2021 年同类数据呈现"天地板"式的剧烈下降趋势。2020 年度该罪名的各省区市数据位列前五的分别为:云南省,360 件;广东省,171 件;浙江省,125 件;江苏省,103 件;四川省,83 件。而在 2021 年度的此类案件数据中,云南省仅为 5 件,广东省、江苏

省皆为0件,浙江省为1件。笔者认为出现这种数据差异的原因可能有两个:一是由于疫情的原因,这类犯罪案件数量客观上减少;二是在前述现实基础上,地方野生动物管理机关或公安机关对该类犯罪采取了容忍态度,刑事政策在地方的执行因疫情而发生了变动。

3. 非法狩猎罪

非法狩猎罪规定在我国《刑法》第341条第1款与第2款,即"违反狩猎法规,在禁猎区、禁猎期或者使用禁用的工具、方法进行狩猎,破坏野生动物资源,情节严重的,处三年以下有期徒刑、拘役、管制或者罚金。违反野生动物保护管理法规,以食用为目的非法猎捕、收购、运输、出售第一款规定以外的在野外环境自然生长繁殖的陆生野生动物,情节严重的,依照前款的规定处罚"。

图4-7为2021年度我国法院审结的以"非法狩猎罪"为罪名而判处的一审刑事案件数量的省区市分布情况:

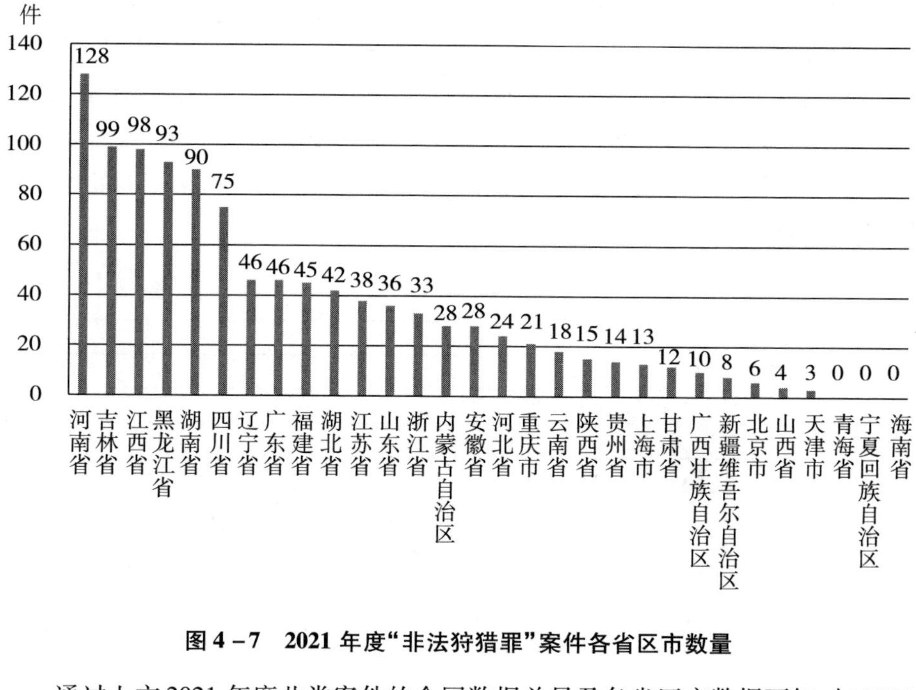

图4-7　2021年度"非法狩猎罪"案件各省区市数量

通过上文2021年度此类案件的全国数据总量及各省区市数据可知:与2020年度全国非法狩猎罪案件的审结数量2681件相比,2021年度的数据虽然出现显著的下降,但与前述两个罪名(非法猎捕、杀害珍贵、濒危野生动物罪,非法收购、运输、出售国家重点保护的珍贵、濒危野生动物及其制品罪)2021年的案件数量及同比变化数据相比,非法狩猎罪案件的数据下降趋势及地区变动趋势并不剧烈,而是较为和缓。

笔者认为呈现上述状况的主要原因可能是:由于前两类犯罪案件的侦查与办理需要多部门协调,而办理非法狩猎罪案件的公安机关在受理群众举报后可直接办案。办案成本或发现犯罪的难易程度可能决定在疫情防控等社会应急状态之下,基于案件的不同外部性而出现办案差异,更明确地讲,可以认为非法狩猎这种行为因更容易被发现且办案成本更低,所以其发案数量较以往并无剧烈下降。这种状况也说明非法狩猎行为可能更具有生活化与社会化特点,而前两类犯罪尤其是非法收购、运输、出售国家重点保护的珍贵、濒危野生动物及其制品罪的犯罪行为较为隐蔽,一般较难发现。

(四)矿产资源犯罪案件

非法采矿罪规定在我国《刑法》第343条第1款,即"违反矿产资源法的规定,未取得采矿许可证擅自采矿,擅自进入国家规划矿区、对国民经济具有重要价值的矿区和他人矿区范围采矿,或者擅自开采国家规定实行保护性开采的特定矿种,情节严重的,处三年以下有期徒刑、拘役或者管制,并处或者单处罚金;情节特别严重的,处三年以上七年以下有期徒刑,并处罚金"。

图4-8为2021年度我国法院审结的以"非法采矿罪"为罪名而判处的一审刑事案件数量的省区市分布情况:

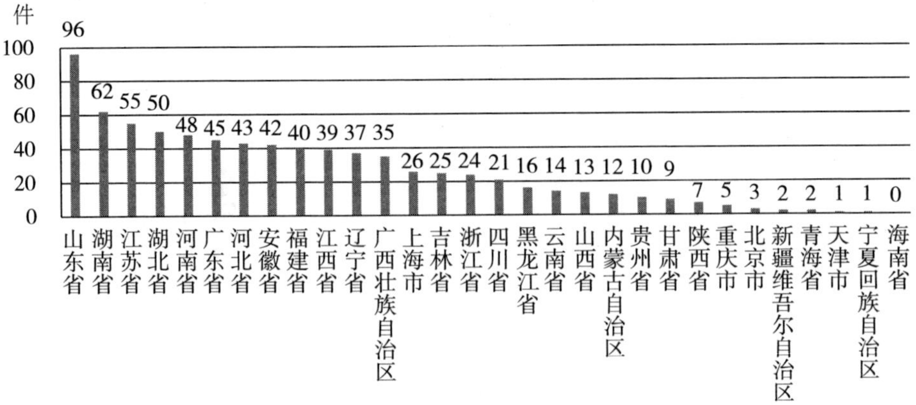

图4-8 2021年度"非法采矿罪"案件各省区市数量

通过上述2021年度的"非法采矿罪"全国及各省区市审结案件的数据,并对比上一年度该罪名的相关数据可知:

(1)2021 年度非法采矿罪的案发数量与 2020 年度相比出现大幅下降。相关数据表明,2020 年度我国法院审结的非法采矿罪的案件数量为 2834 件,且安徽、湖北、湖南、江西、山东五个省份位居前五。通过研读判决书可知,上述五省的非法采矿罪案件中以非法采砂(河砂、湖砂)等为主要行为形式。通过图 4 - 8 可知,2021 年的全国非法采矿罪的审结数据仅为 783 件,这表明受新冠肺炎疫情等的影响,人民群众的社会面活动大大减少,客观上减少了非法采砂等行为的发生。

(2)各省区市数据显示,长江流域仍是我国盗采河砂型非法采矿罪的高发区。由于煤炭等矿产资源埋藏于地表之下,开采难度大,而石油、天然气、有色金属等矿产资源的采掘在很大程度上依赖于探矿等技术对埋藏情况的判定,而这些是非专业技术人员很难做到的。相比较于上述矿产资源,河砂的分布情况则较容易被人们所知悉,而且其采掘难度不大。根据河砂资源的富集程度,长江流域的安徽省、湖北省、湖南省、江西省的该类案件多发,符合该类犯罪的特征。此外,由于这类案件近年来一直普遍发生,相关省份应引起重视,对其加强综合治理。

(五)土地资源犯罪案件

土地资源犯罪案件在我国主要表现为非法占用农用地罪。非法占用农用地罪规定在我国《刑法》第 342 条,即“违反土地管理法规,非法占用耕地、林地等农用地,改变被占用土地用途,数量较大,造成耕地、林地等农用地大量毁坏的,处五年以下有期徒刑或者拘役,并处或者单处罚金”。

图 4 - 9 为 2021 年度我国法院审结的以“非法占用农用地罪”为罪名而判处的一审刑事案件数量的省区市分布情况:

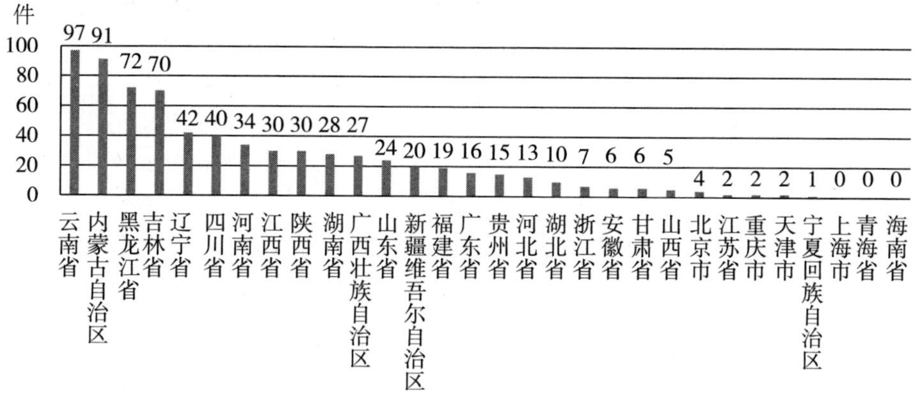

图 4 - 9　2021 年度“非法占用农用地罪”案件各省区市数量

笔者通过将上述 2021 年度非法占用农用地罪案件的司法审结情况对比 2020 年度该罪名的刑事司法情况,可以得出如下基本结论:

(1)2021 年度的此类案件数量比 2020 年度出现大幅度下降。下降幅度约为 3/4,即由 2020 年度的 2832 件降为 2021 年度的 713 件,2021 年度的案件数量仅为 2020 年度的 1/4 左右。新冠肺炎疫情导致的社会面活动数量的降低是上述案件数量下降的主要原因。

(2)此类案件数量的区域分布情况仍可反映出该类案件的基本特征。通过对近年来该罪名的各省区市数据的研判并结合一些个案的判决书可知,云南、内蒙古、黑龙江、吉林等省区为该类犯罪案发与审结数量排名居于前列的省区市。一方面是因为这些省份的农用地类型较为丰富(如云南省存在烟草、花卉、中药等用地),另一方面是因为这些省份正处于经济快速发展的过程之中,一些农民存在将农用地转化为经济作物用地的动力。个案研究表明,将农用地转化为种植经济作物用地或将草原等生态用地转化为农用地的情形在一些地方较为普遍,这一现象值得深入分析其原因并提出综合治理之策。

(六)植物资源犯罪案件

植物资源犯罪案件主要涉及危害国家重点保护植物罪的罪名。而该罪包括两个行为,即“非法采伐、毁坏珍贵树木或国家重点保护的植物”及“非法收购、运输、加工、出售珍贵树木或者国家重点保护的其他植物及其制品”。因为这两种行为具有“成罪”外观,并且特性明显,故把二者单独作为一种“罪名”看待,对危害国家重点保护植物罪进行分解解读。

1. 非法采伐、毁坏珍贵树木或国家重点保护的植物罪

图 4 - 10 为 2021 年度我国法院审结的以“非法采伐、毁坏珍贵树木或国家重点保护的植物罪”为罪名而判处的一审刑事案件数量的省区市分布情况:

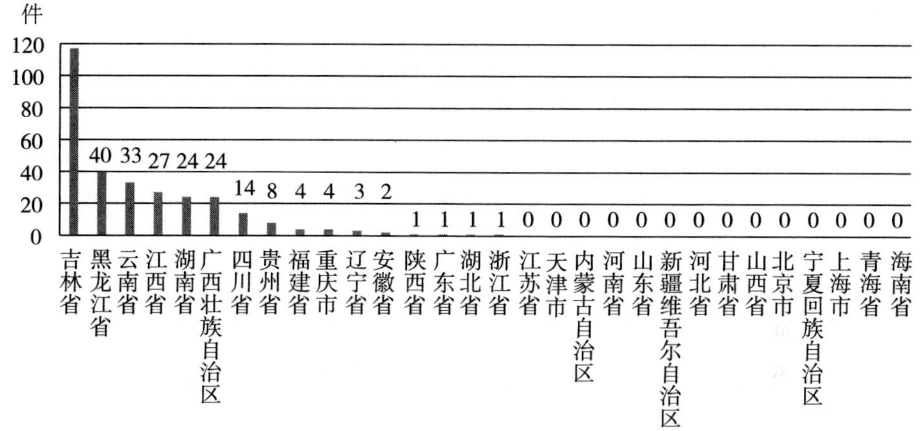

图 4-10　2021 年度"非法采伐、毁坏珍贵树木或国家重点保护的植物罪"案件各省区市数量

通过上述 2021 年度此类案件的全国数据及分省数据，可以得出如下基本结论：

（1）与 2020 年度同类犯罪数据相比，该类犯罪的发案数量的下降幅度明显小于其他生态环境犯罪。相关统计数据表明，2020 年度全国该类犯罪的数量为 661 件，而 2021 年度为 304 件。后一年度较前一年度的数量降幅约为一半以上。笔者认为，在新冠肺炎疫情的影响下，该类犯罪的数量降幅小于其他类型的生态环境犯罪的主要原因可能是该类犯罪的侦察成本较低，另外该类犯罪的行为人对行为的认知，尤其是对涉案林木是否为珍贵树木或国家重点保护的植物可能存在认知障碍，这些原因可能导致该类犯罪具有一定的自然犯罪的特征，从而使发案情况受外界影响相对较小。

（2）分省数据仍可表现出该类犯罪的发案特征。从各省区市数据来看，吉林省、黑龙江省、云南省、江西省、湖南省、广西壮族自治区六个省区位居前列，这与上述六省区属于我国的主要林区有直接的关系，此类案件数量与往年数据所体现出的该类犯罪的地区分布特征吻合。吉林省、黑龙江省作为东北林区的主要分布省区，此类案件数量较大也可以理解。云南省植物资源丰富，珍贵树种较多，该类犯罪的数据一直居于全国前列。江西省作为我国南方的生态环境大省，近年来非法采伐香樟树的案件时有发生。香樟树作为国家重点保护树种，在南方一些地区较为常见，其在近年来成为犯罪对象的情况应引起相关部门的重视。

2. 非法收购、运输、加工、出售珍贵树木或者国家重点保护的其他植物及其

制品罪

图 4 - 11 为 2021 年度我国法院审结的以“非法收购、运输、加工、出售珍贵树木或者国家重点保护的其他植物及其制品罪”为罪名而判处的一审刑事案件数量的省区市分布情况:

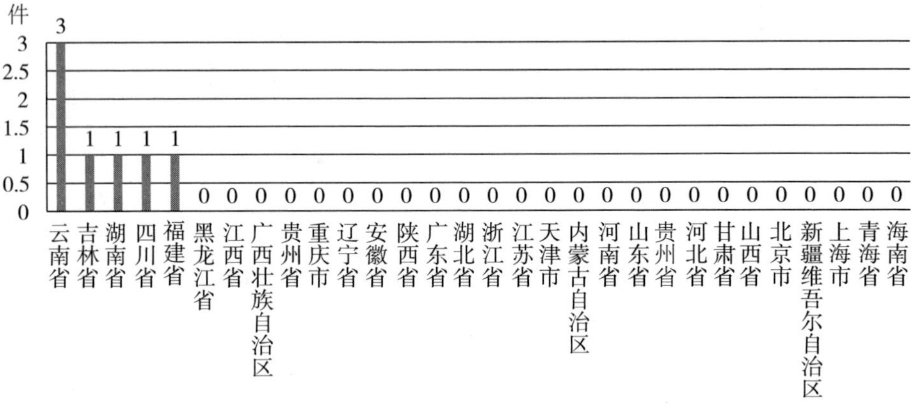

图 4 - 11　2021 年度“非法收购、运输、加工、出售珍贵树木或者国家重点保护的其他植物及其制品罪”案件各省区市数量

由图 4 - 11 可知,2021 年度以该罪名判决的刑事案件的数量总共仅为 7 件,与 2020 年度该罪名的判决数量 134 件相比,出现大幅下降。笔者认为,出现这种情况的直接原因除了新冠肺炎疫情等的影响,以及该罪名的上游犯罪,即非法采伐、毁坏珍贵树木或国家重点保护的植物罪的案件数量大幅下降之外,也可能与部分地方的行政执法机关在疫情防控态势下出现执法强度减弱或覆盖面缩小的情况相关。

(七) 涉林环境犯罪案件

涉林类生态环境犯罪主要包括三个罪名,即盗伐林木罪、滥伐林木罪、非法收购、运输盗伐、滥伐的林木罪。分别规定在我国《刑法》第 345 条第 1 款、第 2 款、第 3 款。

1. 盗伐林木罪

我国《刑法》第 345 条第 1 款规定:“盗伐森林或者其他林木,数量较大的,处三年以下有期徒刑、拘役或者管制,并处或者单处罚金;数量巨大的,处三年以上七年以下有期徒刑,并处罚金;数量特别巨大的,处七年以上有期徒刑,并处罚金。”

最高人民法院《关于审理破坏森林资源刑事案件具体应用法律若干问题的解释》第4条规定："盗伐林木'数量较大'，以二至五立方米或者幼树一百至二百株为起点；盗伐林木'数量巨大'，以二十至五十立方米或者幼树一千至二千株为起点；盗伐林木'数量特别巨大'，以一百至二百立方米或者幼树五千至一万株为起点。"

图4－12为2021年度我国法院审结的以"盗伐林木罪"为罪名而判处的一审刑事案件数量的省区市分布情况：

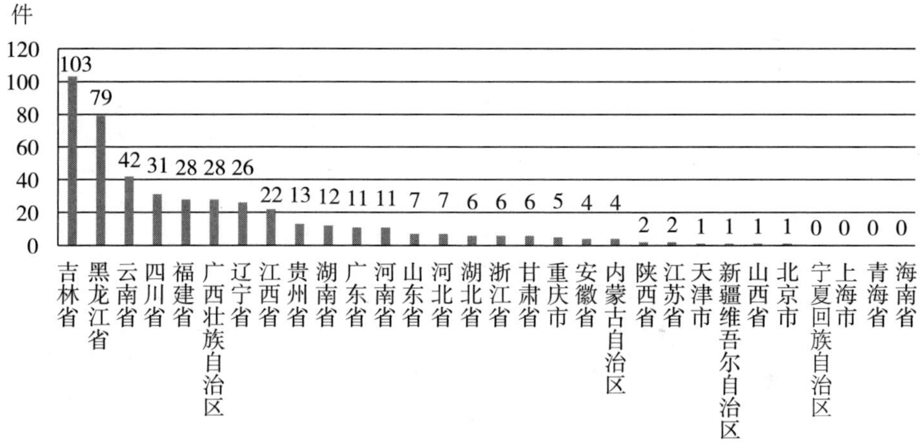

图4－12　2021年度"盗伐林木罪"案件各省区市数量

笔者通过分析上述2021年度该罪名案件的全国数据及各省区市数据，并对比该罪名2020年度的相关数据，可以得出如下基本结论：第一，2021年全国盗伐林木罪的审结案件数量较2020年大幅下降，其可能的主要原因在前文中已经分析过。第二，各省区市数据的分布特征与往年比并无太大变化，即林业资源发达地区仍是我国盗伐林木罪发案的主要地区，如东北地区、西南地区两大主要林区。需要注意的是，吉林省的发案数量连续两年位居全国第一，超过林地面积更多的黑龙江省、四川省、云南省，其中原因值得进一步分析。

2. 滥伐林木罪

我国《刑法》第345条第2款规定："违反森林法的规定，滥伐森林或者其他林木，数量较大的，处三年以下有期徒刑、拘役或者管制，并处或者单处罚金；数量巨大的，处三年以上七年以下有期徒刑，并处罚金。"

最高人民法院《关于审理破坏森林资源刑事案件具体应用法律若干问题的

解释》第 5 条对“滥伐林木罪”的两种类型进行了规定,即:“(一)未经林业行政主管部门及法律规定的其他主管部门批准并核发林木采伐许可证,或者虽持有林木采伐许可证,但违反林木采伐许可证规定的时间、数量、树种或者方式,任意采伐本单位所有或者本人所有的森林或者其他林木的;(二)超过林木采伐许可证规定的数量采伐他人所有的森林或者其他林木的。”

图 4-13 为 2021 年度我国法院审结的以“滥伐林木罪”为罪名而判处的一审刑事案件数量的省区市分布情况:

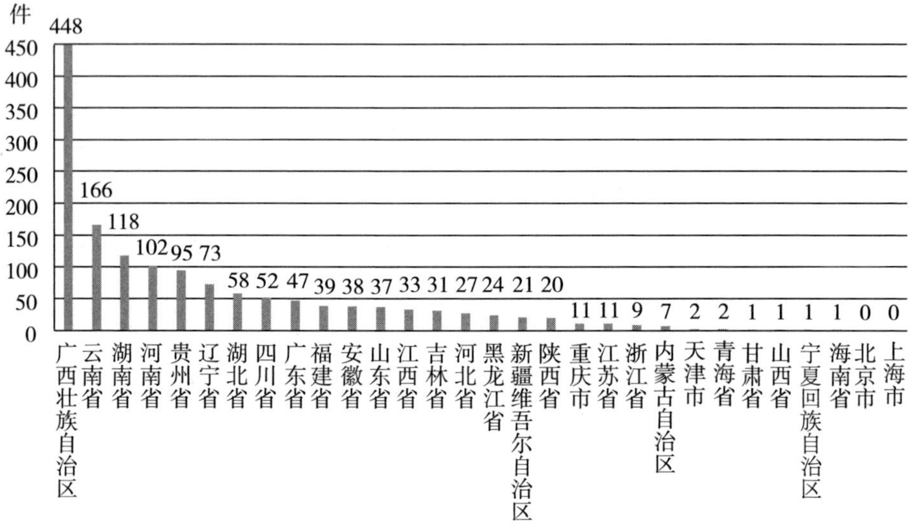

图 4-13　2021 年度“滥伐林木罪”案件各省区市数量

笔者通过上述 2021 年度的该罪名案件全国数据及各省区市数据,并对比该罪名案件 2020 年度的相关数据,可以得出如下基本结论:第一,即便在新冠肺炎疫情等因素的影响下,滥伐林木罪的全国发案数量出现了大幅度地下降,但其数量仍明显高于盗伐林木罪。所谓滥伐,即超过了林业部门核准的采伐数量的林木采伐行为。为什么会在已经获得林业部门采伐许可情形下,仍存在超越采伐数量范围去进行林木采伐,从而触犯刑法的行为,是否存在主观认知的不足,以及是否存在法律宣传不够或者立法方式具有缺陷的问题,值得深入进行研究。第二,广西壮族自治区滥伐林木罪的判案数量一直居于全国前列,且明显超过其他省份,其案件的具体类型与发案样态、成案机理,亟待关注与研究。

3. 非法收购、运输盗伐、滥伐的林木罪

我国《刑法》第 345 条第 3 款规定:“非法收购、运输明知是盗伐、滥伐的林木,情节严重的,处三年以下有期徒刑、拘役或者管制,并处或者单处罚金;情节特别严重的,处三年以上七年以下有期徒刑,并处罚金。"

图4-14为2021年度我国法院审结的以"非法收购、运输盗伐、滥伐的林木罪"为罪名而判处的一审刑事案件数量的省区市分布情况:

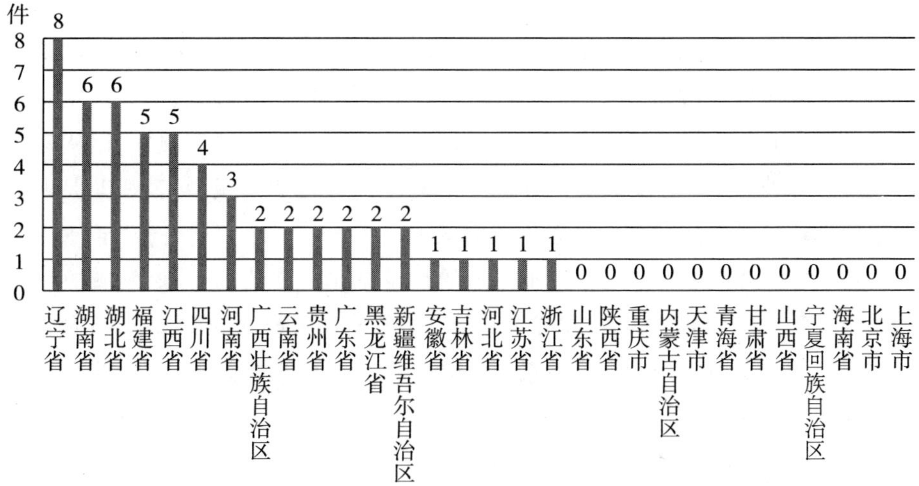

图4-14 2021年度"非法收购、运输盗伐、滥伐的林木罪"案件各省区市数量

笔者通过上述2021年度此类案件的全国数据及各省区市数据,可以得出如下基本结论:第一,笔者根据连续多年的观察可发现,非法收购、运输盗伐、滥伐的林木罪作为盗伐林木罪与滥伐林木罪的关联罪名,在实践中的发案率明显低于上述两个罪名。这一定程度上可能的原因是盗伐或者滥伐林木罪的行为人在多数甚至绝大多数情形下是将林木作为自用物品;因为在自用情形下,其不再需要再次运输或出售,这与野生动植物犯罪中的非法出售、运输、收购等行为可能存在较大的差别,即在这个领域并没有形成明显的产业链,这一情况值得关注。第二,该罪名案件的省区市分布较为广泛,表明该罪名案件在林业资源较为丰富的东北、西南及我国长江流域均存在分布。

四、主要结论与建议

笔者通过前述对2021年度全国生态环境刑事案件的统计与分析,大致可得出如下基本结论:

1. 受新冠感染疫情及其防控政策等因素的影响,2021年度全国法院审结的生态环境刑事案件数量大幅下降,其数量仅为2020年度全国同类案件数量的1/3。

虽然 2020 年度我国生态环境刑事审结案件数量已比 2019 年度明显下降,其中不排除多元因素的影响,但 2021 年度审结案件数量仅为 2020 年度审结数量的 1/3,出现堪称“断崖式”的降幅,还是让人感到颇为意外的。

应对案件数量的非正常大量下降持正确态度。审结案件数量大幅下降表征了案发数量的概括式同比下降,但应需认知到:

(1)生态环境刑事发案数量的大幅下降客观上对生态环境保护有利。犯罪行为是严重侵害法益的行为,生态环境犯罪行为严重侵害生态法益。虽然尚不能精准测量由于生态环境犯罪的减少而降低的生态法益的侵害损失,但从宏观意义上可知,2020 年至 2021 年上半年生态环境违法犯罪的减少,客观上促进了对于生态环境及其所蕴含的生态价值的保护。

(2)统计期间内生态环境犯罪行为的减少是非正常的,后续该领域的犯罪数量会反弹。笔者初步认为,在假设其他变量没有明显改变的情况下,新冠肺炎疫情防控的公共政策作为介入因素,是导致 2021 年度我国生态环境犯罪数量大幅下降的主要原因。但疫情终将过去,作为公共政策的疫情防控政策取消后,人们的生产、生活又将归于正常,基于对自然资源开发利用的生活、生产行为又将开始。在执法力度等行政外部力量及公民的生态文明守法水平没有明显提升情形下,该领域的犯罪发案数量可能会快速反弹。

(3)疫情防控政策对生态环境犯罪的抑制是有成本的。由于疫情防控需要较为广泛的社会动员,会消耗相应的人力、物力与财力,且疫情防控导致的社会面上的正常消费活动减少,对服务业甚至制造业等均产生影响,其对国民财富及国民生产总值的创造均具有负向价值,因此其与上述对生态环境犯罪的抑制将产生成本上的对冲。我们对这种社会总财富减少条件下的犯罪抑制情形要具有清醒认知,应思考和制定在这些公共政策取消后如何减少和更好地控制导致该类犯罪的发生。

2. 在案件数量大幅降低的情形下,当前我国的生态环境犯罪仍显示出明显的与中国所处发展阶段相匹配的显性特征。

(1)资源性价值仍是生态环境犯罪的重要标的。研究表明,除污染环境外的其他所有生态环境犯罪,包括前述对象为动植物、水产品、林木、矿产、土地等的生态环境犯罪,都表现出了强烈的资源性。行为人侵害这些生态要素,并不是为了侵害生态环境,而是为了获得其财产利益。这种以财产利益为直接标的但间接破坏生态环境的犯罪,行为人主观上虽非过错恶劣,但也应受到法律谴责。

(2)生活利益与环境保护价值的冲突是当前我国生态环境犯罪中的主要价值冲突。笔者通过近年来的数据观察并结合个案分析发现,我国生态环境犯罪的发案原因主要是生态环境要素所在地居民出于改善生活或获得经济利益等动机而对生态环境进行非法开发与利用,其行为对象包括森林、草原、滩涂、耕地、动植物、矿产资源等。研究表明,行为人对上述行为违反刑法的认知水平普遍较差,但犯案后认罪与悔罪态度良好,再犯率很低,这表明这类犯罪的主观恶性有限,犯罪行为主要是居民基于对生活利益的追求和对生态环境利益的漠视所造成的,这就需要我们更好地进行生态文明教育与生态环境普法工作。

3. 生态环境被人为破坏的情形依然多样且复杂,居民的生态环境保护意识仍有待加强,人与山水林田湖草沙冰等自然要素的生命共同体意识仍有待进一步加强。

笔者通过统计数据及个案研究发现,虽然此类案件数量因客观原因有明显下降,但各地破坏生态环境的行为样态没有明显改变,"向自然索取"的人与自然观念没有被根本改变,草原、林木、野生动植物等各类自然资源仍是生态环境周边的一些居民"觊觎"的对象。如果没有强大的行政执法与刑事司法力量的威慑,生态环境领域犯罪高发、多发的情形仍有可能加剧,一些地区的人们仍未能完全筑牢生态环保观念,生态环境保护的较好效果主要靠外部压力实现的情形没有根本改变。

基于前述情况,我们应毫不动摇地继续坚持习近平生态文明思想,坚持执行生态环境领域既有的刑事政策,坚持用最严格的制度、最严密的法网管控与治理生态环境犯罪,动员各方力量、强化治理意识、加强过程治理与溯源治理,努力提升治理效能,保持对生态环境犯罪的长期高压态势,促进人们"不敢犯""不能犯""不想犯"的思想观念的早日生成,保护绿水常在、青山幽幽、万物自然生息的良好生态环境,促进美丽中国与人民群众美好生活家园建设!

环境公益诉讼的现状检视与趋势分析*

陈海嵩　胡　攀　姜闻远

自2014年《环境保护法》第58条规定了环境公益诉讼制度以来，我国环境公益诉讼的规则体系在司法实践中得到了快速发展。在起诉主体方面，在《环境保护法》确立的社会组织之外，检察机关提起公益诉讼制度以2017年《民事诉讼法》和2017年《行政诉讼法》的修改为标志在我国正式确立。在诉讼类型方面，在环境民事公益诉讼与环境行政公益诉讼两大类型之外，2018年3月2日最高人民法院、最高人民检察院《关于检察公益诉讼案件适用法律若干问题的解释》(以下简称《检察公益诉讼司法解释》)明确规定，检察机关对破坏生态环境和资源保护等犯罪行为提起公诉时可以向人民法院一并提起附带民事公益诉讼，这构成环境民事、行政、刑事附带民事三类公益诉讼并立的局面。至此，环境公益诉讼的基本规则体系已经形成，环境公益诉讼进入较为成熟的发展阶段，形成具有中国特色的规则体系。随着环境公益诉讼的深入发展，司法实践中也暴露出一些问题需要解决，诸如环境公益诉讼预防功能的发挥、环境公益诉讼的裁判尺度、环境公益诉讼的外部衔接等。

为了深入分析环境公益诉讼的运行现状以及存在的问题，并在此基础上明确完善路径，本研究依据从中国裁判文书网及北大法宝数据库中检索到的3类环境公益诉讼案件，结合前期的相关统计数据，在环境治理现代化视角下，深入分析我国环境公益诉讼当前的实施状况、发展情况及存在的问题，并尝试探索可能的改进对策。

一、研究样本的界定及获取方式

在正式分析之前，有必要明确界定分析所依据的案例样本以及具体的获取和筛选方式。本研究将尝试展现环境公益诉讼制度的运行现状，主要围绕年度数据(2021年度裁判文书)加以分析，并结合2015年以来的环境公益诉讼历年

* 感谢武汉大学环境法研究所2022级硕士研究生唐利云、曾妍、黄耀琳参与了资料整理工作。

数据加以一定对比。

因此，本研究主要以2021年环境公益诉讼裁判文书作为研究对象。预期通过对2021年的环境公益诉讼的裁判文书进行定量分析，以系统梳理2021年我国环境公益诉讼制度的实施现状。2021年环境公益诉讼案件主要是从中国裁判文书网数据库中检索，辅之以北大法宝数据库和案例检索工具。在中国裁判文书网中，将检索条件选定为“全文”“公益诉讼”，裁判年份选定为“2021”；在北大法宝中，选定“司法案例”，专题分类中选定“公益诉讼”，限制审结年份为“2021”。在以上两种数据库中，将案由分别选定为“民事案由”、“刑事案由”和“行政案由”。由于我国目前的公益诉讼并不限于环境资源保护领域，因此需要涉及环境资源保护类的案件进行逐个选定并进行分别统计。通过前述方法，经对所有检索文书的内容进行人工筛选和排除，删掉了部分重复案例。最终共获得我国2021年度环境公益诉讼裁判文书1663份，其中环境民事公益诉讼的裁判文书为140份，环境刑事附带民事公益诉讼的裁判文书为1473份，环境行政公益诉讼的裁判文书为50份。

二、2021年度环境公益诉讼案件基本情况

依据前述介绍的研究对象以及案例样本的获取方式，本部分以课题组获取的2021年度环境公益诉讼裁判文书（共计1663份）为分析样本，从整体情况、案由分布、地域分布、审级分布、适用程序等方面对我国2021年的环境公益诉讼现状进行整体描述与分析。需要说明的是，由于案件来源的局限性和检索路径的限制，以及裁判文书上网的时效性限制，本节提出的研究结论仅能在现有条件下反映我国环境公益诉讼制度的基本现状及存在的问题。

（一）环境公益诉讼的类型、地域及审级的总体分布

1. 2015～2021年环境公益诉讼年际对比

在透视2021年度环境公益诉讼案件基本情况之余，根据《中国环境司法发展报告（2019年）》以及《中国环境司法发展报告（2020年）》中提供的2015年至2020年环境公益诉讼案件的相关数据，结合我们收集到的2021年数据，可以对历年环境公益诉讼一审结案数的变化形成一个总体性认识。

图5－1为2015～2021年环境公益诉讼一审案件数量分布图，其中，2015年至2017年环境公益诉讼一审案件的数据源于《中国环境司法发展报告（2019年）》，2018年至2020年环境公益诉讼一审案件的数据源于《中国环境司法发展报告（2020年）》，2021年环境公益诉讼一审案件的数据源于课题组通过中国裁

判文书网对所公开的裁判文书的统计。

统计数据显示,2015～2016 年环境公益诉讼一审案件为 73 件,2017 年为 114 件,2018 年为 1252 件,2019 年为 1947 件,2020 年为 3357 件,[1] 2021 年为 1487 件(见图 5－1)。这表明,环境公益诉讼案件数量持续多年增长的情况下首次迎来了结案数下降"拐点",这侧面反映了我国环境和生态保护工作逐渐向好。

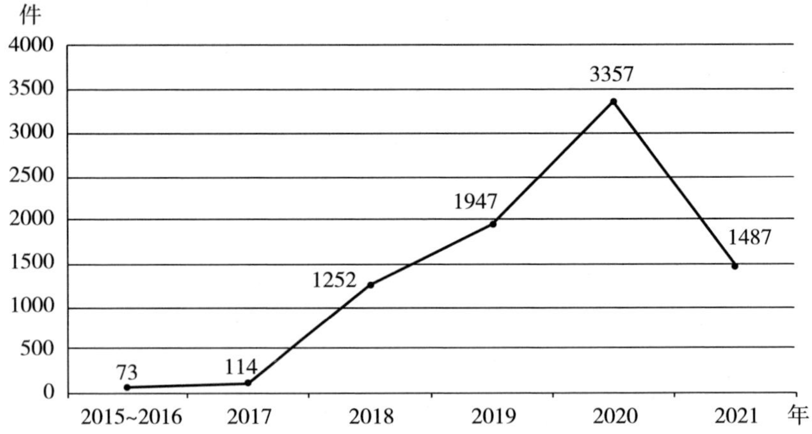

图 5－1　2015～2021 年环境公益诉讼一审案件数量

2. 2021 年度各类环境公益诉讼占比

从提起诉讼案件类型来看,环境行政公益诉讼案件 50 件,占比 3%,环境民事公益诉讼案件数量 140 件,占比 8%,环境刑事附带民事公益诉讼案件数量 1473 件,占比 89%(见表 5－1、图 5－2)。可见,检察机关提起的环境公益诉讼案件之中,环境刑事附带民事公益诉讼案件"一枝独大"。环境刑事附带民事公益诉讼案件本质上也属于民事公益诉讼案件,那么环境行政公益诉讼案件与环境民事公益诉讼案件之间的数量对比为 50∶1613,后者是前者的 32.3 倍,由此可见环境公益诉讼案件类型呈现出"民重行轻"的特点。

[1] 2015 年至 2017 年数据源于吕忠梅等:《中国环境司法发展报告(2019 年)》,法律出版社 2020 年版,第 29 页;2018 年至 2020 年数据源于吕忠梅等:《中国环境司法发展报告(2020 年)》,法律出版社 2021 年版,第 20 页。

表 5－1　2021 年度各类环境公益诉讼数量

单位:件

类别	数量
环境民事公益诉讼	140
环境刑事附带民事公益诉讼	1473
环境行政公益诉讼	50
总计	1663

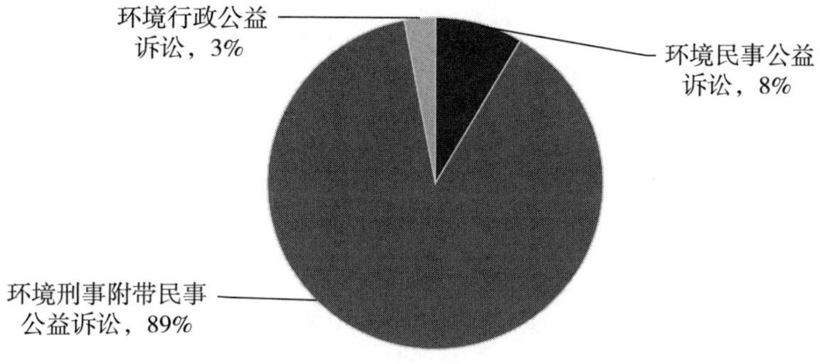

图 5－2　各类环境公益诉讼占比

3. 环境公益诉讼案件的省际分布

以中国裁判文书网收集的环境公益诉讼裁判文书为分析样本。从省级分布来看,31 个省(自治区、直辖市)域均有环境公益诉讼案件,但各个省区市的环境公益诉讼案件分布广而不均衡。其中,江苏、浙江、安徽、山东、湖南、广东、广西、四川、贵州九个省区市的环境公益诉讼案件数量均在 70 件以上,对其依次排序是四川省(159 件)、湖南省(149 件)、安徽省(132 件)、贵州省(125 件)、广西壮族自治区(89 件)、广东省(78 件)、山东省(76 件)、浙江省(73 件)、江苏省(72 件),诉讼案件达到 953 件,约占全国环境公益诉讼案件总量的 57.3%。北京、天津、海南、新疆、西藏、青海、宁夏七个省区市的环境公益诉讼案件数均在 10 件以下,案件总量仅为 26 件,约占全国环境公益诉讼案件总量的 1.56%(见表 5－2)。当然,囿于各地方法院对于裁判文书上网的数量要求不一,上述裁判文书省区市分布图显示的结果可以在一定程度上反映各地域环境公益诉讼工作的情况。

表 5-2　2021 年全国环境公益诉讼审结案件各省区市数量

单位:件

省区市	环境刑事附带民事公益诉讼	环境民事公益诉讼	环境行政公益诉讼	总计
北京市	1	1	0	2
天津市	3	0	0	3
上海市	12	1	0	13
重庆市	11	2	2	15
河北省	53	1	3	57
山西省	7	6	0	13
内蒙古自治区	9	0	6	15
辽宁省	99	11	3	113
吉林省	39	4	6	49
黑龙江省	59	0	0	59
江苏省	63	9	0	72
浙江省	49	24	0	73
安徽省	99	30	3	132
福建省	52	2	0	54
江西省	62	5	0	67
山东省	67	8	1	76
河南省	32	3	0	35
湖北省	42	2	4	48
湖南省	143	5	1	149
广东省	75	3	0	78
广西壮族自治区	87	2	0	89
四川省	152	3	4	159
贵州省	109	9	7	125
甘肃省	31	2	2	35
海南省	2	2	0	4
新疆维吾尔自治区	5	1	0	6
西藏自治区	1	2	0	3
青海省	3	2	0	5
陕西省	47	0	6	53
宁夏回族自治区	2	0	1	3
云南省	57	0	1	58

4. 环境公益诉讼审理法院以及审理程序分布

如图 5 – 3 所示，2021 年环境公益诉讼案件有 1378 件由基层人民法院审理，占比 82.86%，有 222 件由中级人民法院审理，占比 13.35%。2021 年环境公益诉讼案件中，一审审理终结的案件 1487 件，占比 89.42%；157 件由二审人民法院审理，占比 9.44%；再审案件有 16 件，占比 0.96%。（见图 5 – 4）

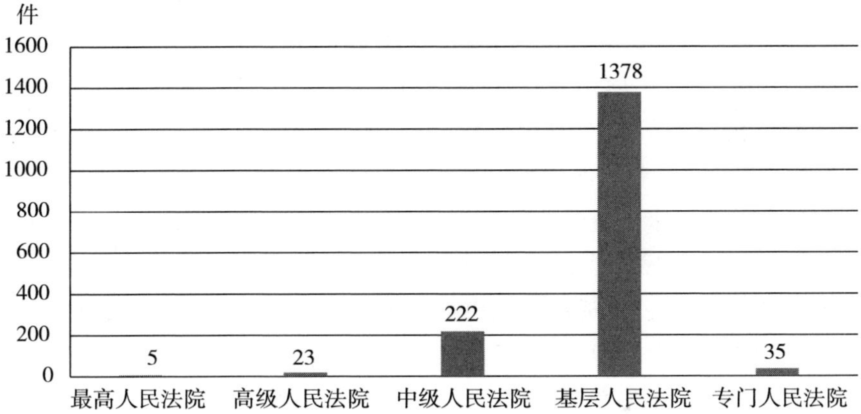

图 5 – 3　环境民事公益诉讼案件各审级数量

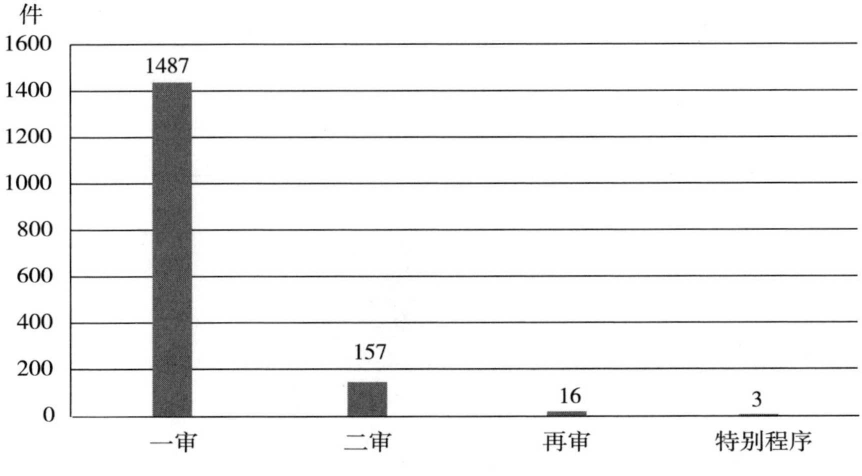

图 5 – 4　2021 年环境公益诉讼案件的法院审级分布

（二）环境民事公益诉讼案件的基本情况

本部分的研究样本源于中国裁判文书网、北大法宝数据库中的环境公益诉讼案件裁判文书，以《最高人民法院民事案件案由规定》规定的民事案件案由的类型、层次与具体案由作为线索与依据,检索限制审结年限为 2021 年,检索范围为各级人民法院 2021 年审结的环境民事公益诉讼案件的裁判文书。通过前述方法,据不完全统计,截至 2022 年 2 月底,民事公益诉讼案件达到 493 件,但这些案件过于宽泛,许多并非真正的环境公益诉讼案件。由此,课题组又根据案件的原告、被告、诉讼请求、污染的环境要素或损害的自然资源等,筛选和排除掉了部分案例。在剔除了不符合要求的类型案件、重复案件之后,共获得环境民事公益诉讼判决书 49 份,裁定书 79 份,调解书 11 份,决定书 1 份,共计 140 份。本部分将主要从整体情况、案由分布、地域分布、审级分布、适用程序等方面对 2021 年度环境民事公益诉讼进行梳理研究。

1. 环境民事公益诉讼案件数及分布

2021 年环境民事公益诉讼和民事公益诉讼裁判文书情况统计如表 5 – 3 和图 5 – 5 所示。全国民事公益诉讼裁判文书共 493 份,其中有 140 份为环境民事公益诉讼,环境民事公益诉讼占民事公益诉讼总数的 28.4%。通过横向对比 2016 年至 2021 年环境民事公益诉讼案件的数量[2]可知,2021 年度相较 2020 年度环境民事公益诉讼案件整体数量有一定幅度下降。

表 5 – 3 环境民事公益诉讼和民事公益诉讼裁判文书数量

单位:份

裁判文书类型	数量
环境民事公益诉讼	140
民事公益诉讼	493

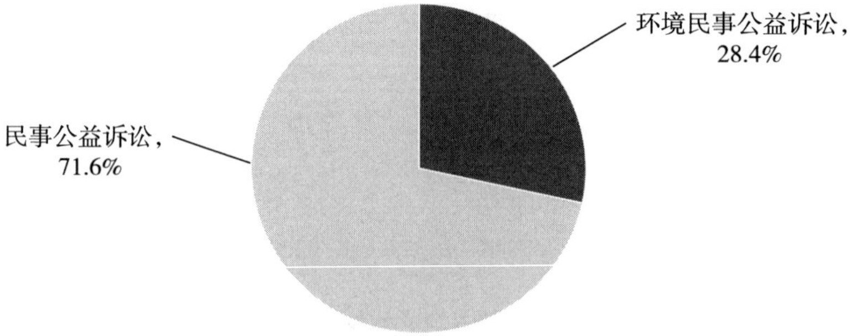

图 5 – 5 环境民事公益诉讼和民事公益诉讼裁判文书占比

[2] 具体数据参见吕忠梅等:《中国环境司法发展报告(2020 年)》,法律出版社 2021 年版,第 156 ~ 157 页。

通过表 5－4 的数据统计，可以发现 2021 年我国的环境民事公益诉讼案件在各省、自治区、直辖市之间数量对比悬殊、差距明显。2021 年法院审结的环境民事公益诉讼案件最多的前七个省份分别为安徽省（30 件）、浙江省（24 件）、辽宁省（11 件）、江苏省（9 件）、贵州省（9 件）、山西省（6 件）和山东省（8 件）。其中，安徽省有 30 件，数量遥遥领先，占比 21.43%。前七个省份共审结案件 95 件，占比 67.86%。其他 18 个省、自治区、直辖市的案件数量分别为：江西省（5 件）、湖南省（5 件）、吉林省（4 件）、广东省（3 件）、四川省（3 件）、广西壮族自治区（2 件）、福建省（2 件）、重庆市（2 件）、湖北省（2 件）、河南省（3 件）、甘肃省（2 件）、青海省（2 件）、西藏自治区（2 件）、海南省（2 件）、河北省（1 件）、北京市（1 件）、新疆维吾尔自治区（1 件），共计 42 件，占比为 30%。

表 5－4　2021 年环境民事公益诉讼裁判文书地域分布数量

单位：件

省区市	数量
辽宁省	11
广西壮族自治区	2
安徽省	30
青海省	2
湖南省	5
湖北省	2
上海市	1
福建省	2
浙江省	24
江西省	5
江苏省	9
贵州省	9
甘肃省	2
山西省	6
山东省	8
四川省	3

续表

省区市	数量
吉林省	4
河南省	3
海南省	2
河北省	1
广东省	3
新疆维吾尔自治区	1
西藏自治区	2
北京市	1
重庆市	2
合计	140

2. 环境民事公益诉讼案件案由分布

环境民事公益诉讼的类型较为广泛,涵盖了污染防治、资源保护、生态保护的多个领域。在现行环境民事公益诉讼案件中,环境污染责任纠纷案件所占比重较大,有 77 件,占整个环境民事公益诉讼案由的一半。由图 5 - 7 可知,“大气污染责任纠纷”案件为 16 件,占比为 11.43%;“水污染责任纠纷”案件为 11 件,占比为 7.86%;“固体废物污染责任纠纷”案件为 4 件,占比 2.86%;“土壤污染责任纠纷案件”为 2 件,占比 1.43%。而对于环境污染责任纠纷的具体类型的表述未予明确的裁定书,课题组将其归于多种污染责任纠纷,由此多种污染责任纠纷多达 44 件,占比 31.43%。此外,生态破坏责任纠纷相对占也比较多,有 34 件,占比 24.28%;生态环境保护民事公益诉讼有 13 件;而海事海商纠纷、合同纠纷和物权保护纠纷分别为 9 件、5 件和 2 件。(见图 5 - 6)

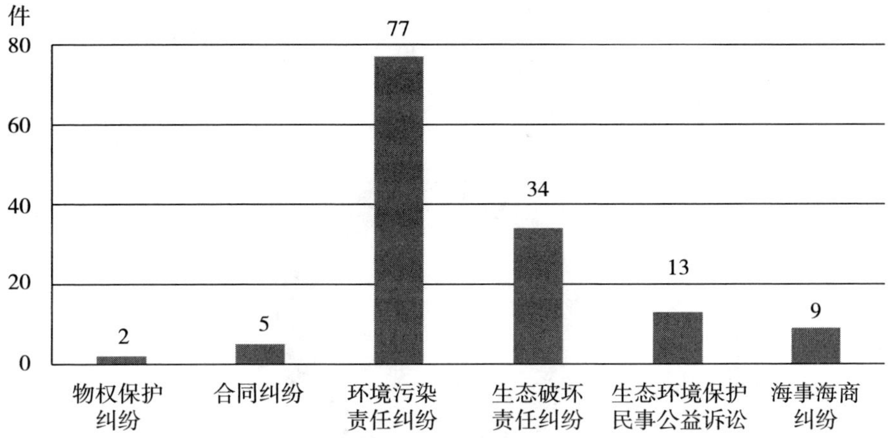

图 5－6　2021 年度环境民事公益诉讼涉及案由的数量

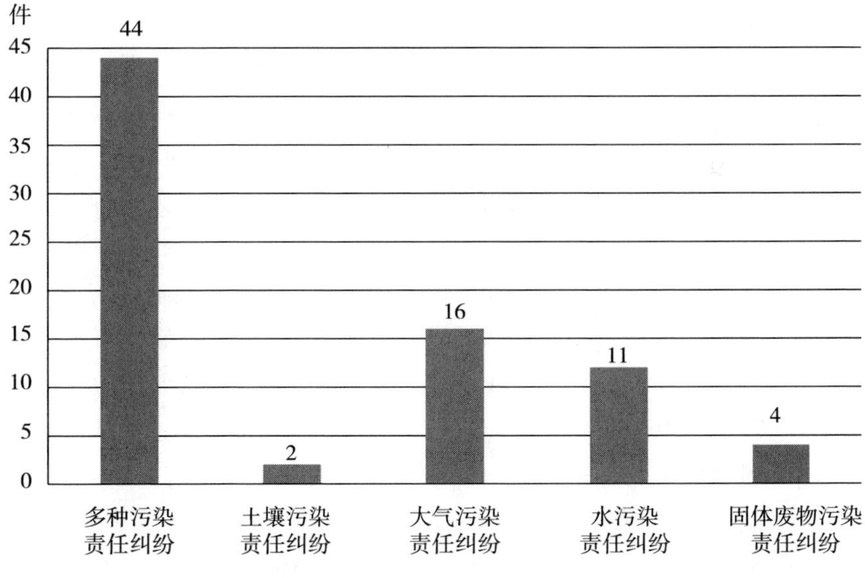

图 5－7　2021 年度环境民事公益诉讼涉及环境污染责任纠纷的数量

3. 环境民事公益诉讼提起主体分布

如图 5－8 所示，2021 年度环境民事公益诉讼的起诉主体最多的主体为检察机关，占比达到 61%，其次是社会组织，占比 29%，个人作为起诉主体的占比为 7%，政府部门作为起诉主体的占比 3%。根据《民事诉讼法》第 58 条，《环境保护法》第 58 条规定，对污染环境、侵害众多消费者合法权益等损害社会公共利益的行为,法律规定的机关和有关组织可以向人民法院提起诉讼。因此,大多数环境民事公益诉讼由检察机关和公益组织提起,符合法律规定,且当前环境民事公益诉讼案件的提起主体主要为检察机关。

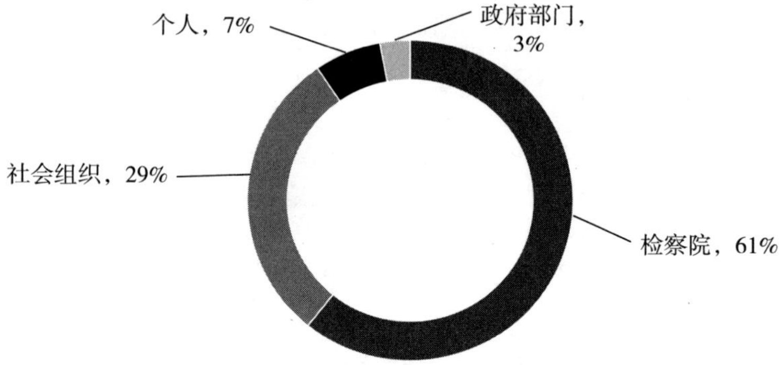

图 5 -8　2021 年环境民事公益诉讼提起主体占比

但是目前并没有明确的法律法规规定政府部门能够提起公益诉讼,所以政府部门作为诉讼主体的案件数量非常少。从 2017 年到 2021 年,在公开的数据库"中国裁判文书网"和"北大法宝"中,找到有关政府部门作为原告提起的环境民事公益诉讼案件 8 件,其中 2021 年 4 件,2020 年 1 件,2018 年 1 件,2017 年 2 件。在前述 8 件案件中,有 3 件环境民事公益诉讼案件法院因原告诉讼主体资格驳回起诉,分别为:上思县自然资源局、广西上思县鑫海农业投资有限公司等财产损害赔偿纠纷案[(2021)桂 0621 民初 1169 号],镇沅彝族哈尼族拉祜族自治县林业和草原局民事纠纷案[(2020)云 0825 民初 208 号],新余市渝水区环境保护局与新余良鑫工贸有限公司、付某环境污染责任纠纷案[(2016)赣 0502 民初 2183 号]。

其余 5 件环境民事公益诉讼案件中〔3〕法院均认可政府部门提起环境民事公益诉讼的主体资格,法院主要依据《民事诉讼法》第 58 条第 1 款关于"对污染环境、侵害众多消费者合法权益等损害社会公共利益的行为,法律规定的机关和

---

〔3〕 案例一:海南省乐东黎族自治县生态环境局、海南省人民检察院第二分院等生态破坏民事公益诉讼民事纠纷案[(2021)琼 72 民初 107 号];案例二:中山市海洋与渔业局与彭某权、冯某林污染海洋环境责任纠纷案[(2017)粤 72 民初 541 号、(2018)粤民终 2065 号];案例三:临沂市公路局沂水县公路管理局等诉淄博茂翔运输有限公司等环境污染责任纠纷案[(2017)鲁 1323 民初 4071 号];案例四:成都市生态环境局与爱斯特(成都)生物制药股份有限公司环境污染责任纠纷案[(2020)川 01 民初 5193 号];案例五:兰州市生态环境局西固分局与白银永佳鑫商贸有限公司环境污染责任纠纷案[(2020)甘 0104 民初 2033 号]。

有关组织可以向人民法院提起诉讼”的规定，认为有关政府部门有权代表国家提起本案民事公益诉讼。其中，在中山市海洋与渔业局与彭某权、冯某林污染海洋环境责任纠纷案[(2017)粤72民初541号、(2018)粤民终2065号]中，法院根据《海洋环境保护法》第89条第2款关于“对破坏海洋生态、海洋水产资源、海洋保护区，给国家造成重大损失的，由依照本法规定行使海洋环境监督管理权的部门代表国家对责任者提出损害赔偿要求”的规定作出判决。

4. 环境民事公益诉讼法院级别和审理程序

如图5－9所示，在统计的2021年度环境民事公益诉讼案例中，中级人民法院审理的案件占比最大，达56.43%，而基层人民法院和高级人民法院各占比17.14%和15%。从统计数据可以看出，审理环境民事公益诉讼的法院主要集中在中级人民法院和基层人民法院。最高人民法院《关于审理环境民事公益诉讼案件适用法律若干问题的解释》(以下简称《环境民事公益诉讼司法解释》)第6条规定：“第一审环境民事公益诉讼案件由污染环境、破坏生态行为发生地、损害结果地或者被告住所地的中级以上人民法院管辖……”因此，根据这一规定，大多数环境民事公益诉讼案件由中级人民法院审理。

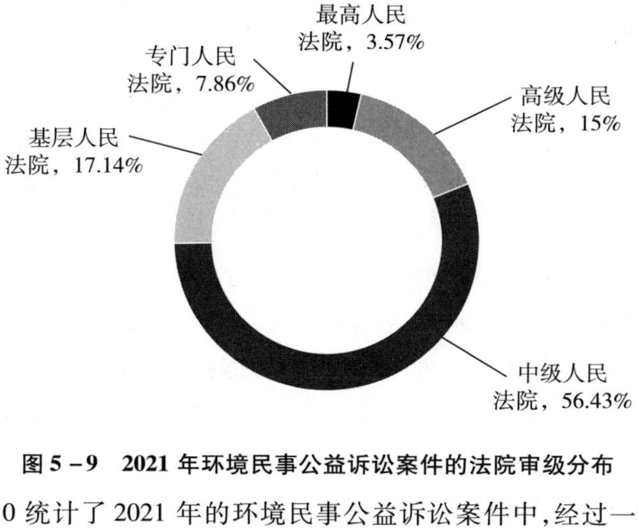

图5－9　2021年环境民事公益诉讼案件的法院审级分布

图5－10统计了2021年的环境民事公益诉讼案件中，经过一审程序的案例，共计114件，占比高达81.43%，二审程序仅有19件，占比为13.57%。由此可以看出，环境民事公益诉讼案件总体呈现出较低的上诉率。考察二审环境民事公益诉讼案件，9件的判决结果是“驳回上诉，维持原判”。(见图5－11)

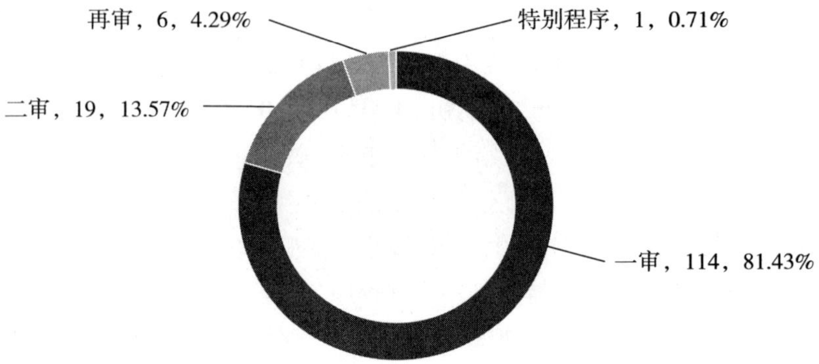

图 5-10　环境民事公益诉讼案件各审级数量

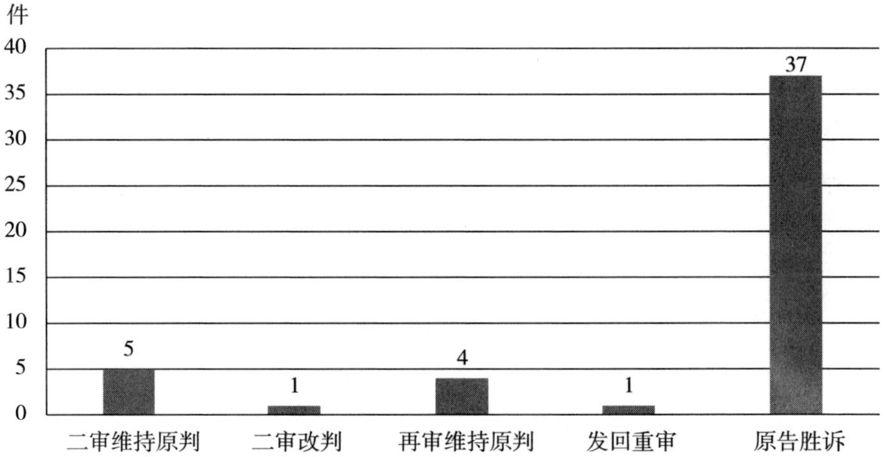

图 5-11　2021 年环境民事公益诉讼终审结果

5. 环境民事公益诉讼文书类型分布

如图 5-12 所示,2021 年度环境民事公益诉讼案件审结 140 件。结案方式为判决、调解、决定和裁定,其中调解结案 11 件、决定书 1 件,裁定有 79 件,其中裁定撤诉有 18 件,其余 49 件均为判决。其中裁定撤诉的主要原因除起诉错误外,其他则为侵权行为人已消除了环境污染等违法状态。

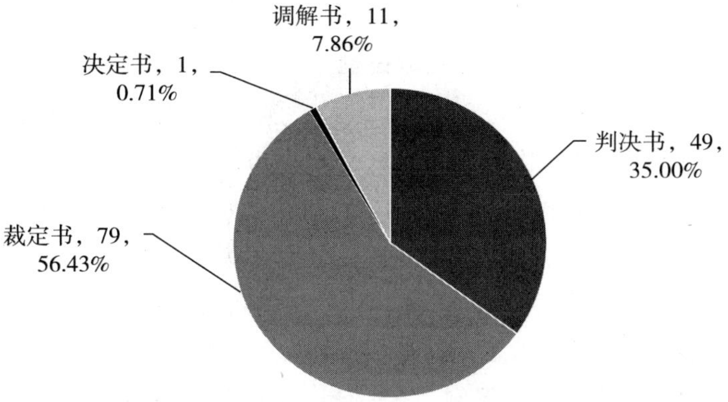

图 5-12　环境民事公益诉讼裁判文书类型

6. 预防性环境公益诉讼逐步兴起

在 2020 年年底至 2021 年的环境民事公益诉讼司法实践中，一个突出的特征是预防性环境公益诉讼的兴起，在推动环境治理现代化上发挥了积极的作用。最高人民法院《关于审理环境民事公益诉讼案件适用法律若干问题的解释》(2020 年修正)第 1 条对环境民事公益诉讼予以类型化，将其分为针对已经造成社会公共利益损害的实害型环境民事公益诉讼与针对具有造成社会公共利益损害重大风险的预防性环境民事公益诉讼，第 8 条第 2 项和规范预防性环境公益诉讼的部分起诉条件，第 18 条则明确预防性环境公益诉讼中原告可要求被告承担停止侵害、排除妨碍、消除危险、恢复原状、赔偿损失、赔礼道歉等民事责任。此三部分共同构成预防性环境公益诉讼的主要规范体系。近年来在实践中得以兴起。在自然之友环境研究所诉中国水电顾问集团新平开发有限公司、中国电建集团昆明勘测设计研究院有限公司环境污染责任纠纷一案[“绿孔雀案”，(2020)云民终 824 号]中，2020 年 12 月，云南省高级人民法院在判决书中阐明预防性公益诉讼的核心要素是具有重大风险，重大风险是指对环境可能造成重大损害危险的一系列行为，从而认定案涉项目淹没区动植物种类丰富，生物多样性价值及遗传资源价值无法估量，原告自然之友环境研究所主张戛洒江一级水电站的建设对淹没区整个生态系统生物多样性和生物安全存在重大风险的证据翔实，观点成立。该判决有效落实了《环境保护法》的预防为主原则，突破了有损害才有救济的传统司法理念，具有重要的意义。其他类似的预防环境公益诉讼案件还有中国生物多样性保护与绿色发展基金会诉雅砻江流域水电开发有限公司生态环境保护民事公益诉讼案，同时入选了最高人民法院在 2021 年 2 月公布的“长江流域生态环境司法保护典型案例”。

(三)环境刑事附带民事公益诉讼案件的基本情况

本部分主要以 2021 年生态环境资源保护领域刑事附带民事公益诉讼裁判文书作为分析样本,通过对 2021 年的环境刑事附带民事公益诉讼的裁判文书进行整理,对 2021 年度我国环境刑事附带民事公益诉讼案件的现状进行分析研究。环境刑事附带民事公益诉讼案件主要从北大法宝数据库中进行检索,检索日期为 2021 年度,检索案由为《刑法》第六章“妨害社会管理秩序罪”中第六节“破坏环境资源保护罪”,检索专题为“公益诉讼”,共检索出 2147 件 2021 年度环境刑事附带民事公益诉讼案例。本部分以检索出的 1473 件环境刑事附带民事公益诉讼案例为分析样本,对 2021 年度我国环境刑事附带民事公益诉讼实施现状进行分析,梳理 2021 年度环境刑事附带民事公益诉讼整体情况,制度实施现状,分析当前存在的问题及问题的可能成因。本部分将主要从整体情况、案由分布、地域分布、审级分布、适用程序等方面对 2021 年度环境刑事附带民事公益诉讼进行梳理研究。

1. 整体情况

通过北大法宝数据库,将检索日期设置为 2021 年度,将检索案由设置为《刑法》第六章第六节“破坏环境资源保护罪”,共检索到环境刑事案件 11469 件,2021 年度检索到环境刑事附带民事公益诉讼案件 1473 件,环境刑事附带民事公益诉讼在环境刑事案件中占比为 12.84%,占比不高。2019 年,环境刑事附带民事公益诉讼案件为 1917 件,2020 年为 3015 件,[4] 2021 年检索得出 1473 件,2021 年度相较 2020 年度环境刑事附带民事公益诉讼案件整体数量有一定幅度下降,从总体趋势来看,环境刑事附带民事公益诉讼案件数量经过 2018 ~ 2020 年爆发增长期后现处于平稳状态。通过北大法宝检索,将检索日期设置为 2021 年度,将检索专题设置为公益诉讼,将检索案由设置为刑事,共检索得 2165 件刑事附带民事公益诉讼案件,2021 年度环境刑事附带民事公益诉讼案件为 1473 件,占比约 68%,由此可见,当前环境刑事附带民事公益诉讼是刑事附带民事公益诉讼的重要部分。

2. 案由分布

本次检索的 1473 件环境刑事附带民事公益诉讼案件,共涉及 16 个罪名,在

---

〔4〕 吕忠梅等:《中国环境司法发展报告(2020 年)》,法律出版社 2021 年版,第 155 ~ 195 页。

此需要说明的是,2021 年 2 月 26 日发布的最高人民法院、最高人民检察院《关于执行〈中华人民共和国刑法〉确定罪名的补充规定(七)》中对《刑法》第六章第六节环境犯罪的罪名进行了调整。确定危害珍贵、濒危野生动物罪,取消非法猎捕、杀害珍贵、濒危野生动物罪和非法收购、运输、出售珍贵、濒危野生动物、珍贵、濒危野生动物制品罪罪名。确定危害国家重点保护植物罪,取消非法采伐、毁坏国家重点保护植物罪和非法收购、运输、加工、出售国家重点保护植物、国家重点保护植物制品罪罪名。16 个罪名设计案件数量并不平衡,其每个罪名的分布如表 5 - 5 所示:

表 5 - 5　刑事附带民事公益诉讼案件的刑事案由情况

单位:件

罪　　名	数量
非法捕捞水产品罪	451
非法狩猎罪	256
危害珍贵、濒危野生动物罪	163
非法采矿罪	159
滥伐林木罪	130
污染环境罪	121
非法占用农用地罪	108
盗伐林木罪	56
危害国家重点保护植物罪	24
非法猎捕、收购、运输、出售陆生野生动物罪	4
非法收购盗伐、滥伐的林木罪	1
合计	1473

非法处置进口的固体废物罪,擅自进口固体废物罪,破坏性采矿罪,破坏自然保护地罪,非法引进、释放、丢弃外来入侵物种罪这五个罪名没有环境刑事附带民事公益诉讼案件。在 1473 件案件中,其中,非法捕捞水产品罪(451 件)、非法狩猎罪(256 件)、非法采矿罪(159 件)排名前三,三个案由约占总体案件案由的 58.7%。总体来说,2021 年度环境刑事附带民事公益诉讼案件的案由分布比较广泛,但是案由分布也存在不平衡的问题。(见图 5 - 13)

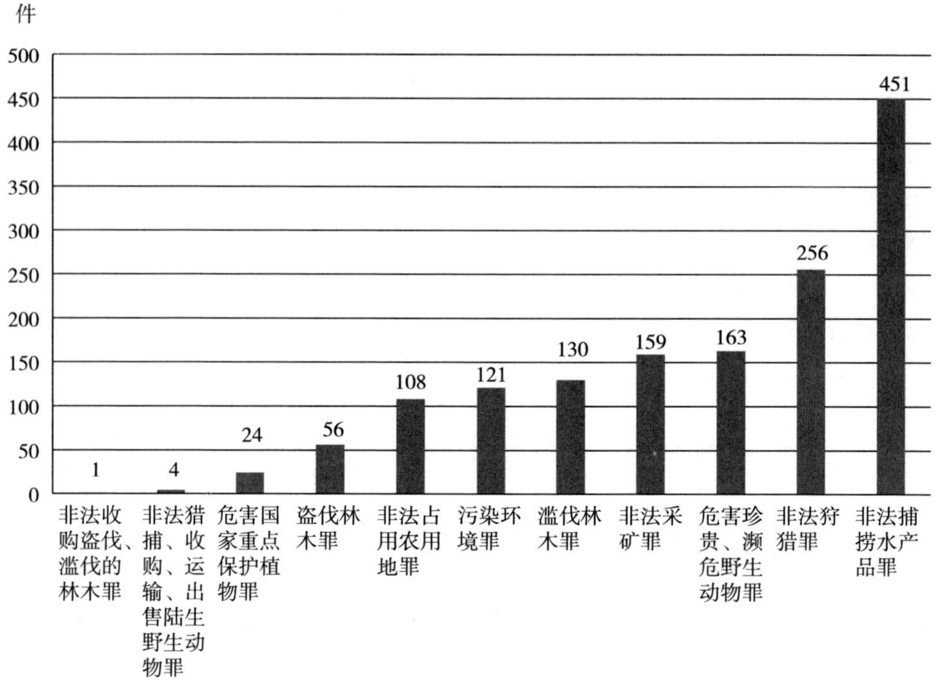

图 5-13　2021 年环境刑事附带民事公益诉讼案件案由分布

3. 地域分布

以检索的 1473 件环境刑事附带民事公益诉讼案件为分析样本,从地域分布来看,共涉及全国 31 个省区市,总体而言,环境刑事附带民事公益诉讼案件地域分布广泛,涵盖了我国所有省区市,但各个省区市之间的差距较大,案例分布并不平衡。环境刑事附带民事公益诉讼案件数前十的省区市是:四川省(152 件)、湖南省(143 件)、贵州省(109 件)、辽宁省(99 件)、安徽省(99 件)、广西壮族自治区(87 件)、广东省(75 件)、山东省(67 件)、江苏省(63 件)、江西省(62 件),案件共计 956 件,占案件总数的 64.9%,而部分省区市案例仅个位数,如海南省(2 件)、宁夏回族自治区(1 件)、北京市(1 件)。观察试点地区 2021 年度的环境刑事附带民事公益诉讼情况来看:北京市(1 件)、内蒙古自治区(9 件)、吉林省(39 件)、江苏省(63 件)、安徽省(99 件)、福建省(52 件)、山东省(67 件)、湖北省(42 件)、广东省(75 件)、贵州省(109 件)、云南省(57 件)、陕西省(47 件)、甘肃省(31 件),共计 691 件。结合往年趋势来看,2021 年度环境刑事附带民事公益诉讼案件地域分布与试点地区的关联性下降,其案件数量与试点地区没有显著性关系。从地域分布趋势图来看，南部、沿海地区的案件数较多，而西部、北部地区案件分布较少。从经济发展水平来看，环境刑事附带民事公益诉讼案件与经济发展水平并不具有必然性联系，案件数排名较前的四川省、湖南省、贵州省并不是经济发达地区，而案件数较少的北京、上海等省区市也不是经济欠发达地区。（见图 5 - 14）

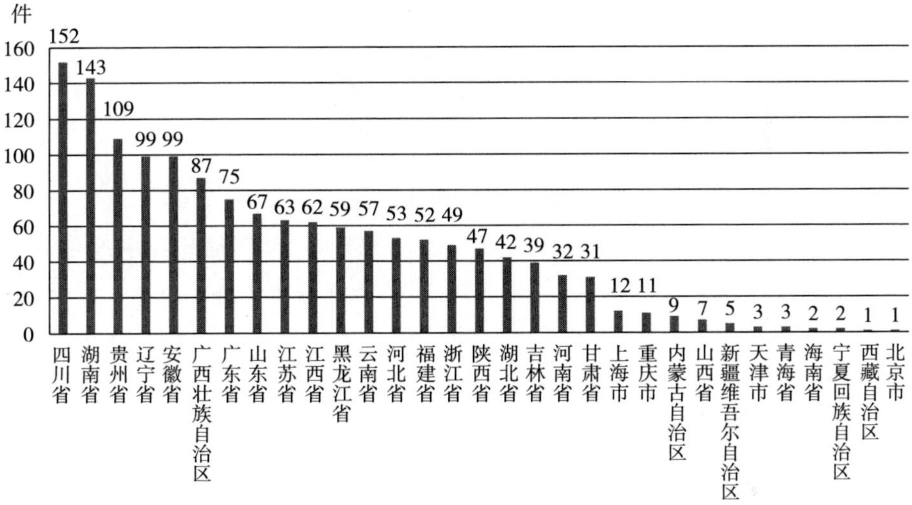

图 5 - 14　2021 年环境刑事附带民事公益诉讼案件的省域分布情况

4. 审级及审理程序分布

就法院级别来看，基层人民法院共审理 1307 件，占总数的 88.73%，中级人民法院 143 件，高级人民法院 2 件，专门人民法院 21 件。最高人民法院、最高人民检察院《关于检察公益诉讼案件适用法律若干问题的解释》第 20 条规定，人民检察院对破坏生态环境和资源保护提起刑事公诉时，可以向人民法院一并提起附带民事公益诉讼，由人民法院同一审判组织审理。因此，根据这一规定，大多数环境刑事附带民事公益诉讼案件由基层人民法院审理，当前环境刑事附带民事公益诉讼案件的办案压力主要聚集在基层人民法院。（见图 5 - 15）

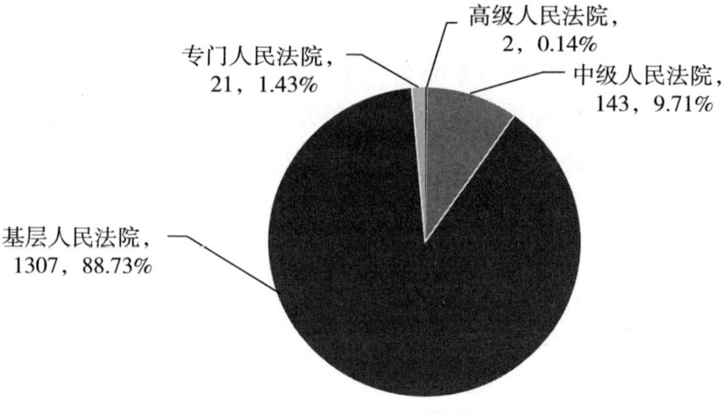

图 5-15　法院级别

就审理程序来看，一审案件 1323 件，其中，304 件适用了简易程序，9 件适用了速裁程序。二审案件 138 件，再审案件 9 件，特殊程序 3 件。总体来看，环境刑事附带民事公益诉讼案件主要为一审案件，《人民陪审员法》第 16 条规定："人民法院审判下列第一审案件，由人民陪审员和法官组成七人合议庭进行：……（二）根据民事诉讼法、行政诉讼法提起的公益诉讼案件；（三）涉及征地拆迁、生态环境保护、食品药品安全，社会影响重大的案件……"因此，在一审案件中，对是否适用简易程序、速裁程序在实践中仍然存在争议。（见图 5-16）

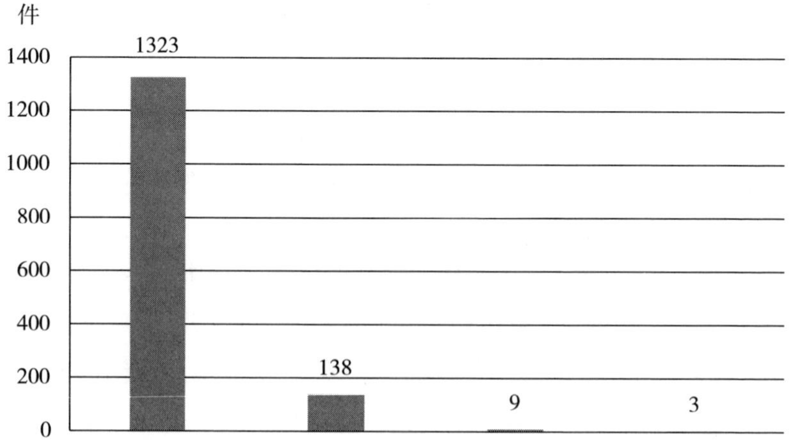

图 5-16　审理程序

5. 裁判文书类型分布

从文书类型来看，共收集案件文书 1473 份，其中判决书 1307 份，占比达 88.73%；裁定书 134 份，占比达 9.10%；决定书 3 份，占比达 0.20%；调解书 19 份，占比达 1.29%；其他文书 10 份，占比达 0.68%。（见图 5 – 17）其中这 19 份调解书说明了调解程序在环境刑事附带民事公益诉讼案件中的适用。

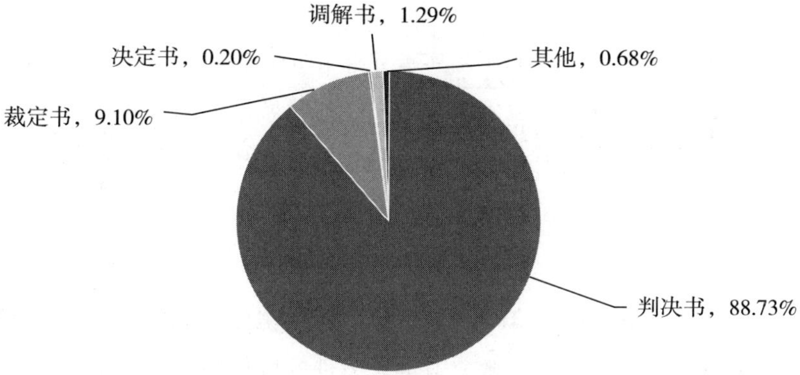

图 5 – 17　裁判文书类型

（四）环境行政公益诉讼案件的基本情况

2021 年环境行政公益诉讼案件主要是从北大法宝数据库中检索，检索条件选定为“行政”“公益诉讼”“2021”三项，共得到 115 份裁判文书。在逐一审阅研读 115 份裁判文书的基础上，剔除 17 份重复的、23 份非由检察机关作为原告提起诉讼的裁判文书之后，获得 75 份行政公益诉讼的裁判文书。进一步对 75 份行政公益诉讼的裁判文书手动筛选，剔除指定管辖、移送管辖案件以及部分案件的裁判文书因属于“人民法院认为不得在互联网公布的情形”而无法得知是否为环境行政公益诉讼案件后，最终得到本部分的研究样本，即 50 份环境行政公益诉讼裁判文书（含 3 份环境行政附带民事公益诉讼案件判决书）。在此需要说明的是，因案件来源的局限性以及案件检索路径的限制，作为本部分研究对象的 50 份环境行政公益诉讼裁判文书是不完全样本。

1. 地域（省域）分布统计及其数据说明

梳理检索到的 50 份环境行政公益诉讼裁判文书，得到 2021 年审结的环境行政公益诉讼案件各省区市分布情况。（见图 5 – 18）

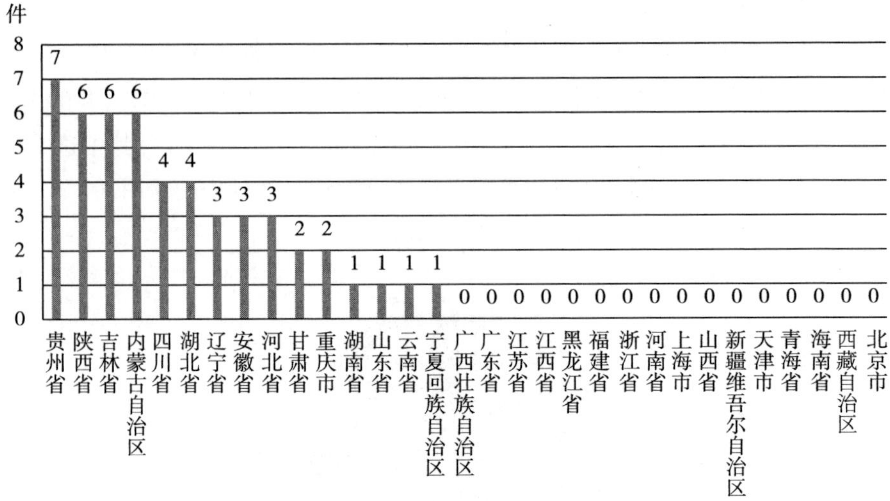

图 5－18　环境行政公益诉讼案件省区市分布

各省区市按照审结环境行政公益诉讼案件的数量多少依次排序为:贵州省(7 件)、吉林省(6 件)、陕西省(6 件)、内蒙古自治区(6 件)、湖北省(4 件)、四川省(4 件)、安徽省(3 件)、辽宁省(3 件)、河北省(3 件)、甘肃省(2 件)、重庆市(2 件)、山东省(1 件)、云南省(1 件)、湖南省(1 件)、宁夏回族自治区(1 件)。其中,排名靠前的6 个省区市中,有5 个省区市为曾经的试点省区市。在总共50件环境行政公益诉讼(含3 件行政附带民事公益诉讼)案件中,试点省区市提起的案件为36 件,占比为72%;非试点省区市提起的案件为14 件,占比为28%。

2. 案由分布统计及其数据说明

2020 年12 月7 日最高人民法院审判委员会第1820 次会议通过了最高人民法院《关于行政案件案由的暂行规定》(以下简称《暂行规定》),自2021 年1 月1 日起施行。《暂行规定》将全部行政案件的一级案由统一为“行政行为”,在一级案由之下又细分了22 项二级案由,包括行政处罚、行政强制执行、行政赔偿、不履行职责等。根据该规定,对检索到的50 份环境行政公益诉讼裁判文书进行梳理,可以发现2021 年审结的环境行政公益诉讼案件基本上都是行政不作为类案件,即都可归类至《暂行规定》“不履行职责”这一二级案由之下。这说明在环境行政公益诉讼实践中,行政机关基本上都是因为不履行职责(行政不作为)而被检察机关起诉。

3. 案件类型统计及其数据说明

统计分析环境行政公益诉讼案件的具体类型,可以揭示不同类型案件的发生情况,了解现实中环境问题频发的领域。梳理检索到的 50 份环境行政公益诉讼裁判文书,可以发现,尽管行政机关在环境行政公益诉讼实践中,基本上都是因为不履行职责(行政不作为)而被检察机关起诉,但在不履行职责的具体领域上存在差异,涵盖了污染防治、资源保护、文物保护、追缴欠费等多个领域。在 2021 年审结的 50 件环境行政公益诉讼案件中,以污染防治类和资源保护类的环境行政公益诉讼案件数量居多,分别是 17 件和 15 件,其次是追缴欠费类案件 9 件、其他生态保护类案件 6 件、文物保护类案件 3 件(见图 5 - 19)。其中,污染防治类环境行政公益诉讼案件又以固体废物污染案件为主,多为针对生活垃圾卫生填埋场的选址、填埋、处置和日常管理中产生的问题;资源保护类案件则又包含了"非法开垦林地"案件、"改变林地用途"案件、"违法占用土地"案件等具体类型。在此需要说明的是,文物和文化遗产保护仍然属于生态环境和资源保护领域,因为根据 2014 年修订的《环境保护法》第 2 条规定,文物和文化遗产保护属于环境范畴的"人文遗迹",因此本部分在统计分析环境行政公益诉讼案件的具体类型时将文物保护单独分为了一类。

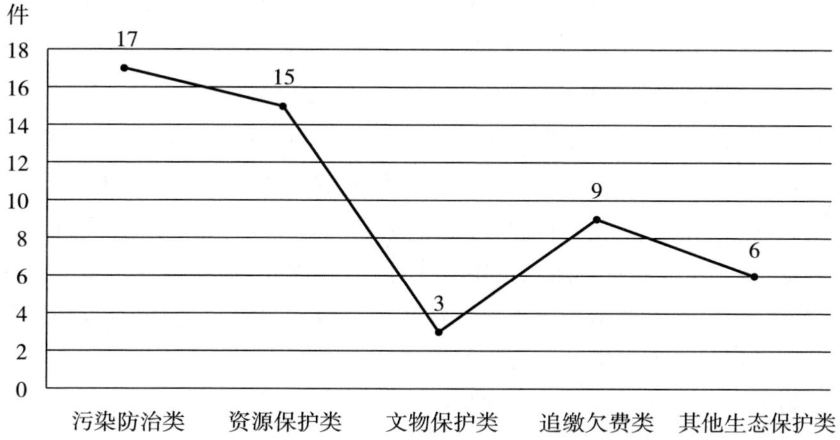

图 5 - 19 环境行政公益诉讼案件具体类型的数量

4. 判决结果统计及其数据说明

本部分检索到的 50 份环境行政公益诉讼案件裁判文书(含 3 份环境行政附带民事公益诉讼案件判决书)中,裁定书为 23 份,判决书为 27 份,均为一审案件。

图 5－20 对 27 份一审环境行政公益诉讼案件裁判文书的判决结果进行了梳理。

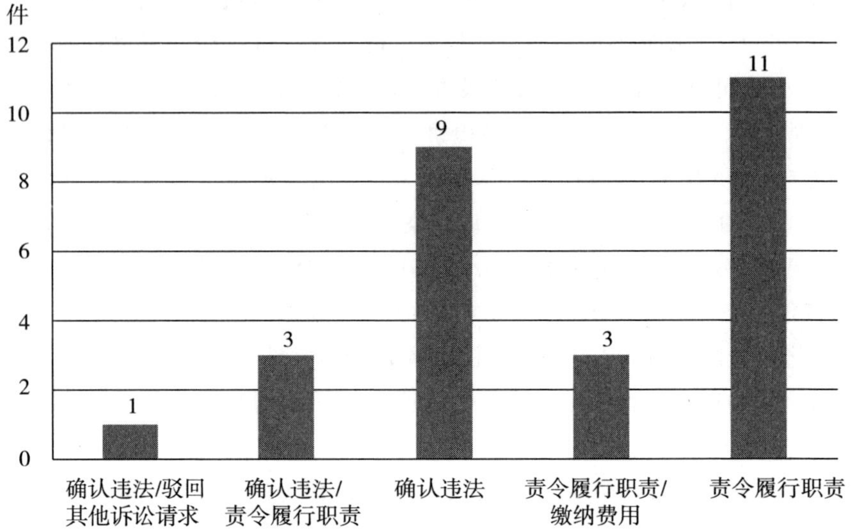

图 5－20　环境行政公益诉讼案件判决结果

统计数据显示,2021 年我国审结的 50 件环境行政公益诉讼案件的结案方式主要有裁定准予撤诉、裁定终结诉讼、判决结案三种,从不同结案方式的数量来看,撤回起诉 19 件,终结诉讼 4 件,判决结案 27 件。进一步梳理 27 件环境行政公益诉讼案件(含 3 件环境行政附带民事公益诉讼案件)的判决结果,主要是履行职责判决和确认判决这两大形式,其中,确认判决案件又包含仅确认违法 9 件、确认违法并责令履行职责 3 件、确认违法并驳回其他诉讼请求 1 件,履行职责判决案件又包含仅责令履行职责 11 件、责令履行职责并缴纳费用 3 件。值得一提的是,责令履行职责并缴纳费用是 3 件环境行政附带民事诉讼案件的判决结果,具体而言,该判决结果是指责令行政机关履行职责、对做出有损环境公共利益行为的第三人课以缴纳生态修复费用的义务。

5. 被诉主体类型统计及其数据说明

对 2021 年审结的 50 件环境行政公益诉讼案件(含 3 件环境行政附带民事公益诉讼案件)的被告进行分类统计(见图 5－21),可以发现,环境行政公益诉讼案件的被诉主体集中在基层行政机关,主要是基层人民政府(含区县和乡镇)以及基层人民政府的工作部门。

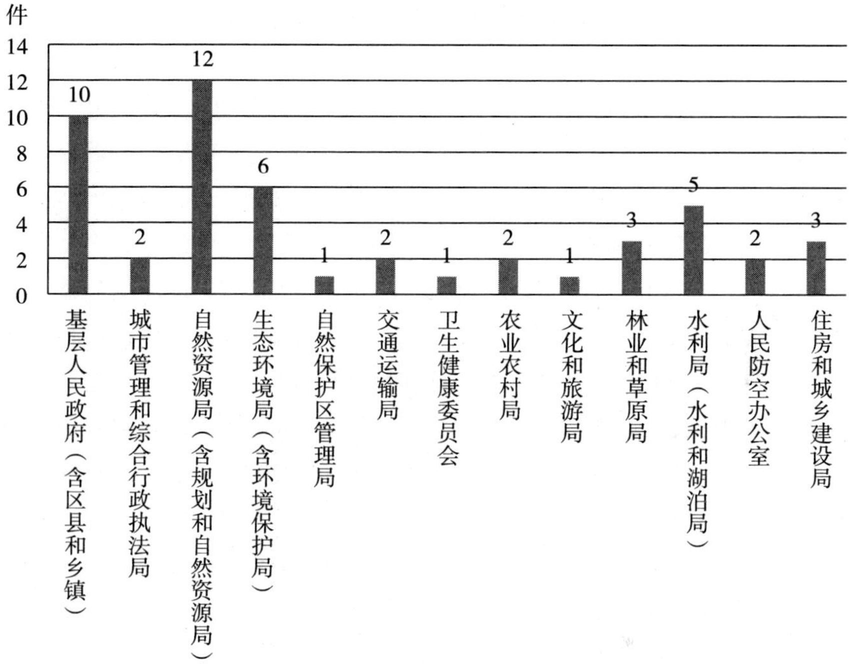

图 5-21 环境行政公益诉讼被诉主体类型的数量

图 5-21 的统计数据显示，涉及的被诉行政主体主要有 13 个，分别是基层人民政府（含区县和乡镇）、城市管理和综合行政执法局、自然资源局（含规划和自然资源局）、生态环境局（含环境保护局）、自然保护区管理局、交通运输局、卫生健康委员会、农业农村局、文化和旅游局、林业和草原局、水利局（水利和湖泊局）、人民防空办公室、住房和城乡建设局。其中，涉自然资源局数量最多，有 12 件，其次是基层人民政府（含区县和乡镇）、生态环境局、水利局、林业和草原局、住房和城乡建设局。这说明，在环境行政公益诉讼实践中，不履行监管职责的行政机关主体多样，不仅仅限于生态环境局，还包括其他执行污染防治、城市污染综合整治、自然资源保护等职能的部门。而被诉行政主体主要集中在基层，主要是因为基层行政机关承担了大量的环境保护监管职责。

三、环境治理视角下环境公益诉讼实践中存在的问题

前文对我国环境公益诉讼发展的实证数据及其特征作出了客观的描述与分析，能够基本呈现我国环境公益诉讼在 2021 年的发展现状及展现出的主要特征。下面基于实证数据对这些问题进行进一步剖析，以明确当前我国司法实践中存在的多方面的问题，以便环境公益诉讼制度的良性健康发展。

(一)提起环境公益诉讼的主体明显失衡

目前来看,我国环境公益诉讼在提起主体的构成上看,已逐渐形成了以检察机关为主的格局,检察机关已经成为公益诉讼的绝对主力。据《中国环境司法发展报告(2020 年)》揭示,检察机关作为起诉主体提起的环境公益诉讼占环境公益诉讼案件数量的近 90%。[5] 从 2021 年的数据来看,这一现象仍然十分明显。相较于检察机关,社会组织提起的环境公益诉讼在环境公益诉讼的发展进程中显得日益“边缘化”,在本课题检索到 2021 年度的 1663 件环境公益诉讼案件中,其中环境民事公益诉讼为 140 件,占比 8%,在环境民事公益诉讼中,社会组织提起案件的占比仅为 29%。根据这些数据可以看出,在全部环境公益案件中,由社会组织提起的环境公益诉讼占比不到 3%。可以说,从目前我国环境公益诉讼的实践现状看,提起环境公益诉讼的主体存在明显的失衡,即检察机关这一主体占据了绝对的优势地位。

这一反映在主体上的不均衡状态与我国环境公益诉讼的制度设计及环境公益诉讼的推进机制(动力来源)有关。长期以来,我国环境公益诉讼的推进逻辑并非仅仅依据司法发展的内生动力,而更多的是回应现实中的问题,这深刻影响环境公益诉讼的发展。在环境公益诉讼的制度设计上,从现有立法来看确立了环境公益诉讼的三种类型,分别是:环境民事公益诉讼、环境行政公益诉讼以及刑事附带环境民事公益诉讼。但根据现有立法,社会组织仅可提起环境民事公益诉讼,而检察机关则对这三种类型的环境公益诉讼均可提起。刑事附带民事公益诉讼自诞生以来,在司法实践中呈现迅猛发展的势头。从诉讼类型看,当前环境公益诉讼在各个类型中,刑事附带环境民事公益诉讼案件占比过高,民事和行政环境公益诉讼案件较少。在本课题检索到的 2021 年度 1663 件环境公益诉讼案件中,刑事附带环境民事公益诉讼就有 1473 件,占到全年环境公益诉讼案件总数的 88.6%。

从主体能力和制度设计的角度来看,一方面,环境公益诉讼的本身的复杂性特征、提起诉讼的高额鉴定费用等,使得社会组织面临资金保障、专业人才等方面的障碍,使得社会组织提起诉讼的意愿普遍不高。另一方面,刑事附带民事公益诉讼的极速发展,在客观上加剧了提起环境公益诉讼的主体失衡。对于后者这一制度设计上的因素,理论及实务界对其关注相对较少,有必要对其予以专门

---

〔5〕 吕忠梅等:《中国环境司法发展报告(2020 年)》,法律出版社 2021 年版,第 157 页。

分析。由于社会组织根据现行规定仅能提起环境民事公益诉讼,刑事附带环境民事公益诉讼通过一并提起的方式,使得检察机关具备了不履行公告程序而直接绕过社会组织径直提起诉讼的机会。从司法实践的数据来看,诉前程序并未被很好的履行。或者说,刑事附带民事公益诉讼的提起无须履行诉前公告及相应内部审批程序,加之附带诉讼的审判程序相对简化,这给检察机关提供了较大的便利。虽然附带起诉的设计能够提升诉讼效率,但在社会组织提起民事公益诉讼的积极性本就不高的情况下,倘若检察机关不履行诉前公告程序,无疑将会进一步压制社会组织参与环境公益诉讼的积极性。

从提起环境公益诉讼理论基础的视角来看,社会组织与检察机关提起诉讼各自所依据的理论基础存在差异。《环境保护法》在其第 58 条确立了社会组织提起环境公益诉讼的法律依据,从该条所处的位置来看,属于第五章“信息公开和公众参与”,因而从体系解释的角度看,社会组织提起环境公益诉讼是实现公众参与环境治理的重要途径,公益诉讼借助国家司法资源实现了环境公共利益的保护,体现出“社会—国家”层面的主体互动。而对于检察机关提起的环境公益诉讼而言,学界虽围绕其理论基础问题开展了激烈的讨论,但从我国《宪法》对检察机关的职能定位来看,学界通常认为其所具有的公益诉权源于其法律监督职能,因而仍体现为国家权力内部结构的互动关系。在此意义上,提起环境公益诉讼的主体明显失衡的现实,一定程度上不利于形成多元共治的生态环境治理格局,抑制了社会主体参与环境治理的能力。

(二)环境行政公益诉讼中的审查标准有待完善

从 2012 年《民事诉讼法》第 55 条、2014 年《环境保护法》第 58 条确立提起环境公益诉讼的法律依据起,到后续相关法律的修改与司法解释的出台,不断推进环境公益诉讼深入发展,相应规则也逐步得以明确。但生态环境问题具有复杂性、科学性等特征,加之新时期环境公益诉讼的适用范围不断拓展,司法实践中环境公益诉讼审查标准存在不规范之处,一定程度上影响了环境公益诉讼司法审查标准的规范化水平和司法实践中裁判尺度的统一。如对环境行政公益诉讼中不履行法定职责的审查标准、行政行为与损害事实之间的因果关系等问题在实务及理论中普遍存在争议,亟待需要统一相关案件司法裁判的审查标准,实现环境公益诉讼中公益救济的精确性与完整性。

一方面,就环境行政公益诉讼而言,其兼具维护社会公益与督促行政机关履职的双重功能。因此,在司法实践中如何认定政府及其有关部门不履行法定职责就显得尤为重要,这是保证正确追诉并实现预期诉讼目的的前提。根据 2020 年修正的最高人民法院、最高人民检察院《关于检察公益诉讼案件适用法律若干问题的解释》第 21 条的规定,检察机关提起环境行政公益诉讼需要满足两个条件,即"违法行使职权或者不作为"的行为标准,以及"致使国家利益或者社会公共利益受到侵害"的结果标准。这种双重实质合法性的审查方式在实践中暴露出一定问题,具体包括对现有标准的扩大化解释导致检察机关胜诉率畸高,增加了潜在滥诉风险;审查标准的运用具有明显结果导向,未能充分考虑行政机关自身履职能力;模糊的标准要件也造成诉前程序检察建议内容与提起行政公益诉讼后的具体诉求存在差异,不利于违法行政行为的有效矫正。在本研究收集的 2021 年度 50 件环境行政公益诉讼案件中,判决结案的有 27 件。这 27 件案件均判决确认违法或责令履行职责,法院并未采纳被告(相关行政机关)依法履职的抗辩意见,这说明行政机关与检察机关、人民法院之间对依法履行职责的界定存在较大差异,对行政机关不作为违法的判断标准存在较大认识差异,或者说在环境行政公益诉讼司法过程中未明确行政行为的违法阻却事由。考虑到环境治理的技术性与复杂性特征,严格的"结果标准"虽然能够防止懒政并切实推进生态修复与改善,但也可能迫使行政机关采取"一刀切"的方式而造成其他潜在的社会争议。

另一方面,环境行政公益诉讼裁判中并没有将行政行为与损害事实之间的因果关系加以单独评价,在很大程度上忽视了因果关系的审查,不利于激励行政机关积极履职。如在贵州省黔西县人民检察院诉大方县水务局一案中,法院认为,被告大方县水务局未采取积极有效的整改措施,致使周边生态环境被污染,社会公共利益仍处于受侵害状态。该案判决书[(2020)黔 0522 行初字第 17 号]中仅仅使用"致使"二字,就强行将因果关系附加于行为和损害后果之上,缺乏必要的说服力。

(三)新兴环境公益诉讼类型的裁判规则有待强化

我国环境公益诉讼的纵深发展已逐渐成为推进生态环境治理中的重要机制。近年来环境公益诉讼司法实践中出现了许多新的问题,构成了未来我国环境公益诉讼发展新的"增长点"。虽然各地法院在环境公益诉讼实践中进行了诸多具有创新性的探索,但面对新问题,由于相关专门性的规则供应不足,且并未形成稳定的类案裁判规则,应对特殊的环境公益诉讼案件时,面临诸多裁判难题和理论质疑。具体而言,围绕文物保护公益诉讼、预防性环境公益诉讼等新兴领域的司法探索,有待进一步加以明确。

一方面,这些环境公益诉讼的中的“新面孔”是否属于环境公益诉讼的适用范围需要进一步明确,强化司法裁判的稳定性预期,通过环境公益诉讼实现对司法治理边界的确定造成影响。例如,在西安铁路运输检察院诉陕西省西咸新区某管理委员会不履行环境监管职责行政公益诉讼案中,将“妥善保护遗址文物”作为本案的主要目标,同时该案入选了最高人民法院在2022年3月发布的“人民法院依法审理固体废物污染环境典型案例”。又如,在江西省金溪县人民检察院诉徐某文、方某平人文遗迹保护刑事附带民事公益诉讼案中,法院经专家评估,认定两被告盗窃古建筑构件的行为,造成人文生态环境服务功能损失共计310617元,同时该案入选了最高人民法院在2022年6月发布的“2021年度人民法院环境资源审判典型案例”。从司法确定性上说,将文物遗址保护纳入环境公益诉讼的保护范围虽能实现对文物遗址的保护,但这种扩大化目的解释需要相应的裁判规则加以配套,避免公众对环境公益诉讼适用范围的认识差异,进而影响到环境公益诉讼目标的客观实现。

另一方面,根据《环境民事公益诉讼司法解释》第1条的规定,适用范围包括“具有损害社会公共利益重大风险的污染环境、破坏生态的行为”。一般认为,该规定为开展环境公益诉讼提供了规范依据。该司法解释仅适用于环境民事公益诉讼,司法实践也主要以预防性环境民事公益诉讼为主,这意味着法院需要针对环境风险进行识别、评估并采取预防性措施,这对于司法能力无疑提出了较大的挑战。预防性环境公益诉讼作为一种在调整对象具有明显特殊性的诉讼领域,突破了传统以“损害发生”为前提的制度预设。从环境司法实践看,一直以来环境公益诉讼原被告双方就是否存在“重大风险”都存在相应争论:在较早的2017年中石油云南炼油案中,法院告知不予受理的原因在于原告的证据材料不能说明被告的行为已经损害社会公共利益或者具有损害社会公共利益重大风险;在2020年云南绿孔雀栖息地保护案中,原被告双方的争议焦点是在红河干流戛洒江一级水电站项目的大坝建设、清库砍伐、蓄水淹没等相关行为是不是生态破坏行为,是否对淹没区的生态构成重大风险。二审法院在裁判中认为,“目前,戛洒江一级水电站处于停建状态,绿孔雀生态栖息地面临的重大风险已经得到有效控制”,因此驳回了原告“永久停建戛洒江一级水电站”的上诉请求,一定程度上回避了实质问题的判断。由于《环境民事公益诉讼司法解释》第1条并未具体规定“重大风险”的内涵和外延、具体的认定标准等涉及实务操作层面的具体事项,这对法院的事实认定造成了很大的压力。同时,从社会认知角度来看,作为预防性环境公益诉讼之客体的“重大风险”本身很可能是为社会公众所感知和建构的,因此司法裁判中不可避免地存在广泛的利益衡量和政策判断。换言之,由于“重大风险”面向的是不确定性,那种这种可能的损害须达到何种程度才应获得法律的否定性评价? 现有的环境立法及相关司法解释需要提供统一明确的标准和指引规则,对预防性环境公益诉讼的深入开展提供依据。

(四)环境公益诉讼诉前程序的适用有待进一步明确

根据《民事诉讼法》第 58 条以及《检察公益诉讼司法解释》第 13 条的规定,检察机关提起环境民事公益诉讼需要履行诉前的公告程序;同时根据《行政诉讼法》第 25 条第 4 款以及《检察公益诉讼司法解释》第 21 条的规定,检察机关提起环境行政公益诉讼需要履行“向行政机关提出检察建议督促其依法履行职责”这一诉前程序。从上述规定可以看出,检察机关提起环境公益诉讼不论其性质为何,均需履行一定的诉前程序,这体现出制度设计上检察机关在环境公益诉讼中的“补位性”特征,即起到平衡公益诉权与法律监督权的规范功能作用。

从司法实践来看,目前诉前程序混乱的问题主要体现在刑事附带民事公益诉讼中,这一诉讼类型“一并提起”的实践方式特性使得“共享同一套案件事实”,有利于推进相应刑民争议一体化解决。由此可以看出,刑事附带环境民事公益诉讼的设置对提升诉讼效率的价值具有较强的期待,而履行诉前的公告程序无疑会使得程序更为拖沓,加大了时间成本,与这一价值取向不相符合。虽然最高人民法院、最高人民检察院在 2019 年联合发布的《关于人民检察院提起刑事附带民事公益诉讼应否履行诉前公告程序问题的批复》中明确指出,由检察院提起的关于刑事附带民事公益诉讼案件,需要履行与案件有关的诉前公告程序。然而本研究发现,刑事附带民事公益诉讼案件中检察机关在诉前不履行公告是检察机关的主流做法。对此问题学术界也存在争议,有观点认为无须履行诉前公告程序。[6] 但也有分析认为应在刑事附带民事公益诉讼案件中履行诉前公告程序,因为检察机关所行使的权利属性不同:在前一种诉讼中,检察机关行使的是刑事指控权;在后一种诉讼中,检察机关行使的是法律监督权,表现为借由公民让渡出来的权利来参与社会治理以维护公共利益。因此,只有在其他直接利害关系人没有起诉的情况下,检察机关方可行使诉权。随着目前刑事附

---

〔6〕 汤维建:《刑事附带民事公益诉讼研究》,载《上海政法学院学报(法治论丛)》2022 年第 1 期。

带民事公益诉讼的迅速发展,是否适用诉前程序尚无明确法律规定,这也将会成为影响环境公益诉讼程序规范化履行的一个重要因素。另外,随着未来行政附带环境民事公益诉讼逐渐展开,是否履行提出检察建议这一诉前程序也将成为实务与理论中共同的争议问题。

(五)环境公益诉讼的内外部衔接有待进一步完善

在生态环境治理体系的整体视野中,环境公益诉讼是目前我国生态环境治理现代化的重要方式,呈现发展的渐进性、制度构建性等特点。针对不同阶段的问题,在不同的规范依据和政策要求指导下,结合行政与司法等不同程序与私法和公法的不同原理,形成了诸多具有环境公共利益救济目标的制度设计。这在客观上形成了我国环境公益诉讼在规范路径上的多元化。从司法实践中来看,环境公益诉讼内部不同类型之间的冲突,以及与外部其他具体的公益救济机制之间存在衔接失序等问题,一定程度上影响了环境公益诉讼治理绩效的达成。

从实现生态环境损害的救济角度来看,目前相应规则确立了三条路径,但任何一条路径都不具有法定的排他性,因此在实践中不可避免地将存在一定程度的竞合关系,使得生态环境损害补救在实践中存在一定的内生矛盾。总体而言,不同路径与各类型环境公益诉讼间的冲突可以概括为四种关系,分别是:行政机关与环保组织、行政机关与检察机关、环保组织与检察机关、检察机关内部。根据现有的立法及相关司法解释来看,环境公益诉讼实施与发展存在两方面的问题待解决:一是行政执法与民事公益诉讼之间的衔接关系问题;二是检察机关提起民事公益诉讼与行政公益诉讼之间的衔接关系问题。在司法实践中,检察机关在环境行政公益诉讼与环境民事公益诉讼的选择中,更加倾向于优先选择环境行政公益诉讼的方式,因为与提起民事公益诉讼相比,提起行政公益诉讼的原告在举证责任方面的承担的压力更小、胜诉的概率更高。实践中的这种偏向是否能够得到足够的规范支撑,仍然需要进一步的深入分析。

同时,目前刑事附带民事环境公益诉讼得到了迅速发展,但检察机关在选择附带提起还是单独提起的方式进行,也缺乏明确的规范依据,这对环境公益诉讼的规范化开展造成一定的制约。在附带提起与单独提起两种方式下诉前程序的履行、举证义务等方面存在一定的差异,这会对原被告的权利义务造成不同的影响。在司法实践中,相比于单独提起环境公益诉讼,在无相应明确的附带审查规则的要求下,会更多选择通过附带提起的方式进行。因为按照办理相关业务的规定,检察机关单独提起时需逐级审批,而提起刑事附带民事公益诉讼则无须履行内部审批程序,加之附带诉讼的审判程序相对简化,所以检察机关多转为提起刑事附带民事公益诉讼。为此,需要明确可以适用附带提起的条件,避免非规范性因素影响检察机关对不同环境公益诉讼机制的选择,需要亟待完善具体的衔接转化规则来解决。

四、环境治理现代化中环境公益诉讼制度的完善

面对目前我国环境公益诉讼在发展中所存在的问题,亟待进行专门研究以破解问题,并指导司法实践。为促进环境公益诉讼的良性健康发展,应以环境治理现代化为基本目标,重点围绕以下几个方面的问题进行改进和完善,推动环境公益诉讼作为司法治理领域的"常态之治"的规范化水平发展,不断提升其进行生态环境治理的功效。

(一)理性平衡提起环境公益诉讼的主体格局

由于环境公益诉讼及环境公共利益保护的特殊性,通过立法对特定主体资格的授权,赋予该特定主体公益诉讼起诉权就尤为重要。随着我国环境公益诉讼的实践发展,学术界和实务界已经基本形成共识,即社会组织和检察机关作为法定的起诉主体具有不同的理论基础支撑,代表着不同的制度目标。现实中提起环境公益诉讼的主体明显失衡,在一定程度上并不符合生态环境治理体系目标下实现多元治理的理想构造,打消了社会主体参与环境治理的热情。当然也需要注意到,社会组织提起环境公益诉讼也存在一定的道德风险,即一些社会组织将其作为"把柄"来威胁甚至敲诈企业。对于这些问题,未来应着重从以下两个方面予以完善:一方面为社会组织提供充分的制度保障;另一方面通过拓展社会组织提起环境公益诉讼的空间,实现社会组织在生态环境治理中的参与感,真正推进多元共治格局的形成。

1. 建立起社会组织提起环境公益诉讼的制度保障。环境公益诉讼中检察机关与社会组织在起诉主体层面的失衡,社会组织提起案件的数量较少,这不仅在总数上明显少于检察机关的,同时还表现为提起的社会组织集中在有"官办背景"的少数社会组织。由于环境问题所具有的技术性、复杂性特征,社会组织的组织能力和经济实力就成为限制其诉讼意愿的重要因素。当然,这不仅是一个社会组织能力培育的过程,在环境公益诉讼的发展中更表现为一个制度性的问题,也即社会组织提起环境公益诉讼缺乏激励,亟须建立相应的激励机制。从环境公益诉讼现有的制度设计来看,虽然最高人民法院《关于全面加强环境资源审判工作为推进生态文明建设提供有力司法保障的意见》第 15 条进行了诉讼费

用负担的导向性规定,但诉讼成本是多方面的,仅仅考虑金钱成本明显是不够的。同时,《环境民事公益诉讼司法解释》第 34 条,最高人民法院、民政部、原环境保护部《关于贯彻实施环境民事公益诉讼制度的通知》第 2 条对社会组织通过诉讼牟取经济利益的,规定了惩罚性措施。总体来看,社会组织在环境公益诉讼中并非实体权益的享有人,而只是诉讼程序的发起人,因此在缺乏综合激励机制的背景下,社会组织就会选择趋利避害而难以确保其充分的诉讼意愿。因此,需要研究完善社会组织提起环境民事公益诉讼的激励机制,确保通过激励实现应有的正面激励和滥诉预防的双重功能,避免激励不足与过度。概括而言,需要从影响社会组织提起诉讼的成本,激励、制约社会组织诉讼参与效果,检察机关与社会组织的诉讼提起关系三个角度对社会组织诉讼行为进行综合激励。

2. 逐渐探索社会组织提起环境行政公益诉讼的制度空间。根据目前的制度设计,社会组织仅能提起环境民事公益诉讼。通常被学界认为是我国环境公益诉讼建构的核心的是环境行政公益诉讼。环境行政公益诉讼是通过监督行政职责的切实履行来实现环境公益保护目标的,环境行政公益诉讼是通过监督行政职责的切实履行来实现环境公益保护目标的。社会组织提起环境行政公益诉讼,既有利于保障和发挥行政权应对复杂环境问题的权能优势,又能避免司法对行政的"不当侵入"。抛开学术界关于环境公益诉讼模式的争议,仅从完善生态环境治理体系并借由环境公益诉讼提升环境治理能效的角度看,探索社会组织提起环境行政公益诉讼具有重大的意义。一方面,社会监督也应该成为督促行政机关妥善、完整履行环境职责的重要方式。逐渐探索并确立社会组织提起环境行政公益诉讼,能够厚植环境行政公益诉讼制度发展的社会基础。仅仅依靠检察机关提起环境行政公益诉讼,容易造成诉讼的封闭运行状态,不符合客观诉讼的内在要求。另一方面,从法治建设的国际经验来看,不断放宽行政公益诉讼起诉主体资格是普遍做法和基本规律,检察机关提起行政公益诉讼有利于发挥其作为国家法律监督机关的法定职能作用,有利于拓展其对行政部门履职行为的司法监督空间,但检察机关目前是环境行政公益诉讼的唯一提起主体,这与现代环境治理体系的要求仍有差异。因此,从我国环境公益诉讼的长远发展来看,需要逐渐放宽环境行政公益诉讼的主体资格限制,确立社会组织提起环境行政公益诉讼的资格,形成多元化的原告主体格局。

(二)统一环境行政公益诉讼在特定事项上的裁判尺度

之所以重视并要求尽快推进环境行政公益诉讼在特定事项上审查标准的统

一,根本原因在于环境公益诉讼所具有的公益属性。与一般诉讼不同,环境公益诉讼涉及环境公共利益,原告与诉讼本身无直接利害关系,利己和避免麻烦等因素可能导致其在诉讼中谋私或者进行不当处分,这加大了法院进行细致、规范的审查的力度。审查标准的不同体现了在不同情境下司法能动的灵活性优势,但在环境公益诉讼不断走向常态化的背景下,实现稳定的规范之治才是更为重要的。

一般而言,推动裁判尺度统一的关键在于审判规则及相应知识达成一致。根据这一思路,实现我国环境公益诉讼的规范化发展,逐步统一其在特定事项上的裁判尺度,一方面,需要适时出台相关的司法解释,对特定事项进行裁判所需考量的具体要素,程序规程及基本尺度等作出规定,为特定事项的司法裁判提供稳定的规范依据。另一方面,加大对特定领域内环境公益诉讼案例的遴选,将经由司法实践不断发展的规则体系赋予强制参考的效力或者指引,丰富相关领域抽象文本的规范内涵,尽量避免因裁判依据的抽象和不确定性所导致的裁判尺度差异较大的问题。

另外,环境公益诉讼在裁判中往往具有技术上的要求(如生态环境损害量化规则的确立),仅仅依靠个别典型案例或者出台司法解释是不够的,因为这些领域的核心争议更多表现为一种事实性的问题,而非仅是规范性的问题,需要确立起能够实现科学要素与规范要素相互转化的、相对稳定可供参考的技术规范,这同样是环境公益诉讼制度规则中亟待加以完善的内容。

(三)进一步完善新兴领域环境公益诉讼的裁判规则

随着生态文明法治建设的进一步深入,环境公益诉讼案件已经逐步成为我国环境司法中的常态,并且需要不断加以调整和拓展。对此,一方面,需要加紧研判并适时出台相关的专门性司法解释或者裁判规程,确保相关案件的开展具备相对完备的规范依据,避免裁判的恣意,整体上提升环境公益诉讼司法裁判的规范化水平。另一方面,需要在司法裁判中不断总结经验,注重不同司法领域的知识生产以应对不断发展创新的案件需求。具体而言:

1. 文物保护公益诉讼。根据《环境保护法》第 2 条的规定,“人文遗迹”也属于环境概念的范畴之一。因此,应当明确文物保护公益诉讼也属于环境公益诉讼的一种特殊类型。对于文物保护公益诉讼来说,虽然其与传统意义上的环境公益诉讼间存在诉讼对象的交织融合,但在公共利益属性上存在差异。对此问题学界已经开始加以关注。虽然目前环境公益诉讼立法模式的相对开放性为该制度开拓创新提供了足够的制度空间,但在不断增多的诉讼实践尝试和逐渐完善的规范建构基础上,需对文物保护公益诉讼进行科学合理的类型化划分,以确立环境公益诉讼在实现历史文物、文化遗产保护方面的价值并确定相关审查标准。

2. 预防性环境公益诉讼。预防性环境公益诉讼是一种对一般意义上环境公益诉讼中所适用的证据标准、举证责任分配、责任承担方式等面向确定性情景的法律规则形成系统性挑战的新领域,需要考虑建立独立的、全面适用于本领域的专门性裁判规则。针对预防性环境民事公益诉讼中重大风险的认定困境,一方面需要在实体上研究并构建识别科学不确定性程度与司法证明程度、责任承担方式相对应的裁判指南;另一方面考虑到诉讼参与人之间的风险交流有助于推动预防性环境民事公益诉讼的进程,因此还需构建有助于实现商谈主义司法的程序规则,强化法院职权以促使环境风险能够得到有效规制。确保预防性环境民事公益诉讼的规范化展开,避免因对重大风险的认定尺度的差异造成的利益失衡等社会问题。

(四)不断完善并规范环境公益诉讼诉前程序的适用

总体而言,在治理现代化的视阈中,环境公益诉讼中诉前程序的适用具有案件分流、平衡社会诉权与检察诉权的功能,能够促进生态环境治理体系中多元共治的主体平衡。目前来看,不断完善并规范环境公益诉讼诉前程序的适用,一方面需要对诉前程序适用不规范之处进行调整;另一方面由于刑事附带民事公益诉讼日渐成为环境公益诉讼的主要形态,且其相应的专门性程序规则存在缺失,为此亟须补足刑事附带环境民事公益诉讼的诉前程序规则。

刑事附带民事公益诉讼兼具刑事诉讼和民事公益诉讼之特性,而刑事诉讼和民事公益诉讼又在诉讼主体、证明标准、诉讼时效、审判程序等方面存在差异,且当前尚未有法律法规等规范性文件对刑事附带民事公益诉讼的司法适用予以统一指引。如何将刑事诉讼与民事公益诉讼程序得以有效统合,构建刑事附带民事公益诉讼的特殊程序规则就显得尤为重要。其中最为重要的就是确立刑事附带环境民事公益诉讼的诉前程序适用规则。由于刑事附带环境民事公益诉讼以附带提起的方式实现,实际包含了两个具有不同性质的诉讼程序,对于所附带的环境民事公益诉讼是否需要完整适用《民事诉讼法》第 58 条及《检察公益诉讼司法解释》第 13 条规定的用以规范一般环境民事公益诉讼的诉前程序,需要加以统一认识。

从客观效果来看,如不履行诉前公告程序必然会限制社会组织提起环境民事公益诉讼的空间,或者说,刑事附带环境民事公益诉讼的“迅速生长”必然在一定程度上挤占本应由社会组织单独提起环境民事公益诉讼的案件资源。在目前刑事附带环境民事公益诉讼是否适用诉前程序尚无明确法律规定的背景下,刑事附带民事公益诉讼的大量出现且在司法实践中多不履行诉前程序,必然导致社会公益组织的诉权进一步被弱化,影响我国环境公益诉讼的健康、良性化发展,这也不符合现代环境治理多元共治的要求。对此,需要尽快出台开展刑事附带环境民事公益诉讼的专门性司法解释,对诉前程序适用等重要问题作出明确的规定,实现诉前程序适用的规范化。专门性司法解释的制定,总体上需要实现诉讼效率提升与权力良性互动两种价值的平衡,因此可考虑确立一般情形下要求履行诉前程序的规定,同时对可不适用诉前程序的具体情形予以列举并明确审查标准。

(五)确立环境公益诉讼内外部间的衔接与互动规则

虽然目前环境公益诉讼的内部体系与外部关系问题,主要处于学理研究中,但是这些问题在司法实践中逐步显现并成为阻碍环境公益诉讼规范化发展的因素。2021 年全国人大常委会立法工作计划提出,研究启动环境法典、教育法典、行政基本法典等条件成熟的行政立法领域的法典编纂工作。环境法典编纂及环境法体系化将从新时代我国生态环境治理的全局和整体出发,对各类型生态环境保护规范进行体系化重构,避免其所存在的不协调之处,这对于环境公益诉讼的内部体系与外部关系的调整和确认来说也是一个重要的契机,需要在环境法典编纂中对环境公益诉讼的适用范围进行准确厘定,并明确与其他环境公益保护措施之间的关系,以体系化的方法实现环境公益诉讼的目标及功能作出恰当、准确的定位,确保在生态环境治理体系中形成制度合力。

目前,借助环境法法典化的契机推进环境公益诉讼体系化具有现实必要性。由于我国公益诉讼相关立法呈现分散化的态势,环境公益诉讼的立法体现在一般作为特别规定嵌入《民事诉讼法》和《行政诉讼法》之中,或者作为实体法诉权条款的宣示性规定而无具体内容,再辅以相应的司法解释。这种状况必然会造成公益诉讼正式立法数量较少、立法规定非常分散的局面,已难以满足环境公益诉讼司法实践对规则供给的迫切需求,因此整合多元化、分散化的生态环境损害救济法律机制显得尤为必要。

笔者认为,确立环境公益诉讼内外部间的衔接与互动规则,需要完成短期的任务以及完善以法典化的形式推进环境公益诉讼体系化的方式和路径。首先，目前我国不同类型的环境公益诉讼间的关系还有尚待明确的领域，有必要通过司法解释等方式先行作出探索，并总结实践经验；其次，需要展开多层次、不同类型间规范依据的评估与清理工作，识别出影响环境公益诉讼发挥其体系化协同效应的因素，为编纂环境法典提供良好的规范基础；最后，推进环境法典编纂中环境公益诉讼规则体系化的研究，明确经由法典化实现环境公益诉讼制度体系化的空间，对环境公益诉讼法典化的立法结构、规范表达的方式等技术方案予以研究，在理顺和整合不同诉讼类型间关系的基础上，切实推进不同环境公益诉讼间的协调与配合。

生态环境损害赔偿诉讼的探索发展与实践检视:以责任制度为中心*

冀鹏飞　欧　恒

一、引言

建立健全生态环境损害赔偿制度是生态文明制度体系建设的重要组成部分。2015 年中共中央办公厅(以下简称中办)和国务院办公厅(以下简称国办)联合印发《生态环境损害赔偿制度试点改革方案》,在吉林等七省市开展生态环境损害赔偿制度改革试点。以试点经验为基础,2018 年实施的中办、国办印发《生态环境损害赔偿制度改革方案》,将生态环境损害赔偿制度推向全国试行。2019 年通过、2020 年修正的最高人民法院发布《关于审理生态环境损害赔偿案件的若干规定(试行)》[以下简称《若干规定(试行)》],以司法解释的形式细化生态环境损害赔偿制度相关规则。在中央和地方的共同推进下,生态环境损害赔偿制度改革初步构建起了责任明确、途径畅通、技术规范、保障有力、赔偿到位、修复有效的运行机制,在推动国家和地方立法、规范诉讼规则、完善技术和资金保障机制、开展损害赔偿的案例实践、推动修复受损的生态环境等方面取得明显成效。2021 年 1 月 1 日起正式施行的《民法典》设置了环境污染和生态破坏责任专章,该章明确了污染环境、破坏生态致损的侵权责任类型,举证责任分配;两人以上的损害责任承担方式、主观故意的惩罚性赔偿、第三人过错的责任承担及追偿、生态环境修复责任、生态环境损害赔偿诉讼的赔偿范围等内容,将生态环境损害赔偿制度的改革成果以法律规则的形式进行固定。制度的完善极大推动了实践的发展,截至 2021 年 11 月,全国共办理生态环境损害赔偿案件 7600 余件,涉及赔偿金额超过 90 亿元,推动了包括土壤、地下水、耕地、林地、草地、矿区、草原等一批受损的生态环境的有效修复。[1]

---

* 感谢中南财经政法大学法学院硕士研究生李鑫潼、周俐君、游慧熠等参与了资料整理工作。

〔1〕 周怿:《生态环境损害赔偿制度改革取得积极成效》,载中国经济网,http://www.ce.cn/cysc/stwm/gd/202111/26/t20211126_37117936.shtml,最后访问日期:2022 年 4 月 14 日。

生态环境损害赔偿制度以实现损害担责为目的,意味着生态环境损害赔偿责任是串联整个制度框架的重要线索和影响制度改革成效的核心要件。《民法典》创新性地写入了生态环境公共利益损害的责任形态,第 1234 条和第 1235 条规定了生态环境损害的修复责任和赔偿责任,并明确了生态环境损害赔偿责任的价值定位、法律属性、适用条件以及适用主体等基本问题。相继出台的《关于推进生态环境损害赔偿制度改革若干具体问题的意见》、《生态环境损害鉴定评估技术指南　总纲和关键环节　第 1 部分:总纲》、《生态环境损害鉴定评估技术指南　总纲和关键环节　第 2 部分:损害调查》、《生态环境损害赔偿资金管理办法(试行)》、《中央生态环境保护督察工作规定》等文件又从损害调查、鉴定评估、修复评估、资金管理等方面规范了责任的认定、履行与验收评估的整体流程,初步创设出“生态环境损害赔偿责任”这一全新的责任形式。但是,在诸多技术性制度和操作性事项付之阙如的情况下,生态环境损害赔偿责任还存在诸如责任适用范围狭窄、责任适用顺位不明、责任履行缺乏保障等多项问题,立法的精细化与体系化程度有待进一步加强。

在此背景下,本报告选择以生态环境损害赔偿责任制度为中心,采用整体观察与重点观测相结合的撰写方法,以定量研究为基础、定性分析为辅助,在客观呈现生态环境损害赔偿制度改革趋势的同时适度总结学术研究的前沿成果。从整体观察方面来看,本报告设“案件裁判的整体回溯”一章,在总结和继承以往各年度中国环境司法发展报告成果的基础上展开对 2021 年度生态环境损害赔偿案件的整体观察。本报告采用主体类型、程序分布、赔偿资金管理模式三个观测点,以方便进行年度间的对比并形成连续性的观测效果。

重点观测方面,本报告从责任认定、责任形式和责任履行三方面展开,这既是责任制度的核心要素,也是生态环境损害赔偿制度的关键内容。责任认定部分以责任构成要件为纲,分别讨论实践中如何认定违反国家规定的污染环境和破坏生态行为、生态环境损害后果和二者因果关系这三方面内容。责任形式部分逐项分析《若干规定(试行)》第 11 条列出的 6 种责任形式,观察其数量分布和适用情形。责任履行部分重点关注责任履行的保障和验收,并总结创新做法与实践问题。对上述三部分内容的分析,不仅能够对生态环境损害赔偿制度进行宏观把握和深度挖掘,也能关照到生态环境损害赔偿从调查评估、开展磋商(磋商不成提起诉讼)到环境修复的全过程,实现重点分析和整体观察的有机结合。

二、案件裁判的整体回溯:实践样态与类型分布

(一)数据来源与样本筛选

随着生态环境损害赔偿制度的逐渐完善,相关司法案例也呈现逐年递增的趋势。本文以 2021 年度为选择案例的时间节点,在尽可能全面利用和借鉴各类搜索路径的情况下最大限度地收集了 2021 年度结案的生态环境损害赔偿典型案例 74 件,见表 6－1。文章数据源于最高人民法院公布的典型案例、生态环境部网站、[2]中国裁判文书网、北大法宝等。表 6－1 将 74 件案件分为不予受理、驳回起诉、磋商结案和磋商未果转入诉讼四种类型,并统计了案例名称、案件结果、是否进行司法确认、赔偿资金管理模式、责任形式等内容。需要说明的是,表 6－1 按照《若干规定(试行)》第 11 条的规定将生态环境损害赔偿案件的责任形式分为"修复生态环境、赔偿损失、停止侵害、排除妨碍、消除危险、赔礼道歉"六类。在责任人应承担生态环境修复责任但确无能力或者明确表示不履行时,法院可以直接判决责任人承担生态环境修复费用。这种费用被用于修复生态环境损害,并非此损害不可修复而转化成的金钱赔偿,因此仍然属于"修复生态环境"这种责任形式。[3]

表 6－1　2021 年度生态环境损害赔偿典型案例统计

类型	案例序号	案例名称	案件结果	是否进行司法确认	赔偿资金管理模式	责任形式
不予受理	1	屏边苗族自治县林业和草原局与王某某侵权责任纠纷案	法院无管辖权,不予受理	无	无	无
驳回起诉	2	上海市奉贤区海湾镇人民政府与曹某等环境污染责任纠纷案	奉贤区海湾镇人民政府不具备起诉主体资格,驳回起诉	无	无	无

〔2〕 案例 20 来自生态环境部于 2021 年 12 月公布的"第二批生态环境损害赔偿磋商十大典型案例"之六,载中华人民共和国生态环境部网,https://www.mee.gov.cn/xxgk2018/xxgk/xxgk06/202005/t20200506_777835.html。

〔3〕 吕忠梅、窦海阳:《修复生态环境责任的实证解析》,载《法学研究》2017 年第 3 期。

续表

类型	案例序号	案例名称	案件结果	是否进行司法确认	赔偿资金管理模式	责任形式
磋商转诉讼	3	潘某某非法采矿生态环境损害赔偿检察机关支持起诉案	法院对潘某某自行恢复生态部分予以认定。对扣除自行修复后其余价值4万余元的生态环境待修复部分,当庭作出以补种树木2265株的形式予以替代性修复的判决,同时判令其在市级媒体公开赔礼道歉	否	—	修复生态环境、赔礼道歉
	4	兰州市生态环境局西固分局与白银永佳鑫商贸有限公司环境污染责任纠纷案	永佳鑫商贸有限公司支付环境污染应急处置费	否	—	修复生态环境、赔偿损失、消除危险
	5	绍兴市生态环境局、浙江嘉业化工有限公司、王某某环境污染责任纠纷案	嘉业化工有限公司支付污泥处置费,应急防控处置费,土壤损害赔偿金,生态环境修复费用,并在浙江省省级报纸上刊登致歉声明	否	缴纳至法院指定的财政专户	修复生态环境、赔偿损失、消除危险、赔礼道歉
	6	沅陵县麻溪铺镇人民政府与思南中骐货物运输有限公司环境污染责任纠纷案	思南中骐货物运输有限公司赔偿政府代履行支付的油浸带修复工程费用	否	—	修复生态环境、赔偿损失、消除危险
磋商结案	7	铜川市生态环境局与陕煤集团铜川矿务局有限公司华远项目部生态环境损害赔偿案	陕煤集团铜川矿务局有限公司华远项目部支付生态环境损害赔偿金	是	—	赔偿损失
	8	铜川市生态环境局与铜川市弘鑫钙业有限公司生态环境损害赔偿案	铜川市弘鑫钙业有限公司支付生态环境损害赔偿金	是	—	赔偿损失

续表

类型	案例序号	案例名称	案件结果	是否进行司法确认	赔偿资金管理模式	责任形式
磋商结案	9	湘西土家族苗族自治州农业农村局与曾某某等生态环境损害赔偿案	赔偿义务人曾某某应购买不低于1251.2 元的“鳡鱼、翘嘴鲌鱼、鳙鱼”成鱼或同属、同科或同目的鱼类,放流酉水湘西段翘嘴红鲌国家级水产种质资源保护区,并于 2021 年 11 月 19 日前履行完毕	是	—	修复生态环境
	10	李某某非法捕捞水产品案	李某某支付生态环境损害赔偿金 2692.8 元	否	—	修复生态环境
	11	雅安市林业局与唐某生态环境损害赔偿磋商案	(1)由唐某在 2021 年 12 月 3 日前在羊子岭工区异地补种; (2)如唐某未在 2021 年 12 月 3 日前完成补种,则由唐明支付植被恢复费用总额 16414 元; (3)雅安市林业局于 2021 年 12 月 10 日前组织栽种情况验收,补种情况以雅安市林业局验收为准。如验收不合格,唐某有权直接委托第三方进行补种,所产生的费用全部由唐某承担; (4)唐某自愿承担植被恢复编制费、伐林木鉴定评估费用共计 3500 元	是	—	修复生态环境、赔偿损失
	12	辰溪县林业局与辰溪成金石业有限公司生态环境损害赔偿磋商案	由于涉案的生态环境无法修复,且后期赔偿义务人辰溪成金石业有限公司在办理完相关手续之后,必须就地建立一个绿色、环保、无污染的采石场,因此赔偿义务人采取支付生态损害赔偿金的方式对受损的生态环境进行赔偿,拟于达成磋商协议之后 24 小时内,将赔偿金 784781.6 元交至国家税务总局辰溪县税务所第一税务所	是	缴纳至国家税务总局辰溪县税务所第一税务所	赔偿损失
	13	佛山市生态环境局南海分局与罗某生态环境损害赔偿磋商案	罗某缴纳生态环境损害赔偿款 148932 元	否	缴纳至佛山市南海区财政局预算存款户	赔偿损失

续表

类型	案例序号	案例名称	进展	是否进行司法确认	赔偿资金管理模式	责任形式
磋商结案	14	济南市钢城区人民政府与济南市钢城莱芜猪种猪繁育有限公司生态环境损害赔偿磋商案	莱芜猪种猪繁育有限公司缴纳事务性费用及赔偿资金,其中生态环境损害费用1.9万元,事务性费用5.6万元,并按照有资质单位出具或认可的修复方案自行修复或委托第三方单位修复受损生态环境	是	缴纳至钢城区人民政府财政账户	修复生态环境、赔偿损失、消除危险
	15	招远市人民政府与王某某生态环境损害赔偿案	王某某自行修复需要修复的土壤300立方米;支付生态环境功能永久性损害造成的损失7500元;支付鉴定评估费用95000元	是	缴纳至本级财政	修复生态环境、赔偿损失
	16	吉安市生态环境局与张某某生态环境损害赔偿案	(1)赔偿沂江河渔业直接经济损失30.888万元; (2)赔偿义务人将通过人工增殖放流的方式进行生态损害赔偿; (3)修复受污染土壤; (4)委托有危险固废处置资质的单位进行收集处置剩余危险废液和废渣	是	缴纳至本级财政	修复生态环境、赔偿损失
	17	河源市生态环境局与东莞市灿桑环保科技有限公司生态环境损害赔偿案	灿桑环保科技有限公司缴纳110.5571万元危险废物处置费	是	缴纳至第三方处置公司	修复生态环境
	18	常德市生态环境局与湖南龙腾生物科技有限公司生态环境损害赔偿磋商案	龙腾生物科技有限公司缴纳: (1)生态环境损害量化损失164188元; (2)惩罚性赔偿49256元; (3)环境损害鉴定评估费6万元	是	缴纳至指定财政账户	赔偿损失
	19	济南市商河县人民政府与济南市鲁明济北油气开发有限公司生态环境损害赔偿磋商案	鲁明济北油气开发有限公司缴纳应急处置费用、受污染土壤的处置修复费、后评估咨询费、律师咨询费等费用共计52.5万元	是	—	修复生态环境、赔偿损失、消除危险

续表

类型	案例序号	案例名称	进展	是否进行司法确认	赔偿资金管理模式	责任形式
磋商结案	20	湖南省沅江市3家公司污染大气生态环境损害赔偿案	三家公司分别赔付5.53万元、10.24万元和13万元生态环境损害赔偿金,替代修复支出费用从赔偿金中予以扣除	否	生态环境损害赔偿非税专户	修复生态环境
	21	遵义市生态环境局与遵义市播州区立农泰丰化肥厂生态环境损害赔偿案	磋商达成赔偿协议,立农泰丰化肥厂缴纳生态环境损害赔偿金	是	缴纳至遵义市财政局政府非税收入财政专户	赔偿损失
	22	济南市钢城区人民政府与山东万祥矿业有限公司生态环境损害赔偿案	磋商达成赔偿协议,万祥矿业有限公司自行修复生态环境,并支付事务性费用96.5万元	是	—	修复生态环境
	23	衢州市生态环境局与衢州市衢江区新亚化工有限公司生态环境损害赔偿案	磋商达成赔偿协议,新亚化工有限公司缴纳生态环境损害赔偿金6764093.5元	是	缴纳至财政指定账户	修复生态环境、赔偿损失
	24	汕头市生态环境局与汕头市澄海区捷英玩具厂生态环境损害赔偿案	磋商达成赔偿协议,捷英玩具厂缴纳生态环境损害9.291万元,司法鉴定工作费用18万元	是	—	赔偿损失
	25	华某某非法捕捞水产品案	磋商达成赔偿协议,华某某缴纳生态环境损害赔偿金	否	—	赔偿损失
	26	黄某某非法捕捞水产品案	磋商达成赔偿协议,黄某某缴纳生态环境损害赔偿费用用于长江生态环境修复	否	—	修复生态环境

续表

类型	案例序号	案例名称	进展	是否进行司法确认	赔偿资金管理模式	责任形式
磋商结案	27	罗某危害国家重点保护植物案	磋商达成赔偿协议，罗某缴纳生态环境损害赔偿金并补种楠木	否	—	修复生态环境、赔偿损失
	28	兴化市鑫耀不锈钢制品有限公司、周某某等污染环境案	磋商达成赔偿协议，兴耀公司缴纳生态修复损害费用65000元，支付专家咨询费6000元；委托泰州市惠明固废处置有限公司对厂区西侧坑池四周土壤进行合规处置	否	—	修复生态环境、赔偿损失
	29	仲某某污染环境案	仲某某无力赔偿，磋商失败	否	无	无
	30	兴化市豪铭机械有限公司、马某污染环境案	豪铭公司赔偿生态环境损害费用共23010元，其中生态损害赔偿费17010元、专家咨询费6000元	否	—	赔偿损失
	31	慕某某非法捕捞水产品案	达成生态环境损害赔偿协议，慕某某支付生态修复资金4278元	否	—	修复生态环境
	32	关某某污染环境案	达成生态环境损害赔偿协议，关某某缴纳生态环境损害赔偿金28500.5元和鉴定评估费50000元	否	—	赔偿损失
	33	吴某某非法捕捞水产品案	达成生态环境损害赔偿协议，吴某某自愿购买2000元的鱼苗投放在东风湖金兰水域修复生态环境	否	—	修复生态环境
	34	雅安市农业农村局与张某等生态环境损害赔偿案	达成赔偿协议，张某等共同承担生态环境修复义务，开展增殖放流	是	—	修复生态环境
	35	广州市生态环境局与王某某等生态环境损害赔偿案	磋商达成赔偿协议，王某某等自行修复生态环境，并赔偿应急监测费用31350元、鉴定评估费用198000元、受损土壤资源价值52.5元	是	—	修复生态环境、赔偿损失、消除危险

续表

类型	案例序号	案例名称	进展	是否进行司法确认	赔偿资金管理模式	责任形式
磋商结案	36	陈某、罗某某危害国家重点保护植物案	达成生态环境损害赔偿协议,缴纳生态环境损害赔偿金	否	—	修复生态环境、赔偿损失
	37	常某某、丁某某污染环境案	签订生态环境损害赔偿协议,常某某、丁某某缴纳生态环境损害费用 72405 元	否	—	赔偿损失
	38	吉林省腾越环保科技有限公司、甄某某等污染环境案	签订生态环境损害赔偿协议,腾跃公司缴纳生态环境修复费	否	—	修复生态环境、赔偿损失
	39	顾某某、储某某污染环境案	达成生态环境损害赔偿协议,顾某某、储某某缴纳生态环境损害费用 12600 元	否	—	修复生态环境、赔偿损失
	40	苏某某、朱某某等非法狩猎案	苏某某、朱某某赔偿生态资源损失补偿费共计 1200 元	否	—	赔偿损失
	41	冷某某、左某某污染环境案	就生态环境损害赔偿达成协议,冷某某、左某某缴纳生态环境损害赔偿金并将产生的危险废物合规处置	否	—	修复生态环境、赔偿损失、消除危险
	42	刘某、饶某某等非法捕捞水产品案	签订生态环境损害赔偿协议,其中李某出资 20000 元,刘某、谷某某、饶某某分别出资 10000 元购买鱼苗增殖放流修复生态;古某某自愿缴存生态修复金 1000 元	否	—	修复生态环境
	43	周某某、彭某某非法捕捞水产品案	达成协议,周某某、彭某某支付生态环境损害赔偿费用和生态修复金	否	—	修复生态环境、赔偿损失
	44	孔某某、徐某某非法捕捞水产品案	磋商达成赔偿协议,孔某某、徐某某支付生态环境损害赔偿费、放流鱼苗	否	缴纳至财政局账户	修复生态环境、赔偿损失

续表

类型	案例序号	案例名称	进展	是否进行司法确认	赔偿资金管理模式	责任形式
磋商结案	45	罗某某、邱某某非法捕捞水产品案	磋商达成赔偿协议,罗某某、邱某某增殖放流共计价值2000元的中华倒刺鲃、鲢	否	—	修复生态环境
	46	李某某、陈某某非法捕捞水产品案	磋商达成赔偿协议,李某某、陈某某缴存生态修复金	否	—	修复生态环境
	47	池某某、杨某某非法采伐、毁坏国家重点保护植物案	磋商达成赔偿协议	否	—	修复生态环境
	48	陈某某、宋某某非法捕捞水产品案	达成协议,陈某某、宋某某对生态环境损害进行赔偿	否	—	赔偿损失
	49	张某非法捕捞水产品案	达成协议,张某缴纳生态修复金用于修复生态环境	否	—	修复生态环境
	50	刘某某等三人非法捕捞水产品案	达成协议,刘某某等三人缴纳生态环境损害赔偿金	否	—	赔偿损失
	51	祝某某非法捕捞水产品案	履行协议,祝某某缴纳生态环境损害赔偿金	否	—	赔偿损失
	52	李某某非法狩猎案	履行协议,李某某缴纳生态环境损害赔偿金	否	—	赔偿损失
	53	攀枝花市生态环境局与攀钢集团攀枝花钢钒有限公司司法确认生态环境损害赔偿协议案	达成协议,攀钢集团攀枝花钢钒有限公司缴纳生态环境损害赔偿金	是	上缴市级国库	赔偿损失
	54	潘某某、张某某污染环境案	达成协议,潘某某、张某某预缴部分生态修复费用	否	非税收入	修复生态环境

续表

类型	案例序号	案例名称	进展	是否进行司法确认	赔偿资金管理模式	责任形式
磋商结案	55	阮某某等非法捕捞水产品案	达成协议,阮某某等缴纳生态环境损害赔偿金	否	—	修复生态环境
	56	上海市崇明区生态环境局与上海新凤翔废旧物资处理有限公司申请司法确认调解协议案	达成协议,生态环境损害无法修复,新凤翔公司缴纳生态环境损害赔偿金	是	政府非税收入	赔偿损失
	57	重庆市开州区人民政府与廖某某生态环境损害赔偿案	达成协议,廖某某以劳代偿的方式赔偿野生动物资源损失	否	—	赔偿损失
	58	安顺市生态环境局与亿利生态(贵州)有限公司等申请确认仲裁协议效力案	达成协议,亿利公司支付生态环境损害赔偿费用,自行采取异地替代修复方式进行赔偿	是	—	修复生态环境、赔偿损失、消除危险
	59	刘某某、何某某污染环境案	达成协议,刘某某、何某某支付土壤生态环境损害费用及铝锭初炼炉渣处理费用	否	—	修复生态环境、赔偿损失
	60	亳州市生态环境局、涡阳县丹城镇人民政府与祝某某申请确认生态环境损害赔偿磋商协议效力案	达成协议,祝某某支付生态恢复费用和赔偿应急处置(监测)费用	是	亳州市非税收入资金财政专户	修复生态环境、赔偿损失、消除危险

续表

类型	案例序号	案例名称	进展	是否进行司法确认	赔偿资金管理模式	责任形式
磋商结案	61	马鞍山市生态环境局与马鞍山市超峰金属制品制造有限公司关于司法确认生态环境损害赔偿协议案	达成协议，超峰公司支付生态环境损害赔偿费用和生态环境服务功能损失费用	是	缴纳至市人民政府指定账户非税收入管理中心	赔偿损失
	62	吴某某、杨某某等污染环境案	达成协议，吴某某、杨某某等缴纳生态环境损害修复费用	否	—	修复生态环境
	63	赵某某、席某某盗伐林木案	达成协议，赵某某、席某某承担2倍杨树补栽义务	否	—	修复生态环境
	64	刘某某、文某某等非法捕捞水产品案	达成协议，刘某某、文某某等出资9400元购买2.85万尾鱼苗进行增殖放流	否	—	修复生态环境
	65	任某某非法猎捕、杀害珍贵、濒危野生动物案	达成协议，任某某缴纳生态修复金和生态损害赔偿费	否	—	修复生态环境、赔偿损失
	66	刘某某污染环境案	达成协议，刘某某缴纳生态环境损害费用	否	缴纳至南通市海门区财政账户	赔偿损失
	67	重庆市沙坪坝区生态环境局与重庆福鹏机械制造有限公司申请确认生态环境损害赔偿协议效力案	达成协议，福鹏公司采取支付赔偿金的方式履行生态环境损害赔偿责任	是	—	赔偿损失

续表

类型	案例序号	案例名称	进展	是否进行司法确认	赔偿资金管理模式	责任形式
磋商结案	68	高某某非法捕捞水产品案	达成协议,采取支付赔偿金(包括电鱼损害的水产品直接经济损失总价值,天然渔业恢复费用)的方式履行生态损害赔偿责任	否	—	修复生态环境、赔偿损失
	69	张某某非法捕捞水产品案	达成协议,张某某购置价值 518 元的鱼苗用于增殖放流	否	—	修复生态环境
	70	衢州市生态环境局与衢州海洁工业废渣回收有限公司特别程序案	达成协议,海洁公司赔偿生态环境损害的费用	是	缴纳至财政指定账户财政局非税收入结算账户	赔偿损失
	71	上海市金山区农业农村委员会与徐某生态环境损害赔偿磋商案	达成协议,徐某承担水生生物资源损害赔偿金包括因非法捕捞水产品造成的直接损害 230.4 元、间接损害 2304 元	是	缴纳至区农村农业委员会委托的上海金山丰泽淡水鱼种场账户	修复生态环境、赔偿损失
	72	胡某某非法狩猎案	达成协议	否	—	—
	73	中卫市人民政府、内蒙古自治区阿拉善盟行政公署与宁夏美利纸业集团环保节能有限公司司法确认生态环境损害赔偿协议案	达成协议,美利纸业缴纳生态环境损害赔偿金、植被恢复费、应急处置费、建立长效管理机制,并公开赔礼道歉	是	上缴中卫市财政账户	修复生态环境、赔偿损失、消除危险、赔礼道歉
	74	张某某污染环境案	达成协议,张某某支付危险废物处置费用、鉴定费用	否	—	修复生态环境、赔偿损失

注:表中的“—”表示此项无法在现有材料中查明,“无”表示此项内容不存在。

(二)类型划分与特征归纳

为更好地观察生态环境损害赔偿制度的发展情况,本部分将对表6-1所示案例进行定量分析与统计,主要观测点包括主体和程序两个部分[4]。这两个观测点在《中国环境司法发展报告(2020年)》中也进行了统计[5],2021年度延续该观测点有助于保持研究的可持续性、客观性和科学性。本报告以责任制度为中心,一是因为生态环境损害赔偿责任首次被《民法典》第1234条和第1235条所确立,属于创新性制度,其在实践中的适用情况亟待观察;二是因为通过对生态环境损害赔偿责任在责任认定、责任形式、责任履行等方面的考察,能够串联起生态环境损害赔偿制度的运行全过程,从而实现对该制度的整体性观测。因此在报告第三、四部分将以责任为观测点进行系统的梳理和展开,本部分将不再赘述。

1.生态环境损害赔偿诉讼的主体类型划分

生态环境损害赔偿制度的主体包括磋商过程中的赔偿权利人与诉讼程序中的原告、与之对应的赔偿义务人与诉讼被告,以及磋商程序中的第三方参与者、诉讼程序中的支持起诉人等。本部分将对磋商赔偿权利人与诉讼原告、磋商赔偿义务人与诉讼被告、第三方参与者分别进行观察。

(1)磋商赔偿权利人与诉讼原告

表6-2　2021年生态环境损害赔偿磋商赔偿权利人与诉讼原告的类型分布

单位:件

磋商赔偿权利人/诉讼原告	数量	案例序号
市人民政府	2	15、73
市生态环境局	21	4、5、7、8、16、17、18、20、21、23、24、32、35、41、50、53、58、59、60、63、70
市自然资源局	1	3
市(州)农业农村局	5	9、26、34、51、69
市林草局	1	11
区(县)人民政府	5	10、14、19、22、57
区(县)林草局	7	12、27、36、40、47、65、72

[4] 张忠民:《环境公益诉讼被告的局限及其克服》,载《环球法律评论》2016年第5期。

[5] 吕忠梅等:《中国环境司法发展报告(2020年)》,法律出版社2021年版,第223~233页。

续表

磋商赔偿权利人/诉讼原告	数量	案例序号
区(县)农业农村委员会	12	25、31、33、42、43、44、45、46、49、55、64、71
区(县)生态环境局	14	13、28、29、30、37、38、39、55、56、62、66、67、72、74
县自然资源局	2	52、63
区交通局	1	68
乡镇人民政府	1	6

《若干规定(试行)》第 1 条指出,能够作为生态环境损害磋商赔偿权利人与诉讼原告的主体有:(1)省级、市地级人民政府;(2)省级、市地级人民政府指定的相关部门、机构;(3)受国务院委托行使全民所有自然资源资产所有权的部门。在自然资源国家所有权委托行使模式下,自然资源主管部门作为委托方统一代表行使自然资源国家所有权,各级地方政府仍是主要的受托方。[6] 从行政区划方面来看,市一级人民政府及其指定的部门共提起 30 件生态环境损害赔偿诉讼,县区级人民政府及其指定的部门共提起 42 件,乡镇人民政府提起 1 件。县区级人民政府及其指定的部门提起的生态环境损害赔偿诉讼最多,说明生态环境损害赔偿制度的行使主体从省、市级政府向县区级下沉,反映出生态环境损害赔偿制度日渐普及的趋势。

从磋商赔偿权利人及诉讼原告的类型来看,生态环境局共提起生态环境损害赔偿 35 件、农业农村委员会提起 18 件、政府提起 8 件、林草局提起 8 件、自然资源局提起 3 件、交通局提起 1 件。赔偿权利人及诉讼原告的类型丰富,涉及生态环境、自然资源、农业农村、林草、交通等多个方面,生态环境损害赔偿制度已经广泛运用于生态环境损害的各个领域。

然而需要注意的是,案例 1"屏边苗族自治县林业和草原局与王某某侵权责任纠纷案"不予受理的原因是法院无管辖权,屏边苗族自治县林业和草原局应当向中级人民法院提起诉讼。案例 2"上海市奉贤区海湾镇人民政府与曹某等环境污染责任纠纷案"中上海铁路运输法院驳回起诉的原因是上海市奉贤区海湾镇人民政府不具备起诉主体资格。这两个案例反映出个别地方政府在生态环境损害赔偿方面的业务素质偏低、专业人才建设有所欠缺,下一步应继续加强生

---

〔6〕 郭志京:《穿越公私法分界线:自然资源国家所有权委托行使模式》,载《法制与社会发展》2022 年第 1 期。

态环境损害赔偿的普及和规范化工作。

（2）磋商赔偿义务人与诉讼被告

图 6－1 展示了典型案例样本数据库中生态环境损害赔偿磋商赔偿义务人与诉讼被告的类型分布。在被统计的 72 件生态环境损害赔偿案件中〔7〕，以自然人作为磋商赔偿义务人或被告的案件共 46 件，占比约 64%；以企业法人作为磋商赔偿义务人或被告的案件共 25 件，占比约 35%；以企业法人和自然人作为共同被告的案件共 1 件，占比约 1%。这说明生态环境损害赔偿诉讼对个人环境致害行为和企业环境致害行为均有所涉及。与 2020 年相比，磋商赔偿义务人或被告为个人的案件占比上升 24%，为企业的案件占比下降 19%〔8〕。由此可见，随着生态文明建设和我国生态环境保护事业的不断推进，多发于企业的重大环境污染和生态破坏事件减少，生态环境保护工作进入精细化阶段，开始关注个人产生的环境污染和生态破坏事件。

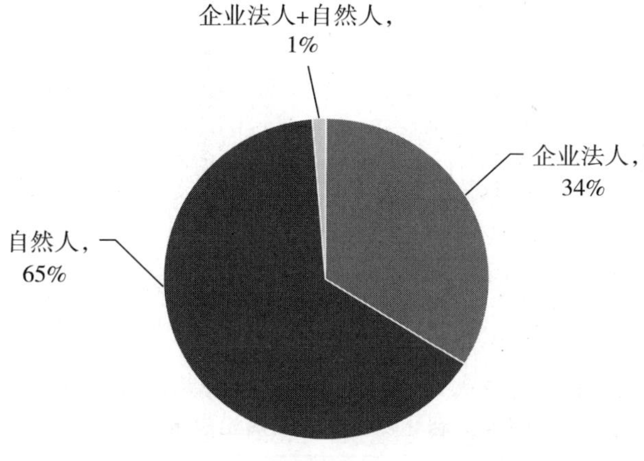

图 6－1　2021 年生态环境损害赔偿磋商赔偿义务人与诉讼被告的类型分布

在被诉的企业法人中，制造业占比最高约为 44%，其次为生态保护和环境治理业，占比约 28%。此外，采矿业、畜牧业、交通运输业等行业的企业也存在涉及生态环境损害赔偿的情况，具体如表 6－3 所示。

---

〔7〕 案例 1“屏边苗族自治县林业和草原局与王某某侵权责任纠纷案”和案例 2“上海市奉贤区海湾镇人民政府与曹某等环境污染责任纠纷案”分别被“不予受理”和“驳回起诉”，不涉及被告相关问题，因此在本部分不予统计。

〔8〕 吕忠梅等：《中国环境司法发展报告（2020 年）》，法律出版社 2021 年版，第 225 页。

表 6 – 3　生态环境损害赔偿案件赔偿义务人与被告的身份类型分布

单位:件

身份类型	行业性质	数量
自然人	—	46
企业法人	GB/T 4754—2017—A—03 畜牧业	1
	GB/T 4754—2017—B 采矿业	4
	GB/T 4754—2017—C 制造业	11
	GB/T 4754—2017—G 交通运输业	2
	GB/T 4754—2017—N—77 生态保护和环境治理业	7
企业法人 + 自然人	GB/T 4754—2017—C 制造业	1

注:表 6 – 3 中对于行业性质的划分执行《国民经济行业分类》(GB/T 4754—2017)标准。

在自然人被提起生态环境损害赔偿磋商或诉讼的原因中,最多的是非法捕捞,共 22 件,占比约 48%;其次是非法排污,共 13 件,占比约 28%;非法采伐和非法狩猎各 5 件,占比约 11%;非法采矿 1 件,占比约 2%。

表 6 – 4 对生态环境损害赔偿诉讼中被告的主张情况进行了统计。受限于案例公开程度,本部分仅分析以诉讼方式结案的从案例 3"潘某某非法采矿生态环境损害赔偿检察机关支持起诉案"到案例 5"绍兴市生态环境局与浙江嘉业化工有限公司、王某某环境污染责任纠纷案"三个案件。案例 6"沅陵县麻溪铺镇人民政府与思南中骐货物运输有限公司环境污染责任纠纷案"虽以诉讼方式结案,但被告并未提出抗辩,因此不予统计。

表 6 – 4　生态环境损害赔偿诉讼中被告的主张

案例序号	被告的抗辩事由	是否得到法院支持
3	已经修复部分受损生态环境	可抵扣部分赔偿金
	已经受到刑事处罚	不支持
	生活困难无力支付赔偿金	通过自行栽种树木的方式承担生态环境修复责任

续表

<table>
<tr><th>案例序号</th><th colspan="2">被告的抗辩事由</th><th>是否得到法院支持</th></tr>
<tr><td rowspan="3">4</td><td colspan="2">无法证明环境损害发生</td><td>不支持</td></tr>
<tr><td colspan="2">对原告提供的应急处置方案存在异议</td><td>不支持</td></tr>
<tr><td colspan="2">原告在应急处置时未通知被告</td><td>不支持，代履行行为无须被告同意</td></tr>
<tr><td rowspan="6">5</td><td rowspan="2">嘉业化工公司</td><td>案涉刑事案件正在审理中，本案应裁定驳回起诉或中止审理</td><td>不支持</td></tr>
<tr><td>赔偿金及修复金额应以刑事案件确定的数值为准</td><td>不支持</td></tr>
<tr><td rowspan="4">王某某</td><td>超过诉讼时效</td><td>不支持</td></tr>
<tr><td>公司应作为独立法人承担责任，与股东无关</td><td>支持</td></tr>
<tr><td>案涉污水池已经停产，诉请停止侵害无意义</td><td>支持</td></tr>
<tr><td>赔偿金和修复金额虚高</td><td>不支持</td></tr>
</table>

注：本表案例序号根据表 6 – 1 得出。

通过表 6 – 4 可知，被告提出的抗辩可分为程序、事实认定和责任履行三个方面。被告提出的程序性抗辩事由包括涉案刑事案件正在审理中应裁定驳回起诉或中止审理、案件超过诉讼时效等，但均未获法院支持。在事实认定方面，被告主要对生态环境损害是否确实发生提出异议，但由于原告方的政府环保部门能够给出明确证据而未获得法院支持。被告在责任承担方面提出的抗辩最多，首先是责任形式方面，停止侵害适用于侵害仍在发生的情况，因此案例 5“绍兴市生态环境局、浙江嘉业化工有限公司、王某某环境污染责任纠纷案”中涉案污水池已经停产，因此无须再诉请停止侵害，这一点法院予以支持。其次是责任承担方面，关于赔偿金和修复金的异议难获法院支持，这主要是因为赔偿金和修复金额的确定具有高度的专业性。但法院在责任履行方式上也进行了变通，如在案例 3“潘某某非法采矿生态环境损害赔偿检察机关支持起诉案”中，被告生活困难无力支付赔偿金，法院判决被告通过以自行栽种树木的方法来代替赔偿金，这种灵活处理的方式在最大限度上确保受损生态环境能够得到修复。

2. 生态环境损害赔偿诉讼的程序分布呈现

根据《若干规定(试行)》,生态环境损害赔偿制度分为生态环境损害赔偿磋商和诉讼两个方面,这两方面既相对独立又相互联系,而生态环境损害赔偿纠纷解决程序有以下 4 种可能出现的情况:磋商成功未司法确认、磋商成功且司法确认、磋商失败提起诉讼、磋商失败未提起诉讼。这 4 种情况在 2021 年度 74 件生态环境损害赔偿案例中的分布如图 6 - 2 所示。

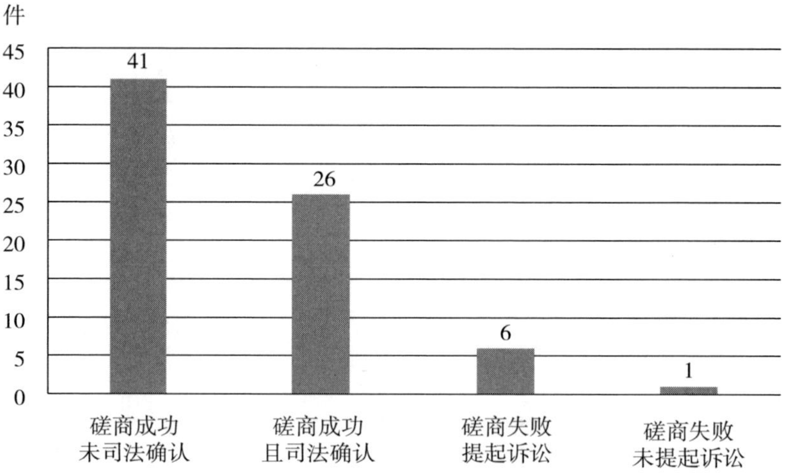

图 6 - 2　2021 年生态环境损害赔偿案例程序分布

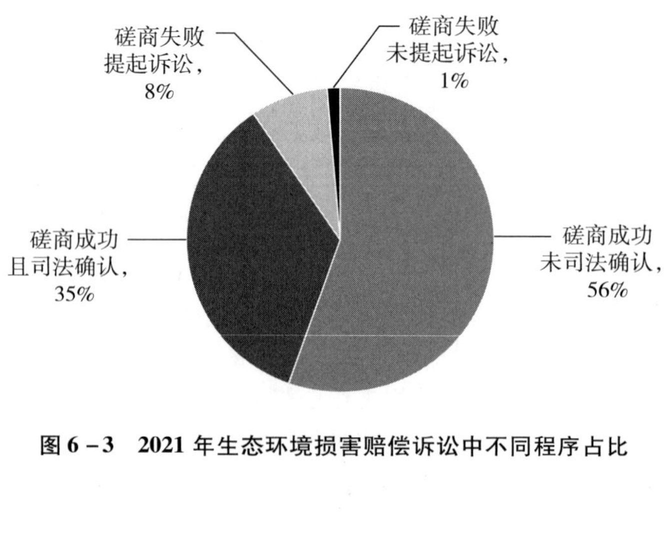

图 6 - 3　2021 年生态环境损害赔偿诉讼中不同程序占比

2021 年磋商结案案件 67 件,占比约 91%,相比于 2020 年磋商结案案件占整体案件量的 83%,通过磋商结案的案件量上涨 8%。生态环境损害赔偿案件磋商结案至少有以下三个方面意义:第一,传统行政执法手段采用的对抗性模式已经无法适应生态环境损害赔偿的需要,磋商作为柔和性执法模式,能够通过双方主体进行充分有效沟通,较好地权衡主体双方利益,以达到最佳平衡点;第二,生态环境损害赔偿磋商能够节约诉讼成本、减轻法院压力,同时若双方在磋商阶段达成一致意见,还能够起到及时修复受损生态环境、防止损害蔓延的作用;第三,磋商是社会主义协商民主在生态环境领域的具体体现,磋商以平等为前提,以协商为方式,同时鼓励公众参与,与社会主义协商民主的要求相一致。[9] 磋商结案案件的占比逐年提高,正是磋商的制度优势在实践中的最好证实与回应。

在 2021 年 67 件磋商结案案件中,申请司法确认的案件 26 件,占比约 39%;未申请司法确认的案件 41 件,占比约 61%。赔偿磋商制度作为生态环境损害赔偿制度改革的重点内容之一,能够起到实现案件分流、节约司法资源的作用。但由于磋商协议缺乏强制力,当事人双方虽达成协议但事后反悔难以落实的情形屡屡发生,使得大量环境纠纷进入诉讼程序,降低磋商制度的实施效果。通过司法确认可以实现诉讼与磋商等制度在效力上的对接,生态环境损害赔偿磋商协议达成后进行司法确认,能够大大提升损害赔偿工作和磋商协议执行的效率。[10] 从 2021 年的数据来看,生态环境损害赔偿磋商申请司法确认的案件量仍然较少,未来需要进一步完善针对磋商协议的司法确认制度,提高司法确认的适用率。

磋商失败转入诉讼的案件共 6 件,约占 74 件案件的 8%。其中,案例 1“屏边苗族自治县林业和草原局与王某某侵权责任纠纷案”和案例 2“上海市奉贤区海湾镇人民政府与曹某等环境污染责任纠纷案”分别被不予受理和驳回起诉。从案例 3“潘某某非法采矿生态环境损害赔偿检察机关支持起诉案”到案例 6“沅陵县麻溪铺镇人民政府与思南中骐货物运输有限公司环境污染责任纠纷案”,作为原告的政府机关提出的绝大部分诉讼请求均获法院支持,仅案例 5“绍兴市生态环境局与浙江嘉业化工有限公司、王某某环境污染责任纠纷案”中政府机关要求涉事公司的股东承担连带责任以及在涉案污水池已经停产的情况下

---

〔9〕 胡肖华、熊炜:《生态环境损害赔偿磋商的现实困境与制度完善》,载《江西社会科学》2021 年第 11 期。

〔10〕 孙佑海、闫妍:《如何建立生态环境损害赔偿磋商协议的司法确认制度》,载《环境保护》2018 年第 5 期。

要求被告停止侵害的诉讼请求没有得到法院支持。

需要注意的是,2021 年仍然存在 1 件磋商失败且未提起诉讼的案件。在案例 29 中,仲某某违法排放污水造成环境污染,南通市海门区生态环境局与仲某某展开生态环境损害赔偿磋商,要求其承担生态环境损害赔偿金共 140733.4 元,因仲某某拒绝承担磋商失败。此后,海门区生态环境局未对仲某某提起诉讼。《若干规定(试行)》第 1 条规定"因与造成生态环境损害的自然人、法人或者其他组织经磋商未达成一致或者无法进行磋商的,可以作为原告提起生态环境损害赔偿诉讼",即磋商失败后提起诉讼并非强制性规定。但这样可能会使受损生态环境得不到及时救济,损害生态环境损害赔偿制度的效果。这也表明生态环境损害赔偿磋商与诉讼的衔接规则有待完善。

3. 生态环境损害赔偿资金的管理模式归纳

根据 2020 年财政部、自然资源部、生态环境部等共同印发的《生态环境损害赔偿资金管理办法(试行)》第 2 条第 1 款规定,生态环境损害赔偿资金是指生态环境损害事件发生后,在生态环境损害无法修复或者无法完全修复以及赔偿义务人不履行义务或者不完全履行义务的情况下,由造成损害的赔偿义务人主动缴纳或者按照磋商达成的赔偿协议、法院生效判决缴纳的资金。该规定虽然对生态环境损害赔偿资金的范围进行了界定,但仍存在模糊之处。比如,政府代履行产生的费用、政府委托第三方机构进行环境修复产生的费用等是否属于生态环境损害赔偿资金、是否应当使用生态环境损害赔偿制度进行追偿等问题有待研究。[11]

《生态环境损害赔偿资金管理办法(试行)》第 6 条第 2 款规定:"生态环境损害赔偿资金作为政府非税收入,实行国库集中收缴,全额上缴赔偿权利人指定部门、机构的本级国库,纳入一般公共预算管理。"在 2021 年度所统计的 74 件案件中,显示生态环境损害赔偿金归属的案件共 21 件。其中,19 件按照规定将赔偿金缴纳至财政专户,作为政府非税收入纳入一般公共预算管理,这显示出生态环境损害赔偿金的管理模式逐步向完善化和规范化发展。

但是,仍然有 2 件案件未按照《生态环境损害赔偿资金管理办法(试行)》的规定收取和缴纳生态环境损害赔偿金,分别为案例 17"河源市生态环境局与东莞市灿燊环保科技有限公司生态环境损害赔偿案"和案例 71"上海市金山区农

---

〔11〕 唐绍均、康慧强:《论环境行政代履行费用追偿的淆乱与矫正》,载《重庆大学学报(社会科学版)》2020 年第 24 期。

业农村委员会与徐某生态环境损害赔偿磋商案”。这2件案件都是在生态环境损害事件发生后,赔偿权利人指定第三方机构对受损生态环境进行修复,并要求赔偿义务人将生态环境损害赔偿金直接缴纳至第三方机构账户。案件具体情况如表6-5所示。

表6-5　两起未按规定缴纳生态环境损害赔偿金的案件情况

案例序号	案件情况	赔偿金归属
17	河源市生态环境局委托广东金宇环境科技股份有限公司处置危险废物	赔偿金直接转入广东金宇环境科技股份有限公司账户
71	区农委委托上海金山丰泽淡水鱼种场修复生态环境	赔偿金直接转入上海金山丰泽淡水鱼种场账户

三、生态环境损害赔偿责任制度的发展趋势研判

生态环境损害赔偿制度至今已发展了6年多。2015年12月中办、国办印发《生态环境损害赔偿制度改革试点方案》,首次正式提出生态环境损害赔偿制度概念,确定了环境有价、损害担责、主动磋商、司法保障、信息共享、公众监督的原则,并在吉林、江苏、山东、湖南、重庆、贵州、云南7省市开展为期两年的试点工作。

2017年12月中办、国办印发《生态环境损害赔偿制度改革方案》,并决定自2018年1月1日起在全国试行生态环境损害赔偿制度。《生态环境损害赔偿制度改革方案》对生态环境损害赔偿制度的程序衔接问题进行了规定,至少涉及以下三个方面:(1)生态环境损害赔偿磋商与诉讼的衔接,磋商未达成一致的,赔偿权利人及其指定的部门或机构应当及时提起生态环境损害赔偿民事诉讼。(2)生态环境损害赔偿制度与环境民事公益诉讼的衔接,由最高人民法院商有关部门根据实际情况制定指导意见予以明确。(3)做好生态环境损害鉴定评估与司法程序的衔接工作。

《若干规定(试行)》以司法解释的形式对生态环境损害赔偿进行具体化规定,其中重点完善了磋商程序。其第1条规定“磋商优先,诉讼在后”的适用顺序,第20条规定经磋商达成生态环境损害赔偿协议的,当事人可以向人民法院申请司法确认以保证磋商协议的有效履行。磋商成为生态环境损害赔偿制度的亮点,且实践中大量生态环境损害赔偿案件在磋商程序中得到解决。

2020年《民法典》颁行,第1234条和第1235条系生态环境损害赔偿制度首

次在实体法中得到规定,也标志着该制度的正式确立。第 1234 条提出“生态环境修复责任”概念,这也是本报告聚焦的中心内容;第 1235 条对生态环境损害赔偿费用进行了明确列举。同年,生态环境部、司法部、财政部等印发《关于推进生态环境损害赔偿制度改革若干具体问题的意见》,对于负责具体工作的部门或机构、案件线索、索赔的启动、生态环境损害调查、赔偿磋商与司法确认、与公益诉讼的衔接、生态环境修复等问题进行规定。财政部、自然资源部、生态环境部等印发《生态环境损害赔偿资金管理办法(试行)》,专门规范生态环境损害赔偿资金的管理和使用。这些法律文件的出台也表明了生态环境损害赔偿制度进入精细化发展阶段。

2022 年 1 月最高人民法院发布《关于审理生态环境侵权纠纷案件适用惩罚性赔偿的解释》,其第 12 条规定“国家规定的机关或者法律规定的组织作为被侵权人代表,请求判令侵权人承担惩罚性赔偿责任的,人民法院可以参照前述规定予以处理。”〔12〕明确《民法典》第 1232 条规定的惩罚性赔偿制度也可适用于生态环境损害赔偿,生态环境损害赔偿制度的责任形式不断丰富。

(一)生态环境损害赔偿责任认定的科学化

在归责原则方面,违法性是不是生态环境损害赔偿责任的构成要件一直是学界争论的焦点。〔13〕 2017 年《生态环境损害赔偿制度改革方案》指出“违反法律法规,造成生态环境损害的单位或个人,应当承担生态环境损害赔偿责任”;《若干规定(试行)》第 11 条规定“被告违反国家规定造成生态环境损害的,人民法院应当根据原告的诉讼请求以及具体案情,合理判决被告承担修复生态环境、赔偿损失、停止侵害、排除妨碍、消除危险、赔礼道歉等民事责任”;《民法典》第 1234 条规定“违反国家规定造成生态环境损害,生态环境能够修复的,国家规定的机关或者法律规定的组织有权请求侵权人在合理期限内承担修复责任”。上述规定将“违反法律规定”确定为生态环境损害赔偿责任的构成要件,是行为人承担生态环境损害赔偿责任的前提条件。据此,生态环境损害赔偿责任的构成要件可归纳为:(1)侵权人违反国家规定实施污染环境、破坏生态的行为;(2)生态环境公共利益受到损害;(3)行为与损害之间有利害关系。〔14〕

---

〔12〕 这里的“前述规定”指在生态环境侵权纠纷案件中适用惩罚性赔偿的规定,详见最高人民法院《关于审理生态环境侵权纠纷案件适用惩罚性赔偿的解释》第 1 ~ 11 条。

〔13〕 冯汝:《论生态环境损害赔偿责任违法性要件的确立》,载《南京工业大学学报(社会科学版)》2018 年第 5 期。

〔14〕 徐以祥:《〈民法典〉中生态环境损害责任的规范解释》,载《法学评论》2021 年第 2 期。

生态环境损害赔偿责任认定更加依靠鉴定意见和专家意见。在鉴定意见方面,《若干规定(试行)》第 10 条规定,“当事人在诉前委托具备环境司法鉴定资质的鉴定机构出具的鉴定意见,以及委托国务院环境资源保护监督管理相关主管部门推荐的机构出具的检验报告、检测报告、评估报告、监测数据等,经当事人质证并符合证据标准的,可以作为认定案件事实的根据”,认可了鉴定意见作为证据的效力。在典型案例样本中,共有 41 件案例的当事人在磋商或诉讼前进行了司法鉴定,比例约占 55.4%。生态环境损害的判断和修复具有专业性的特点,司法鉴定能够使生态环境损害赔偿责任认定更具科学性,增强判决的说服力。

在专家意见方面,根据《关于审理环境民事公益诉讼案件适用法律若干问题的解释》第 23 条的规定,人民法院对于生态环境修复费用,可以结合环境污染的程度等因素,并可以参考环境保护部门的意见、专家意见等,予以合理确定。理论研究认为,专家意见在生态环境损害赔偿诉讼中主要适用于以下几种情况:一是鉴定的方法和手段上不可用时,主要是有些案件现有的鉴定方法或手段难以适用,案件事实通过鉴定无法得出科学的结论。二是鉴定对象流失或不存在时,主要是一些案件的损害事实难以获取,鉴定对象缺失。三是在价值对比上鉴定所带来的经济社会价值过低时,在具体办案中,反映出的一个突出问题是环境损害修复费预估十万元或十几万元,但鉴定费却高达几十万元,甚至上百万元,这与公益保护的目的是相背离的,因此在这种情况下可适用专家意见。四是办案时限上不可能时。由于鉴定时间过长,会造成办案时限严重超期,在这种情况下也可以采用专家意见。[15]

表 6 - 6 统计了典型案例样本中涉及专家意见的部分。专家意见的主要适用情形为论证生态环境修复方案和对生态环境修复效果进行评估。其中,专家论证生态环境修复方案又可分为专家自行编制生态环境修复方案和专家对评估机构给出的方案进行评审两种情况。

---

〔15〕 时磊:《专家意见在公益诉讼办案中的规范与应用》,载《中国检察官》2022 年第 3 期。

表 6－6　专家意见在生态环境损害赔偿案件中的适用情况

适用情形	案例序号	具体情况
编制或论证生态环境修复方案	3	专家对生态环境修复出具咨询意见
	7	专家对《陕煤集团铜川矿务局有限公司华远项目部铜川市弘鑫钙业有限公司违法排放污染生态环境损害鉴定评估报告》进行评审
	8	专家对《铜川市弘鑫钙业有限公司违法排放污染物生态环境损害鉴定评估报告》进行评审
	14	专家出具《济南市钢城莱芜猪种猪繁育有限公司违规处置病死动物案生态环境损害赔偿专家评估意见书》
	16	在修复前需编制生态环境损害修复方案,并组织专家进行论证,按照专家论证通过的生态环境损害修复方案开展生态环境损害修复工作
	20	从专家库挑选专家,并出具评估意见书
	30	按照专家咨询意见赔偿生态环境损害费用共 23010 元
	34	经专家组评估该案的水生资源修复措施资金合计 7937.6 元
	39	经泰州市兴化生态环境局组织专家对涉案环境损害进行评估,专家咨询意见认为采用虚拟治理成本法经初步调查评估生态环境损害费用为 12600 元
	41	专家组根据市场调查的 4 家单位对于废切削液处置的平均费用为 3263 元/吨计算,单位污染物虚拟治理成本确定为 3263 元
	56	专家组出具评估意见
	60	安徽省环境科学研究院三名专家对涡阳县丹城镇袁庄废旧铅酸蓄电池非法冶炼案件开展环境损害鉴定评估工作,出具《满阳县丹城镇袁庄废旧铅酸蓄电池非法冶炼案件生态环境损害专家意见》
	61	安徽省环境科学研究员专家组确认马鞍山市超峰金属制品制造有限公司造成的环境损害事实成立,并出具《马鞍山市超峰金属制品制造有限公司生态环境损害鉴定评估专家组意见》
	66	经专家组评估,采用虚拟治理成本方法评估本案排放的废水对生态环境造成的损害,环境污染损害总费用(含应急监测费用、专家咨询费用等)为 124527 元。
	73	由三方共同委托有资质的评估机构开展美利林区生态环境效益评估,经专家进行评审,形成评估意见

续表

适用情形	案例序号	具体情况
参与磋商	20	赔偿权利人指定益阳市生态环境局与3家公司进行磋商,邀请鉴定专家和沅江市人民政府及沅江市人民法院、市人民检察院、市司法局、市财政局、市税务局等部门参加
评估生态环境修复效果	35	由甲方负责组织专家评估修复效果,出具专家意见

(二)生态环境损害赔偿责任形式的多元化

除传统的赔偿损失、停止侵害、排除妨碍、消除危险、赔礼道歉等民事责任形式外,生态环境损害赔偿制度还创新性地发展出了修复生态环境和惩罚性赔偿两种责任形式,丰富了生态环境损害赔偿责任内容、扩大了生态环境损害赔偿制度对受损生态环境的救济面。

《若干规定(试行)》第11条规定的生态环境损害赔偿责任包括修复生态环境、赔偿损失、停止侵害、排除妨碍、消除危险、赔礼道歉等。其中,修复生态环境包括基本性修复和替代性修复两种类型。基本性修复指利用自然恢复方式或采取人工恢复措施,使受损的生态环境及其生态系统服务复原至基线水平,常表现为原地原物修复;替代性修复指在基本性修复难以达到既定目的的情况下在同一生态区域内与原受损生态环境及其生态系统服务等值或大体相当的修复,如破坏植被案件中的异地补种树木等。[16] 不同于生态环境私益侵权案件中以"损害赔偿"为目标直接适用传统民事责任,生态环境损害赔偿制度以维护环境公共利益、恢复生态环境功能为核心目标,[17] 因此"修复生态环境"责任在《若干规定(试行)》第11条列举的多种责任形式中应被优先适用。生态环境损害赔偿责任的具体构成如图6-4所示。

---

〔16〕 王小钢:《生态环境修复和替代性修复的概念辨正——基于生态环境恢复的目标》,载《南京工业大学学报(社会科学版)》2019年第1期。

〔17〕 吕忠梅、窦海阳:《以"生态恢复论"重构环境侵权救济体系》,载《中国社会科学》2020年第2期。

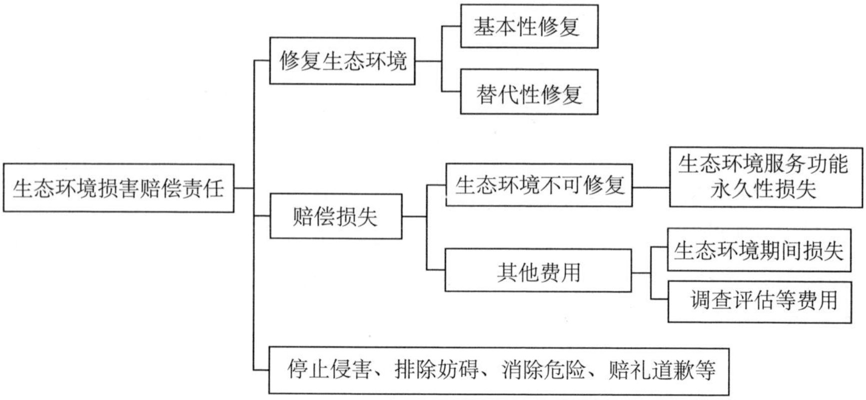

图 6 –4 生态环境损害赔偿责任的内容构成

生态环境损害赔偿责任虽然被冠以“赔偿”之名,但其真正含义却与传统民法上的“法益价值差额”南辕北辙,具有一定的“恢复原状”性质;生态环境的系统性、公共利益性又使其与传统民法上的“损害物品的恢复”大相径庭,[18]因此在性质上应属于专门的环境侵害责任,是生态环境损害赔偿在责任形式上的创新。在典型案例样本中,有 47 件案件的赔偿义务人或被告需承担修复生态环境责任,占比约 67.1%[19](见图 6 –5),修复生态环境已成为生态环境损害赔偿制度中广泛运用的责任形式。

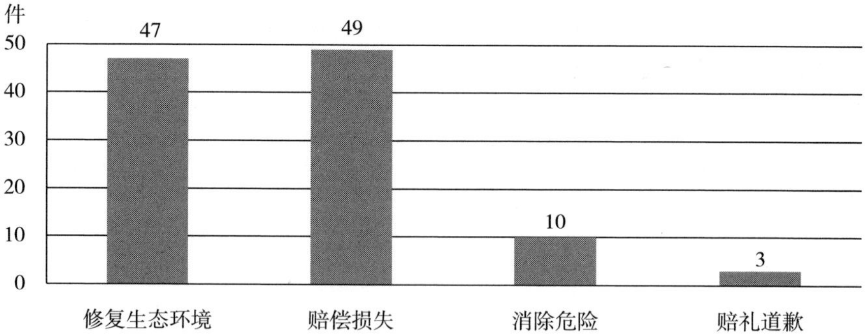

图 6 –5 2021 年典型案例样本中生态环境修复责任形式分布

---

〔18〕 吕忠梅:《“生态环境损害赔偿”的法律辨析》,载《法学论坛》2017 年第 3 期。

〔19〕 案例 1“屏边苗族自治县林业和草原局与王某某侵权责任纠纷案”不予受理、案例 2“上海市奉贤区海湾镇人民政府与曹某等环境污染责任纠纷案”被驳回起诉,二者不涉及责任问题;案例 29“仲某某污染环境案”磋商失败且未提起诉讼,不涉及责任问题;案例 72“胡某某非法狩猎案”未显示责任形式,因此上述 4 件案件不予统计,典型案例样本中涉及责任形式问题的案例共 70 件。

尽管学界对于生态环境损害赔偿领域是否应当适用惩罚性赔偿存在争论,但《民法典》与相关司法解释的出台对这一问题给出了确定的答案。《民法典》第1232条规定了环境污染和生态破坏案件中被侵权人有权请求相应的惩罚性赔偿。2021年12月27日通过的最高人民法院《关于审理生态环境侵权纠纷案件适用惩罚性赔偿的解释》第12条为惩罚性赔偿在生态环境损害赔偿诉讼中的适用提供了依据。在生态环境损害赔偿制度中引入惩罚性赔偿,不仅能够加大对环境侵权行为的威慑力度,也能够部分缓解目前生态环境损害赔偿数额偏低、难以弥补实际损害的现实困境。

作为一项新规定的制度,生态环境损害惩罚性赔偿还存在以下问题:一是适用频率较低。在典型案例样本中,仅案例18"常德市生态环境局与湖南龙腾生物科技有限公司生态环境损害赔偿磋商案"适用了生态环境损害惩罚性赔偿。二是适用情形不明。案例18"常德市生态环境局与湖南龙腾生物科技有限公司生态环境损害赔偿磋商案"以磋商形式结案,但仍然适用了惩罚性赔偿。一方面,有意配合磋商者一般态度积极、主观恶性较小、可罚性较低;另一方面,在磋商程序中适用惩罚性赔偿可能使赔偿义务人丧失赔偿积极性,与磋商程序的制度目的不符,因此磋商程序中不宜适用惩罚性赔偿。[20] 三是惩罚性赔偿金的确定方法缺失。这可能导致惩罚的随意性,不利于赔偿义务人权利的保障。我国一般按照比例性原则来确定惩罚性赔偿的数额,[21]因此在惩罚性赔偿金的确定过程中,第一要考虑以何为基数,第二要考虑倍数如何确定。表6-7展示了我国生态环境损害惩罚性赔偿第一案"浮梁县人民检察院诉某化工集团有限公司环境污染民事公益诉讼案"[22]与案例18"常德市生态环境局与湖南龙腾生物科技有限公司生态环境损害赔偿磋商案"在确定生态环境损害惩罚性赔偿数额方面采用的方法差异。

---

〔20〕 吴卫星、何钰琳:《论惩罚性赔偿在生态环境损害赔偿诉讼中的审慎适用》,载《南京社会科学》2021年第9期。

〔21〕 所谓"比例性原则"即以某一基数(补偿性赔偿数额)乘以一定的倍数计算出惩罚性赔偿数额。

〔22〕 人民法院贯彻实施民法典典型案例(第一批)之十一。

表 6－7 生态环境损害惩罚性赔偿计算方式

案件名称	基数	倍率	生态环境损害惩罚性赔偿数额
浮梁县人民检察院诉某化工集团有限公司环境污染民事公益诉讼案	环境功能性损失费用 57135.45 元	参照《消费者权益保护法》《食品安全法》等法律规定的以所受损失的 1 至 3 倍确定惩罚性赔偿金数额,确定为 3 倍	57135.45 ×3 = 171406.35 元
常德市生态环境局与湖南龙腾生物科技有限公司生态环境损害赔偿磋商案	采用虚拟治理成本法计算的本事件的生态环境损害量化损失费用 164188 元	30%	164188 ×30% = 49256.4 元

从单一的民事责任到综合多元的生态环境损害赔偿责任,生态环境损害赔偿责任形式经历了一个不断丰富的过程。其中,最为典型的是修复生态环境和惩罚性赔偿两类责任形式的加入,不仅使生态环境损害赔偿责任更加契合生态修复要求,也极大提升了生态环境损害赔偿制度的适用效果。

(三)生态环境损害赔偿责任履行的规范化

生态环境损害赔偿责任履行又可分为责任履行保障和责任履行方式两个方面。

1. 在责任履行保障方面,《若干规定(试行)》第 21 条规定:“一方当事人在期限内未履行或者未全部履行发生法律效力的生态环境损害赔偿诉讼案件裁判或者经司法确认的生态环境损害赔偿协议的,对方当事人可以向人民法院申请强制执行……”在典型案例样本中,申请司法确认的案件占比 35%,相当一部分的生态环境损害赔偿当事人已经通过司法确认赋予赔偿协议以强制力,从而保障生态环境损害赔偿责任的落实。

生态环境损害赔偿担保制度也具有对生态环境损害赔偿责任履行的保障功能。典型案例样本中共有 3 件案件创新性地使用了该制度,[23] 规定赔偿义务人

〔23〕 3 件案件分别为案例 14“济南市钢城区人民政府、济南市钢城莱芜猪种猪繁育有限公司生态环境损害赔偿磋商案”、案例 19“济南市商河县人民政府、济南市鲁明济北油气开发有限公司生态环境损害赔偿磋商案”、案例 22“济南市钢城区人民政府与山东万祥矿业有限公司生态环境损害赔偿案”。

可通过下列三种方式为履行赔偿责任提供担保:(1)以赔偿义务人自有资金或银行存单提供担保,数额与前述赔偿责任中各项费用之和一致;(2)由有实力、有信誉的第三方企业或单位(需得到赔偿权利人认可)提供担保;(3)以赔偿义务人自有或第三方主体所有的同等价值物品为抵押物,为赔偿义务人提供担保。尽管担保制度尚未在正式法律文件中得到规定,但实践已经先行先试,该制度将成为生态环境损害赔偿责任履行强有力的保障。

2. 在责任履行方式方面,创新探索多种责任履行方式。《关于审理环境民事公益诉讼案件适用法律若干问题的解释》第 20 条第 1 款规定:“……无法完全修复的,可以准许采用替代性修复方式。”替代性修复包括同地区异地点、同功能异种类、同质量异数量、同价值异等级等多种情形,[24]其较为典型的表现是异地修复。异地修复属于“修复生态环境”责任的下位概念,该制度肇始于刑事领域的恢复性司法,随着环境政策与司法的互动以及环境司法专门化的实践而展开。生态环境异地修复是区域生态环境的系统性修复,其整体性、集中性、专业性的修复克服了就地修复等其他修复方式在修复效果等方面的不足。[25] 在典型案例样本中,案例 20“湖南省沅江市 3 家公司污染大气生态环境损害赔偿案”和案例 58“安顺市生态环境局与亿利生态(贵州)有限公司等申请确认仲裁协议效力案”采用异地修复模式,在就地修复不能的情况下,异地修复模式亦可“曲线救国”达到修复生态环境的目的。

2021 年度的典型案例中在生态环境损害赔偿责任履行方面还出现了“以役代偿”的做法。案例 3“潘某某非法采矿生态环境损害赔偿检察机关支持起诉案”中被告人潘某某因非法采矿破坏植被实际应承担 41201.82 元生态环境损害赔偿费用,但法院考虑到潘某某家庭贫困难以支付赔偿金的实际情况和他真诚悔过的态度,本着生态修复优先的目的,判决潘某某通过自行栽种树木 2265 株杨树并进行看护的形式修复案涉区域生态环境,以替代其应赔偿的生态修复费用。[26] 环境侵权救济秉持“生态恢复论”,以环境修复为主要目的,[27]法院在责任履行方式方面的灵活变通实际上是贯彻生态恢复理念、保证生态环境修复

〔24〕 王小钢:《生态环境修复和替代性修复的概念辨正——基于生态环境恢复的目标》,载《南京工业大学学报(社会科学版)》2019 年第 1 期。

〔25〕 吴诗翔:《生态环境异地修复制度的实践检视与完善——以 C 市 W 区法院生态林建设为样本》,载《环境法评论》第 3 辑,中国社会科学出版社 2020 年版。

〔26〕 吉林省辽源市中级人民法院民事判决书,(2021)吉 04 民初 110 号。

〔27〕 吕忠梅、窦海阳:《以“生态恢复论”重构环境侵权救济体系》,载《中国社会科学》2020 年第 2 期。

的创新举措。

四、生态环境损害赔偿责任认定的法律评价与规则衔接

(一)生态环境损害赔偿责任认定的实证分析

生态环境责任认定当属生态环境损害赔偿案件的核心环节,该过程关系事实判断与法律适用,涉及环境科学与环境法学两大领域之间的协调配合,科学、合理、可行的责任认定,影响着赔偿义务人后续责任的履行情况,有助于实现高效救济生态环境的制度功能。本课题组在对 2021 年审结的 74 个生态环境损害赔偿案件的裁判文书进行仔细研读的基础上,结合现行相关法律法规、部门工作文件和环境标准等,从责任的构成要件角度,对该类责任的认定情况做出实证分析。

《民法典》第 1234 条、第 1235 条从法律层面规定了生态环境损害赔偿的责任,从中可以抽象出生态环境损害赔偿责任的构成要件:一是具有违反国家规定的污染和破坏行为;二是具有生态环境自身的损害后果;三是污染和破坏行为与损害后果之间具有因果关系。上述三个构成要件组成了生态环境损害赔偿责任认定的关键环节,辅之以司法鉴定与专家意见等制度,增强了责任认定的合法性与科学性。

1. 关于违反国家规定的污染和破坏行为的认定

(1)关于污染和破坏行为的认定,从典型案例样本中观测,行为人的污染环境和破坏生态行为主要包括:非法排放废水或废气、非法堆放或倾倒固体废弃物、非法捕捞、非法采伐、非法采矿、非法填埋病死动物等。与传统侵权案件先发现损害后果再倒推侵权行为的认定流程不同的是,在生态环境损害赔偿案件中,污染和破坏行为往往先于生态环境损害后果被发现与认定。在典型案例样本中,污染和破坏行为发现的途径多样:非法排放废水、废气主要通过环保监测与环境执法检查;非法堆放或倾倒固体废弃物主要通过环境执法检查与公安机关当场发现;非法捕捞主要通过公安机关当场发现;非法采伐与非法采矿主要通过刑事案件的线索移送;等等。

(2)关于违反国家规定的认定,与传统环境私益侵权责任的无过错原则不同,生态环境损害赔偿责任的构成上增加了违法性规定。有学者认为在我国现行法律框架内行为的不法被过错吸收,故这一规定表明我国生态环境损害赔偿

责任适用过错原则；[28]也有学者对此持反对观点，认为生态环境损害赔偿责任是以存在违法性为前提的无过错责任；[29]实务界则聚焦于违法性认定，而不深究责任的归属。至于“国家规定”的含义，《民法典》及相关司法解释并未给出明确界定，而《刑法》[30]中的界定相对狭隘，故理论与实务界对此存在争议，有学者认为国家规定应包括法律、行政法规、部门规章、地方法规和司法解释；[31]有学者认为国家规定应包括法律、行政法规和部门规章；[32]实务界更是主张将强制性国家规定纳入国家规定，如在案例 66 中，南通市海门生态环境局执法人员进行现场检查，发现行为人将生产废水在未进行任何处理的情况下直接流入清水池，溢流后外排至通启运河，经南通市海门生态环境监测，该处废水锌含量为 26.4mg/L，超过《污水综合排放标准》（GB 8978—1996）中表 4 规定的相应排放限值的 12.2 倍。在该案裁判过程中，法院将国家规定扩大解释为国家强制性标准，进而认定行为人的行为符合生态环境损害赔偿责任的行为要件。

2. 关于生态环境自身损害后果的认定

损害后果要件为司法实践中的难点。生态环境损害的认定在 2014 年《环境损害鉴定评估推荐方法（第Ⅱ版）》、2020 年《生态环境损害鉴定评估技术指南总纲和关键环节第 1 部分：总纲》（以下简称《技术指南》）中都作了规定，以便给予实务部门参考。

（1）生态环境损害的认定，在“质”上表现为生态要素的不利改变和生态系统功能和服务的退化。不同于传统侵权损害下具体利益的稳定形态，生态环境具有动态性与整体性的特征，故在对损害的认定上更为重要的是要结合时间、空间对生态系统功能的退化和服务的减少作出综合考量，而不能简单适用传统侵权损害论下的“差额说”，仅计算各种具体的剥夺、毁损或伤害。[33]《生态环境损害鉴定技术指南总纲和关键环节第 1 部分：总纲》5.1 指出生态环境损害的调查需要“通过资料收集与分析、人员访谈、现场踏勘、环境监测、问卷调查、生态调查、遥感影像分析等”；该文件 5.3 对生态环境损害的初步认定提供了参考，如

---

[28] 徐以祥：《〈民法典〉中生态环境损害责任的规范解释》，载《法学评论》2021 年第 2 期。

[29] 康京涛：《生态环境损害责任适用之解释论——以〈民法典〉第 1234 条、第 1235 条为中心》，载《宁夏社会科学》2022 年第 1 期。

[30] 《刑法》第 96 条规定：“本法所称违反国家规定，是指违反全国人民代表大会及其常务委员会制定的法律和决定，国务院制定的行政法规、规定的行政措施、发布的决定和命令。”

[31] 张新宝：《侵权责任编：在继承中完善和创新》，载《中国法学》2020 年第 4 期。

[32] 杜万华：《中华人民共和国民法典实施精要》，法律出版社 2021 年版，第 1102 页。

[33] 吕忠梅、窦海阳：《修复生态环境责任的实证解析》，载《法学研究》2017 年第 3 期。

污染物浓度或相关理化指标超过基线,浓度足以导致生物毒性反应,生物个体发生生理或行为异常,种群、群落、生态系统特征发生不利改变,生态服务功能降低或丧失。在典型案例样本中,对生态环境损害的认定主要包括对土壤、河流、地下水、大气等生态要素的不利改变与生态系统功能和服务的退化。

(2)对于生态环境损害"量"的认定。这是对比评估区生态环境及其服务功能现状与基线的过程,故确定损害的"量"首先要确定基线,即确定污染和破坏行为未发生时该区域的生态环境及其服务功能的状态;〔34〕其后要利用统计分析、空间分析、模型模拟、专家咨询等方法量化损害的范围和程度,对比不同的量化指标劣于基线的时间、面积、体积或程度或生物个体发生异常的数量等。〔35〕在实践中,如以案例 5 为代表的非法排污(包括废水、废气、固废)行为主要涉及环境要素的损害,评估时以特征污染物浓度为量化指标,分析其劣于基线的程度和面积;以案例 26 为代表的非法捕捞行为,主要涉及对生物要素的损害,评估时以生物种群特征、群落特征或生态系统特征为量化指标,分析其劣于基线的时间、生物量;以案例 36、案例 57 为代表的非法采伐和非法狩猎行为,主要涉及对生物要素的损害,评估时按照生物个体发生死亡的数量认定;以案例 3 为代表的非法采矿行为,涉及生物要素于生态系统功能的损害,评估时分析生态系统特征劣于基线的时间、面积、生物量或程度以及生态服务功能劣于基线的时间、服务量或程度。(见表 6 – 8)

表 6 – 8　不同污染和破坏行为下生态环境损害后果的认定

污染和破坏行为	典型案例编号	关于生态环境损害后果认定	量化指标
非法排放废水	5	废水通过无防渗漏措施的污水池进入污水池底部及周边区域,经损害评估确认土壤环境介质污染物浓度和地下水污染物浓度有多项指标超基线水平 20%,对生态环境造成损害	特征污染物

〔34〕《生态环境损害鉴定评估技术指南　总纲和关键环节　第 1 部分:总纲》3.5 规定:"基线是指污染环境或破坏生态未发生时评估区生态环境及其服务功能的状态。"

〔35〕《生态环境损害鉴定评估技术指南　总纲和关键环节　第 1 部分:总纲》7.1 规定:"对环境要素的损害,一般以特征污染物浓度为量化指标;对生物要素的损害,一般选择生物的种群特征、群落特征或生态系统特征等指标作为量化指标。对于生态服务功能的损害,应明确受损生态服务功能类型,如提供栖息地、食物和其他生物资源、娱乐、地下水补给、防洪等,并根据功能或服务类型选择适合的量化指标,如栖息地面积、受损地表水资源量等。"

续表

污染和破坏行为	典型案例编号	关于生态环境损害后果认定	量化指标
非法排放废气	53	排放废气颗粒物、有毒有害气体超标	特征污染物
非法堆放或倾倒固体废弃物	22	堆积的煤矸石出现了自燃、异味等现象，已对大气、土壤、地下水等造成不利影响	特征污染物
非法捕捞	26	利用电击方式非法捕捞，导致鱼类死亡、渔业资源的严重破坏	生物种群特征、群落特征或生态系统特征
非法采伐	36	林木包含国家重点保护植物数量的减少，造成生物多样性的损失	生物个体发生死亡的数量
非法狩猎	57	造成野生动物生态资源的减少及生物多样性的损失	生物个体发生死亡的数量
非法采矿	3	地表原植被完全灭失，耕作层土壤完全挖损，易造成水土流失，破坏当地地质环境，引起一系列人为的生态环境的不利改变，损害生态系统服务功能	生态系统特征、生态服务功能

3. 关于污染和破坏行为与损害后果之间因果关系的认定

因果关系的认定涉及证明责任与证明标准的认定问题：

（1）从证明责任来看，传统的环境侵权行为下原被告之间实行举证责任倒置，即行为人对其行为与损害之间不存在因果关系承担举证责任。传统的环境侵权行为具有潜在性和因果关系的多重性，被侵权人存在客观上的取证困难；同时环境侵权的因果关系问题具有“超经验性”[36]与极强的科学性，故被侵权人主观上的举证能力较弱，因此在传统侵权责任的认定中采取举证责任倒置的目的就在于从法律上衡平侵权人与被侵权人举证能力的差距。然而在生态环境损害赔偿案件中，赔偿权利人是省级、市地级政府及其指定的部门或机构，实践中赔偿权利人大多为生态环境局，其在日常的环保执法与环境监测时掌握较多的线索与数据，故现实中污染和破坏行为通常先于损害结果发现，同时生态环境损害的因果关系也不包括环境污染导致人身财产损害的环节，故客观上此类案件

---

〔36〕 张新宝、汪榆淼：《污染环境与破坏生态侵权责任道德再法典化思考》，载《比较法研究》2016 年第 5 期。

中的因果关系证明需求较低;同时从主观上来看作为公权机关的赔偿权利人具有较强的专业能力与科技支持,其举证能力相较于传统被侵权人来说有较大程度的提高,故双方在举证能力上的差距缩小,甚至会出现赔偿权利人的举证能力高于赔偿义务人举证能力的情形,在此情况下继续适用举证责任倒置有违公平原则。

(2)从证明标准来看,由于生态环境的动态平衡,生态环境损害的后果之中还包含环境要素与生态系统内部物质、能量等的流动与相互作用,对于因果关系的认定离不开环境科学技术的发展,技术的局限性也会导致直接、确定的因果关系不利于赔偿权利人主张权利,[37]故而降低生态环境损害的证明标准已经成为学界和实务界的共识。《若干规定(试行)》第 6 条[38]对证明标准做出了程度界定,即赔偿权利人须证明污染或破坏行为与损害后果之间具有关联性。为了更好地将这一证明标准落实到实践中,《生态环境损害鉴定评估技术指南总纲和关键环节第 1 部分:总纲》第 6 章具体化了因果关系的分析内容。污染环境行为与生态环境损害间因果关系应从时间顺序、污染物的同源性、迁移路径的合理性、生物暴露的可能性、生物损害的可能性、自然和其他人为可能因素的影响等方面综合分析;生态破坏行为与生态环境损害间因果关系应从时间顺序、损害可能性分析、因果关系链建立、自然和其他人为可能的因素的影响等方面综合分析。如案例 37,鉴定机构在土壤和地下水中检测到的特征污染物镍,与生产工艺中采用的硫酸镍溶液具有一致性和同源性,故认定涉案污染物排放行为与环境损害之间存在因果关系。

4. 责任认定的制度支撑

习近平总书记在中央全面深化改革领导小组第三十七次会议中强调了司法鉴定制度在专门性问题解决方面的重要性,并要求强化司法鉴定与办案工作之间的衔接,不断提升鉴定的质量和公信力。[39] 随着法与科技的相互渗透,科技在查明案件事实、认定责任的过程中发挥着越加重要的作用,鉴定评估与专家意见为生态环境损害赔偿专门性问题的认定提供了科技保障。

司法鉴定活动集合了多领域内的科学技术手段、鉴定方式与方法,为我国环境司法审判提供了强有力的证据支撑。在典型案例样本中除案例 1、2、29 未最

---

〔37〕 吕忠梅主编:《环境法学概要》,法律出版社 2016 年版,第 204 页。

〔38〕 《若干规定(试行)》第 6 条规定:"原告主张被告承担生态环境损害赔偿责任的,应当就以下事实承担举证责任:……(三)被告污染环境、破坏生态的行为与生态环境损害之间具有关联性。"

〔39〕 《习近平主持召开中央全面深化改革领导小组第三十七次会议》,载中国政府网,http://www.gov.cn/xinwen/2017-07/19/content_5211833.htm。

终确定责任外,其余有效71件案件,其中单一适用鉴定评估制度的有30件,占案件总量的42.26%;单一适用专家意见制度的有5件,占案件总量的7.04%;同时适用鉴定评估和专家意见的有11件,占案件总量的15.49%;未适用鉴定评估或专家意见制度的有25件,占案件总量的35.21%(见表6-9、图6-6)。由此可知,鉴定评估和专家意见制度在生态环境损害赔偿责任认定中占据了主导地位,其中鉴定评估制度的适用率要远高于专家意见的适用率。在鉴定评估与专家意见同时适用的11件案件中,生态环境损害赔偿责任认定的依据均以鉴定评估制度为主,辅之以专家意见,两者的评估结论具有高度的一致性,专家意见和鉴定意见的相互佐证、补充,提高了证明程度,通过外部科技手段形成了法官的内心确信。

表6-9 鉴定评估制度和专家意见制度的适用情况

适用情况	数量/件	适用率/%
单一适用鉴定评估	30	42.26
单一适用专家意见	5	7.04
鉴定评估+专家意见	11	15.49
未适用	25	35.21

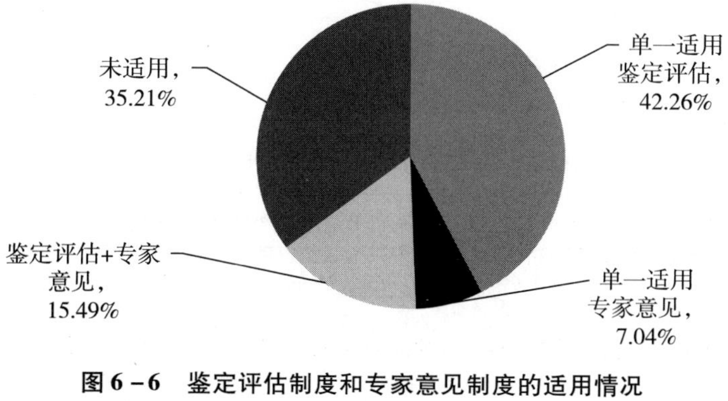

图6-6 鉴定评估制度和专家意见制度的适用情况

从鉴定评估制度与专家意见适用的情形来看,主要集中于以下几个方面:一是对污染环境或破坏生态行为的认定,包括污染和破坏行为事实和程度;二是对事实生态环境损害的认定,包括损害的事实、类型、时空范围、程度等;三是污染和破坏行为与损害后果之间因果关系的认定,包括时间、损害可能性、因果关系链、其他因素的影响等;四是对生态环境恢复的可能性的认定,如可能修复或部分修复,则制定恢复方案;五是对具体责任大小的认定,量化生态损害的价值以确定责任的大小,如确定修复面积、补种数量、增殖放流数量、修复费用、赔偿金等;六是对生态环境恢复效果的认定,跟踪、调查、监测生态环境损害的恢复情况,评估生态环境恢复的效果,必要时开展补充性恢复。(见图 6-7)

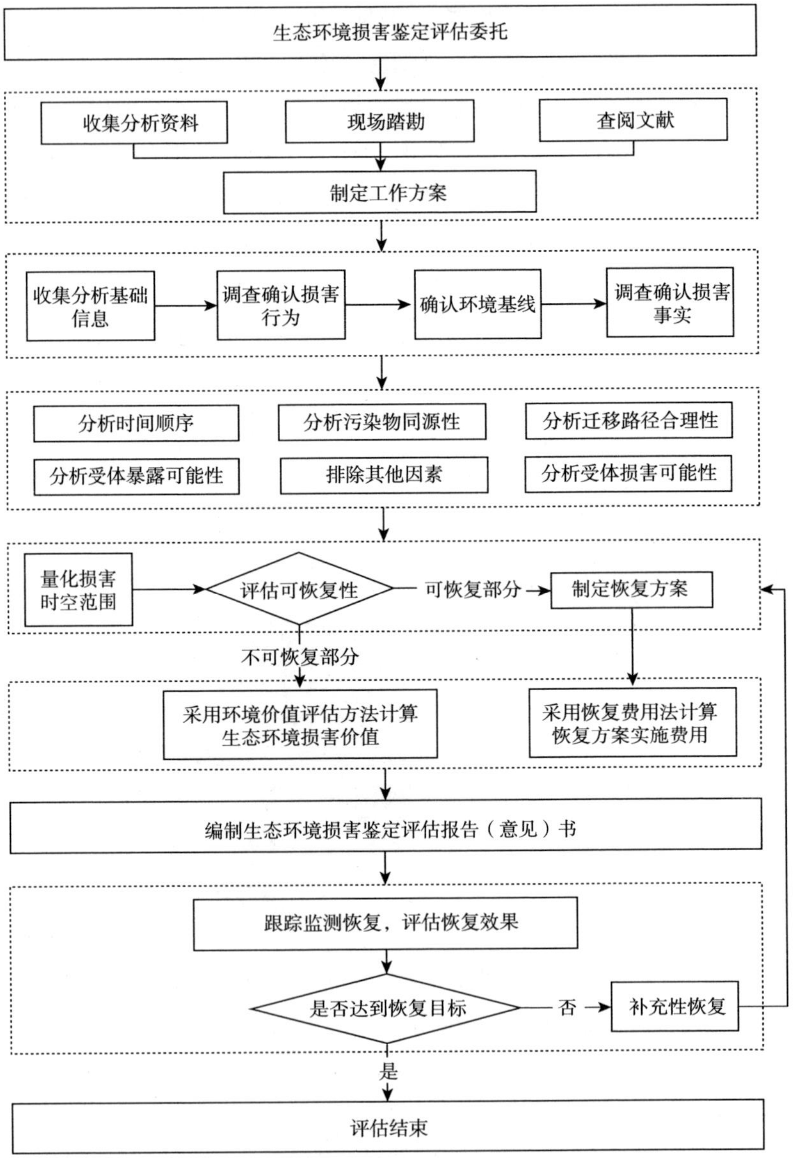

资料来源:《生态环境损害赔偿鉴定评估技术指南　总纲和关键环节　第 1 部分:总纲》(GB/T 39791.1—2020),第 4 页。

图 6-7　生态环境损害鉴定评估程序

(二)生态环境损害赔偿责任的法律规则衔接

2015年12月,中办、国办发布《生态环境损害赔偿制度改革试点方案》,开启了生态环境损害赔偿这一创新制度的地区试点工作。此后两年试点工作成效显著,2017年12月发布《生态环境损害赔偿制度改革方案》将这一制度推广至全国。此后3年该制度进入快速发展时期,各类法律、法规、规范性文件相继颁布,2020年全国已经初步构建责任明确、途径顺畅、技术规范、保障有力、赔偿到位、修复有效[40]的生态环境损害赔偿制度。2021年生态环境损害赔偿制度在此基础上更向精细化纵深发展。

1.责任规定的体系性

截至2020年年底,生态环境损害赔偿呈现"内核"的聚集,内容多为该制度的核心规定,囊括法律、司法解释、部门规范性文件、党内法规和省级地方立法等位阶;2021年年底,生态环境损害赔偿呈现"外缘"的扩散,其要求逐渐融入其他环境保护领域立法规范之中,地级市的地方立法呈现较高的地域化、翔实化、精细化态势。

(1)2020年度生态环境损害赔偿制度核心法律法规相继发布,系统规定了生态环境损害赔偿制度的建设推进方案,统筹规范了制度实施中的审理规则、资金管理、鉴定评估、责任承担等实践问题。在法律层面,2020年5月《民法典》出台,其第1234条、第1235条在法律层面直接规定了国家规定的机关或者法律规定的组织在生态环境损害赔偿中对修复生态环境与赔偿损失的请求权,侧面反映出赔偿义务人的生态环境损害赔偿责任,同时列举了相关责任实现方式与责任范围,至此生态环境损害赔偿责任有了明确的法律依据。在司法解释层面,2020年新修订的《若干规定(试行)》从适用情形、举证责任、责任形式、程序规则等方面统一了生态环境损害赔偿诉讼及司法确认的责任认定标准,增强了该制度的可操作性。在部门规范性文件层面,生态环境部联合司法部、财政部、自然资源部、住房城乡建设部、水利部、农业农村部、国家卫生健康委员会、国家林业和草原局、最高人民法院、最高人民检察院发布了《关于推进生态环境损害赔偿制度改革若干具体问题的意见》,从损害调查、鉴定评估、修复评估、资金管理等方面规范了责任的认定、履行与验收评估的整体流程,《生态环境损害赔偿资金管理办法(试行)》、《技术指南》等文件则进一步细化了每一环节的实施要求。

---

〔40〕《生态环境损害赔偿制度改革方案》第1条。

在党内法规层面,《中央生态环境保护督察工作规定》中明确提出开展生态环境损害赔偿的工作。同时地方也紧随中央的大政方针,31 个省区市和新疆生产建设兵团都印发了省级制度改革实施方案,生态环境损害赔偿地方立法工作全面展开。(见表 6-10)

表 6-10 2019~2020 年度生态环境损害赔偿制度相关法律、法规文件

类别		名称	发布时间
法律		《民法典》第 1234 条、第 1235 条	2020 年 5 月
司法解释		《关于审理生态环境损害赔偿案件的若干规定(试行)》	2020 年 12 月
部门规范性文件		《生态环境损害赔偿资金管理办法(试行)》	2020 年 3 月
		《关于推进生态环境损害赔偿制度改革若干具体问题的意见》	2020 年 8 月
		《生态环境损害鉴定评估技术指南总纲和关键环节第 1 部分:总纲》	2020 年 12 月
		《生态环境损害鉴定评估技术指南总纲和关键环节第 2 部分:损害调查》	2020 年 12 月
		《非法捕捞案件涉案物品认(鉴)定和水生生物资源损害评估及修复办法(试行)》	2020 年 12 月
党内法规	中央层面	《中央生态环境保护督察工作规定》	2019 年 6 月
	地方层面	《吉林省生态环境保护督查工作实施办法》	2020 年 2 月
		《山东省生态环境保护督查工作实施办法》	2020 年 3 月
		《北京市贯彻〈中央生态环境保护督察工作规定〉的通知》	2020 年 3 月
		《安徽省生态环境保护督查工作实施办法》	2020 年 4 月
地方立法		31 个省(自治区、直辖市)和新疆生产建设兵团都印发了省级制度改革实施方案;2019 年各地生态环境损害赔偿立法 149 件,2020 年 139 件	

(2)2021 年度生态环境损害赔偿主要以组成部分的形式散现于司法解释、部门规范性文件、党内法规之中,并肩负起促进和保障其他文件实现制定目标的重任;在中央和省级人大、政府的指导下,地级市生态环境损害赔偿立法工作广泛展开,呈现较高的地域化、翔实化、精细化态势。在司法解释层面,2021 年 6 月最高人民检察院发布《人民检察院公益诉讼办案规则》详细规定了生态环境

损害赔偿程序与检察公益诉讼程序的配合协调。在部门规范性文件层面，生态环境部印发的《环境信息依法披露制度改革方案》《企业环境信息依法披露管理办法》《企业环境信息依法披露格式准则》等文件，都将生态环境损害赔偿裁判及磋商协议纳入重要的环境信息列表，要求企业依法及时向社会披露。在党内法规的层面，中共中央、国务院下发的《关于深入打好污染防治攻坚战的意见》《黄河流域生态保护和高质量发展规划纲要》等，都将健全生态环境损害赔偿制度作为关键一环，促进和保障污染防治、黄河流域生态保护等立法目的的实现。在地方立法层面，2021 年 25 个地级市都相继印发了市级制度改革实施方案；全国范围内有关生态环境损害赔偿的地方性法规 30 件、地方政府规章 1 件、地方规范性文件 86 件，相关内容涵盖生态环境损害赔偿的事件报告、调查评估、鉴定与专家、磋商及诉讼办理程序、生态修复、资金管理、信息公开等方面。（见表 6－11）

表 6－11　2021 年度生态环境损害赔偿制度相关法律文件

类别	名称	发布时间
司法解释	《人民检察院公益诉讼办案规则》	2021 年 6 月
部门规范性文件	《环境信息依法披露制度改革方案》	2021 年 5 月
	《企业环境信息依法披露管理办法》	2021 年 12 月
	《企业环境信息依法披露格式准则》	2021 年 12 月
党内法规	《关于建立健全生态产品价值实现机制的意见》	2021 年 4 月
	《生态环境保护专项督察办法》	2021 年 5 月
	《关于进一步加强生物多样性保护的意见》	2021 年 10 月
	《黄河流域生态保护和高质量发展规划纲要》	2021 年 10 月
	《关于深入打好污染防治攻坚战的意见》	2021 年 11 月
地方立法	2021 年 25 个地级市都相继印发了市级制度改革实施方案；全国范围内有关生态环境损害赔偿的地方性法规 30 件、地方政府规章 1 件、地方规范性文件 86 件，相关内容涵盖生态环境损害赔偿的事件报告、调查评估、鉴定与专家、磋商及诉讼办理程序、生态修复、资金管理、信息公开等方面	

2. 规则衔接的流畅性

生态环境损害赔偿制度若要形成体系性，达致协同效应，仅仅从内部完善制度设计是远远不够的，还需对外部衔接加以规范。生态环境损害赔偿的外部衔接主要从环境保护单行法的转致、与其他诉讼的衔接两方面展开,以期实现环境法律体系内部协同与行政司法联动的效果。

(1)与其他法律法规的衔接。生态环境损害赔偿作为一项新兴的制度,其适用关系着生态环境保护的方方面面,需要对其与传统环境保护基本法与单行法进行法律对接,对接形式主要为在新制定或修改的单行法中加入生态环境损害赔偿责任适用的转致条款,构成法律法规适用网络,确保规则衔接的流畅性。统计发现,生态环境损害赔偿制度的转致条款大致具有以下几个模式:

一是违法性+损害结果+可修复性+赔偿权利人+请求权。法条中载明违法性要素的有《湿地保护法》第 61 条,《长江保护法》第 93 条,《民法典》第 1234 条、第 1235 条,这些条文中违法性要素主要体现为"违反国家规定""违反本法规定";未载明违法性要素的有《海洋环境保护法》第 89 条。法条列明的修复生态环境请求权和赔偿损失请求权的是《湿地保护法》第 61 条、《长江保护法》第 93 条,仅列明修复生态环境请求权的是《民法典》第 1234 条,仅列明损害赔偿请求权的有《民法典》第 1235 条、《海洋环境保护法》第 89 条,上述关于赔偿权利人的请求权类型也相应反映出赔偿义务人的责任类型。法条包含适用前提的是《民法典》第 1234 条,其规定受损的生态环境具有可修复性,同时明确赔偿权利人的请求权类型,即单一的修复生态环境请求权;法条未包含适用前提的有《湿地保护法》第 61 条、《长江保护法》第 93 条、《民法典》第 1235 条、《海洋环境保护法》第 89 条,其中,前两者对于赔偿权利人的请求权类型未明确限定,后两者将赔偿权利人的请求权限定为赔偿损失请求权。

二是损害结果+赔偿权利人+法律依据+诉讼程序。属于此种法条构成的有《固体废物污染环境防治法》第 121 条、《土壤污染防治法》第 97 条。这两个条款均指出,法律依据包含《环境保护法》《民事诉讼法》《行政诉讼法》等,其中《民事诉讼法》第 58 条〔41〕应是生态环境损害赔偿诉讼的直接法律依据,该条第 1 款以不完全列举的方式列举了损害社会公共利益的行为,第 2 款明确"破坏生态环境和资源的行为"属于该条所称的"损害社会公共利益的行为";作为起诉

〔41〕《民事诉讼法》第 58 条规定:"对污染环境、侵害众多消费者合法权益等损害社会公共利益的行为,法律规定的机关和有关组织可以向人民法院提起诉讼。人民检察院在履行职责中发现破坏生态环境和资源保护、食品药品安全领域侵害众多消费者合法权益等损害社会公共利益的行为,在没有前款规定的机关和组织或者前款规定的机关和组织不提起诉讼的情况下,可以向人民法院提起诉讼。前款规定的机关或者组织提起诉讼的,人民检察院可以支持起诉。"

主体的“法律规定的机关”亦在《生态环境损害赔偿制度改革方案》中明确,[42]包括省级、市地级政府及其指定的部门或机构,或者受国务院委托行使全民所有自然资源资产所有权的部门;《若干规定(试行)》中的引言部分[43]也明确指出该规定的法律依据为《民法典》《环境保护法》《民事诉讼法》等。

三是损害结果+赔偿权利人与义务人+磋商/诉讼+法律责任。属于此种法条构成的为《固体废物污染防治法》第122条。此种规定模式较为细致,从程序与实体两个方面,规定了适用前提、主体、程序顺位、法律责任。《生态环境损害赔偿制度改革方案》[44]创设了生态环境损害赔偿制度的磋商前置程序,指出赔偿权利人首先应当与赔偿义务人就生态环境损害赔偿案件进行磋商,以确定赔偿义务人的责任,只有当磋商失败时才可转为诉讼程序。

四是损害行为+损害后果+法律责任。属于此种法条构成的为《野生动物保护法》第38条。该规定形式简洁,从立法上贯彻了“环境有价、损害担责”原则,属于生态环境损害赔偿制度非典型性的转致条款。(见表6-12)

表6-12 其他法律法规中生态环境损害赔偿衔接条款

名称	条款	内容	发布时间
《湿地保护法》	第61条	违反本法规定,造成生态环境损害的,国家规定的机关或者法律规定的组织有权依法请求违法行为人承担修复责任、赔偿损失和有关费用	2021年12月
《长江保护法》	第93条	……违反国家规定造成长江流域生态环境损害的,国家规定的机关或者法律规定的组织有权请求侵权人承担修复责任、赔偿损失和有关费用	2020年12月

---

[42] 《生态环境损害赔偿制度改革方案》规定:“明确赔偿权利人。国务院授权省级、市地级政府(包括直辖市所辖的区县级政府,下同)作为本行政区域内生态环境损害赔偿权利人……省级、市地级政府可指定相关部门或机构负责生态环境损害赔偿具体工作。……受委托的省级政府可指定统一行使全民所有自然资源资产所有者职责的部门负责生态环境损害赔偿具体工作……”

[43] 《若干规定(试行)》“引言”规定:“为正确审理生态环境损害赔偿案件,严格保护生态环境,依法追究损害生态环境责任者的赔偿责任,依据《中华人民共和国民法典》《中华人民共和国环境保护法》《中华人民共和国民事诉讼法》等法律的规定,结合审判工作实际,制定本规定。”

[44] 《生态环境损害赔偿制度改革方案》规定:“主动磋商,司法保障。生态环境损害发生后,赔偿权利人组织开展生态环境损害调查、鉴定评估、修复方案编制等工作,主动与赔偿义务人磋商。磋商未达成一致,赔偿权利人可依法提起诉讼。”

续表

名称	条款	内容	发布时间
《民法典》	第 1234 条	违反国家规定造成生态环境损害,生态环境能够修复的,国家规定的机关或者法律规定的组织有权请求侵权人在合理期限内承担修复责任……	2020 年 5 月
	第 1235 条	违反国家规定造成生态环境损害的,国家规定的机关或者法律规定的组织有权请求侵权人赔偿下列损失和费用……	
《固体废物污染环境防治法》	第 121 条	固体废物污染环境、破坏生态,损害国家利益、社会公共利益的,有关机关和组织可以依照《中华人民共和国环境保护法》、《中华人民共和国民事诉讼法》、《中华人民共和国行政诉讼法》等法律的规定向人民法院提起诉讼	2020 年 4 月
	第 122 条	固体废物污染环境、破坏生态给国家造成重大损失的,由设区的市级以上地方人民政府或者其指定的部门、机构组织与造成环境污染和生态破坏的单位和其他生产经营者进行磋商,要求其承担损害赔偿责任;磋商未达成一致的,可以向人民法院提起诉讼……	
《森林法》	第 68 条	破坏森林资源造成生态环境损害的,县级以上人民政府自然资源主管部门、林业主管部门可以依法向人民法院提起诉讼,对侵权人提出损害赔偿要求	2019 年 12 月
《野生动物保护法》	第 38 条	……随意放生野生动物,造成他人人身、财产损害或者危害生态系统的,依法承担法律责任	2018 年 10 月
《土壤污染防治法》	第 97 条	污染土壤损害国家利益、社会公共利益的,有关机关和组织可以依照《中华人民共和国环境保护法》《中华人民共和国民事诉讼法》《中华人民共和国行政诉讼法》等法律的规定向人民法院提起诉讼	2018 年 8 月
《海洋环境保护法》	第 89 条	……对破坏海洋生态、海洋水产资源、海洋保护区,给国家造成重大损失的,由依照本法规定行使海洋环境监督管理权的部门代表国家对责任者提出损害赔偿要求	2017 年 11 月

(2)与其他诉讼程序的衔接。在生态环境公益保护领域主要表现为生态环境损害赔偿与民事公益诉讼、刑事诉讼的衔接。首先,关于生态环境损害赔偿与民事公益诉讼的衔接,《若干规定(试行)》第17条〔45〕规定了生态环境损害赔偿诉讼和民事公益诉讼的衔接问题,当因同一行为同时提起两诉讼时,生态环境损害赔偿诉讼优先,民事公益诉讼则具有补充性,此条确立了"生态环境损害赔偿诉讼优先"的原则;《若干规定(试行)》第18条〔46〕涉及的两诉讼程序的衔接则属于发现其他新证据时相互补充的情形。同时《人民检察院公益诉讼办案规则》也从程序开启与终结、公告内容、支持起诉、调查跟进等方面详细明确了生态损害赔偿与检察公益诉讼的衔接关系,如第90条〔47〕规定赔偿权利人与赔偿义务人已达成赔偿协议或者已进行诉讼程序的,公益诉讼应当终结。其次,关于生态环境损害赔偿与刑事诉讼的衔接,2017年1月发布的《关于办理环境污染刑事案件适用法律若干问题的解释》明确该规定适用于造成生态环境严重损害的情形,同时第5条〔48〕规定了关于生态环境损害赔偿责任积极履行后对于情节与量刑有影响;《若干规定(试行)》第8条〔49〕从认定事实方面规定刑事裁判所认定的事实直接适用于生态环境损害赔偿诉讼;2020年的《关于推进生态环境损害赔偿制度改革若干具体问题的意见》第8条〔50〕亦规定赔偿义务人积极

---

〔45〕《若干规定(试行)》第17条规定:"人民法院受理因同一损害生态环境行为提起的生态环境损害赔偿诉讼案件和民事公益诉讼案件,应先中止民事公益诉讼案件的审理,待生态环境损害赔偿诉讼案件审理完毕后,就民事公益诉讼案件未被涵盖的诉讼请求依法作出裁判。"

〔46〕《若干规定(试行)》第18条规定:"生态环境损害赔偿诉讼案件的裁判生效后,有权提起民事公益诉讼的国家规定的机关或者法律规定的组织就同一损害生态环境行为有证据证明存在前案审理时未发现的损害,并提起民事公益诉讼的,人民法院应予受理。民事公益诉讼案件的裁判生效后,有权提起生态环境损害赔偿诉讼的主体就同一损害生态环境行为有证据证明存在前案审理时未发现的损害,并提起生态环境损害赔偿诉讼的,人民法院应予受理。"

〔47〕《人民检察院公益诉讼办案规则》第90条规定:"经调查,人民检察院发现存在以下情形之一的,应当终结案件:……(二)生态环境损害赔偿权利人与赔偿义务人经磋商达成赔偿协议,或者已经提起生态环境损害赔偿诉讼的……"

〔48〕《关于办理环境污染刑事案件适用法律若干问题的解释》第5条规定:"实施刑法第三百三十八条、第三百三十九条规定的行为,刚达到应当追究刑事责任的标准,但行为人及时采取措施,防止损失扩大、消除污染,全部赔偿损失,积极修复生态环境,且系初犯,确有悔罪表现的,可以认定为情节轻微,不起诉或者免予刑事处罚;确有必要判处刑罚的,应当从宽处罚。"

〔49〕《若干规定(试行)》第8条规定:"已为发生法律效力的刑事裁判所确认的事实,当事人在生态环境损害赔偿诉讼案件中无须举证证明,但有相反证据足以推翻的除外……"

〔50〕《关于推进生态环境损害赔偿制度改革若干具体问题的意见》第8条规定:"对积极参与生态环境损害赔偿磋商,并及时履行赔偿协议、开展生态环境修复的赔偿义务人,赔偿权利人指定的部门或机构可将其履行赔偿责任的情况提供给相关行政机关,在作出行政处罚裁量时予以考虑,或提交司法机关,供其在案件审理时参考。"

开展磋商、达成协议、落实责任的情节对刑事判决具有参考价值,目的在于鼓励赔偿义务人积极落实生态环境损害赔偿责任。

(三)生态环境损害赔偿责任的法律属性明晰

所谓生态环境损害,《生态环境损害赔偿制度改革方案》第 3 条明确指出:"生态环境损害,是指因污染环境、破坏生态造成大气、地表水、地下水、土壤、森林等环境要素和植物、动物、微生物等生物要素的不利改变,以及上述要素构成的生态系统功能退化。"同时《生态环境损害鉴定评估技术指南总纲和关键环节第 1 部分:总纲》〔51〕中也进行了相似的定义。由此可见,生态环境损害仅指因环境污染和生态破坏等行为造成的生态环境本身的损害,而不包括由"人—自然—人"的互动链条传导所致的人身损害和财产损害,后者主要属于传统环境侵权下的私益损害。

1. 生态环境损害赔偿责任属性的整体定位

《生态环境损害赔偿制度改革方案》规定,违反法律法规,造成生态环境损害的单位或个人,应当承担生态环境损害赔偿责任,由此引入了生态环境损害赔偿责任,但对于该类责任的法律属性却未加以明确。在《民法典》出台前,对于该责任法律属性的定位,学界存在争议。支持生态环境损害赔偿责任属于民事责任的学者认为生态环境损害赔偿磋商与诉讼属于民事协商与民事救济的范畴,在此过程中,赔偿权利人与赔偿义务人均属平等的民事主体,该制度体现了私法自治与平等协商的原则,在此基础上确认的责任当属民事责任,该责任的履行及救济普遍遵循民事责任的规则。支持生态环境损害赔偿责任属于行政责任的学者认为该制度的目的是行政机关采取柔性行政手段来履行维护环境公共利益的职责,特别是磋商及协议具有浓厚的行政协商和行政契约特色,该制度的开启和推进都由行政机关主导,赔偿权利人与赔偿义务人存在客观地位上的不对等,同时《生态环境损害赔偿制度改革方案》亦规定赔偿义务人责任的履行需要行政机关的监督与评估,可以看出行政色彩贯穿始终。

2020 年《民法典》第 1234 条、第 1235 条明确规定了生态环境损害赔偿责任,这表明生态环境损害赔偿在法律层面已纳入民事救济领域,但《民法典》将

---

〔51〕《生态环境损害鉴定评估技术指南　总纲和关键环节　第 1 部分:总纲》3.1 规定:"生态环境损害(environmental damage)是因污染环境、破坏生态造成环境空气、地表水、沉积物、土壤、地下水、海水等环境要素和植物、动物、微生物等生物要素的不利改变,及上述要素构成的生态系统的功能退化和服务减少。"

该责任区别于传统私法责任,规定在环境侵权责任之后,〔52〕故而生态环境损害赔偿责任的法律属性应属特殊的民事责任。

生态环境损害赔偿责任作为一项特殊的民事责任,在适用范围、价值导向、进路选择等方面都存在其独特之处。首先,生态环境本身具有整体性、非排他性、享有主体的不特定性等特性,并以提供生态系统服务功能的形式给予不特定的多数人以生存利益,〔53〕故而生态环境本身具有公共利益的属性,同时基于环境"人—自然—人"的互动链条,生态环境侵害可传导至人身损害和财产损害,因此生态环境侵害行为所涉的权益是私益与公益两种不同性质权益的"复合"〔54〕。但《生态环境损害赔偿制度改革方案》对生态环境损害赔偿责任适用范围作出的界定是"生物要素的不利改变及生态系统功能的退化",且明确排除了涉及人身伤害、个人和集体财产损失,故该责任适用范围指向的对象应是生态环境本身的损害,属于公共利益损害。其次,《生态环境损害赔偿制度改革方案》第2条规定:"……促使赔偿义务人对受损的生态环境进行修复。生态环境损害无法修复的,实施货币赔偿,用于替代修复……"由此看来,生态环境损害责任以生态恢复为核心,即使是采用货币赔偿的替代手段,其实际目的也在于恢复或重建受损生态系统的平衡性与生态功能。〔55〕生态环境损害赔偿责任是以"生态价值"为核心建立责任体系,突破了传统私益保护对"经济价值"的损害填补。最后,生态环境损害赔偿责任是公私协同进路下的环境民事法律责任的创新,《宪法》规定政府天然具有保护生态环境、维护生态利益的义务,同时《行政法》亦赋予行政机关系统性的行政执法权来履行这一义务,在传统公私二分模式下,对生态环境的保护与救济当属公法领域,而私法救济则更多指向因环境侵权行为所导致的特定的人身损害和财产损害。然而,固守公私二分将忽视私法对于公益的保护,因此,当今公私协同是环境法的必然趋势,〔56〕生态环境损害赔偿责任即为此趋势下的产物,将传统公法领域下的内容纳入民法调整体系,适用民事责任及其相关规定,采取更为主动的方式实现对生态环境损害的全方位修复与填补。

---

〔52〕 曹明德:《〈民法典〉生态环境损害赔偿条款法理辨析》,载《法律科学(西北政法大学学报)》2022年第1期。

〔53〕 吕忠梅:《"生态环境损害赔偿"的法律辨析》,载《法学论坛》2017年第3期。

〔54〕 吕忠梅:《论环境侵权纠纷的复合性》,载《人民法院报》2014年11月12日,第8版。

〔55〕 吕忠梅、窦海阳:《以"生态恢复论"重构环境侵权救济体系》,载《中国社会科学》2020年第2期。

〔56〕 冯洁语:《公私法协动视野下生态环境损害赔偿的理论构成》,载《法学研究》2020年第2期。

2. 修复生态环境责任的法理廓清

《民法典》第 1234 条、第 1235 条两条款规定了生态环境损害赔偿责任形式，其中第 1234 条规定了修复生态环境责任，第 1235 条规定了赔偿损失责任并进一步列举生态环境损害的赔偿范围。其中，修复生态环境属于《民法典》创设的一项新型责任模式。

(1)从责任界定来看，在《民法典》出台之前，司法实践中通常将此种责任形式作为恢复原状责任的一种扩张适用，如《关于审理环境民事公益诉讼案件适用法律若干问题的解释》第 20 条即将恢复原状扩张解释为"将生态环境修复到损害发生之前的状态和功能"。然而恢复原状与修复生态环境有着本质的区别，将恢复原状扩张解释为修复生态环境的进路存在法理上的缺漏。恢复原状旨在将受损的物恢复至原有状态，主要包括特定物的物理形态及固有性状，但作为整体的生态环境不同于民法上的客体物，整体主义下的生态环境是一个涉及环境法多要素之间物质、能量流动的动态变化的系统，其本身并不具有固定的物理形态及稳定的性状。传统恢复原状的责任可以涵盖修复可作为物的某些环境要素，但却忽视了对于整体生态系统下的各要素之间的关系以及整个生态系统的生态服务功能和平衡状态的修复。〔57〕 由此导致的在恢复标准上两责任形式也有较大的差别，恢复原状标准在于重建受损利益至原有的完整状态，而修复生态环境的标准如"可接受风险水平"与"基线状态"都与生态环境原有状态存在差距，修复生态环境主要依托科学手段和数据加以认定。〔58〕

(2)从责任性质来看，修复生态环境是一种行为责任，而非金钱给付责任。〔59〕 修复生态环境责任主要有两种具体承担形式，一是行为修复，二是支付修复费用，前者当然属于行为责任，而后者则是对行政机关或第三方代修复行为的货币表现，支付修复费用的目的在于修复受损的生态环境达到法定标准，而非生态环境修复不能情况下对其生态价值差额的金钱赔偿，〔60〕因此其亦属于生态修复行为人直接实施生态修复措施，应当将其定性为行为责任。〔61〕 2020 年《民法典》第 1234 条规定在生态环境具有可修复性的情形下赔偿义务人修复行为优先，修复费用则是未履行后的补充形式。同年 12 月最高人民法院发布的《关于

〔57〕 吕忠梅、窦海阳:《以"生态恢复论"重构环境侵权救济体系》，载《中国社会科学》2020 年第 2 期。
〔58〕 吕忠梅、窦海阳:《修复生态环境责任的实证解析》，载《法学研究》2017 年第 3 期。
〔59〕 徐以祥:《〈民法典〉中生态环境损害责任的规范解释》，载《法学评论》2021 年第 2 期。
〔60〕 吕忠梅:《"生态环境损害赔偿"的法律辨析》，载《法学论坛》2017 年第 3 期。
〔61〕 王利明:《〈民法典〉中环境污染和生态破坏责任的亮点》，载《广东社会科学》2021 年第 1 期。

审理环境民事公益诉讼案件适用法律若干问题的解释》第20条第2款[62]规定“可以直接判决被告承担生态环境修复费用”,这表明虽然法律对行为修复与修复费用这两种具体的生态修复责任形式作出了顺位规定,但在司法实践中修复行为与修复费用可以择一适用,无先后顺位,实际上淡化了修复生态环境行为责任的属性,带来了后续费用执行与修复效果监督的新问题。[63]

五、生态环境损害赔偿责任形式的司法适用与对策建议

(一)生态环境损害赔偿责任形式的整体观察

课题组对2021年以来的74件生态环境损害赔偿类案件进行了全面梳理,以责任形式为视角,统计生态环境损害赔偿案件中责任形式的数量分布与适用情形,较为系统地观察了2021年生态环境损害赔偿责任的实践态势。

1. 生态环境损害赔偿责任形式的数量分布

通过对生态环境损害赔偿责任形式的数量分布情况的观察,将从程序数量分布、主体数量分布、类型数量分布这三个方面展开:

(1)通过对典型案例样本做计量分析,磋商成为认定生态环境损害赔偿责任的主导程序。该现状形成的根本原因在于《若干规定(试行)》[64]赋予生态环境损害赔偿磋商程序以强制性、前置性,强调了磋商程序解决生态环境损害赔偿纠纷、确定生态环境损害赔偿责任的独立价值。在典型案例样本中,案例1、2、29责任未最终认定,有效案件71件,在磋商程序中即已确定生态环境赔偿责任的案件67件,约占94.37%(见图6-8、图6-9)。其中,磋商成功但未申请司法确认的案件41件,约占57.75%;磋商成功且申请司法确认的案件26件,约占36.62%;磋商失败,试图通过诉讼程序确定生态环境损害赔偿责任的案件仅4件,约占5.63%。

---

[62] 《关于审理环境民事公益诉讼案件适用法律若干问题的解释》第20条第2款规定:“人民法院可以在判决被告修复生态环境的同时,确定被告不履行修复义务时应承担的生态环境修复费用;也可以直接判决被告承担生态环境修复费用。”

[63] 徐以祥:《〈民法典〉中生态环境损害责任的规范解释》,载《法学评论》2021年第2期。

[64] 《若干规定(试行)》第1条规定:“……因与造成生态环境损害的自然人、法人或者其他组织经磋商未达成一致或者无法进行磋商的,可以作为原告提起生态环境损害赔偿诉讼……”

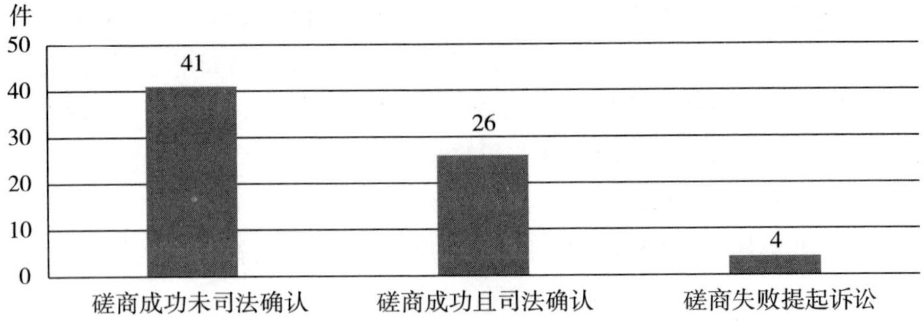

图 6-8　生态环境损害赔偿责任所属程序分布

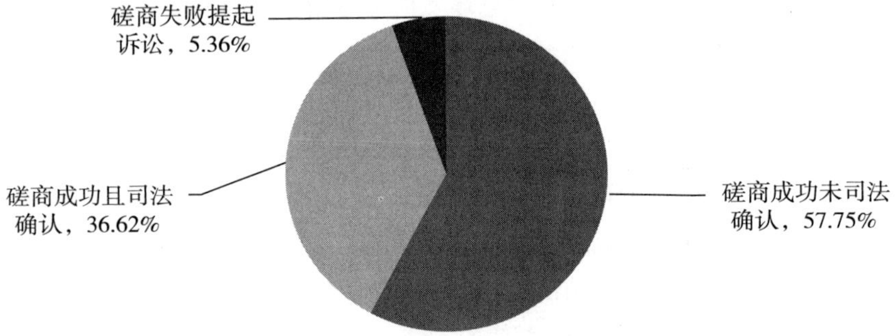

图 6-9　生态环境损害赔偿责任所属程序分布

(2)通过对典型案例样本做计量分析,个人为生态环境损害赔偿案件责任主体的情况占比较大。根据《生态环境损害赔偿制度改革方案》[65]和《民法典》[66]的规定,生态环境损害赔偿责任主体应是违反国家规定造成生态环境损害的单位或者个人。在典型案例样本中,案例 1、2、29 责任未最终认定,有效案件 71 件,个人作为生态环境损害赔偿责任主体的案件有 45 件,占案件总数的约为 63.38%;公司为责任主体的有 25 件,占比约为 35.21%;公司和个人作为共同责任主体的有 1 件,占比约为 1.41%(见表 6-13、图 6-10)。基于典型案例

[65]　《生态环境损害赔偿制度改革方案》第 4 条第 2 款规定:"……违反法律法规,造成生态环境损害的单位或个人,应当承担生态环境损害赔偿责任……"

[66]　《民法典》第 1234 条规定:"违反国家规定造成生态环境损害,生态环境能够修复的,国家规定的机关或者法律规定的组织有权请求侵权人在合理期限内承担修复责任……"

样本,结合《若干规定(试行)》[67]中关于提起生态环境损害赔偿诉讼情形的划分,责任主体按照责任适用情形可做如下区分:一是违反国家规定,因造成突发环境污染事件,而承担生态环境损害赔偿责任的公司(如典型案例4、6);二是违反国家规定,因污染或破坏重点生态功能区和禁止开发区,而承担生态环境损害赔偿责任的个人(如典型案例47);三是违反国家规定,综合考量污染、破坏程度以及社会影响等因素,因造成其他严重影响生态环境后果,而承担生态环境损害赔偿责任的个人或单位。

表6-13　生态环境损害赔偿责任主体分布

责任主体	数量/件	占比/%
个人	45	63.38
公司	25	35.21
公司和个人	1	1.41

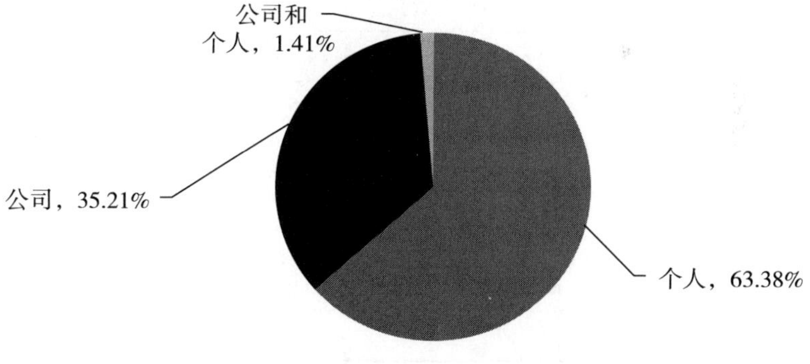

图6-10　生态环境损害赔偿责任主体分布

(3)从责任类型来看,修复生态环境和赔偿损失成为生态环境损害赔偿责任的主要责任形式;从责任模式来看,单一责任模式适用率略高于复合责任模式。《若干规定(试行)》[68]规定了生态损害赔偿案件的责任形式,包括:修复生

[67]《若干规定(试行)》第1条规定:"具有下列情形之一……可以作为原告提起生态环境损害赔偿诉讼:(一)发生较大、重大、特别重大突发环境事件的;(二)在国家和省级主体功能区规划中划定的重点生态功能区、禁止开发区发生环境污染、生态破坏事件的;(三)发生其他严重影响生态环境后果的……"

[68]《若干规定(试行)》第11条规定:"被告违反国家规定造成生态环境损害的,人民法院应当根据原告的诉讼请求以及具体案情,合理判决被告承担修复生态环境、赔偿损失、停止侵害、排除妨碍、消除危险、赔礼道歉等民事责任。"

态环境、赔偿损失、停止侵害、排除妨碍、消除危险、赔礼道歉等。《民法典》[69]第179 条规定了 11 种民事责任形式后,又规定了民事责任的适用模式,包括单一责任模式和复合责任模式。在典型案例样本中,案例 1、2 被驳回,案例 29 磋商失败,案例 72 未显示责任形式,有效案件共计 70 件。首先,从责任类型观察案件,适用"修复生态环境"的案件有 47 件,适用率约为 67.14%,其中单一适用该责任形式的有 20 件,适用率约为 28.57%;复合适用该形式的有 27 件,适用率约为 38.57%。在典型案例样本中,适用"赔偿损失"的案件有 49 件,适用率约为 70%,其中单一适用该形式的有 24 件,适用率约为 34.29%;复合适用该形式的有 25 件,占比约为 35.71%(见表 6-14、表 6-15、表 6-16)。其次,从责任模式观察案件,适用单一责任模式的案件有 43 件,占比约为 61.43%;适用复合责任模式的案件有 27 件,占比约为 38.57%,单一责任模式的适用率高于复合责任模式。

表 6-14 生态环境损害赔偿责任类型分布

单位:件

责任类型	数量	案例序号
消除危险	10	4、5、6、14、19、35、41、58、60、73
修复生态环境	47	3、4、5、6、9、10、11、14、15、16、17、19、20、22、23、26、27、28、31、33、34、35、36、38、39、41、42、43、44、45、46、47、49、54、55、58、59、60、62、63、64、65、68、69、71、73、74
赔偿损失	49	4、5、6、7、8、11、12、13、14、15、16、18、19、21、23、24、25、27、28、30、32、35、36、37、38、39、40、41、43、44、48、50、51、52、53、56、57、58、59、60、61、65、66、67、68、70、71、73、74
赔礼道歉	3	3、5、73

表 6-15 生态环境损害赔偿单独责任形式适用情况分布

单位:件

单独责任类型	数量	案例序号
修复生态环境	20	9、10、17、20、22、26、31、33、34、42、45、46、47、49、54、55、62、63、64、69
赔偿损失	23	7、8、12、13、18、21、24、25、30、32、37、40、48、50、51、52、53、56、57、61、66、67、70

---

[69] 《民法典》第 179 条第 3 款规定:"本条规定的承担民事责任的方式,可以单独适用,也可以合并适用。"

续表

单独责任类型	数量	案例序号
消除危险	0	/
赔礼道歉	0	/

表 6-16　生态环境损害赔偿复合责任形式适用情况分布

单位:件

复合责任类型	数量	案例序号
修复生态环境 + 赔偿损失	16	11、15、16、23、27、28、36、38、39、43、44、59、65、68、71、74
修复生态环境 + 赔礼道歉	1	3
修复生态环境 + 赔偿损失 + 消除危险	8	4、6、14、19、35、41、58、60
修复生态环境 + 赔偿损失 + 消除危险 + 赔礼道歉	2	5、73

2. 生态环境损害赔偿责任形式的适用情形

(1)生态环境损害赔偿责任的适用领域广泛但不均衡,赔偿义务人非法排放污染物、非法捕捞导致生态环境遭受损害,成为其承担生态环境损害赔偿责任的主要原因。《若干规定(试行)》[70]规定了生态环境损害赔偿诉讼的提起情形,侧面反映出生态环境损害赔偿责任的适用条件:一为造成突发环境事件;二为污染或破坏生态功能区、禁止开发区的生态环境;三为其他严重影响生态环境的情形。在典型案例样本中,案例 1、2、29 责任未最终认定,有效案件 71 件,绝大部分案件属于上述第三类情形,有 32 件属于非法排放污染物导致生态环境遭受损害,有 21 件属于非法捕捞导致生态环境遭受损害(见图 6-11、图 6-12)。在非法排放污染物导致生态环境遭受损害的 32 件案例中,有 17 件属于非法排放废水,12 件属于非法倾倒或堆积固体废弃物,3 件属于非法排放废气,由图 6-12 可见,非法排放废水依然是各类非法排放污染物中最普遍、最严重的类型。在典型案例样本中,有 2 件属于非法采矿,2 件属于违法运输导致突发环境事件,1 件属于非法填埋病死动物的领域,占所有案件比重的 7.04%。

---

〔70〕《若干规定(试行)》第 1 条规定:"具有下列情形之一……可以作为原告提起生态环境损害赔偿诉讼:(一)发生较大、重大、特别重大突发环境事件的;(二)在国家和省级主体功能区规划中划定的重点生态功能区、禁止开发区发生环境污染、生态破坏事件的;(三)发生其他严重影响生态环境后果的……"

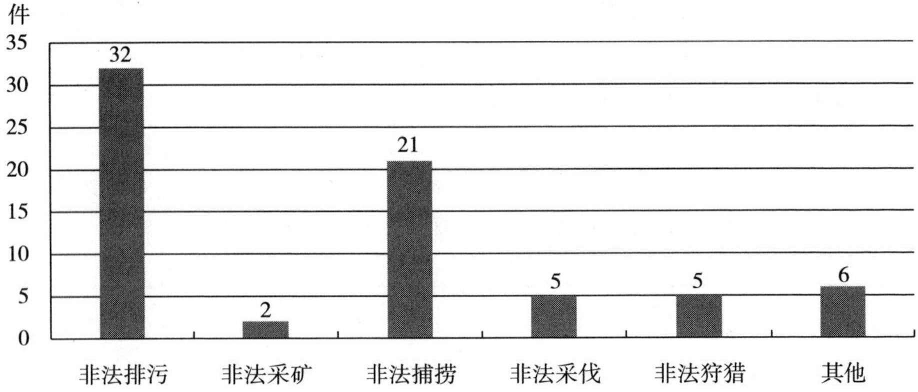

图 6－11　生态环境损害赔偿责任的适用领域

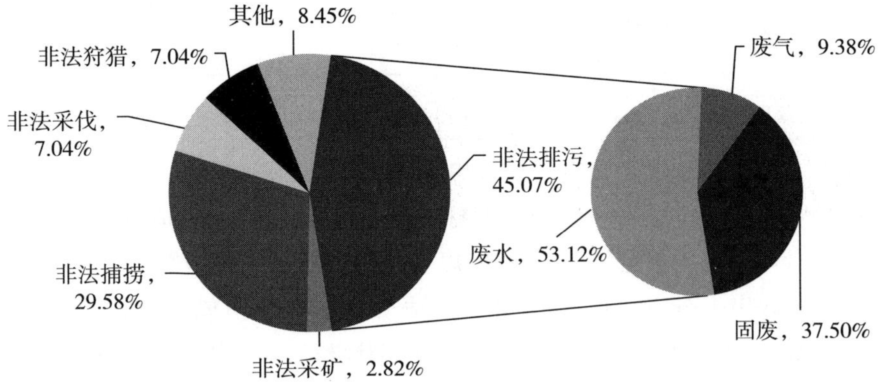

图 6－12　生态环境损害赔偿责任的适用领域

(2)从生态环境的可修复性来看,生态环境可完全修复以及可部分修复情形占比较大。典型案例样本中有 37 件未显示生态环境的可修复性,有效案件有 35 件。其中生态环境可以修复的有 16 件,占比约为 45.71%,生态环境不可完全修复的有 14 件,占比为 40%,两者共占比 85.71%。《民法典》〔71〕确定了受损生态环境具有一定的可修复性为修复生态环境责任形式的适用前提,最高人民法院《关于审理环境民事公益诉讼案件适用法律若干问题的解释》〔72〕也规定

〔71〕《民法典》第 1234 条规定:“违反国家规定造成生态环境损害,生态环境能够修复的,国家规定的机关或者法律规定的组织有权请求侵权人在合理期限内承担修复责任……”

〔72〕《关于审理环境民事公益诉讼案件适用法律若干问题的解释》第 20 条第 1 款规定:“……无法完全修复的,可以准许采用替代性修复方式。”

了无法完全修复时可采用替代性修复,故而生态环境具有一定可修复性与修复生态环境责任形式认定呈现正向分布的态势,在案例中可修复与可部分修复的案例均单一或复合适用修复生态环境责任(见表6－14、表6－17)。在35件有效案件中,生态环境不可修复的有3件,占比约为8.57%,生态环境无须修复的有2件,占比约为5.72%,两者共占比14.29%。《民法典》《若干规定(试行)》〔73〕明确了受损生态环境不具有可修复性是赔偿损失责任的一种适用情形,同时当生态环境无须修复时,原告可以请求损害至修复完成期间生态服务功能的损失,故而生态环境不具可修复性或无须修复与赔偿损失责任形式认定呈现正向分布态势,在案例中不可修复与无须修复的案例均单一或复合适用损害赔偿责任。

表6－17　生态环境可修复性分布

可修复性	数量/件	案例序号
可修复	16	3、4、5、6、15、19、22、23、27、28、35、36、41、60、63、73
不可修复	3	12、18、56
可部分修复	14	9、11、14、16、20、33、34、42、44、45、49、58、64、69
无须修复	2	21、66
未显示	39	1、2、7、8、10、13、17、24、25、26、29、30、31、32、37、38、39、40、43、46、47、48、50、51、52、53、54、55、57、59、61、62、65、67、68、70、71、72、74

(3)近三年生态环境损害赔偿案件中修复生态环境责任适用相对较高。2019年审结生态环境损害赔偿的38件案件中(有25件未显示责任形式),有效案例13件;〔74〕2020年审结生态环境损害赔偿的66件案件中(有5件未显示责任形式),有效案例61件;〔75〕2021年审结生态环境损害赔偿的74件案件中(有4件未显示责任形式),有效案例70件。修复生态环境责任2019年适用数量10件、2020年适用数量37件、2021年适用数量47件,分别约占当年有效案件的

〔73〕《民法典》第1235条规定:"违反国家规定造成生态环境损害的,国家规定的机关或者法律规定的组织有权请求侵权人赔偿下列损失和费用:……(二)生态环境功能永久性损害造成的损失……"。《若干规定(试行)》第12条第3款规定:"原告请求被告赔偿生态环境受到损害至修复完成期间服务功能损失的,人民法院根据具体案情予以判决。"第13条规定:"受损生态环境无法修复或者无法完全修复,原告请求被告赔偿生态环境功能永久性损害造成的损失的,人民法院根据具体案情予以判决。"

〔74〕吕忠梅等:《中国环境司法发展报告(2019年)》,法律出版社2020年版,第187～193、209页。

〔75〕吕忠梅等:《中国环境司法发展报告(2020年)》,法律出版社2021年版,第209～223页。

76.92%、60.66%、67.14%,虽然该责任形式适用率在 2020 年稍有回落,但整体处于较高水平。赔偿损失责任 2019 年适用数量 5 件、2020 年适用数量 42 件、2021 年适用数量 49 件,分别占比约为 38.46%、68.85%、70.00%,该责任形式适用率在 2020 年有较大程度的攀升,并略高于当年修复生态环境责任的适用率,而后趋于稳定。消除危险责任 2019 年适用数量 0 件、2020 年适用数量 7 件、2021 年适用数量 10 件,分别占比约为 0%、11.48%、14.29%。赔礼道歉责任 2019 年适用数量 0 件、2020 年适用数量 2 件、2021 年适用数量 3 件,分别占比约为 0%、3.28%、4.29%。消除危险和赔礼道歉这两种责任形式的适用率在缓慢提升,但整体上处于较低水平。(见图 6-13、图 6-14)

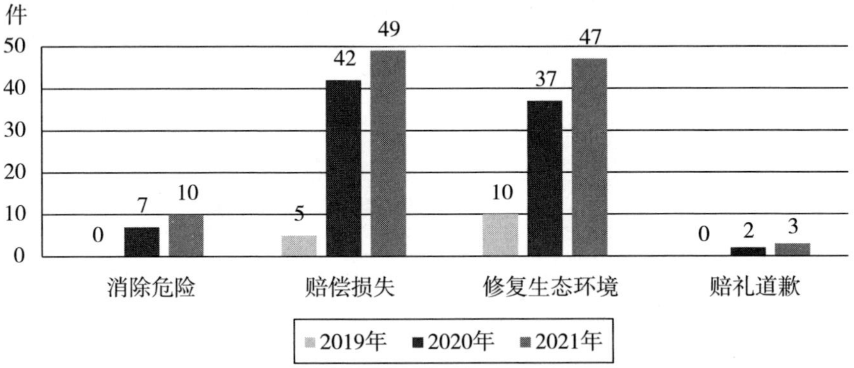

图 6-13　2019~2021 年责任形式的适用数量对比

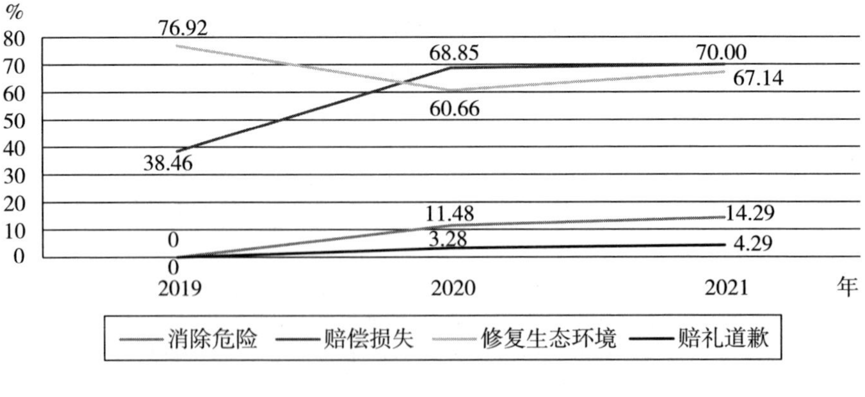

图 6-14　2019~2021 年责任形式的适用比例对比

(4)从 2015 年生态环境损害赔偿制度试点以来,2021 年已是生态环境损害赔偿制度改革的第 6 年,该制度逐渐呈现规范化、精细化、科学化趋势,并创新性地提出了综合考虑个案特殊情形的责任形式。《若干规定(试行)》第 11 条规定了赔偿义务人的民事责任形式,司法中不同的责任形式存在多种实践方式。在“宁夏回族自治区中卫市某公司污染腾格里沙漠生态环境损害赔偿案”中,根据赔偿义务人的主观过错、经济状况等因素,探索“一次签约、分段实施”的方式,同时考虑到该案同时涉及土壤和地下水环境与林地生态系统损害赔偿,创新性地提出了以林区的生态效益补偿本次土壤和地下水环境损害带来的损失,效益不足的采用其他方式予以补偿的方案。在“湖南省沅江市 3 家公司污染大气生态环境损害赔偿案”中,3 家公司于同一地区、同一时段以违法排放废气的方式导致了生态环境的损害,且 3 家公司各自的赔偿金额较小,基于大气自身流动的特点,亦不适宜原地修复、直接修复,而 3 家公司单独替代修复规模较小,无法形成规模效益,故益阳市生态环境局根据实际情况,选择集中替代修复,打造益阳沅江生态环境损害赔偿警示林。上述两个案例是对赔偿损失和修复生态环境责任形式的灵活适用,切实保障了生态环境损害赔偿责任的落实,取得了良好的生态效益与社会效益。(见表 6 - 18)

表 6 - 18　典型案例中对生态环境损害赔偿责任的创新

典型案例名称	实践创新做法
宁夏回族自治区中卫市某公司污染腾格里沙漠生态环境损害赔偿案	三方还根据赔偿义务人的主观过错、经济状况等因素,探索“一次签约、分段实施”的方式,首次以生态效益抵扣损害,创新了生态环境损害赔偿途径。
湖南省沅江市 3 家公司污染大气生态环境损害赔偿案	多家公司发生同一类型、同一地区、同一时段的小型大气环境污染案件,探索了集中替代修复模式,打造生态环境损害赔偿警示林。

(二)生态环境损害赔偿责任形式的问题分析

1. 修复生态环境的问题

(1)自行修复适用范围狭窄。《民法典》第 1234 条规定:“……侵权人在期限内未修复的,国家规定的机关或者法律规定的组织可以自行或者委托他人进行修复,所需费用由侵权人负担。”此条限定了生态环境修复费用形式适用的前提,意在强调自行修复的优先性,构建以自行修复为核心的生态环境修复责任。但在实务中,关于自行修复责任适用的情形较为狭窄,在认定由赔偿义务人自行修复的 22 件案例中,有 10 件属于增殖放流,有 2 件属于补种复绿,两者共同占比约为54.55%(见表 6 - 19、表 6 - 20)。可见,大多数情况下自行修复的适用情形为生态环境损害程度不高、操作难度不大、科学技术含量不高、无须制定复杂恢复方案的情形,实务中对自行修复责任的适用情形做了限缩,理论上赔偿义务人委托专业的第三方修复机构进行修复亦属于自行修复责任的方式之一,实务中对此情形考虑较少。

表 6-19 修复生态环境主体类型分布

单位:件

修复主体	数量	典型案例序号
自行修复	22	3、9、11、15、16、22、27、28、33、34、35、36、38、41、42、44、45、49、58、63、64、69
代履行	10	4、5、6、14、17、19、23、39、60、71
未显示	15	10、20、26、31、43、46、47、54、55、59、62、65、68、73、74

表 6-20 修复生态环境修复方式分布

单位:件

修复方式		数量	典型案例序号
原地修复		17	3、4、5、6、15、19、22、23、27、28、35、36、41、60、63、73、74
替代修复	补种复绿	2	11、14
	增殖放流	11	9、16、33、34、42、44、45、49、64、69、71
	集中替代修复	1	20
	其他	1	58
未显示		15	10、17、26、31、38、39、43、46、47、54、55、59、62、65、68

(2)修复责任适用顺位不明。《若干规定(试行)》第 12 条〔76〕表明"修复生态环境"责任形式适用的前提条件为生态环境可以修复;第 13 条〔77〕表明"赔偿损失"责任形式适用的前提条件为生态环境无法修复或无法完全修复。考察所有关于生态环境损害赔偿的立法及司法解释的篇章结构,无一例外地都将修复生态环境责任规定在赔偿损失之前,此体系安排意在强调修复生态环境的第一

〔76〕《若干规定(试行)》第 12 条第 1 款规定:"受损生态环境能够修复的,人民法院应当依法判决被告承担修复责任,并同时确定被告不履行修复义务时应承担的生态环境修复费用。"

〔77〕《若干规定(试行)》第 13 条规定:"受损生态环境无法修复或者无法完全修复,原告请求被告赔偿生态环境功能永久性损害造成的损失的,人民法院根据具体案情予以判决。"

性,构建以修复生态环境为核心的生态环境损害赔偿责任。《民法典》限定生态环境修复费用责任适用的前提,意在强调自行修复的优先性,构建以自行修复为核心的生态环境修复责任。然而在实务中,法院或赔偿权利人对于生态损害赔偿责任适用的双重优先性认识却并不到位,如单一适用赔偿损失责任形式的23件典型案件中,仅有案例12、18、56的裁判文书内明确提及了生态环境不可修复情况的认定,案例21、66明确了生态环境无须修复,剩余的18件案件虽然最后认定赔偿义务人仅承担赔偿损失的责任,却并未写明责任适用前提的确定过程,甚至裁判文书全文未提及生态环境的不可修复性,而首先认定承担赔偿损失责任,这类做法忽视了生态环境损害赔偿责任中修复生态环境的核心和主导地位。

2. 资金赔偿的问题

(1)对于资金赔偿的性质界定不明。在对典型案例样本进行深入研究时发现,实务界对于资金赔偿的性质界定不明,存在将生态环境可修复的情形下的修复费用纳入损害赔偿范围的问题。如案例23,重庆市中正司法鉴定中心出具的鉴定意见表明:生态环境损害价值量化费用包含生态环境修复费用、生态系统期间损失费用、事务性费用,又在磋商协议中的赔偿金额一项中将该笔费用称为生态环境损害赔偿费用。该协议即表示法院及当事人双方均认可在生态环境可修复的情况下,赔偿义务人支付生态修复费用属于赔偿损失责任的表现形式之一。但从法理上分析,“修复生态环境的费用不属于损害赔偿,原因在于损害赔偿仅在弥补法益价值的差额,旨在保障受害人的价值利益;修复生态环境的费用旨在修复受损的生态环境,而非此损害不可修复而转化成金钱赔偿”〔78〕。学界与实务界普遍认为《民法典》第1234条、第1235条从法律层面上分别确立了生态环境修复责任与损害赔偿责任,且彼此之间相互独立,故有学者指出《民法典》第1235条第4款下的“清除污染、修复生态环境费用”是指不能进行生态环境修复时按照虚拟治理成本所评估的生态环境修复费用。〔79〕

(2)对于资金赔偿的范围划定缺漏。《民法典》第1235条以列举的方式规定了资金赔偿的范围,包括:生态环境受到损害至修复完成期间服务功能丧失导致的损失;生态环境功能永久性损害造成的损失;生态环境损害调查、鉴定评估等费用;清除污染、修复生态环境费用;防止损害的发生和扩大所支出的合理费用。在实务中,赔偿权利人对于资金赔偿范围的划定存在一定的缺漏。在以案

〔78〕 吕忠梅:《修复生态环境责任的实证解析》,载《法学研究》2017年第3期。
〔79〕 徐以祥:《〈民法典〉中生态环境损害责任的规范解释》,载《法学评论》2021年第2期。

例 14 为代表的污染环境案件中,万祥公司堆积的煤矸石造成了土壤及地下水等的污染,但是在责任认定上只要求赔偿义务人能完成修复,并达到修复后效果评估工作要求即可,此种认定就未考虑土壤和地下水受到损害至修复完成期间服务功能丧失导致的损失。在以案例 42 为代表的非法捕捞案例中,被告非法捕捞水产品约 38.5 千克,但磋商协议中只要求赔偿义务人出资购买鱼苗增殖放流修复生态,未具体考虑生物种群特征、群落特征或生态系统特征损害至修复期间服务功能的丧失所致的损失。

(3)对于资金赔偿的数额确定依赖司法鉴定。《技术指南》8.1 规定了生态环境损害的价值量化方法选择原则:污染清除费用以实际发生费用为准;可恢复或部分恢复生态环境及其服务功能的采用恢复费用量化法;不可恢复或只能部分恢复或无法补偿期间损害选择适合的其他环境价值评估方法;损害事实不明确或无法以合理的成本确定损害范围和程度时,采用虚拟治理成本法。实践中存在法院对资金赔偿数额的认定依赖司法鉴定意见的普遍情形,但司法鉴定所依据的标准或规定稳定性不强,降低了当事人对于司法鉴定意见的信赖度。如在案例 5 中,赔偿义务人对土壤损害赔偿金数额的认定产生重大异议,认为评估机构直接跳过优先级更高的理论治理成本和基于污染物排放量的虚拟治理成本计算方法,直接采用金额置换法不合理,法院根据《生态环境损害鉴定评估技术指南土壤与地下水》(环办法规〔2018〕46 号)认为由于涉案不需修复的受损土壤现状污染水平与基线水平对应的土地利用类型相同,且无法获取土壤中污染物从现状污染水平修复至基线水平的理论治理成本,因此采用土壤置换成本法量化确定现状污染水平与土壤生态环境基线水平之间的损害数额并无不妥。但《生态环境损害鉴定评估技术指南　环境要素　第 1 部分:土壤和地下水》(GB/T 39792.1—2020)规定,当无法获取理论治理成本、全部不需要修复且污染物排放量可获取,可以利用基于污染物排放量的虚拟治理成本计算。故赔偿义务人的主张具有一定的科学性与合理性,但法院未从科学与法律的角度对此计算方法加以深入分析考量。

3. 代履行的问题

依据案件的具体情况不同,对生态环境修复的具体要求也不同,多数生态环境修复具有专业性和复杂性,需要运用专业的生态环境修复技术,而由侵权人直接进行修复往往难以达到相应的要求。根据典型案例样本,代履行制度在生态环境损害赔偿案件中的适用主要有两种情况:一是在紧急情况下,由政府或政府委托第三方进行代履行行为,待确定赔偿义务人后再向其追偿相关费用,如案例4、5、6、14、17、23、39、71;二是在磋商协议或法院判决中,侵权人无力自行修复的,明确由侵权人支付修复费用,由政府委托第三方进行代履行,如案例19、60。

环境行政代履行制度最早规定于《行政强制法》,该法第50~52条明确了环境行政代履行应当遵守的规定和程序。生态环境损害政府索赔制度旨在解决环境保护"公地悲剧"引发的"企业污染、政府买单"困局,但它也与行政机关可以责令消除、修复环境并适用代履行的规定发生矛盾。〔80〕此外,《民法典》创设了生态环境损害代修复制度,其第1234条规定,在侵权人未及时修复生态环境的情况下,国家规定的机关或法律规定的组织可以自行或委托他人进行代修复。有学者认为,《民法典》创设的生态环境损害代修复制度,实质上是立法者尝试将环境行政代履行这一公法机制引入私法领域,呈现私法公法化的特质。〔81〕生态环境损害代修复与环境行政代履行有何关系,行政机关的代修复权利和代履行权利如何适用,这都是司法实践所面临的问题。

(三)生态环境损害赔偿责任形式问题的应对

1. 明确生态环境修复的标准

生态环境的修复标准,影响侵权人责任的承担,也是修复费用计算的关键,并且最终还关系到有关部门对生态环境修复成果的验收。生态环境修复标准不明,使生态环境修复费用计算困难,侵权人在进行修复行为时感到迷茫,也让生态环境修复成果的验收无从下手。因此,修复标准的明确至关重要,对生态环境损害修复标准中的原有状态不能机械地理解,否则可能会导致过度修复或者修复不足。〔82〕此外,在明确生态环境修复标准的同时,应根据不同环境要素的特殊性采取不同的标准,但同一环境要素的生态环境修复标准应统一。

2. 分类适用生态环境修复责任

在司法实践中,对侵权人适用行为责任还是经济责任需要分类型予以对待。对于生态环境修复责任的适用,要看修复的难易程度,对于简单的,通过补植复绿即可完成履行的环境修复,侵权人承担行为责任即可达到对生态环境充分的救济。对于复杂的环境修复或生态修复,修复技术性强,则应当选择由侵权人支

---

〔80〕张宝:《生态环境损害政府索赔权与监管权的适用关系辨析》,载《法学论坛》2017年第3期。

〔81〕彭中遥:《〈民法典〉中生态环境损害代修复制度之探析》,载《中国高校社会科学》2022年第1期。

〔82〕吕忠梅、窦海阳:《修复生态环境责任的实证解析》,载《法学研究》2017年第3期。

付生态环境修复费用的方式,由国家有关部门或委托第三方机构进行修复。[83] 此外,法院确定生态修复责任后,还需要根据个案的情况进一步考虑是要求行为人承担行为责任更适宜,还是承担经济责任对执行更有利。生态环境修复责任中的行为责任与经济责任两者看似平等,可以相互替代,但是在具体的案件中,两种责任的适用对最终生态环境修复的执行却有着非常大的不同效果。生态环境修复费用往往数额较大,如果其远超过侵权人的经济能力,即使法院判决承担生态环境修复费用,最后也往往落到无法执行的境地。[84]

3. 规范代履行费用的追偿

在造成生态环境损害的场合,行政机关可以责令限期采取治理措施、消除污染、修复环境,在当事人不予配合时进行代履行,并申请法院强制执行代履行费用。[85] 在实践中,政府也可以通过提起生态环境损害赔偿诉讼进行代履行费用的追偿,但对于代履行费用的追偿,有学者指出,可以通过行政命令或非诉执行的途径进行追偿,不必一定通过生态环境损害赔偿诉讼实现。[86] 《民法典》第 1234 条中"国家规定的机关"是指负有环境监管责任的行政机关和法院,"法律规定的组织"是指环保公益组织;其第 1235 条则保障了上述主体代修复费用的赔偿请求权,环境行政代履行可视为上述主体中负有环境监管责任的行政机关代修复的情形。由于环境行政代履行是一种间接强制执行,[87] 环境行政主体向人民法院申请强制执行的方式应为代履行费用追偿的合适路径,应将代履行费用缴纳决定纳入申请法院强制执行的范围。[88] 政府索赔应限缩到生态环境无法修复、无法适用环境行政代履行规定的情形。从法律的体系性和逻辑的一致性来看,宜在未来修改法律时进一步增加不能修复时责令赔偿的规定,并通过行政公益诉讼监督政府履行监管职责。[89]

六、生态环境损害赔偿责任履行的改革成效与难点应对

生态环境损害赔偿责任的履行情况,是生态环境损害赔偿制度改革成效的

---

〔83〕 刘士国:《民法典"环境污染和生态破坏责任"评析》,载《东方法学》2020 年第 4 期。

〔84〕 李挚萍:《生态修复案件中的责任承担和法律适用——以广州市白云区鱼塘污染公益诉讼案为例》,载《环境保护》2015 年第 8 期。

〔85〕 张宝:《生态环境损害政府索赔权与监管权的适用关系辨析》,载《法学论坛》2017 年第 3 期。

〔86〕 吕梦醒:《生态环境损害多元救济机制之衔接研究》,载《比较法研究》2021 年第 1 期。

〔87〕 李义松、周雪莹:《我国环境行政代履行制度检视》,载《学海》2021 年第 1 期。

〔88〕 唐绍均、康慧强:《论环境行政代履行费用追偿的淆乱与矫正》,载《重庆大学学报(社会科学版)》2020 年第 24 期。

〔89〕 张宝:《生态环境损害政府索赔权与监管权的适用关系辨析》,载《法学论坛》2017 年第 3 期。

直接体现。《生态环境损害赔偿制度改革方案》提出:到 2020 年,力争在全国范围内初步构建责任明确、途径畅通、技术规范、保障有力、赔偿到位、修复有效的生态环境损害赔偿制度。生态环境损害赔偿案件的赔偿到位、修复有效,是生态环境损害赔偿责任履行的两个重要方面。此外,在保障生态环境损害赔偿履行方面,《生态环境损害赔偿制度改革方案》还提出要加强生态环境修复与损害赔偿的执行和监督,加强生态环境损害赔偿资金管理。

2020 年 3 月 11 日出台的《生态环境损害赔偿资金管理办法(试行)》对生态环境损害赔偿金的执收、使用和管理等方面作出了规定。多个省市也出台了生态环境环境赔偿资金管理办法,使生态环境损害赔偿资金的管理和使用制度化、规范化。在履行的修复监督方面,2021 年湖南省出台了《湖南省生态环境损害修复监督管理办法》,《安徽省生态环境损害赔偿实施办法(试行)》《广东省生态环境损害赔偿工作办法(试行)》《内蒙古自治区生态环境损害赔偿工作规定(试行)》也用专章对生态环境损害修复监督作出了规定。

本部分将从 2021 年生态环境损害赔偿典型案例样本出发,从生态环境损害赔偿责任的履行监督情况和生态环境损害赔偿责任履行的制度革新两个方面入手,分析生态环境损害赔偿责任履行的改革成效及在实践中应用的难点。

(一)生态环境损害赔偿责任履行的整体概览

2021 年典型案例样本共包含生态环境损害赔偿责任案件 74 件,除去其中不予受理、驳回起诉和磋商失败的 3 件案件,共有 71 件案件进入履行环节。本部分通过案件的整体履行情况、结案类型、责任形式、赔偿义务人类型、已履行案件的地域分布等 5 个方面,对典型案例样本中生态环境损害赔偿案件的履行情况进行系统的梳理和多维检视,观察到如下现象。

(1)2021 年生态环境损害赔偿责任整体履行情况良好。在这 71 件案件中,根据裁判文书网、北大法宝等网上公开可查阅的数据,生态环境损害赔偿责任已履行的案件有 49 件,占比约为 69.01%;部分履行,尚未履行完毕的案件有 2 件,占比约为 2.82%;未显示其履行情况的案件有 20 件,占比约为 28.17%(见图 6-15)。数据表明,生态环境损害赔偿责任在司法实践中的履行情况较好,能顺利履行生态环境损害赔偿责任的案件占比超过 2/3。在司法实践中,案例 73 还探索了一次签约,将责任分阶段实施的做法:在第一阶段开展污染状况调查以及污染清理实施工程;第二阶段开展补偿性恢复、地下水监测、污染地块风险管控、林区管护、生态环境效益评估等工作,并以开展补偿性恢复荒漠和以林地生态效益抵扣两种方式,赔偿生态资源期间服务功能损失 1.54 亿元。目前该案例的赔偿义务人已支付第一阶段的赔偿金额,并已委托第三方机构进行林区生态效益评估。

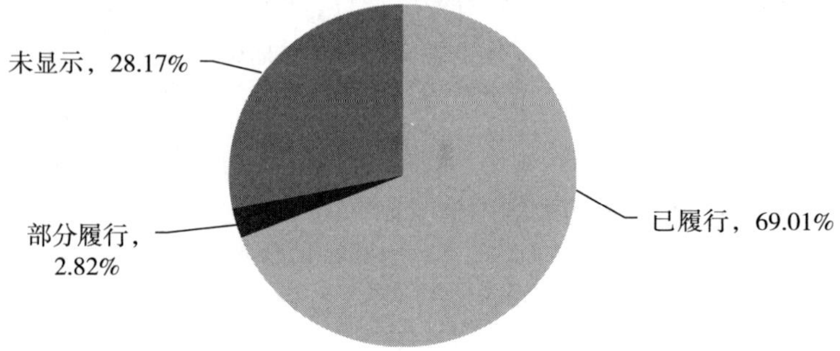

图 6 – 15　2021 年生态环境损害赔偿责任履行情况

(2)以磋商方式结案的生态环境损害赔偿案件在数量和履行情况上均占优势。生态环境损害赔偿纠纷的结案方式有磋商结案和以诉讼方式结案两种。典型案例样本显示,有 4 件案例在磋商失败后转入诉讼程序,而直接以磋商方式结案的有 67 件。依据图 6 – 16 数据,4 件磋商转诉讼的案件均未显示其生态环境损害赔偿责任的履行状态;而以磋商方式结案的案件,已履行的案件数量达 49 件,目前能查询到履行状况的案件均通过磋商方式结案。图 6 – 17 的数据表明,当前生态环境损害赔偿案件绝大多数能以磋商方式结案,只有少部分在磋商失败后转入诉讼程序。典型案例样本中直接起诉的案件数量为零,这也体现了司法实践对《若干规定(试行)》中磋商前置的贯彻和落实。磋商程序在责任履行情况方面也展现出它的优势,根据图 6 – 16 和图 6 – 18 的数据,以磋商方式结案的案件有 67 件,目前已经履行的案件有 49 件,占比约为 73.13% ,这表明磋商程序的适用节约了司法资源,同时也提高了生态环境损害赔偿纠纷解决的效率。

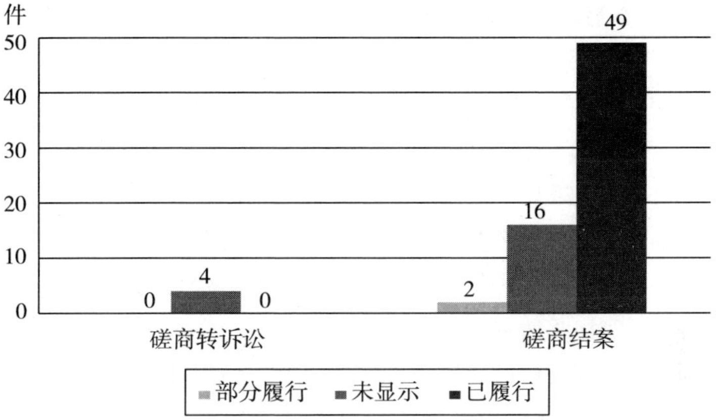

图 6－16　2021 年生态环境损害赔偿不同结案类型履行情况

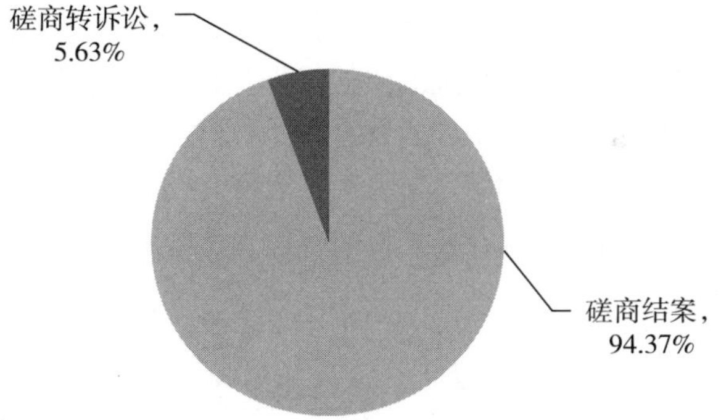

图 6－17　2021 年生态环境损害赔偿案例结案方式分布

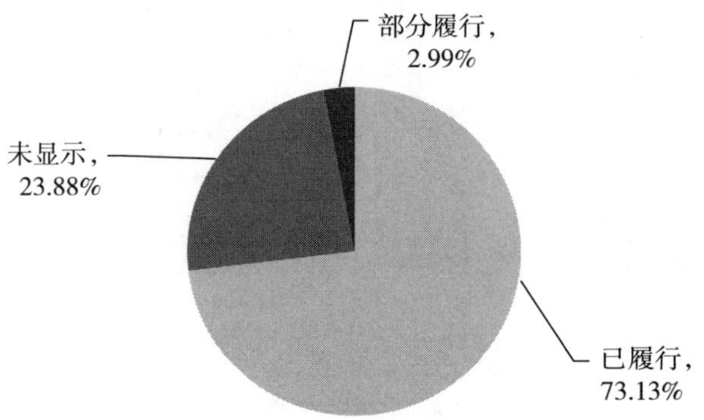

图 6－18　2021 年以磋商方式结案案件的履行情况

(3)修复生态环境责任在实践中的履行情况略优于赔偿损失责任。依据《若干规定(试行)》第 11 条规定:“被告违反国家规定造成生态环境损害的,人民法院应当根据原告的诉讼请求以及具体案情,合理判决被告承担修复生态环境、赔偿损失、停止侵害、排除妨碍、消除危险、赔礼道歉等民事责任。”据典型案例样本,生态环境损害赔偿纠纷中,被告最后承担的责任以修复生态环境、赔偿损失为主,在有的案件中,被告需同时承担这两种责任。图 6－20 数据显示,在已履行的案件中,适用修复生态环境责任、赔偿损失责任,以及同时适用修复生态环境责任和赔偿损失责任的案件比例差距不大。但在实际履行中,依据图 6－19 和图 6－21 数据,仅适用修复生态环境责任的案件,履行率(已履行部分)较高,达 76.19%;适用赔偿损失责任的案件,履行率为 65.21%;同时适用修复生态环境责任和赔偿损失责任的案件履行率为 65.38%。在未显示履行情况的案件中,适用修复生态环境责任的案件比例较低,占比为 20%。这表明,修复生态环境责任在实践中的履行率略优于赔偿损失责任的履行率。此外,赔礼道歉责任在实践中通常与修复生态环境或赔偿损失责任一起使用,2021 年生态环境损害赔偿纠纷中适用赔礼道歉责任的共有 3 件(案例 3、5、73),案例 3 要求在市级以上新闻媒体向社会公众赔礼道歉;案例 73 要求在省级媒体公开赔礼道歉,案例 5 则要求在省级报纸上刊登致歉声明,且内容需经过法院审定,这三起案件目前均未显示其是否履行到位。

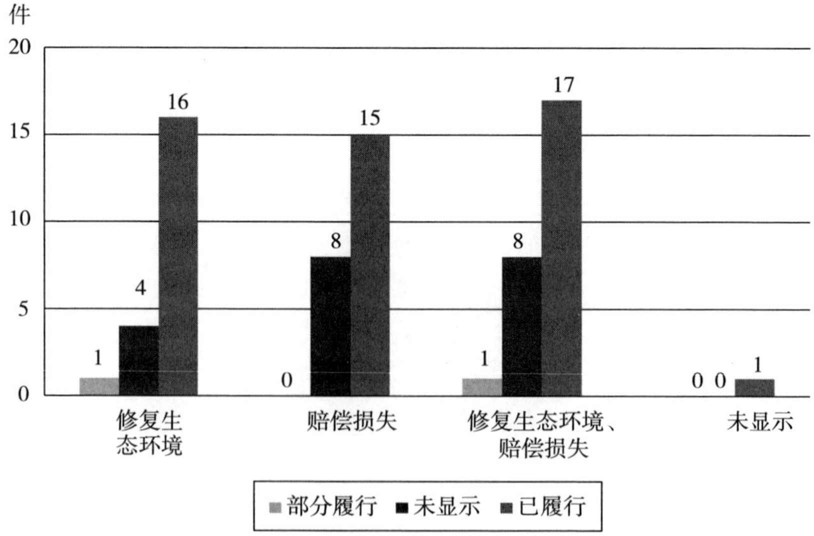

图 6－19　2021 年生态环境损害赔偿案件不同责任形式的履行状况

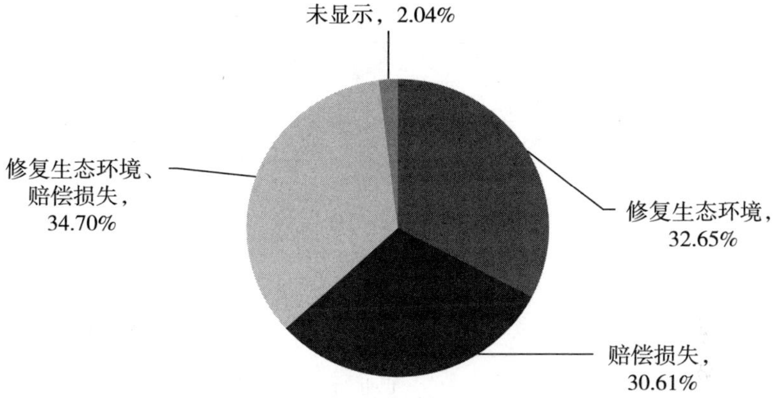

图6-20　2021年生态环境损害赔偿责任已履行案件责任形式分布

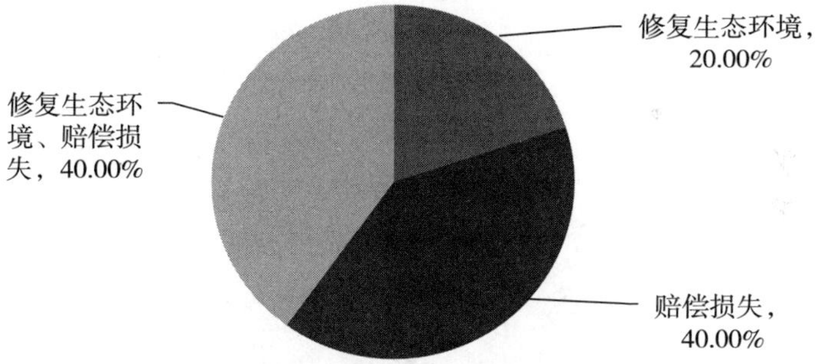

图6-21　生态环境损害赔偿未显示履行情况案件责任形式分布

(4)自然人的生态环境损害赔偿责任履行率高于公司。对典型案例样本梳理发现,生态环境损害赔偿纠纷的被告主要是自然人,公司也占据了一定比重(见图6-22)。如图6-23和图6-24所示,公司的生态环境损害赔偿责任履行率(已履行部分)为44%,自然人的生态环境损害赔偿责任履行率为84.44%,从履行率的比重来看,自然人的履行率远高于公司。

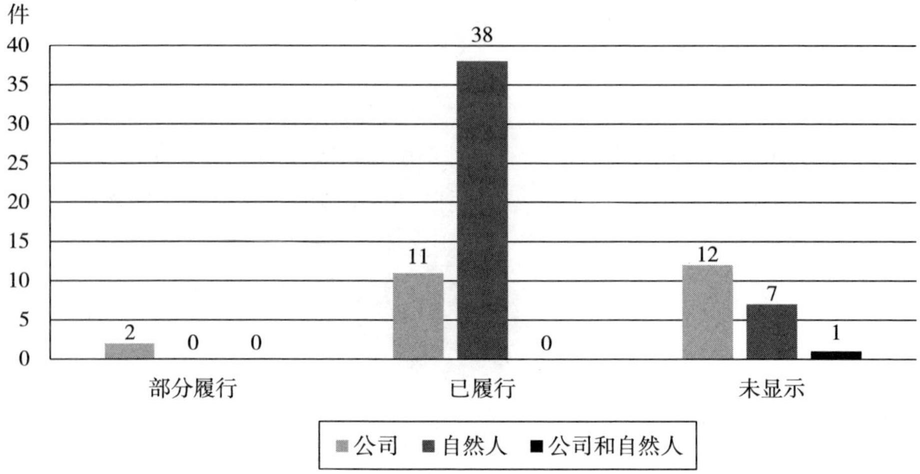

图 6－22　2021 年生态环境损害赔偿案件不同主体的履行情况

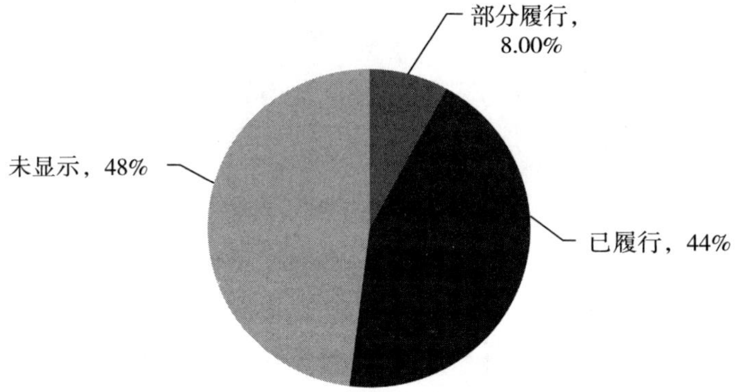

图 6－23　2021 年公司生态环境损害赔偿责任履行情况

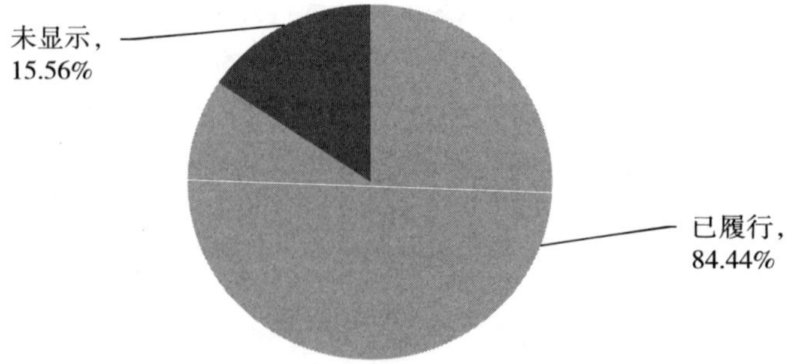

图 6－24　2021 年自然人生态环境损害赔偿责任履行情况

(5)各省市生态环境损害赔偿责任履行情况差距较大。根据图6-25和表6-21的数据可知,2021年我国生态环境损害赔偿责任已履行案例在各省区市的分布不均衡,重庆市和江苏省已履行案例较多,分别为15件和10件,其他省市已履行案例均在5件或5件以下。对重庆市的案例进行进一步的统计发现,16件已履行的案件中,有12件是非法捕捞水产品案,而在江苏省的10件已履行案件中,有7件为污染环境案,3件为非法捕捞案;这两个省份数据的差异表明,不同省市在生态环境损害赔偿纠纷的发生类型上存在地区差异。

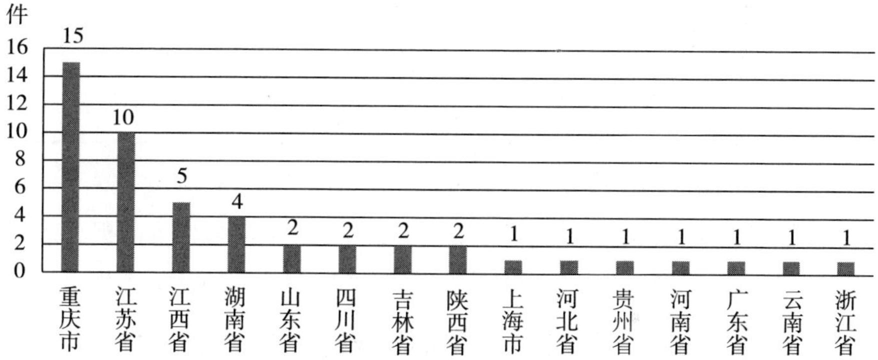

图6-25 2021年生态环境损害赔偿已履行案件地域分布

表6-21 2021年各省区市生态环境损害赔偿责任履行情况

单位:件

省区市	已履行	未显示	部分履行
重庆市	15	2	0
江苏省	10	0	0
江西省	5	0	0
湖南省	4	2	0
山东省	2	2	0
四川省	2	2	0
吉林省	2	1	0
陕西省	2	0	0
上海市	1	1	0
河北省	1	0	0

续表

省区市	已履行	未显示	部分履行
贵州省	1	2	0
河南省	1	0	0
广东省	1	2	1
云南省	1	0	0
浙江省	1	3	0
甘肃省	0	1	0
安徽省	0	2	0
宁夏回族自治区	0	0	1

(二)生态环境损害赔偿责任履行的监督检查

《生态环境损害赔偿制度改革方案》提出,加强生态环境修复与损害赔偿的执行和监督。赔偿权利人及其指定的部门或机构对磋商或诉讼后的生态环境修复效果进行评估,确保生态环境得到及时有效的修复。生态环境损害赔偿款项使用情况、生态环境修复效果要向社会公开,接受公众监督。本部分从生态环境损害赔偿责任履行的监督和生态环境修复验收制度的适用两个方面对生态环境损害赔偿责任履行的监督检查进行政策文件的梳理和司法实践应用的统计,总结改革的成效和生态环境损害赔偿责任履行监督检查的难点。

1. 生态环境损害赔偿责任履行的监督

在生态环境损害赔偿责任监督的规定方面,2021 年湖南省出台了《湖南省生态环境损害修复监督管理办法》,《广东省生态环境损害赔偿工作办法(试行)》《安徽省生态环境损害赔偿实施办法(试行)》以及《内蒙古自治区生态环境损害赔偿工作规定(试行)》也用专章对生态环境损害修复监督作出了规定。

在典型样本案例中,根据已显示的数据,有 5 件案件(案例 16、22、35、60、64)直接涉及生态环境损害履行过程的监督,其中大多由赔偿权利人或其指定的单位进行监督。在案例 60 中,则提到生态环境修复效果向社会公开,接受公众监督。这表明,当前生态环境损害责任履行的监督在一定程度上得到了适用,但主要以赔偿权利人的监督为主,公众监督有待发展。

增殖放流作为替代性修复的一种方式,在非法捕捞案中应用广泛,鱼苗在放流之后难以验收,对增殖放流过程的监督就显得尤为重要。在以增殖放流作为生态环境损害赔偿责任的案件中,案例 16 和案例 64 可以看出在增殖放流的过程中直接接受监督,案例 33、42、69 则留有增殖放流记录或增殖放流照片,也可以从侧面看出生态环境损害赔偿责任的履行在监督下进行。(见表 6-22)

表 6-22　2021 年生态环境损害赔偿履行监督情况

典型案例序号	监督情况	案号
16	在新干县农业农村局的监督指导下进行人工增殖放流	(2021)赣 0823 民特 18 号
22	由钢城区政府或其指定工作单位进行监督考核	(2021)鲁 0117 民特 37 号
35	乙方在处置固体废物和修复土壤的过程中,应当自觉接受甲方监督	(2021)粤 01 民特 847 号
39	泰州市生态环境局监督涉案渗坑的废水、污泥装桶和处置	(2021)苏 0682 刑初 407 号
60	生态环境修复效果向社会公开,接受公众监督	(2021)皖 16 民特 8 号
64	在检察院检察人员的见证下放流 2.85 万尾鱼苗	(2020)渝 0112 刑初 1833 号
33	放生修复生态照片	(2021)黔 0522 刑初 110 号
42	增殖放流记录	(2021)渝 0116 刑初 449 号
69	如皋市农业农村局的增殖放流照片	(2020)苏 0682 刑初 985 号

2. 生态环境修复验收制度的适用

生态环境修复责任的有效履行,是生态环境修复责任适用的重要一环,也是生态环境修复责任能否发挥其功能的关键。修复验收是检验生态环境修复责任履行成果的重要环节,但当前我国的相关立法中对修复验收制度的规定还有待完善。在法律层面,《土壤污染防治法》对土壤修复评估作出了较完善的规定,但在大气污染修复验收和水污染修复验收等方面还缺乏相关的规定。《重庆市生态环境损害修复管理办法》对修复效果后的评估进行了一定的规定,《山东省生态环境损害修复效果后评估工作办法》则对修复验收这一过程进行了更为详尽的规定。

在司法实践中,图 6-19 数据显示,2021 年典型样本案例中包含生态环境修复责任的案件共有 47 件,其中,适用了生态环境修复验收的案件有 12 件(案例 3、11、14、15、16、20、22、23、35、58、60、73),占比约为 25.53%,具体情况如表 6-23 所示。根据表 6-23 可知,2021 年生态环境修复验收制度在司法实践中有一定比例的适用,但存在验收标准不明确、验收主体不统一以及验收的程序不规范等方面的问题。

表 6-23 2021 年生态环境损害赔偿责任案件的修复验收制度适用统计

典型案例序号	案例名称	验收方式	案号
3	潘某某非法采矿生态环境损害赔偿检察机关支持起诉案	种植杨树 2265 株,补种树木当年存活率达到 85%,由辽源市自然资源局负责验收	(2021)吉 04 民初 110 号
11	雅安市林业局与唐某生态环境损害赔偿磋商案	雅安市林业局组织栽种情况验收、成活率验收以及保存率验收,验收不合格有权委托第三方补种	(2021)川 1802 民特 48 号
14	济南市钢城区人民政府、济南市钢城莱芜猪种猪繁育有限公司生态环境损害赔偿磋商案	由赔偿权利人委托有资质单位进行生态环境损害修复效果后评估,若生态环境损害修复效果后评估满足相关要求,赔偿义务人损害赔偿责任履行完毕	(2021)鲁 0117 民特 67 号
15	招远市人民政府与王某某生态环境损害赔偿案	修复完成向政府提交修复后评估申请,由招远市人民政府组织开展修复后评估工作,若修复后评估未通过验收,由王某堂继续修复并继续承担相关评估费用,直至通过验收	(2021)鲁 0685 民特 92 号
16	吉安市生态环境局与张某某生态环境损害赔偿案	修复完成后,制定生态修复效果评估方案,开展修复评估验收工作。修复验收标准:土壤中所含的镉、锌和铜满足《土壤环境质量农用地土壤污染风险管控标准(试行)》(GB 15618—2018)中"表 1 农用地土壤污染风险筛选值"要求	(2021)赣 0823 民特 18 号
20	湖南省沅江市 3 家公司污染大气生态环境损害赔偿案	专家评估验收	第二批生态环境损害赔偿磋商十大典型案例

续表

典型案例序号	案例名称	验收方式	案号
22	济南市钢城区人民政府与山东万祥矿业有限公司生态环境损害赔偿案	根据《山东省生态环境损害赔偿磋商工作办法》、《山东省生态环境损害赔偿修复效果后评估工作办法》及相关规定,由万祥公司在修复工作完成后30日内向钢城区政府或指定工作部门提出《生态环境损害赔偿修复效果后评估申请》并附相关资料	(2021)鲁0117民特37号
23	衢州市生态环境局与衢州市衢江区新亚化工有限公司生态环境损害赔偿案	委托浙江惠博环境技术有限公司对场地治理与修复项目进行效果评估,已通过验收	(2021)浙08民特6号
35	广州市生态环境局与王某某等生态环境损害赔偿案	由甲方负责组织专家评估修复效果,出具专家意见,费用由乙方承担	(2021)粤01民特847号
58	安顺市生态环境局、亿利生态(贵州)有限公司等申请确认仲裁协议效力	替代修复项目竣工后,按照《大西桥镇人民政府纪要》(大政专纪〔2020〕22号)组织验收	(2021)黔04民特5号
60	亳州市生态环境局、祝某某、涡阳县丹城镇人民政府申请确认生态环境损害赔偿磋商协议效力案	修复完成后,亳州市生态环境局指定亳州市涡阳县生态环境分局组织对受损生态环境修复效果进行评估	(2021)皖16民特8号
73	中卫市人民政府、内蒙古自治区阿拉善盟行政公署司法确认生态环境损害赔偿协议案	赔偿义务人承担植被恢复工程费用(以实际产生的费用为准),直至监管部门验收合格	(2020)宁05民特18号

在验收标准方面,实践中存在以下两方面的问题:一是验收标准不统一;二是缺乏验收标准。案例3和案例11均表明需对树苗的栽种情况进行验收,但案例3仅要求验收树苗的成活率,而案例11则要求对树苗的栽种情况在不同时间段进行栽种情况、成活率和保存率三方面的验收,标准更为严格。在已统计的案

例中,只有案例 16 明确了验收的标准,要求土壤中所含的镉、锌和铜满足《土壤环境质量农用地土壤污染风险管控标准(试行)》(GB 15618—2018)中“表 1　农用地土壤污染风险筛选值”的要求。多个案例(案例 14、15、20、23、35、60、73)虽表明了对修复的效果进行评估,但并未明确验收的标准。

在验收的主体方面,呈现多样化的形态。根据本次统计,由赔偿权利人进行验收的案件有 6 件(案例 3、11、15、22、58、60),占比 50%;由赔偿权利人委托公司验收的有 2 件(案例 14、23),占比约为 16.67%;由专家验收的案件有 2 件(案例 20、35),占比约为 16.67%;此外,还有一个案件(案例 73)表明由监管部门验收(见图 6－26)。

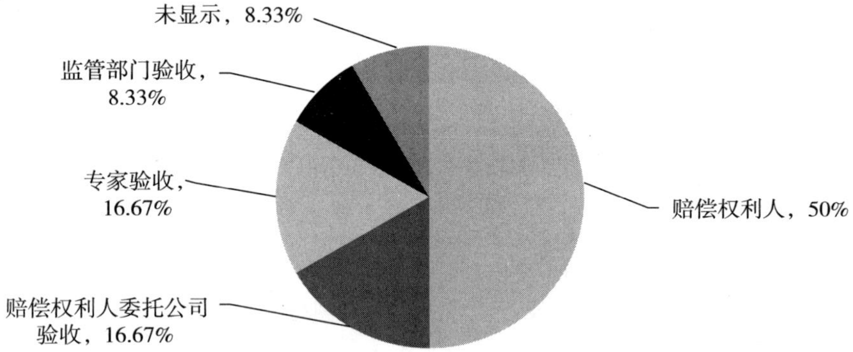

图 6－26　2021 年生态环境损害赔偿验收主体分布

在验收程序方面,案例 22 有较为详尽的规定,要求依据《山东省生态环境损害赔偿磋商工作办法》、《山东省生态环境损害修复效果后评估工作办法》和相关规定,在修复完成后 30 日内提出申请并附上相关资料。依据《山东省生态环境损害修复效果后评估工作办法》,生态环境修复需要经过“生态环境损害鉴定—制定修复方案—修复施工—施工监理—修复验收—申请修复效果后评估”这一流程,较完善地对整个生态环境修复过程进行了规制,确保生态环境及时有效修复,也可以为其他省市提供借鉴学习的方案。

(三)生态环境损害赔偿责任履行的制度革新

1. 资金管理制度

2020 年 3 月 11 日出台的《生态环境损害赔偿资金管理办法(试行)》对生态环境损害赔偿金的执收、使用和管理等方面作出了规定。此外,山东省、重庆市、湖南省、海南省、浙江省、天津市、安徽省、河北省、江苏省、青海省、宁夏回族自治区、福建省、黑龙江省、广西壮族自治区、甘肃省、新疆维吾尔自治区等多个省市均出台了生态环境损害赔偿资金管理办法,使生态环境损害赔偿资金的使用和管理逐渐制度化、规范化。

2019 年,江必新副院长在全国法院环境公益诉讼、生态环境损害赔偿诉讼审判工作推进会上的讲话中提道:对于生态环境损害赔偿诉讼案件,要按照中共中央办公厅、国务院办公厅印发的《生态环境损害赔偿制度改革方案》的要求,根据生态环境损害是否可以修复区分资金管理模式。生态环境损害无法修复的,其赔偿资金作为政府非税收入,全额上缴同级国库,纳入预算管理;生态环境损害可以修复的,赔偿义务人负责组织开展生态环境损害的修复或委托具备修复能力的社会第三方机构进行修复,修复资金由赔偿义务人向委托的社会第三方机构支付。

在本次统计的案例中,显示资金用途和去向的有 21 件,其中,大部分案例要求缴纳至财政账户或作为政府的非税收入。有两个案例要求缴纳至第三方公司(案例 17、71),案例 17 的生态环境损害费用为危险废物处置费,要求直接缴纳至第三方机构,案例 71 要求赔偿义务人向区农委委托的淡水鱼种场缴纳水生生物资源损害赔偿金。(见表 6 – 24)

表 6 – 24　2021 年生态环境损害赔偿资金去向统计

典型案例序号	资金去向	案号
5	法院指定的财政专户	(2020)浙 06 民初 172 号
12	国家税务总局辰溪县税务所第一税务所	(2021)湘 1223 民特 28 号
13	佛山市南海区财政局预算存款户	(2021)粤 0605 刑初 3234 号
14	钢城区人民政府财政账户	(2021)鲁 0117 民特 67 号
15	本级财政	(2021)鲁 0685 民特 92 号
16	本级财政	(2021)赣 0823 民特 18 号
17	第三方处置公司	(2021)粤 1625 民特 14 号
18	指定财政账户	(2021)湘 0781 民特 11 号
20	生态环境损害赔偿非税专户	第二批生态环境损害赔偿磋商十大典型案例
21	遵义市财政局政府非税收入财政专户	(2021)黔 03 民特 115 号
23	财政指定账户	(2021)浙 08 民特 6 号

续表

典型案例序号	资金去向	案号
44	财政局账户	(2021)渝0116刑初364号
53	市级国库	(2021)川04民特2号
54	非税收入	(2020)苏0682刑初805号
56	政府非税收入	(2021)沪0151民特10号
60	亳州市非税资金财政专户	(2021)皖16民特8号
61	市人民政府指定账户非税收入管理中心	(2021)皖05民特1号
66	南通市海门区财政账户	(2020)苏0682刑初843号
70	财政指定账户财政局非税收入结算户	(2020)浙0822民特791号
71	区农委委托的上海金山丰泽淡水鱼种场	(2021)沪0116民特452号
73	中卫市财政账户	(2020)宁05民特18号

2. 惩罚性赔偿制度

《民法典》在“环境污染和生态破坏责任”一章中引入了惩罚性赔偿制度，补充和完善了我国传统环境侵权损害赔偿制度，是对惩罚性赔偿范围的又一扩张。2022年1月12日，最高人民法院《关于审理生态环境侵权纠纷案件适用惩罚性赔偿的解释》(以下简称《惩罚性赔偿解释》)发布，对生态环境侵权适用惩罚性赔偿的举证责任、侵权人故意的内涵、惩罚性赔偿金数额的计算基数、惩罚性赔偿的倍数范围等内容进行了规定，增加了生态环境侵权惩罚性赔偿责任在实践中的可操作性。当前，惩罚性赔偿适用于环境私益损害已被普遍接受，[90]但针对生态环境损害能否适用惩罚性赔偿，在学理上存在争议。依据《惩罚性赔偿解释》第12条的规定[91]，其肯定了生态环境损害适用惩罚性赔偿的可能性，并对计算基数予以规定。从司法实践来看，惩罚性赔偿制度虽在我国已经有一定历史，但其应用并不普遍，根据本次统计，2021年生态环境损害赔偿案件中，适用惩罚性赔偿的案件仅有典型案例18，该案双方以磋商方式达成生态环境损害

[90] 孙佑海、张净雪:《生态环境损害惩罚性赔偿的证成与适用》,载《中国政法大学学报》2022年第1期。

[91] 《惩罚性赔偿解释》第12条规定:“国家规定的机关或者法律规定的组织作为被侵权人代表,请求判令侵权人承担惩罚性赔偿责任的,人民法院可以参照前述规定予以处理。但惩罚性赔偿金数额的确定,应当以生态环境受到损害至修复完成期间服务功能丧失导致的损失、生态环境功能永久性损害造成的损失数额作为计算基数。”

赔偿协议,并申请了司法确认,在该案中,生态环境损害赔偿金由虚拟成本法量化而成,生态环境量化损失费用为164188元,按30%给予惩罚性赔偿,计49256元。此外,还有环境损害鉴定评估费6万元,三项总费用合计273444元。

中共中央、国务院于2021年8月印发的《法治政府建设实施纲要(2021—2025年)》要求以惩罚性赔偿助力重点领域执法活动。其第14条规定,加大食品药品、公共卫生、自然资源、生态环境等关系群众切身利益的重点领域执法力度。建立完善严重违法惩罚性赔偿和巨额罚款制度、终身禁入机制,让严重违法者付出应有代价。创设生态环境损害惩罚性赔偿制度将改变部分案件中处罚不力、威慑不足的现状,有效遏制不法行为,深入维护生态环境公益。[92]

3. 替代性修复制度

替代性修复是在生态环境遭到污染或破坏,无法完全修复时采取的措施,对替代性修复理解的重点主要是修复客体的不同。依据最高人民法院关于印发《贯彻实施〈长江保护法〉工作推进会会议纪要》的通知,替代性修复的方式包含"补种复绿"林木修复、"削填引种"矿山修复、"增殖放流"江河修复、"海砂回填"海域修复和认购碳汇等。除此之外,在实践中也探索了集中替代修复模式,案例20中3家公司的生态环境损害行为属于同一类型,发生在同一地区和同一时段,赔偿金额较小,且不适宜原地修复,而单独实行替代修复又无法达到环境质量改善的规模效益,最终选择集中替代修复,打造益阳沅江生态环境损害赔偿警示林,起到了良好的生态效应和实现了良好的社会效果。

根据经典案例库显示的数据,如图6-19、表6-25和图6-27所示,2021年生态环境损害赔偿案件中适用修复生态环境责任的有47件,其中适用替代性修复责任的有14件,占比约为29.79%;在替代性修复责任的履行情况中,已履行的案件11件,占比约为78.57%,未显示履行情况的案件3件,占比约为21.43%。根据这些数据可知,替代性修复方式在修复生态环境中得到了较为广泛的适用,但在适用方式上,增殖放流占据了较大的分量。从修复验收的角度分析,以补种复绿进行替代性修复的案件,在修复完成后都进行了验收,但以增殖放流方式进行替代性修复的案件,则没有验收最后放流鱼苗的成果。

---

〔92〕 孙佑海、张净雪:《生态环境损害惩罚性赔偿的证成与适用》,载《中国政法大学学报》2022年第1期。

表 6-25 2021 年生态环境替代性修复方式及履行情况

单位:件

修复方式 履行情况	已履行	未显示	数量合计
补种复绿	案例 11、14	无	2
增殖放流	案例 16、33、42、44、45、49、64、69	案例 9、34	10
集中替代修复	案例 20	无	1
异地替代修复	无	案例 58	1
数量合计	11	3	14

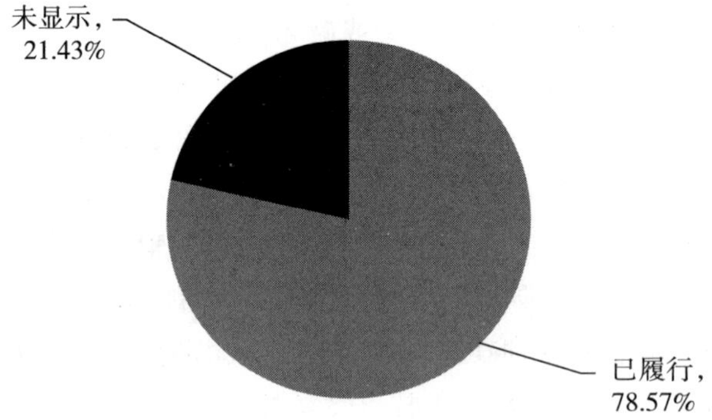

图 6-27 替代性修复责任履行情况

七、结语

自 2015 年生态环境损害赔偿制度试点改革以来,生态环境损害赔偿制度经历了顶层设计、全国推行、规则细化、立法确认、制度完善等改革阶段,逐步构建起了责任明确、途径畅通、技术规范、保障有力、赔偿到位、修复有效的运行机制,在推动国家和地方立法、规范诉讼规则、完善技术和资金保障机制、开展损害赔偿的案例实践、推动修复受损的生态环境等方面取得明显成效。

2021 年是生态环境损害赔偿制度试点改革以来的第 6 年,本课题组一直跟踪观察并总结制度改革脉络,从 7 省份的试点经验总结,到生态环境损害赔偿制度的衔接规则梳理,再到生态环境损害赔偿磋商程序的实证研究,最后落脚于生态环境损害赔偿责任制度的理论挖掘,主要是因为生态环境损害赔偿责任是串联整个制度框架的重要线索和影响制度改革成效的核心要件。承接以往各年度对生态环境损害赔偿制度的观察研究成果,生态环境损害赔偿制度发展趋势呈现以下几方面的特点:(1)磋商成为认定生态环境损害赔偿责任的主导程序,磋商结案的案件占比逐年上涨,在案件数量和履行情况方面均占优势;(2)生态环境损害赔偿责任呈现责任规定体系化、责任认定科学化、责任形式多样化、责任履行规范化的特点,生态环境损害赔偿责任的整体履行情况良好;(3)多发于企业的重大环境污染和生态破坏减少,自然人由于环境污染和生态破坏行为成为生态环境损害赔偿案件责任主体的情况占比较大,且责任履行率高于公司、单位等法人或非法人组织;(4)在中央和省级人大、政府的指导下,地级市生态环境损害赔偿立法工作广泛展开,呈现较高的地域化、翔实化、精细化态势,生态环境损害赔偿制度的行使主体从省、市级政府向县区级下沉,生态环境损害赔偿制度日渐普及。

当然,生态环境损害赔偿制度尚处于改革进程中,还存在诸多理论难点和实践难题。在司法实践中,生态环境损害赔偿制度存在修复责任适用顺位不明、赔偿资金的性质界定不清、责任履行缺乏保障等问题,需要从优先适用生态环境修复责任、明确修复的标准、明晰资金赔偿的性质、规范代履行费用的追偿等方面找寻突破口。在修复验收制度方面,实践中存在验收标准不明确、验收主体不统一、验收程序不规范等问题,关联的规则机制尚需完善。此外,《民法典》虽规定了生态环境损害代修复制度,但该制度与环境行政代履行制度的关系如何,行政机关的代修复权和代履行权如何适用,还需要进一步明确。在规则的衔接方面,需要应对生态环境损害赔偿制度与其他法律法规及诉讼程序的衔接问题,以保障规则衔接的流畅性,实现生态环境损害赔偿制度立法的精细化、体系化,司法实践的规范化。

特别关注篇

合同案件适用绿色原则的模式与效果分析

刘长兴

合同纠纷解决有较大的空间适用绿色原则，以规范和引导合同交易活动向有利于生态环境保护的方向发展。通过对已有引用绿色原则的合同纠纷案例的梳理和分析可以发现，买卖合同、承揽合同、建设工程合同、土地和农林渔业承包经营合同等合同纠纷案例具有适用绿色原则的较大空间，这与这些合同直接关涉物质资源特别是资源的利用有关。绿色原则在合同纠纷案件中发挥作用的模式主要有：作为法律规定之适用或者解释的补充，与其他原则结合作为强化论证的理由，以及直接作为合同权利义务安排合理性的裁量因素。从效果来看，绿色原则对解决合同纠纷的影响主要体现在影响合同效力、规范合同权利义务关系、决定合同解除条件是否具备、影响违约责任的内容和承担方式、决定后合同义务的内容等方面。

一、合同案件与绿色原则

《民法总则》第9条首次明确规定并进入《民法典》的绿色原则是我国首创，具有引领世界潮流的意义。[1] 尽管绿色原则其性质、地位等还存在争议，但不容否认的是，在绿色原则具体化为《民法典》分则编的具体规定后，其将继续对民事立法产生影响，[2]而且对民事司法和民事活动的影响也显而易见。[3] 在合同这一最为推崇意思自治的民事领域，绿色原则面临更多的困难和争议，[4]但司法实践中已有不少案件将绿色原则作为裁判的依据，绿色原则对合同的效力认定、义务履行、解除权成立等都产生了重要影响。

---

〔1〕 徐国栋：《〈民法总则〉后我国民法基本原则理论研究述评》，载《法治研究》2022年第1期。

〔2〕 邢丹：《"绿色原则"视阈下预重整制度的功能性建构》，载《现代法学》2022年第2期。

〔3〕 巩固：《〈民法典〉"绿色原则"司法适用的类型与功能——基于相关判决的分析》，载《南京工业大学学报（社会科学版）》2021年第6期。

〔4〕 刘长兴：《论"绿色原则"在民法典合同编的实现》，载《法律科学（西北政法大学学报）》2018年第6期。

绿色原则在立法上表述为“民事主体从事民事活动,应当有利于节约资源、保护生态环境”。在现代社会,合同交易是最重要、最常见的民事活动,绿色原则中的“民事活动”应当包括合同交易行为,那么合同案件就应当在绿色原则的涵摄范围之内。《民法总则》颁布后,合同关系的处理难以回避绿色原则的要求,司法实践中开始出现引用绿色原则进行说理或者裁判的合同案件。《民法典》在保留《民法总则》绿色原则条文的基础上,又在合同编增加了 4 个绿色条款,将环境保护的要求具体化到合同制度中。[5] 《民法典》实施后,司法实践中也出现了依据合同编绿色条款作出裁判的案件,由于绿色条款在体系上属于绿色原则的具体化规定,对其理解和适用更应当以绿色原则为价值导向,[6] 因此依据绿色条款作出裁判的合同案件也可以归属为适用绿色原则的案件。

本文以裁判文书中使用“绿色原则”或者“环保原则”“环境保护原则”“生态环境原则”的合同案件为分析对象,观察绿色原则在合同案件中适用的案件类型、具体情形、对判决结果的影响等。结合目前已有的关于民法绿色原则特别是合同法绿色原则的研究成果,其中需要重点关注的问题主要有:一是对绿色原则的定位。绿色原则能否成为实质意义上的民法基本原则仍有争议,不少学者认为绿色原则仅具有宣示或者倡导功能,[7] 乃至对合同制度的绿色化持强烈的反对意见。[8] 这是预设了立场的“纯净”民法观,并未从民法技术上否定绿色原则成为民法基本原则的可能,事实上,至少可以将绿色原则视为公序良俗原则的明文类型,[9] 从而进入合同制度体系。当然,合同制度中绿色原则的解释空

---

〔5〕《民法典》合同编的绿色条款包括:第 509 条第 3 款规定:“当事人在履行合同过程中,应当避免浪费资源、污染环境和破坏生态。”第 558 条规定:“债权债务终止后,当事人应当遵循诚信等原则,根据交易习惯履行通知、协助、保密、旧物回收等义务。”第 619 条规定:“出卖人应当按照约定的包装方式交付标的物。对包装方式没有约定或者约定不明确,依据本法第五百一十条的规定仍不能确定的,应当按照通用的方式包装;没有通用方式的,应当采取足以保护标的物且有利于节约资源、保护生态环境的包装方式。”第 625 条规定:“依照法律、行政法规的规定或者按照当事人的约定,标的物在有效使用年限届满后应予回收的,出卖人负有自行或者委托第三人对标的物予以回收的义务。”

〔6〕王丽:《〈民法典〉合同编中绿色条款的创设法理与适用路径》,载《黑龙江生态工程职业学院学报》2021 年第 6 期。

〔7〕龙卫球:《我国民法基本原则的内容嬗变与体系化意义——关于〈民法总则〉第一章第 3 ~ 9 条的重点解读》,载《法治现代化研究》2017 年第 2 期;张新宝:《中华人民共和国民法总则释义》,中国人民大学出版社 2017 年版,第 17 页。

〔8〕周江洪:《关于〈民法典合同编〉(草案)(二次审议稿)的若干修改建议》,载《法治研究》2019 年第 2 期。

〔9〕樊勇:《私人自治的绿色边界——〈民法总则〉第 9 条的理解与落实》,载《华东政法大学学报》2019 年第 2 期。

间不限于此。二是绿色原则的适用情形。《民法典》合同编规定了有明确环境保护内容的绿色条款，这些条款所指情形下当可适用绿色原则或者直接适用绿色条款的规定。除此之外，理论上在合同效力认定等情形也有适用绿色原则的余地。合同案件的司法实践中具体哪些情形适用了绿色原则的规定值得进行考察和归纳。三是绿色原则的适用结果。在适用绿色原则对合同案件争议进行裁判时，法院适用绿色原则的基本思路、确认可以适用绿色原则的条件，以及适用绿色原则导致的法律后果也值得关注，特别是适用绿色原则对合同效力的影响、对合同权利义务内容的影响以及对合同解除权等方面的影响，应当是绿色原则发挥效力的主要体现。

从目前讨论的比较典型的案例来看，绿色原则在合同案件中的适用还面临诸多问题，例如，依据绿色原则判决限制当事人合同解除权的案件〔10〕就引起了一些争议。事实上，法律学说被认为是运行中的法律，〔11〕特别是在民事裁判中学理解释更具有特殊地位，因此关于绿色原则的理论争议难免以各种形式反映到民事案件的司法裁判中。相对于物权、侵权等领域，合同领域适用绿色原则面临更多的争议，案例中呈现的问题应该更多且更有分析价值。当然，合同的意思自治本质与绿色原则要求之间的差距更为明显，这可能导致合同案件适用绿色原则的可能性更低，或者虽然当事人主张适用绿色原则，但也难以得到法院的认可和支持。也正因如此，合同案件中适用绿色原则的现实情况才更有分析的必要性，从中发现绿色原则的理论设想与现实操作之间的差距，进而为绿色原则的恰当定位和准确适用提供指引。

二、合同案件适用绿色原则的基本情况

合同的相对性决定了其关注重点是合同当事人的权利义务，在《民法总则》明确规定绿色原则之前，环境保护的要求很难被纳入合同关系之中。《民法总则》实施后，特别是《民法典》出台后，引用绿色原则的合同案件逐步增多，适用情形也逐渐丰富。

（一）样本案例的选择和概况

本文样本案例来自北大法宝司法案例数据库。考虑到对《民法总则》第 9 条还存在不同称谓，“绿色原则”“环保原则”在实践中都有运用，2022 年 2 月 20

〔10〕 山东法院民法典适用典型案例 25，绿色原则对当事人行使合同解除权的限制——某新能源公司诉某集团公司合同纠纷案，山东省高级人民法院（2021）鲁民终 340 号民事判决书。

〔11〕 彭中礼：《论法律学说的司法运用》，载《社会科学文摘》2020 年第 6 期。

日,分别以“绿色原则”“环保原则”“环境保护原则”“生态环境原则”为全文检索词,在北大法宝司法案例数据库分别检索到合同纠纷案件 764 件、68 件、4 件、1 件,合计 837 件。虽然《民法典》施行后可能存在直接引用其合同编绿色条款进行裁判的案件,但是绿色原则作为民法基本原则理论上仍可覆盖这些案件,而合同编绿色条款的环保规定多与其他规定交织在一起,难以单独辨别,因此本文仍以正文出现绿色原则等概念的案件为分析样本。

从样本案件的审结年份来看,除两个出现环保原则的案件分别于 2014 年、2016 年审结外,[12] 其余案件都出现在 2017 年及以后年份,且案件数量总体呈现逐年上升趋势,比较特殊的是 2018 年审结案件数量最多,可能与《民法总则》刚实施有关,且其中有系列案数量较多的因素。2017 年及以后年份的具体案件数量分布情况为:2017 年 4 件,2018 年 392 件,2019 年 112 件,2020 年 154 件,2021 年 173 件。(详见图 7 - 1)

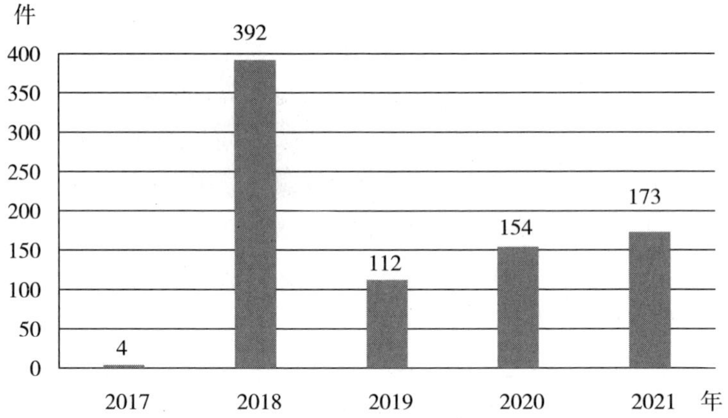

图 7 - 1　2017 ~ 2021 年案件数量分布

从具体合同纠纷类型来看,房屋买卖合同纠纷案件共 594 件,在总案件数中占比达到 71% ,而且大部分是系列案,即同一开发商、同一住宅小区房屋与不同

---

〔12〕“罗某某诉盱眙县国土资源局定金合同纠纷案”中,法院认为基于“谁破坏谁治理的环保原则”,原告未开展矿山环境恢复治理工作,无权请求返还矿山环境恢复治理保证金。江苏省盱眙县人民法院民事判决书,(2016)苏 0830 民初 2353 号。另一案号为浙江省温州市人民法院(2014)浙温民申调字第 50—104 号的案件中,当事人明知“市场实际宗旨为节能原则、环保原则、文化原则、效益原则”的表述,“环保原则”是作为设计理念出现的,与案件结果无直接关联。因为审结时间在《民法总则》出台前,对“环保原则”的运用也与《民法总则》第 9 条的规定不完全一致,下文分析不再包括这两个案例。

业主之间的争议内容基本相同的案件。其他案件共计 243 件,纠纷类型比较多,除租赁合同纠纷有 75 件外,其他类型的合同纠纷分布相对比较分散,具体为:确认合同效力纠纷 5 件,债权债务概括转移合同纠纷 1 件,买卖合同纠纷 54 件,民事主体间房屋拆迁补偿合同纠纷 1 件,供用电、水、气、热力合同纠纷 9 件,借款合同纠纷 1 件,承揽合同纠纷 21 件,建设工程合同纠纷 31 件,运输合同纠纷 2 件,委托合同纠纷 3 件,物业服务合同纠纷 15 件,农林渔业承包合同纠纷 9 件,土地承包经营权合同纠纷 12 件,服务合同纠纷 2 件,定金合同纠纷 2 件。(详见图 7 – 2)

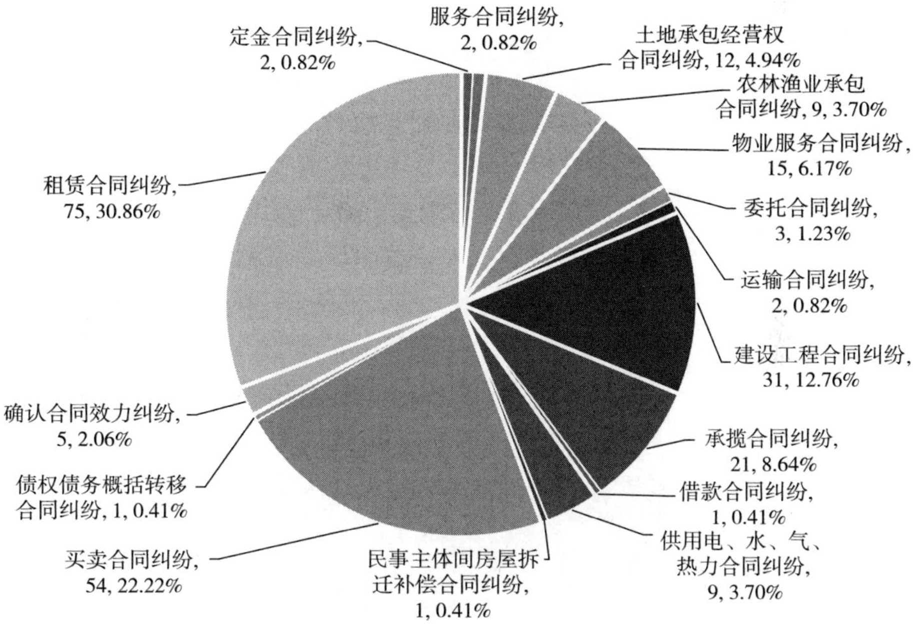

图 7 – 2　引用绿色原则的合同纠纷(除房屋买卖合同纠纷)类型

对上述案例的具体内容进行分析,剔除系列案重复、一审二审重复案件后,共有 227 件案件中出现了“绿色原则”“环保原则”“环境保护原则”“生态环境原则”等关键词,这些主要是民法对民事活动“节约资源、保护生态环境”原则的表述(下文概括称为绿色原则),其中有 90 件案件在法院认定或者裁判部分出现绿色原则的表述。另有出现了绿色原则等表述,但指向司法资源的节约等其他方向的,[13]不纳入本文的讨论范围。以下重点围绕这 90 件样本案件进行分析,观察绿色原则在合同案件裁判中的效力、作用等认定情况。

(二)适用绿色原则的合同类型分析

从合同类型来看,样本案例主要涉及买卖合同、租赁合同、承揽合同等类型的合同纠纷,也有个别案件涉及保险合同、委托合同等合同纠纷。前述数据库中归类为确认合同效力纠纷的案件,也可以按照所涉合同划入具体合同类型。具体来说,在法院认定和裁判部分引用绿色原则涉及的合同纠纷包括:买卖合同 9 件、房屋买卖合同 9 件、供用电合同 1 件、租赁合同 24 件、承揽合同 6 件、建设工程合同 11 件、运输合同 1 件、物业服务合同 8 件、土地承包经营合同 10 件、农林渔业承包经营合同 4 件、合作开发经营合同 3 件、委托合同 1 件、保险合同 1 件、债权转让合同(实质争议是抵押权合同)1 件、房屋拆迁补偿合同 1 件。(详见图 7-3)

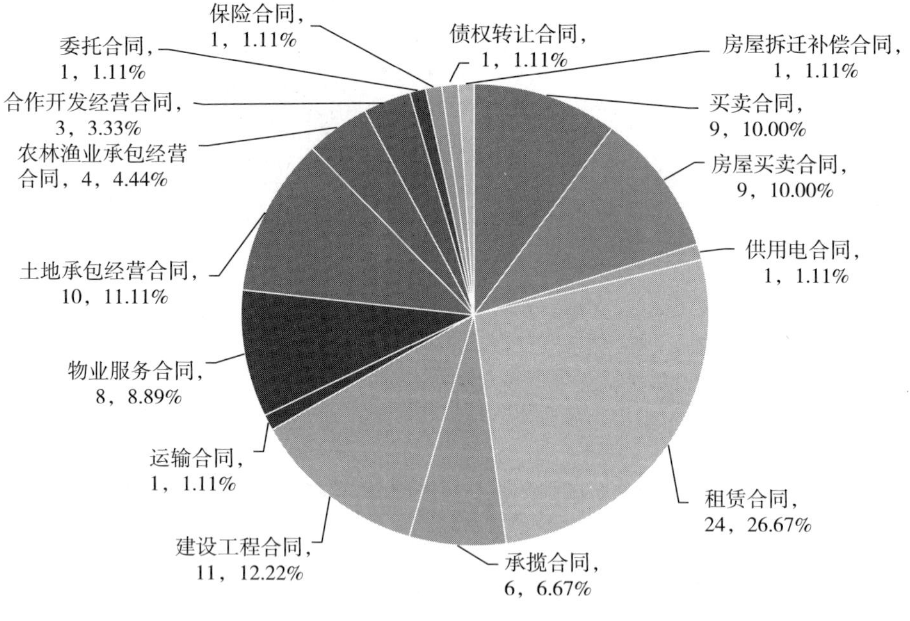

图 7-3 90 件样本案例涉及的具体合同类型

买卖合同涉及物权的转移,其中不少情形可能与节约资源、保护生态环境有

---

〔13〕 本溪澳昌置业有限公司、杨校建设工程施工合同纠纷案,辽宁省本溪市中级人民法院(2021)辽 05 民终 1938 号民事判决书。

关，买卖合同是适用绿色原则的重要合同类型，具体包括普通买卖合同、房屋买卖合同以及供用电、水、气、热力合同。剔除重复案例后，出现以绿色原则为关键词的案例有：普通买卖合同纠纷案件 26 件，房屋买卖合同纠纷案件 29 件，供用电、水、气、热力合同纠纷案件 6 件，合计 61 件。其中有 19 件案例在法院认定或者裁判部分提及绿色原则，约占 90 件样本案例的 21.1%。普通买卖合同纠纷案件中，主要是根据绿色原则对标的物的更换义务、合同解除权、不合格标的物归属等进行判定；房屋买卖合同纠纷案件中，主要是根据绿色原则对房屋交付时间、房屋附属绿地等争议进行判断；供用电合同纠纷案件中，主要是根据绿色原则对供电方停电的合理性、合法性进行判断。[14]

租赁合同的主要目的是转移标的物的使用权，在物的使用过程中经常涉及是否有利于节约资源、保护生态环境的问题。在 59 个涉及绿色原则的租赁合同纠纷案件中，剔除重复案件后，有 24 件案件在法院认定和裁判部分引用绿色原则，约占 90 件样本案例的 26.7%。从具体情形来看，租赁合同纠纷案件中，法院对租赁到期后的恢复原状义务、租赁合同效力、租赁中添附的效力、合同解除权的认定等引用了绿色原则，并在一定程度上改变了租赁合同的权利义务关系，部分案例改变了合同义务的内容。

在承揽合同（包括建设工程合同和运输合同）纠纷中，剔除重复案件后共有 51 件案件涉及绿色原则，其中 18 件案件在法院认定和裁判部分引用绿色原则，包括一般承揽合同纠纷案件 6 件、建设工程合同纠纷案件 11 件、运输合同纠纷案件 1 件，占 90 件样本案例的 20.0%。从具体情形来看，绿色原则影响了承揽合同中返还请求权的成立、剩余工程材料的归属、工作成果的修改义务认定、违约责任的承担等，对承揽合同权利义务的影响是比较广泛的。

物业服务合同中涉及物业服务中的垃圾收集、绿化等问题，与节约资源和生态环境保护有关，剔除重复案件后共有 12 件物业服务合同纠纷案件提及绿色原则，其中 8 件在法院认定和裁判部分引用绿色原则，约占 90 件样本案例的 8.89%。从具体情形来看，这 8 个案件中有 6 个是关于物业公司负有配合安装充电桩义务的，以新能源车的使用符合绿色原则作为认定物业公司配合安装充电桩义务的理由之一，另外有撤除楼层垃圾桶等案件适用了绿色原则。

土地承包经营合同和农林渔业承包经营合同纠纷案件共有 23 件，其中 14

---

[14] 衢州程氏钙业有限公司与国网浙江省电力公司衢州供电公司供用电合同纠纷案，浙江省衢州市柯城区人民法院（2019）浙 0802 民初 5813 号民事判决书。

件在法院认定和裁判部分引用了绿色原则,约占90件样本案例的15.6%。10件为土地承包经营合同纠纷案,4件为农林渔业承包经营合同纠纷案,后者也有部分实质为土地承包经营纠纷案。从具体情况来看,在土地承包经营合同和农林渔业承包经营合同中,适用绿色原则主要影响对合同解除后的恢复原状请求权、土地使用是否符合约定,返还请求权的行使期限等的认定。

剔除重复案件后,共有8件各类合作开发经营合同纠纷案件,其中在法院认定和裁判部分引用绿色原则的案件3件,约占90件样本案例的3.33%。具体来说,合作开发经营合同纠纷案件中引用绿色原则,主要是对合作后剩余库存的处置、合同继续履行的合理性、土地资源使用费的分担等问题进行处理。

另外,委托合同纠纷、保险合同纠纷、债权转让合同纠纷、房屋拆迁安置补偿纠纷案件中,各有1件案件在法院认定和裁判部分引用了绿色原则,属于适用绿色原则的散见的特殊合同类型。委托合同纠纷案件涉及委托事务的办理不完全符合合同约定,但法院认为如果将受托人购买的家具家电拆卸退回浪费资源,不符合绿色原则,并且对受托人不公平,因此不支持拆卸家具家电的请求,酌情由双方分担损失。〔15〕 保险合同纠纷案件中,原告驾车发生交通事故致使绿化带受损,向权利人主张赔偿3万余元。被告称该赔偿金的环境效益经济价值、社会效益经济价值不属于直接经济损失,因此不属于保险赔付范围,这与绿色原则相悖,且没有事实和法律根据,因此对被告的主张不予支持。〔16〕 债权转让合同纠纷案件中,争议的实质内容是认定抵押权合同的效力。法院认定生态公益林在采伐、属性转换等方面都受法律限制,相应的林木、林地不宜作为抵押物,如果认定案涉抵押合同有效,明显违背绿色原则。〔17〕 房屋拆迁安置补偿合同纠纷案件中,法院认定原告要求被告为7套安置房安装内门,缺乏事实依据和法律依据,也有违我国民法所确立的绿色原则,对其请求不予支持。〔18〕

三、合同案件适用绿色原则的特征分析

合同纠纷是民事纠纷中的最主要类型,从司法案件数量上看,2017年至

---

〔15〕 孙某田、广州再寓起酒店管理有限公司等委托合同纠纷案,山东省济南市槐荫区人民法院(2021)鲁0104民初8687号民事判决书。

〔16〕 徐某博与中国平安财产保险股份有限公司昌吉中心支公司保险合同纠纷案,新疆维吾尔自治区昌吉市人民法院(2019)新2301民初7184号民事判决书。

〔17〕 上海博瑞信诚投资有限公司、冠县林业局等债权转让合同纠纷案,山东省聊城市中级人民法院(2021)鲁15民再3号民事判决书。

〔18〕 陈某武、温州市城市基础设施建设投资有限公司房屋拆迁安置补偿合同纠纷案,浙江省温州市中级人民法院(2019)浙03民终5634号民事判决书。

2021 年,全国每年审结的合同纠纷案件在 300 多万件至 700 多万件。[19] 其中涉及绿色原则的案件最多的一年也仅有几百件,占比非常小。这说明绿色原则虽然被明确规定为民法基本原则,《民法典》合同编也规定了一些绿色条款,但在合同案件司法实践中,对绿色原则总体上仍然接受度不高,这与合同制度的意思自治立场与绿色干预的关系难以处理有关,原则上坚持意思自治[20]的立场基本上排除了大部分合同案件适用绿色原则的可能。

(一)适用的合同类型比较集中

从绿色原则适用的合同类型来看,买卖合同、租赁合同、承揽合同、土地承包经营合同和农林渔业承包经营合同是适用绿色原则案例中数量最多的领域,样本案例中有83.3%的案件属于上述领域。买卖合同、租赁合同的主要目的是转移标的物的所有权或者使用权,绿色原则节约资源的要求最有可能体现在对标的物的所有权、使用权的处置过程中。买卖合同、租赁合同也是最常见的民事合同类型,纠纷案件数量也最多,因此出现较多数量的适用绿色原则的案例符合预期。承揽合同的核心义务是完成特定工作任务,其中通常都涉及资源利用甚至环境污染问题,节约资源、保护生态环境的要求在承揽工作完成中具有重要意义,因此也容易成为争议的焦点,从而出现相对较多的提及绿色原则的案例。土地承包经营、农林渔业承包经营直接涉及土地资源、农林渔业资源的利用,本身存在如何节约利用的问题,承包合同中权利义务的配置以及责任承担可能影响资源利用、环境保护,因此有相对较多的引用绿色原则的案件。

物业服务合同纠纷是出现较多引用绿色原则的特殊领域,在剔除重复案件后有 12 件案件引用绿色原则,其中 8 件案件在法院认定和裁判部分引用了绿色原则。多数案件是以考虑环境保护的需求来认定物业公司的权利义务,其中有 6 件案件引用绿色原则论证物业公司负有配合安装充电桩的义务,1 件案件引用绿色原则论证物业公司有权撤除楼层垃圾桶。在《民法典》增设的物业服务合同规则中,物业服务人有妥善提供清洁、绿化服务的义务,[21] 其中绿化义务有更多的环境保护解读空间,但还未检索到实践中引用绿色原则解决绿化争议的案例。另外有 1 件关于物业公司与业主之间的火灾损失责任分担争议纠纷案件,

---

〔19〕 数据来源:司法数据中心数据。

〔20〕 陶凯元:《以习近平生态文明思想为指引切实贯彻实施〈民法典〉绿色条款》,载《法律适用》2020 年第 23 期。

〔21〕 王丽:《〈民法典〉合同编中绿色条款的创设法理与适用路径》,载《黑龙江生态工程职业学院学报》2021 年第 6 期。

法院以鉴定费与火灾损失相比不符合比例原则、绿色原则为由,不予准许原告的鉴定申请,[22]也是绿色原则适用的特殊情形。

其他类型合同中,合作开发经营合同纠纷、委托合同纠纷、保险合同纠纷、债权债务转让合同纠纷、房屋拆迁安置补偿合同纠纷中有引用绿色原则的案例,而且其中部分案例中绿色原则影响了法院对案件争议的处理。而一般服务合同纠纷、定金合同纠纷、借款合同纠纷中,虽有案例引用了绿色原则,但是出现在当事人主张部分,法院对案件争议的处理并未引用绿色原则,也反映了绿色原则对合同实践的影响存在不同层次。

总体上,绿色原则在合同纠纷中的运用因合同类型而异,与节约资源、保护生态环境直接相关的合同出现纠纷时,更可能引用绿色原则,主要包括买卖合同、租赁合同、承揽合同以及土地和农林渔业承包经营合同。物业服务合同中的环境保护要求存在多层次要求,[23]目前引用绿色原则的案例主要解决充电桩安装、清洁服务的争议,对绿色原则的运用角度比较特殊。其他合同类型的纠纷较少涉及绿色原则的运用。由此来看,绿色原则适用的合同类型主要集中在买卖合同、租赁合同、承揽合同、土地和农林渔业承包经营合同类型中,未来适用绿色原则的合同可能也主要限于这些类型的合同纠纷。

(二)不同立场的理解存在较大差异

在引用绿色原则的案件中,当事人对绿色原则的主张与法院的认定存在比较明显的分歧,而且在不同类型的合同纠纷中,当事人主张得到法院认可的概率也存在较大差异。这说明合同当事人和法院对于绿色原则的理解角度不同,对绿色原则的适用特别是效力也存在不同的理解,而且还存在一审法院和二审法院对绿色原则的理解不同导致裁判结果变更的案例。[24] 部分案例中存在对绿色原则的解释比较宽泛,有直接援用基本原则以回避适用具体法律规则[25]的嫌疑,其合法性和合理性都存在疑问。

在引用绿色原则的主要合同纠纷类型中,买卖合同纠纷、承揽合同纠纷案件

---

〔22〕 付某、江苏惠佳物业管理有限公司物业服务合同纠纷案,江苏省宿迁市中级人民法院(2021)苏13民终3220号民事判决书。

〔23〕 晋海、王妍:《绿色民法典背景下物业公司违反环境管理义务的侵权责任》,载《河海大学学报(哲学社会科学版)》2021年第5期。

〔24〕 张某先、徐某土地承包经营权出租合同纠纷案,山东省青岛市中级人民法院(2020)鲁02民终11288号民事判决书。

〔25〕 赵秀梅:《民法基本原则司法适用问题研究》,载《法律适用》2014年第11期。

中的当事人主张适用绿色原则但获得法院支持的比例偏低，而土地和农林渔业承包经营合同纠纷、租赁合同纠纷案件中，当事人主张适用绿色原则时获得法院支持的比例相对较高，特别是在23个引用绿色原则的土地和农林渔业合同纠纷案例中，有14个在法院认定和裁判部分引用了绿色原则，占比约为60.9%，明显高于买卖合同纠纷案件、承揽合同纠纷案件的相应指标。12个引用绿色原则的物业服务合同纠纷案件中，有8个案件法院都支持了适用绿色原则的主张，但其中6个案件是根据绿色原则认定物业公司负有协助安装充电桩的义务，在具体适用情形中更集中，导致66.7%的法院支持率指标可能存在随机性。其他引用绿色原则的案件数量较少的合同类型中，法院支持率浮动较大，单独合同纠纷类型的指标随机性更大，不具有参考价值，在此合并统计，即在合作开发经营合同等其他合同纠纷中，剔除重复案件后引用绿色原则的案例共计20个，其中7个在法院认定和裁判部分引用了绿色原则。（见图7－4）

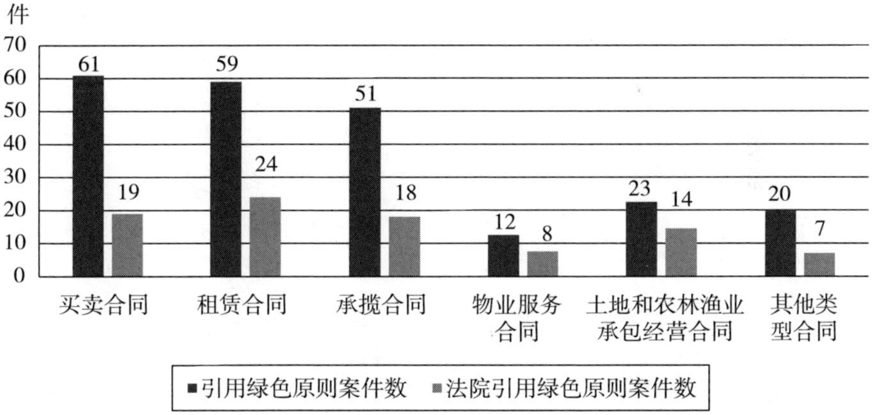

图7－4　不同类型合同纠纷引用绿色原则的案件数量

作为民法基本原则的绿色原则当然具有行为规范和裁判规范效力，[26]行为规范效力的发挥在一定程度上取决于当事人对绿色原则的理解，而裁判规范效力则反映在法院对绿色原则的适用过程中。总体上，裁判文书中引用绿色原则的226个合同纠纷案件中，仅有90个案件在法院认定和裁判部分引用了绿色原则，占比仅为39.82%。虽然在这90个样本案例中，法院引用绿色原则的立场基

〔26〕 刘长兴：《论“绿色原则”在民法典合同编的实现》，载《法律科学（西北政法大学学报）》2018年第6期。

本都是支持适用绿色原则的,但是从整体上看,在大部分案件中,当事人提出的适用绿色原则的主张都没有得到法院的支持。这说明绿色原则的价值宣示和社会倡导功能〔27〕已经得到很大程度的显现,更多当事人意识到绿色原则对合同行为的影响甚至约束,但是绿色原则作为裁判规范的认可度还有很大的提升空间。

(三)存在对绿色原则的泛化解释倾向

在引用绿色原则的大部分合同纠纷案例中,不管最终法院是否支持适用绿色原则,对该原则的解释基本上都能够围绕是否“有利于节约资源、保护生态环境”展开,而且基本上对节约资源的理解就是节约自然资源、物质资源,对保护生态环境的理解就是较少污染、减少生态破坏。但是,理论上将绿色原则泛化理解为法经济学的观点〔28〕已经产生了实践影响,基于成本收益对案件争议进行认定和裁判,都可能被归入绿色原则的适用范围。

除前述将“节约司法资源”解读为绿色原则要求的特殊案例外,样本案例中对绿色原则的解释也不仅限于节约物质资源、减少环境污染和生态破坏,还出现了对绿色原则进行泛化解释的倾向。一是将鉴定费用等程序性事项的成本节约纳入绿色原则的考量范围,例如,认为另行启动鉴定程序对测绘面积进行重新确认须增支鉴定费用的做法有违绿色原则。〔29〕 又如,法院认为花费几千元甚至几万元的鉴定费对火灾损失责任进行鉴定,不符合绿色原则和比例原则,因此不准许原告的鉴定申请。〔30〕 二是将服务效率的提升等解释为符合绿色原则,如认定铁路部门已经尽到合理运输义务的前提下,原告执意要求购买通票不符合民法节约资源、提高效率的绿色原则。〔31〕 这些理解是基于成本效益分析对合同权利义务的合理性进行判断,主要考虑的是社会运行的整体效率,而非直接对物质资源的节约或者对生态环境的保护,扩大了对节约资源和保护生态环境的一般理解,体现了将绿色原则解释为效率原则的思路,容易导致绿色原则的适用偏离保护环境的基本要求。

---

〔27〕 张新宝:《〈中华人民共和国民法总则〉释义》,中国人民大学出版社 2017 年版,第 24 页。

〔28〕 贺剑:《绿色原则与法经济学》,载《中国法学》2019 年第 2 期。

〔29〕 昆明民建房地产测绘有限公司、昆明市官渡区加快推进城中村改造办公室承揽合同纠纷案,云南省昆明市中级人民法院(2020)云 01 民终 4733 号民事判决书。

〔30〕 付某、江苏惠佳物业管理有限公司物业服务合同纠纷案,江苏省宿迁市中级人民法院(2021)苏 13 民终 3220 号民事判决书。

〔31〕 秦某梁与中国铁路上海局集团有限公司苏州站铁路旅客运输合同纠纷案,上海铁路运输法院(2021)沪 7101 民初 1374 号民事判决书。

四、合同案件中绿色原则的适用模式分析

从法律的角度来看，合同是当事人之间的权利义务安排，合同效力指合同对当事人的一般约束力，或者指合同约定的具体权利义务的发生。[32] 绿色原则在合同案件中的适用，即体现在有利于节约资源、保护生态环境的要求对当事人权利义务的影响，包括对当事人的合同权利义务关系是否成立即合同是否有效的影响。在样本案例中，适用绿色原则的模式大致包括作为法律解释的补充、与其他原则结合适用和作为权利义务合理性的裁量因素。

（一）作为法律规定之适用或者解释的补充

合同权利义务的确定要优先考虑当事人的约定，但在有法律规定特别是强制性规定的情形时，当事人约定不能违反法律规定；在当事人约定不明时，法律法规的相关规定可以作为确定权利义务的依据。因此，合同争议的解决在不少情形下需要依据法律规定。而法律规定的实践适用经常需要解释，合同纠纷案件适用法律规定也可能需要相应的解释，部分案例引用绿色原则是在适用或者具体解释法律规定的过程中。

绿色原则作为适用法律规定的补充理由。在法律规定比较明确时，将其适用于具体的案件不需要特别的解释，直接引用法律规定即可获得相对确定的结论。但是在合同纠纷案件引用绿色原则时，有的案例是在将法律规定作为依据的同时，以绿色原则作为补充的论证理由。例如，法院认定案涉土地出租合同约定承租方倾倒废石粉等，对当地环境造成污染，违反《环境保护法》的强制性规定，违反绿色原则，属于无效协议。[33] 事实上，这种情形无须引用绿色原则，仅引用法律规定即可认定合同无效，那么引用绿色原则就有画蛇添足之嫌，属于无意义引用。

绿色原则作为解释法律规定的衡量因素，对法律规定存在不同理解时，通常需要对其进行解释，以明确其中概念的含义或者明确其适用的事实情形。法律解释发生在部分法律适用过程中，解决与法律文本意义相关的疑难问题。[34] 在疑难问题中确认法律规定的含义，需要考虑各种因素，以便在法律规定的各种可能含义中选择最合适、最应适用于争议解决的理解，法律基本原则的指导就显得

---

〔32〕 赵旭东：《论合同的法律约束力与效力及合同的成立与生效》，载《中国法学》2000 年第 1 期。

〔33〕 溆浦县宏利石材有限责任公司、杨某平租赁合同纠纷案，湖南省怀化市中级人民法院（2021）湘 12 民终 386 号民事判决书。

〔34〕 陈坤：《“法律解释”的概念厘定》，载《法学家》2022 年第 2 期。

尤为重要。绿色原则具有规范解释功能,[35] 在法律规定的解释中可以发挥重要作用。在适用绿色原则的案例中,有结合绿色原则对法律规定做出更具体解释的案例,例如,法院认为生态公益林在采伐、属性转换等方面受法律限制,相应的林木、林地不宜作为抵押物,如果认定案涉抵押合同有效,明显违背绿色原则。[36] 虽然对林权进行限制是生态公益林制度的基本内容,[37] 对生态公益林的采伐、属性转换的法律限制是相对明确的,但在对具体情形进行判断时仍有解释空间,案例中结合绿色原则对林地抵押合同的效力进行否定,体现了绿色原则在法律解释中的价值。

(二)与其他原则结合适用以强化论证

民法基本原则的裁判准则功能、授权司法机关进行创造性司法活动的功能[38] 体现在法院依据基本原则进行裁判的过程中,具体来说就是裁判中依据基本原则对案件争议进行认定和裁判。传统民法基本原则特别是诚实信用原则、公序良俗原则可发挥裁判准则功能已无异议,但绿色原则的裁判准则功能仍备受质疑。观察样本案例中对绿色原则的运用情况可以发现,有相当一部分案件在引用绿色原则的同时引用了其他原则,特别是经常与诚实信用原则并用,并且在公益保护的必要性论证中,也出现了与比例原则等并列引用的情况。至少到目前为止,与其他民法基本原则的结合适用是绿色原则在司法实践中运用的常见形式。

1. 绿色原则与公序良俗原则的结合适用情况。公序良俗原则是从社会公共利益、公共秩序角度对民事活动进行限制的原则,有学者认为绿色原则是“公序良俗或公共利益的明文类型”。[39] 从解释思路来看,绿色原则对民事活动的限制与公序良俗原则具有一致性,从保护公共利益、保护环境、保护公共秩序的角度来看,在合同纠纷案件中,绿色原则可以与公序良序原则并列适用以强化论证,或者论证公共利益保护之必要性时引用绿色原则。在民法语境下,“公序良

---

〔35〕 竺效:《论绿色原则的规范解释司法适用》,载《中国法学》2021 年第 4 期。

〔36〕 上海博瑞信诚投资有限公司、冠县林业局等债权转让合同纠纷案,山东省聊城市中级人民法院(2021)鲁 15 民再 3 号民事判决书。

〔37〕 曹兰芳、曾玉林、宋璇:《林权限制、生态补偿对公益林农户林业管护行为的影响分析——基于湖南省连续 7 年的观测数据分析》,载《农村经济》2020 年第 1 期。

〔38〕 徐国栋:《民法基本原则解释:诚信原则的历史、实务、法理研究》,北京大学出版社 2013 年版,第 12 页。

〔39〕 樊勇:《私人自治的绿色边界——〈民法总则〉第 9 条的理解与落实》,载《华东政法大学学报》2019 年第 2 期。

俗”是“公共利益”的同义语，[40]因此上述两种情形都是对绿色原则与公序良序原则的结合适用。在具体案例中，有的法院认为某区政府环境整治实施方案是为遏制污染作出的工作部署，符合绿色原则，具有强烈的公益性，因此被告收到某区政府相关停电函后依法进行停电，符合“供电人依法或依合同约定实施停电”的合同约定，不构成违约。[41] 还有法院认为鱼塘回填中使用建筑垃圾、塑料垃圾的行为有悖合同目的，违反绿色环保原则，因此判令行为人承担合同解除及赔偿损失的后果。[42]

2. 绿色原则与诚实信用原则的结合适用情况。民法基本原则中，公序良俗原则与诚实信用原则都体现了对社会公共道德的维护，诚实信用原则主要适用于权利行使和债务履行中，[43]在合同纠纷案件的审理中发挥更为重要的作用。绿色原则在合同纠纷案件中的运用也经常与诚实信用原则结合，并列起来共同作为判定当事人权利义务关系的理由。例如，在某房屋买卖合同纠纷案件中，法院以拆除装修队对双方均不利、违反诚实信用原则、绿色原则为由，不支持恢复原状的请求；[44]在某建设工程合同纠纷案件中，未积极采取措施避免损失扩大、重新安装新风系统的行为，被法院认定为不符合诚实信用原则、绿色原则，因此需自行承担安装费用。[45] 诚实信用原则与绿色原则并用来衡量当事人行为的合理性，进而确定当事人的权利义务，表明该两项原则在适用思路上存在重叠之处，或者说绿色原则的要求可以通过对当事人诚实信用的判断来实现。

3. 绿色原则与其他原则的结合适用情况。在其他民法原则或者合同法原则中，全面履行原则、鼓励交易原则、公平原则、经济效益原则等都有与绿色原则并用的案例，原则并用为法院确定当事人的权利义务提供了更为充分的理由，也从不同角度显示了绿色原则在合同纠纷案件中适用的具体思路。在某土地租赁合同纠纷案件中，法院认为承租人未按时交付租金，同时违反了诚实信用原则、全

---

〔40〕 王轶、关淑芳：《认真对待民法总则中的公共利益》，载《中国高校社会科学》2017年第4期。

〔41〕 衢州程氏钙业有限公司与国网浙江省电力公司衢州供电公司供用电合同纠纷案，浙江省衢州市柯城区人民法院(2019)浙0802民初5813号民事判决书。

〔42〕 梁某峰、广州市番禺区沙湾镇新洲村股份合作经济社农业承包合同纠纷案，广东省佛山市中级人民法院(2020)粤06民终1741号民事判决书。

〔43〕 王利明：《论公序良俗原则与诚实信用原则的界分》，载《江汉论坛》2019年第3期。

〔44〕 朱某党与王某建房屋买卖合同纠纷案，河南省内乡县人民法院(2020)豫1325民初2004号民事判决书。

〔45〕 杨某喜与云南维浪科技有限公司、柳某远合同纠纷案，贵州省贵阳市观山湖区人民法院(2021)黔0115民初1651号民事判决书。

面履行原则和绿色原则,因此可以依约收回土地。[46] 在某房屋租赁合同纠纷案件中,为避免开办的游乐场设备失去使用价值,法院依据鼓励交易原则、绿色原则,不予支持解除合同的请求。[47] 在某建设工程施工合同纠纷案件中,法院支持不合格供暖系统的修复主张,认为重新施工投入太大,会造成双方权利义务的不对等和资源浪费、生态环境破坏,符合公平原则和绿色原则。[48] 在另一建设工程施工合同纠纷案件中,针对制作的名称牌等存在开裂、变形问题,法院认为案涉工程已经完工投入使用多年,名称牌还具有识别、指向作用,并无其他特殊功用,根据经济效益原则、绿色原则,不支持被告要求返工重作的诉讼请求。[49]

绿色原则与其他民法原则的结合适用,特别是与公序良俗原则、诚实信用原则的结合适用,反映了绿色原则在民事纠纷解决中具有与传统民法基本原则相同或者至少相似的适用空间,显示了绿色原则适用于民事案件的可能思路;同时也反映了绿色原则作为一项新的民法基本原则,其独立性还存在疑问。

(三)作为权利义务安排合理性的裁量因素

前述两种绿色原则的适用模式与法律规定和传统民法原则的适用密不可分,从形式上看,绿色原则具有一定附属性,但不能否认其具有影响合同当事人权利义务关系的可能。还有一些合同纠纷案件相对独立地适用了绿色原则,或者至少引用绿色原则对合同争议进行了判定,显示了绿色原则在合同纠纷案件解决中的独立价值。具体来说,本文选取的合同纠纷样本案例,多数案例直接引用绿色原则来论证当事人行为合理性、权利义务安排合理性,运用司法裁量权对相关争议作出判断。

1. 在不违反法律法规规定的前提下,依据绿色原则判断合同权利义务配置的合理性。例如,在不违反法律、法规的强制性规定的前提下,出租土地取得镇政府同意并报备,允许出租更有利于土地资源充分利用,符合绿色原则,因此法

---

〔46〕 西安市长安区鸣犊街道郭村村民委员会第二村民小组、陈某锋土地租赁合同纠纷案,陕西省西安市中级人民法院(2021)陕 01 民终 12135 号民事判决书。

〔47〕 陈某、刘某廷等与河南美盛物业管理有限公司漯河分公司房屋租赁合同纠纷案,河南省漯河市源汇区人民法院(2020)豫 1102 民初 1232 号民事判决书。

〔48〕 北京夏都融侨贸易有限公司与山东格瑞德集团有限公司建设工程施工合同纠纷案,北京市第一中级人民法院(2021)京 01 民终 705 号民事判决书。

〔49〕 磐安县玉山镇向头村民委员会、磐安县玉山镇向头村股份经济合作社建设工程施工合同纠纷案,浙江省金华市中级人民法院(2020)浙 07 民终 2709 号民事判决书。

院不支持合同无效的主张。[50] 又如,承包方对荒山进行农业综合开发并不违反法律法规的强制性规定,合同内容体现了生态效益、经济效益和社会效益的结合,符合国家绿化和环保政策及双方长远利益,应予鼓励和支持,因此法院不准予解除合同,应继续履行。[51]

2. 对合同约定的效力依据绿色原则进行评判。例如,被告作为出租方在厂房租赁合同解除后,主张装饰装修物应当予以拆除,恢复厂房原状,该主张不符合双方约定,也违背了民法的绿色原则,法院对其辩称不予采纳。[52] 又如,被告承揽人虽有违约,但原告承认工程已有部分投入使用,重做、更换会造成浪费,违反民法的绿色原则,因此原告请求重做、更换显属不当,法院不予支持。[53] 可见对于合同约定的权利义务,也存在根据绿色原则进行评判以确认其效力的可能。

3. 根据绿色原则的要求评判合同履行的期限、内容是否合理。在某买卖合同纠纷案件中,因影院设备买卖购销合同履行发生争议,被告即买方另外采购设备并安装。法院认定继续履行合同将导致资源浪费,不符合绿色原则,因此不支持原告继续履行的请求;相反被告主张解除合同具有合理性,应予支持。[54] 在某承包经营合同纠纷案件中,关于承包鱼塘合同无效后的返还财产问题,第三人已在鱼塘投入鱼苗及设施,需养殖至本年年底才可出售。法院认为强令提前返还鱼塘必然造成较大的经济损失和资源浪费,不符合民法的绿色原则,判令年底返还案涉鱼塘。[55] 这体现绿色原则对合同权利义务履行的影响甚至约束力。

4. 将绿色原则作为认定当事人过错的衡量因素。在某买卖合同纠纷案件中,法院认为在审理民事案件时,要依据绿色原则加强对民事法律行为是否节约资源、保护生态环境的审查。原告作为专门从事环境污染防治设备经营的公司,应该全面了解掌握环保方面的信息,涉案合同中关于二氧化硫排放浓度的约定,

---

〔50〕 谭某明、肇庆市高要区金渡镇茶岗社区居民委员会等农村土地承包合同纠纷案,广东省肇庆市中级人民法院(2021)粤12民终2026号民事判决书。

〔51〕 西宁市城西区彭家寨镇火东村民委员会与青海绿丰园艺有限责任公司农村土地承包合同纠纷案,青海省西宁市中级人民法院(2020)青01民终1166号民事判决书。

〔52〕 肥城市恒嘉商贸有限公司、肥城市万瑞达商贸有限公司等与肥城市成润汽车销售服务有限公司等租赁合同纠纷案,山东省肥城市人民法院(2019)鲁0983民初4418号民事判决书。

〔53〕 常某锋、薛某荣与赵某鹏、郭某清承揽合同纠纷案,陕西省定边县人民法院(2020)陕0825民初6535号民事判决书。

〔54〕 深圳市中影南方影业有限公司、佛山市高梵电影院管理有限公司买卖合同纠纷案,广东省佛山市中级人民法院(2020)粤06民终8230号民事判决书。

〔55〕 佛山市三水区大塘镇永平村陆村股份经济合作社与陆某明农村土地承包合同纠纷案,广东省佛山市三水区人民法院(2020)粤0607民初2622号民事判决书。

超出了山东省污染防治的相关标准,存在较大过错,应按照过错承担相应责任。[56]

5. 将绿色原则作为违约责任承担方式的决定因素。在某承揽合同纠纷案件中,承揽人的工作成果不符合质量要求。但涉案定作物属于特殊工作成果,修理、整改或者重作的结果仍应当以能够达到特种设备检验合格为标准。因此,为减少资源浪费,贯彻民法的绿色原则,在确定修改、整改等违约责任前,应当就工作成果是否具备修理、整改的可行性等事项,事先征求国家特种设备检验部门的意见。因此原判法律关系定性不当,发回重审。[57]

五、合同案件中适用绿色原则的效果分析

在合同制度运行过程中,要实现绿色原则的要求,需要从合同效力认定、合同义务履行、合同解除权、后合同义务等角度进行考察。虽然立法论上对合同制度进行绿色化改造的设想[58]并未完全实现,但是通过绿色原则解释以实现合同制度绿色化的可能性仍然存在。通过观察绿色原则在合同纠纷案件中的适用效果,可以发现绿色原则对合同制度进行绿色化改造的范围和程度。

(一)绿色原则对合同效力有重要影响

有效的合同才具有法律上的约束力,合同义务才能成为"当事人之间的法律",因此合同效力是合同制度运行的关键。绿色原则对合同制度的改造,从合同效力入手可以取得最直接的效果。具体来说,就是对不符合绿色原则的合同效力的否定,可以在很大程度上遏制污染环境、浪费资源的民事活动的开展,从而确保合同交易符合生态环境保护的要求。绿色原则在合同效力规则中得到反映,是合同制度绿色化的基础。《民法典》的合同效力规则未改变《民法总则》的规定,未直接反映绿色原则的要求,但通过对合同效力规则的解释,特别是与公序良俗原则结合起来,可以将绿色原则的要求纳入合同效力的判断。

1. 主要考虑绿色原则对合同的效力进行认定。例如,在某租赁合同纠纷案件中,租赁土地上厂房已经建成,若确认租赁合同无效,原告须依法恢复土地原状,第三人也要拆除部分建筑物,这造成极大的资源浪费,与绿色原则不符,因此

---

〔56〕 浙江润洁环境科技股份有限公司与山东百伦纸业有限公司买卖合同纠纷案,山东省莱芜市中级人民法院(2018)鲁 12 民终 27 号民事判决书。

〔57〕 温州江心西园开发有限公司与广州市番禺大新水上乐园建造有限公司加工承揽合同纠纷上诉案,浙江省温州市中级人民法院(2017)浙 03 民终 3211 号民事判决书。

〔58〕 刘长兴:《论"绿色原则"在民法典合同编的实现》,载《法律科学(西北政法大学学报)》2018 年第 6 期。

不予确认合同无效。[59] 又如，以允许出租更有利于土地资源充分利用、符合绿色原则为由，不支持合同无效的主张。[60]

2. 结合法律规定来认定合同效力，将绿色原则作为强化论证的理由。例如，在某土地出租合同纠纷案件中，合同约定的土地使用方式违反法律的强制性规定，也违反绿色原则，被认定为无效协议。[61] 又如，法院以未办理相关行政许可手续，污染严重损害公共利益、背离绿色原则为由，认定转让虾棚行为无效。[62]

（二）绿色原则对合同履行有规范效力

合同目的的实现主要取决于合同的履行情况，合同履行过程就是合同具体权利义务的实现过程。在此意义上，合同履行制度处于整个合同法律制度的核心位置。合同履行不仅有直接的经济效果和社会效果，也可能包括一定的环境效果，[63]《民法典》在合同履行规则中增补了绿色原则，[64] 为绿色原则在合同制度中的落实提供了更加直接的依据，也指明了合同履行中应当考虑环境保护要求的制度发展方向。已有引用履行原则的合同纠纷案例中，也从不同角度依据绿色原则决定或者至少改变合同履行的具体内容，在一定程度上直接促进了合同权利义务内容的绿色化。

1. 考虑绿色原则对合同约定义务进行解释和确定。例如，在某房屋买卖合同纠纷案件中，原告要求修建公共绿地，按照这一要求，要么占用公共停车场面积，要么违反规划、破坏现有生态环境，违背绿色原则，法院认为被告已经完成合同约定义务，对原告主张的违约金不予支持。[65] 又如，在某物业服务合同纠纷案件中，物业公司按照垃圾分类工作的要求，将楼层垃圾桶撤除，系出于政策原因，其本身也符合绿色环保原则，法院认定物业公司不构成违约。[66]

---

〔59〕 张某勇、陈某等确认合同无效纠纷案，河南省信阳市平桥区人民法院（2021）豫 1503 民初 6008 号民事判决书。

〔60〕 谭某明、肇庆市高要区金渡镇茶岗社区居民委员会等农村土地承包合同纠纷案，广东省肇庆市中级人民法院（2021）粤 12 民终 2026 号民事判决书。

〔61〕 溆浦县宏利石材有限责任公司、杨某平租赁合同纠纷案，湖南省怀化市中级人民法院（2021）湘 12 民终 386 号民事判决书。

〔62〕 胡某荣、马某贵合同纠纷案，江苏省建湖县人民法院（2021）苏 0925 民初 4591 号民事判决书。

〔63〕 王旭光：《〈民法典〉绿色条款的规则构建与理解适用》，载《法律适用》2020 年第 23 期。

〔64〕 温世扬：《〈民法典〉合同履行规则检视》，载《浙江工商大学学报》2020 年第 6 期。

〔65〕 赖某与洪雅巴登黑森林投资有限公司房屋买卖合同纠纷案，四川省洪雅县人民法院（2020）川 1423 民初 1076 号民事判决书。

〔66〕 罗某明与重庆好易嘉物业管理有限公司物业服务合同纠纷案，重庆市巴南区人民法院（2020）渝 0113 民申 17 号民事裁定书。

2. 绿色原则构成直接确认合同义务的依据。例如,在某物业服务合同纠纷案例中,虽然物业服务合同未约定物业公司有配合安装充电桩的义务,但国家部委规范性文件明确了物业公司的配合义务,而且安装充电桩符合绿色原则,物业公司应当配合安装充电桩。〔67〕

3. 将绿色原则作为确定合同义务范围的重要根据。例如,在某保险合同纠纷案件中,原告驾车发生交通事故致使绿化带受损,向权利人赔偿 3 万余元,法院认为该损失纳入保险赔付范围才符合绿色原则,判令保险公司赔付。〔68〕 又如,在某房屋拆迁安置补偿合同纠纷案件中,原告要求被告为 7 套安置房安装内门,法院认为缺乏事实依据和法律依据,也有违我国民法所确立的绿色原则,对其要求不予支持。〔69〕

4. 依据绿色原则确定合同履行的合理期限。例如,在某房屋买卖合同纠纷案例中,被告根据政府防治大气污染的指令停工限产,属于工期合理顺延。绿色原则对私权利进行了适度限制,合理顺延后不构成预期交房。〔70〕

(三)绿色原则可能构成合同解除的决定性因素

合同解除也是重要的合同法制度,主要解决合同目的无法实现等特殊情况下合同权利义务的终止问题,对于保障民事活动的效率和公平也具有重要意义。合同解除的考量因素包括法律规定和当事人约定等,绿色原则在特定情形下可能对合同解决具有决定性作用,也对合同解除具体规则的适用提供了价值指引。〔71〕

具体来看,司法实践中主要是依据绿色原则对合同继续履行的合理性进行判断,从而决定合同应否解除。例如,在某买卖合同纠纷案件中,因合同争议,买方已经另外采购设备并安装,法院认定继续履行合同将导致资源浪费,不符合绿

〔67〕 王某与綦江区古南街道锦绣春天业主委员会、重庆浩佳物业管理有限公司物业服务合同纠纷案,重庆市綦江区人民法院(2021)渝 0110 民初 9877 号民事判决书。该案为 2021 年 12 月 28 日重庆市高级人民法院发布的 10 起弘扬社会主义核心价值观典型案例(第三批)之七,“绿色原则”的表述出现在法院总结的“典型意义”部分。

〔68〕 徐某博与中国平安财产保险股份有限公司昌吉中心支公司保险合同纠纷案,新疆维吾尔自治区昌吉市人民法院(2019)新 2301 民初 7184 号民事判决书。

〔69〕 陈某武、温州市城市基础设施建设投资有限公司房屋拆迁安置补偿合同纠纷案,浙江省温州市中级人民法院(2019)浙 03 民终 5634 号民事判决书。

〔70〕 曹某争与廊坊泰土房地产开发有限公司房屋买卖合同纠纷案,河北省廊坊市经济技术开发区人民法院(2020)冀 1091 民初 19 号民事判决书。

〔71〕 贺剑:《绿色原则与法经济学》,载《中国法学》2019 年第 2 期。

色原则,因此不支持原告继续履行的请求,支持解除合同。[72] 在某房屋买卖合同纠纷案例中,争议问题主要是支付剩余购房款和办理过户手续的顺序问题,解除房屋买卖合同与双方的合同目的相悖,亦有违绿色原则,法院不支持解除合同的请求。[73] 在某买卖合同纠纷案件中,已经安装使用的电梯是根据被告已经完成的井道情况进行设计生产的,如解除合同会对双方造成经济损失,根据诚实信用原则、公平原则、绿色原则,法院不支持原告解除合同并没收定金的请求。[74] 在某合作经营合同纠纷案件中,被告违约在一定程度上影响了合同目的之实现,原告已经将某商场的商铺撤场,并且将为履行合同注册的个体户注销,要求双方继续履行合同不符合绿色原则,因此法院支持原告解除合同的请求。[75]

(四)绿色原则对违约责任的内容有重要影响

确认违约责任的前提是合同权利义务内容及其履行标准的确定,因此绿色原则对违约责任的影响是其对合同权利义务规范效力的延续。不同的违约责任承担方式可能有不同的环境保护意义和效果,因此,在确认违约责任的内容和承担方式时,绿色原则可能是重要的考量因素。例如,在某买卖合同纠纷案件中,存在花纹瑕疵的地板已铺设完毕并投入使用,拆除更换会造成更大损失,故法院不支持拆除地板,但无须支付花纹不一致地板的价款。[76] 又如,在某装修装饰合同纠纷案件中,原告已经对不符合交房标准的窗口进行改造,要求其重新安装至交房标准,不仅履行费用过高,而且造成物料上的浪费,法院认为被告以赔偿损失方式承担违约责任,更为合适。[77]

(五)绿色原则是某些后合同义务的根据

后合同义务是合同履行完毕或者合同解除后当事人仍应当完成的义务,类

---

〔72〕 深圳市中影南方影业有限公司、佛山市高梵电影院管理有限公司买卖合同纠纷案,广东省佛山市中级人民法院(2020)粤06民终8230号民事判决书。

〔73〕 刘某红、傅某等房屋买卖合同纠纷案,山东省济南市历下区人民法院(2021)鲁0102民初6544号民事判决书。

〔74〕 广州广日电梯工业有限公司、昆明市五华区国有资产投资经营管理有限公司合同纠纷案,云南省昆明市中级人民法院(2019)云01民终7814号民事判决书。

〔75〕 毕某静与广东韩丽家居集团股份有限公司、广东金意厨国际贸易有限公司合同纠纷案,广东省佛山市中级人民法院(2020)粤06民终9876号民事判决书。

〔76〕 余某成与勉县利明装饰设计工作室买卖合同纠纷案,陕西省汉中市中级人民法院(2021)陕07民终1278号民事判决书。

〔77〕 闫某峰、临沂市泰宏置业有限公司、李某装饰装修合同纠纷案,山东省临沂市河东区人民法院(2020)鲁1312民初213号民事判决书。

似于合同附随义务,具有法定义务的属性。[78] 虽然合同目的实现的关键是合同义务的履行,但是后合同义务在特定情形下对于当事人而言也具有重要意义。由于后合同义务的非约定属性,对其认定存在特殊的困难,绿色原则在其中可以发挥重要作用,在特定情形下甚至可成为确定后合同义务的直接根据。例如,在某租赁合同纠纷案件中,商铺租赁合同解除后,被告已向原告交还商铺,对于原告主张的恢复原状的请求,综合考虑合同履行情况、双方当事人意愿以及节约资源和环境保护原则,法院认定被告拆除空调设备即可,无须恢复至毛坯房状态。[79] 又如,在某合作经营合同纠纷案件中,不允许被告在合同终止后销售剩余库存产品将导致被告损失,结果有失公平;同时库存积压无法销售也造成物品浪费,有违绿色原则。因此法院认定应允许被告继续销售已列明的库存产品。[80]

六、结论

虽然合同制度的绿色化遭到了比较强烈的反对,但是司法实践表明,合同纠纷解决仍有较大的空间适用绿色原则,以规范和引导合同交易活动向有利于生态环境保护的方向发展。通过对已有引用绿色原则的合同纠纷案例的梳理和分析可以发现,买卖合同纠纷案件、承揽合同纠纷案件、建设工程合同纠纷案件、土地和农林渔业承包经营合同纠纷案件等合同纠纷案件具有适用绿色原则的较大空间,这与这些合同直接关涉物质资源特别是资源的利用有关。绿色原则在合同纠纷案件中发挥作用的模式主要有:作为法律规定之适用或者解释的补充,与其他原则结合作为强化论证的理由,以及直接作为合同权利义务安排合理性的裁量因素。从效果来看,绿色原则对合同纠纷解决的影响主要体现在影响合同效力、规范合同权利义务关系、决定合同解除条件是否具备、影响违约责任的内容和承担方式、决定后合同义务的内容等方面。

虽然从样本案例中可以发现一些合同案件适用绿色原则的规律性,但不可否认的是,绿色原则对合同纠纷解决的影响还非常有限,司法案例相对于合同纠纷案例总数来讲还非常少,而且对绿色原则的解释思路仍不清晰、不一致,绿色原则对合同运行的指导仍主要限于方向性的宏观层面,对合同具体权利义务的

---

〔78〕 韩世远:《合同法总论》(第 4 版),法律出版社 2018 年版,第 342 页。

〔79〕 王某红与韩某萍房屋租赁合同纠纷案,陕西省西安市长安区人民法院(2020)陕 01 民初 8749 号民事判决书。

〔80〕 卡思黛乐酒业(中国)有限公司与上海隆歌酒业有限公司、北京佰香醇酒业有限公司其他合同纠纷案,上海市普陀区人民法院(2019)沪 0107 民初 28214 号民事判决书。

规范性不足,而且呈现附属于其他民法基本原则、已有法律规定的现象。如果承认绿色原则对于合同制度发展、生态环境保护目标实现的重要意义,那么合同纠纷案件如何使用绿色原则的问题还需要更深入的研究。

长江流域环境司法的发展与创新

罗文君　邱　秋

2021年是长江流域环境司法发展史上具有重要里程碑意义的一年。2021年3月1日,《长江保护法》正式生效施行,标志着长江流域各级法院审理环境资源案件从此有了专门的法律依据,为长江流域司法保护提供了重要的制度保障。但由于《长江保护法》是我国首次进行的流域立法,许多新型制度需要在实践中得到检验。通过观察《长江保护法》适用情况,一方面,可以深入了解立法意图的实现情况,便于及时发现立法上存在的问题;另一方面,可以了解司法功能发挥的情况,便于及时总结司法经验、出台司法政策或司法解释,完善司法体制机制。本报告着力考察了《长江保护法》实施首年,长江流域各级法院的环境资源案件裁判情况,重点从流域性视角分析了长江流域环境司法发展与创新的特征,检视了其中的问题与不足,并提出了完善建议。

一、数据来源与指标选择

本报告的研究数据主要源于三个方面:一是中国司法大数据研究院提供的数据支持;二是通过中国裁判文书网收集整理了部分数据;三是对长江流域的19省区市高级人民法院官方网站公开的2021年度各高级人民法院院长工作报告的收集整理,其中,西藏自治区高级人民法院未设置公开的官方网站,因此未查询到相应的院长年度工作报告;上海市、浙江省高级人民法院院长工作报告中,没有对环境资源案件方面的数据统计。因此本报告中统计的长江流域实际只包括16省区市,具体会在文中标明。此外,需要说明的是,各个省份的统计口径和标准并不一致,有的省份在年度工作报告中使用的是"一审审结的环境资源案件",有的使用的是"审结的环境资源案件",相关的数据并不一致,因此本报告中的数据可能与实际有一定误差。

本报告主要选取了7组指标变量,运用描述性统计方法研究2021年度长江流域环境资源案件的发生规律,分别包括长江流域环境资源案件总体概况、长江流域环境资源案件具体概况、适用《长江保护法》的案件。长江流域环境资源案件具体概况包括刑事案件、民事案件、行政案件、公益诉讼案件、生态环境损害赔偿诉讼案件。其中在行政案件中，由于涉及面较广，本年度课题组重点选取了长江流域较为突出的总磷污染问题进行考察，因此只选取了超标排磷案件作为观察长江流域行政案件的指标。（见表8-1）

表8-1　2021年长江流域环境司法发展实证研究指标选择

序号	指标变量	备注
1	长江流域案件	长江流域
		长江干流
		长江经济带
2	环境刑事案件	
3	环境民事案件	
4	环境行政案件	超标排磷
5	环境公益诉讼案件	包括环境刑事附带民事公益诉讼案件
6	生态环境损害赔偿诉讼案件	
7	适用《长江保护法》审结的案件	

二、2021年长江流域环境资源案件的司法样态

（一）长江流域环境资源案件总体概况

本部分主要考察2021年长江流域包括长江干流和长江经济带的环境资源案件总体审理情况。本部分的数据来自对长江流域19省（市、自治区）高级人民法院官方网站公开的2021年度各高级人民法院院长工作报告的收集整理。

1. 长江流域的环境资源案件

据不完全统计，2021年长江流域16省份[1]各级法院共计审结环境资源案件120796件。各省份案件数量均超过了1000件，其中案件数量在5000件以上的省份共计10个，占比62.5%；案件数量10000件以上的省份共计5个，占比31.25%。（见表8-2）

〔1〕长江流域共计包含19省（市、自治区），在公开渠道获取的2021年度上海市、浙江省高级人民法院院长工作报告中，没有环境资源案件方面的数据统计，同时，西藏自治区高级人民法院院长的年度工作报告无法从公开渠道获取。因此，实际包含16省（市、自治区）。

表 8－2　长江流域 2021 年度环境资源案件分布

单位:件

序号	省区市	案件数量	备注
1	安徽省	16358	审结
2	河南省	13536	一审审结
3	广西壮族自治区	12936	审结
4	广东省	12000	一审审结
5	江苏省	10736	一审审结
6	贵州省	7963	审结
7	四川省	7282	审结
8	云南省	6864	审结
9	湖南省	6623	审结
10	陕西省	5919	一审审结
11	湖北省	5664	审结
12	甘肃省	4260	审结
13	江西省	4063	审结
14	福建省	3409	一审审结
15	重庆市	1367	审结
16	青海省	1816	一审审结
17	上海市	—	—
18	浙江省	—	—
19	西藏自治区	—	—
合计		120796	

从地域分布上看,2021 年长江流域各省份的环境资源案件数量均不少,省均数量发生在千件以上,其中,案件数量最多的省份是安徽省,共计 16358 件,占比约为 13.54%;其次是河南省,共计 13536 件,占比约为 11.21%;第 3 位是广西壮族自治区,共计 12936 件,占比约为 10.7%;第 4 位是广东省,共计 12000 件,占比约为 9.93%;第 5 位是江苏省,共计 10736 件,占比约为 8.89%。案件数量在 5000 ~ 10000 件的省份共计有 6 个,分别是贵州省、四川省、云南省、湖南省、

陕西省、湖北省。（见图 8－1）

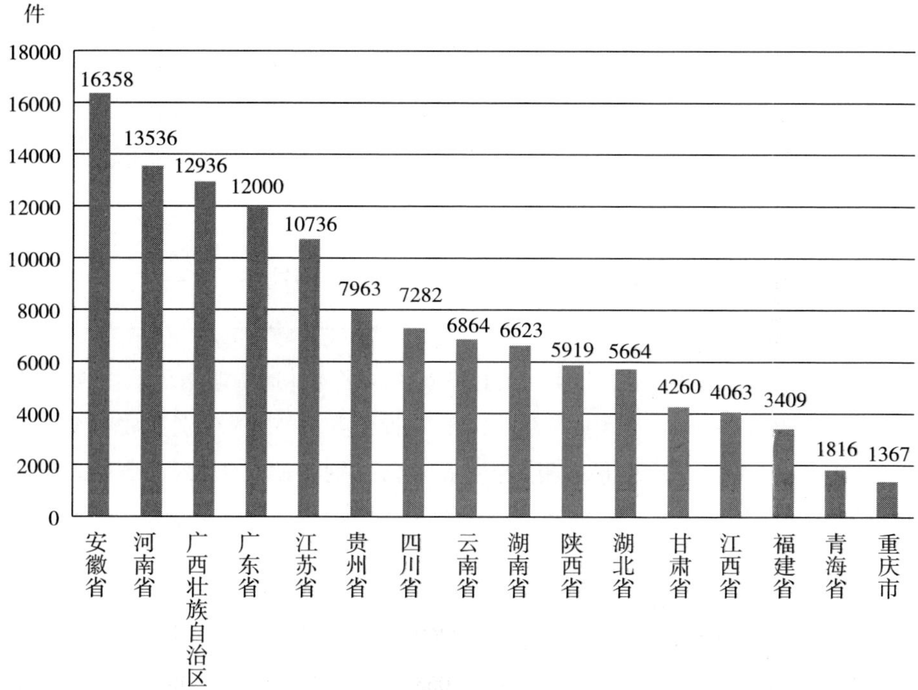

图 8－1　长江流域 2021 年度环境资源案件分布

2. 长江干流的环境资源案件

据不完全统计，2021 年度，长江干流 9 省份共计审结环境资源案件 60773 件，占长江流域案件总数比率为 50.31%。其中案件数量突破 10000 件以上的省份共计 2 个，案件数量在 5000～10000 件的省份共计 4 个。（见表 8－3）

表 8－3　长江干流 2021 年度环境资源案件统计

单位：件

序号	省区市	案件数量	备注
1	安徽省	16358	审结
2	江苏省	10736	一审审结
3	四川省	7282	审结
4	云南省	6864	审结
5	湖南省	6623	审结
6	湖北省	5664	审结

续表

序号	省区市	案件数量	备注
7	江西省	4063	审结
8	重庆市	1367	审结
9	青海省	1816	一审审结
10	上海市	—	
11	西藏自治区	—	
合计		60773	

根据表 8 -3 及图 8 -2 分析,2021 年度长江干流环境资源案件突破 5000 件以上的省份共计有 6 个,其中,1 万件以上的省份共计 2 个,分别是安徽省和江苏省;案件在 5000 ~ 10000 件的省份共计 4 个,分别是四川省、云南省、湖南省、湖北省。

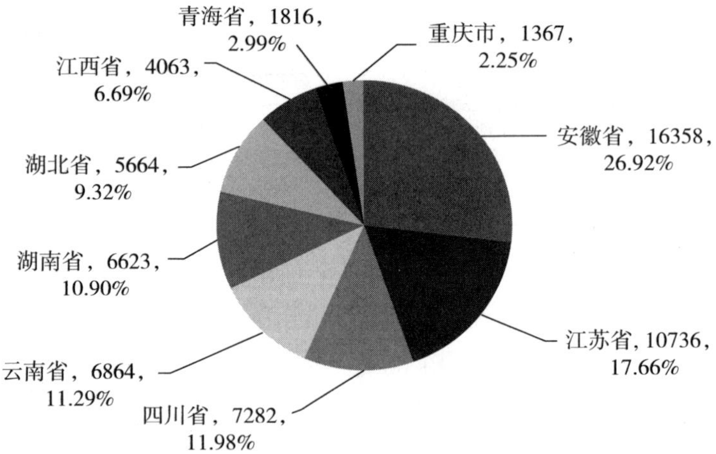

图 8 -2　长江干流 2021 年度环境资源案件分布

3. 长江经济带的环境资源案件

据不完全统计,2021 年度,长江经济带 9 省份共计审结环境资源案件 66920 件,占长江流域案件总数比率约为 55.40%。其中案件数量突破 10000 件以上的省份共计 2 个,案件数量在 5000 ~ 10000 件的省份共计有 5 个。(见表 8 -4)

表 8－4 长江经济带 2021 年度环境资源案件统计

单位:件

序号	省区市	案件数量	备注
1	安徽省	16358	审结
2	江苏省	10736	一审审结
3	贵州省	7963	审结
4	四川省	7282	审结
5	云南省	6864	审结
6	湖南省	6623	审结
7	湖北省	5664	审结
8	江西省	4063	审结
9	重庆市	1367	审结
10	上海市	—	—
11	浙江省	—	—
合计		66920	

根据表 8－4 分析,在 2021 年度长江经济带 11 省份审结的环境资源案件中,突破 5000 件以上的省份共计有 7 个。其中,突破 1 万件以上的省份共计有 2 个,分别是安徽省和江苏省;案件在 5000～10000 件的省份共计有 5 个,分别是贵州省、四川省、云南省、湖南省、湖北省。(见图 8－3)

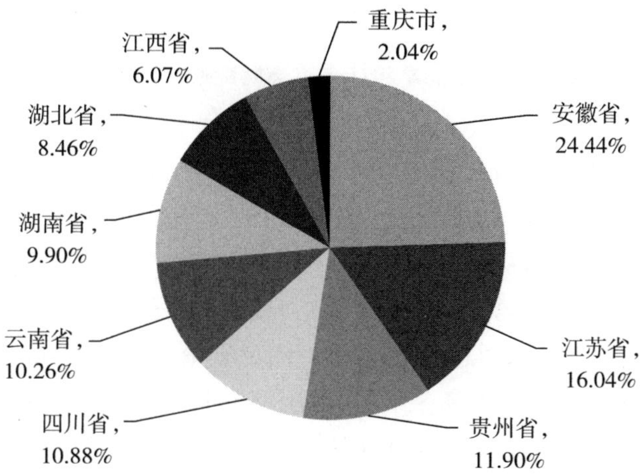

图 8－3 长江经济带 2021 年度环境资源案件分布

(二)长江流域环境资源案件具体概况

本部分主要考察 2021 年长江流域环境资源刑事案件、民事案件、行政案件、环境公益诉讼案件以及生态环境损害赔偿诉讼案件的审理情况。本部分的数据主要由中国司法大数据研究院提供。

1. 环境资源刑事案件

据不完全统计,2021 年度长江流域共计审结环境资源刑事案件 5090 件,其中,案件数量位居前十位的省份分别是:广西壮族自治区、湖南省、河南省、四川省、云南省、江苏省、江西省、广东省、湖北省、贵州省。(见图 8 -4)

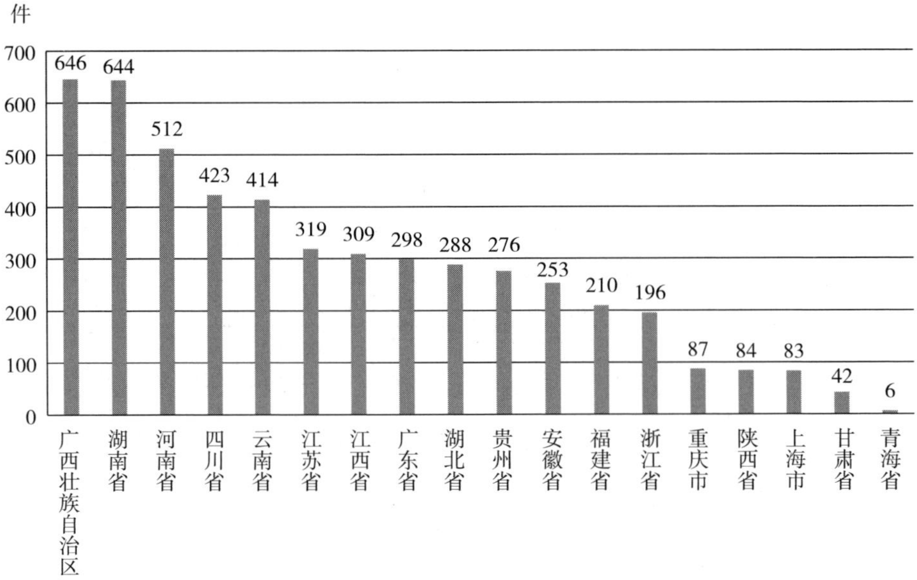

图 8 -4　长江流域 2021 年度环境资源刑事案件分布

环境资源刑事案件共计涉及 11 种环境犯罪罪名,依次为:非法捕捞水产品罪,滥伐林木罪,非法狩猎罪,非法采矿罪,非法占用农用地罪,污染环境罪,盗伐林木罪,危害珍贵、濒危野生动物罪,危害国家重点保护植物罪,非法收购、运输盗伐、滥伐的林木罪,非法猎捕、收购、运输、出售陆生野生动物罪。其中,案件数量位居首位的是非法捕捞水产品罪,共计 1333 件;位居第二的是滥伐林木罪,共计 1250 件。这两类案件均超过 1000 件。案件数量在 500 ~ 1000 件的分别是:非法狩猎罪,共计 726 件;非法采矿罪,共计 534 件。案件数量在 100 ~ 500 件的分别是:非法占用农用地罪,共计 369 件;污染环境罪,共计 263 件;盗伐林木罪,共计 229 件;危害珍贵、濒危野生动物罪,共计 190 件;危害国家重点保护植物罪,共计 150 件。(见表 8 – 5)

表 8 – 5 长江流域 2021 年度环境犯罪分布

单位:件

序号	罪　　名	案件数量
1	非法捕捞水产品罪	1333
2	滥伐林木罪	1250
3	非法狩猎罪	726
4	非法采矿罪	534
5	非法占用农用地罪	369
6	污染环境罪	263
7	盗伐林木罪	229
8	危害珍贵、濒危野生动物罪	190
9	危害国家重点保护植物罪	150
10	非法收购、运输盗伐、滥伐的林木罪	40
11	非法猎捕、收购、运输、出售陆生野生动物罪	6
合计		5090

2021 年长江流域发生最多的环境犯罪案件是非法捕捞水产品罪案件,共计 1333 件,涉及 17 个省份。其中,湖南省位居第 1,共计 281 件;四川省位列第 2,共计 157 件;河南省位列第 3,共计 122 件;江苏省位列第 4,共计 117 件;安徽省位列第 5,共计 117 件;贵州省位列第 6,共计 113 件;湖北省位列第 7,共计 103 件。这 7 个省份分布于长江上中下游,非法捕捞水产品罪的案件数量均超过了 100 件。案件数量在 10 ~ 100 件的省份共计有 8 个,在 1 ~ 10 件的省份有 2 个。(见图 8 – 5)

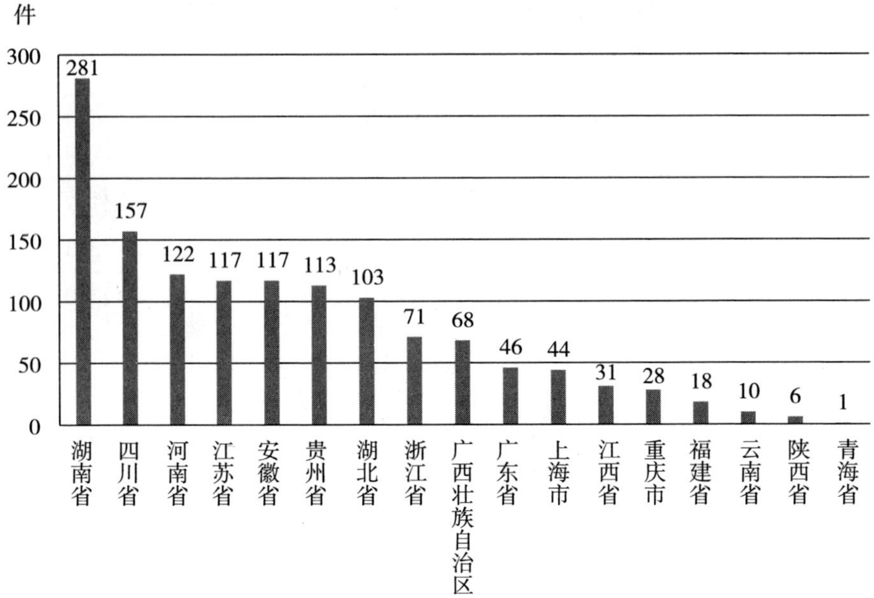

图 8－5　长江流域 2021 年度非法捕捞水产品罪案件分布

2. 环境资源民事案件

据不完全统计,2021 年度长江流域共计审结环境资源民事案件 240 件,其中,案件数量排列前十位的省份分别是:广东省、湖南省、江苏省、河南省、安徽省、重庆市、四川省、浙江省、云南省、广西壮族自治区。(见图 8－6)

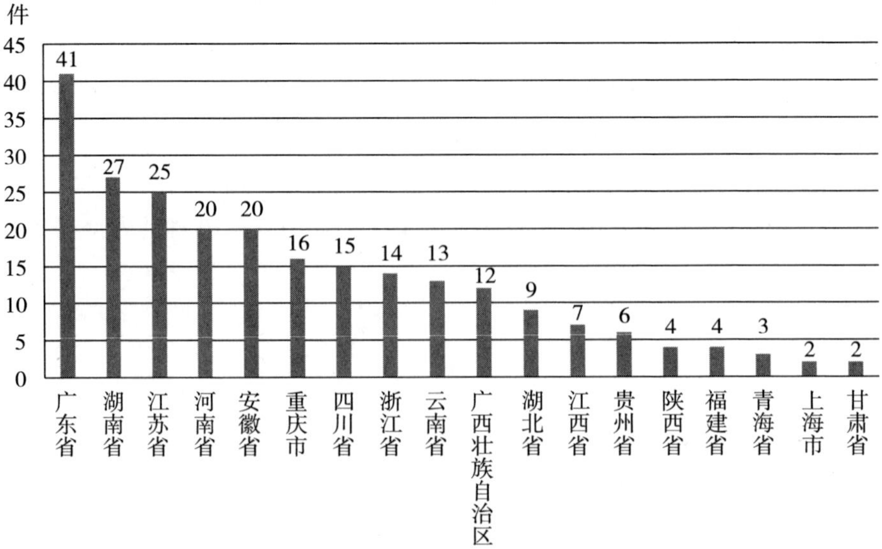

图 8－6　长江流域 2021 年度环境资源民事案件分布

2021 年度环境资源民事案件共涉及 7 类案由,包括:环境污染、水污染、噪声污染、大气污染、土壤污染、固体废物污染以及惩罚性赔偿责任纠纷。其中,环境污染责任纠纷案件的数量最多,共计 110 件;其次是水污染责任纠纷案件,共计 63 件;再次是噪声污染责任纠纷案件,共计 46 件。其余的四类民事责任纠纷案件数量较小,其数量均是个位数。(见图 8 - 7)

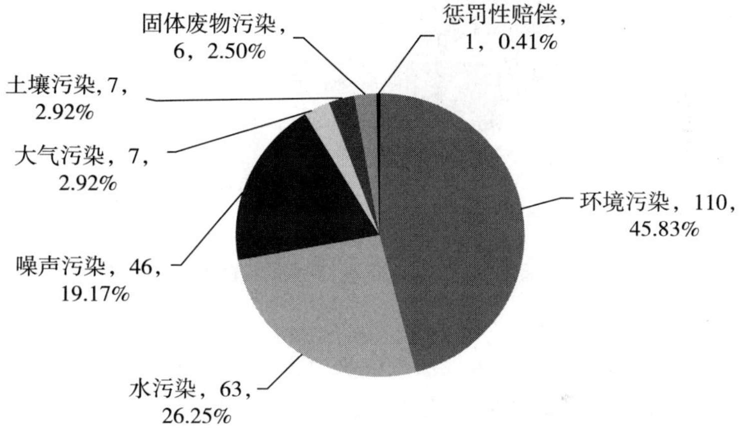

图 8 - 7　长江流域 2021 年度环境资源民事案件案由分布

3. 环境资源行政案件

总磷污染是长江流域的突出环境问题,本年度特别关注了"超标排磷"的行政诉讼案件。据不完全统计,2021 年长江流域 19 省份中有 7 个省份发生了"超标排磷"行政诉讼案件,共计 25 件。其中,重庆市位列第 1 位,共计 13 件,占比 52%;其次为广西壮族自治区,共计 3 件,占比 12%;陕西省、江苏省、广东省三省分别为 2 件,分别占比 8%;贵州省、江西省、上海市分别为 1 件,分别占比 4%。(见图 8 - 8)

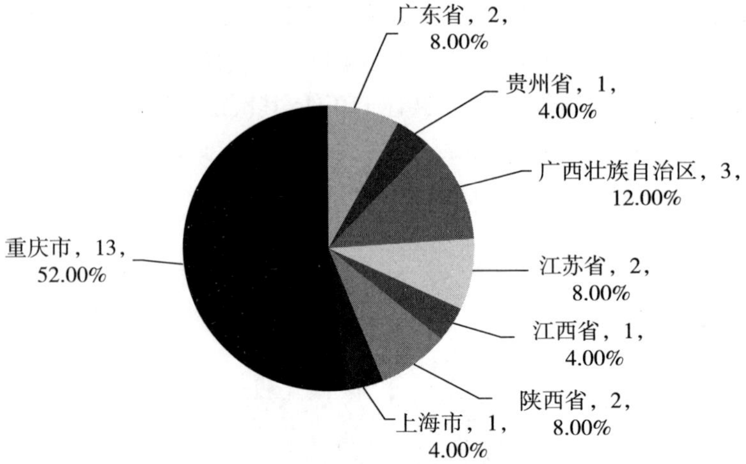

图 8－8　长江流域 2021 年度超标排磷行政案件分布

4. 环境公益诉讼案件

对长江流域 16 省份高级人民法院院长 2021 年度工作报告中的数据梳理可知,湖北省、广东省、江苏省、陕西省 4 个省份有对环境公益诉讼案件的统计,分别为 269 件、320 件、264 件、65 件。(见图 8－9)尽管其他省份高级人民法院院长 2021 年度的工作报告中没有环境公益诉讼数据,但并不代表这些省份没有审理环境公益诉讼案件。

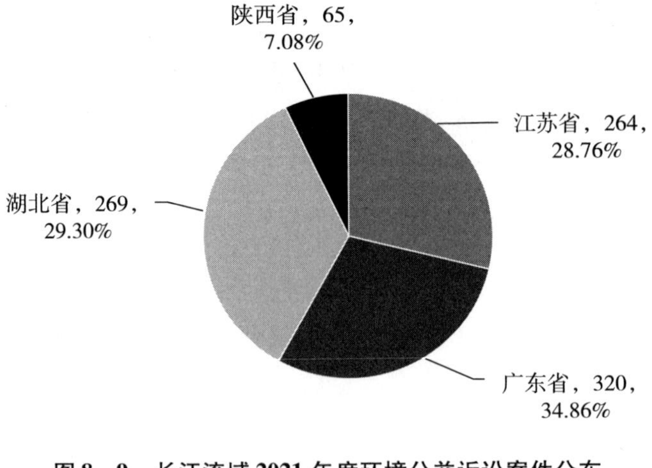

图 8－9　长江流域 2021 年度环境公益诉讼案件分布

根据最高人民法院 2021 年长江流域环境资源案件数据统计可知,2021 年度长江流域共计审结环境刑事附带民事公益诉讼共计 747 件。案件数量排列前 3 位的分别是四川省、湖南省和贵州省。其中,四川省位列第 1,共计 150 件;湖南省位列第 2,共计 116 件;贵州省位列第 3,共计 83 件。(见图 8 - 10)

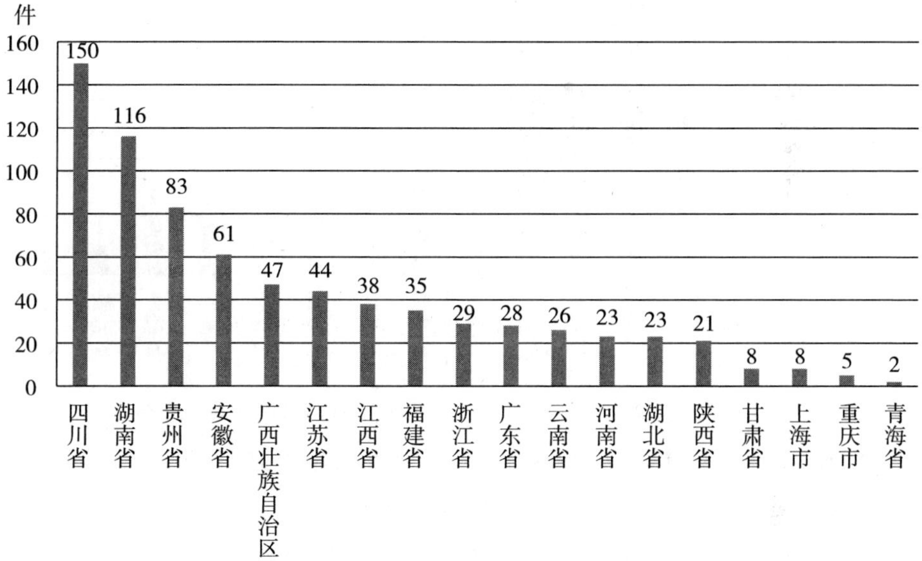

图 8 - 10　长江流域 2021 年度环境刑事附带民事公益诉讼案件分布

5. 生态环境损害赔偿诉讼案件

2021 年度长江流域共计审结生态环境损害赔偿诉讼案件 88 件。其中,案件数量排列前 10 位的省份分别是:广东省、浙江省、湖南省、安徽省、江苏省、四川省、贵州省、重庆市、陕西省、江西省和甘肃省。(见图 8 - 11)

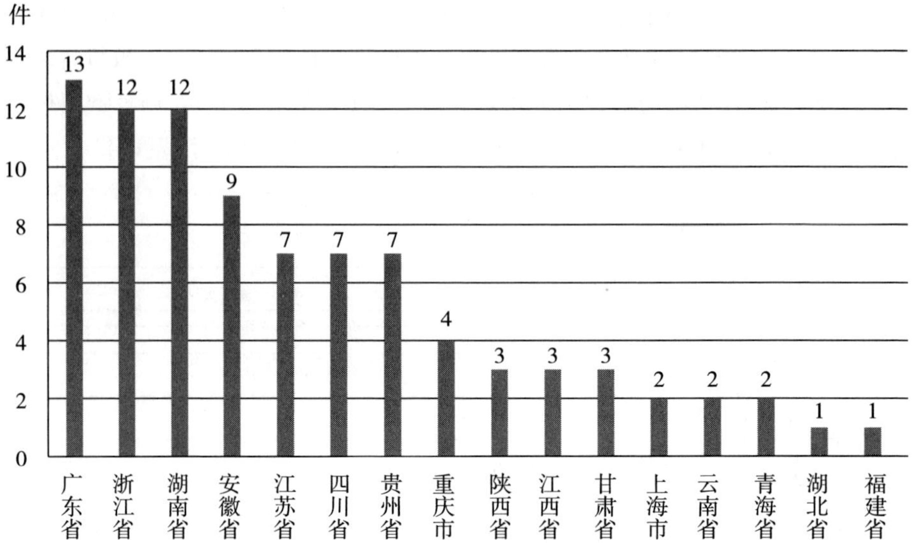

图 8－11　长江流域 2021 年度生态环境损害赔偿诉讼案件分布

同时,各级法院在环境公益诉讼案件与生态环境损害赔偿诉讼案件中采取赔偿生态环境修复费用的判决方式。(见表 8－6)

表 8－6　长江流域七省份生态环境修复资金

单位:万元

序号	省区市	生态环境修复资金	数额
1	福建省	生态服务功能损失费	5391.88
2	广西壮族自治区	生态环境修复金	4765.00
3	安徽省	生态环境修复费用	7773.60
4	江西省	生态环境修复资金	1600.00
5	陕西省	生态修复赔偿金	1751.57
6	河南省	生态修复赔偿金	2430.50
7	云南省	生态补偿金	1443.00
合计			25155.55

(三)适用《长江保护法》审结的环境资源案件概况

2021 年 3 月 1 日,《长江保护法》开始生效实施,课题组通过中国裁判文书网收集到的 2021 年长江流域法院适用《长江保护法》审结的环境资源案件 4 件,包括刑事 3 件、民事 1 件,主要集中在非法捕捞水产品罪、非法采矿罪以及民事合同纠纷方面。地域涉及长江流域上中下游,包括四川省康定市、四川省松潘县、湖南省保靖县、江苏省江阴市。这些案件主要是因公安机关、检察机关在日常履职中发现了案件线索,然后启动相关诉讼程序,法院受理后及时审结案件。其中两件案件采用了简易程序,审理期限从立案到审结不超过 1 个月。(见表 8－7)

表 8－7　2021 年度适用《长江保护法》审结的环境资源案件分布

审理法院	案由	判决文书类型	案号	立案时间	审结时间	审理程序	依据
江苏省江阴市人民法院	非法捕捞水产品罪	刑事判决书	(2021)苏 0281 刑初 211 号	2021 年 3 月 3 日	2021 年 3 月 19 日	简易程序	《长江保护法》第 28 条、第 53 条
湖南省保靖县人民法院	非法捕捞水产品罪	刑事判决书	(2021)湘 3125 刑初 122 号	2021 年 7 月 28 日	2021 年 8 月 4 日	简易程序	《长江保护法》第 28 条、第 53 条;《依法惩治长江流域非法捕捞等违法犯罪的意见》;《湖南省长江流域重点水域禁捕退捕工作实施方案》
四川省松潘县人民法院	非法采矿罪	刑事附带民事判决书	(2021)川 3224 刑初 22 号	2021 年 8 月 22 日	2021 年 11 月 1 日	普通程序	《长江保护法》第 93 条第 2 款
四川省康定市人民法院	合同纠纷	民事判决书	(2021)川 3301 民初 716 号	2021 年 9 月 26 日	2021 年 11 月 29 日	普通程序	《长江保护法》第 28 条、第 91 条

三、2021 年长江流域环境司法发展的特征分析

2021 年是长江流域环境司法向前坚实发展的一年。《长江保护法》的正式生效实施以及最高人民法院印发的《关于贯彻〈中华人民共和国长江保护法〉的

实施意见》(法发〔2021〕8 号)、《贯彻实施〈长江保护法〉工作推进会会议纪要》《检察机关办理长江流域非法捕捞案件有关法律政策问题的解答》等配套法律文件,为长江流域生态环境的司法保护提供了重要的制度支撑。长江流域各级法院积极履行环境司法裁判职能,着力探索流域性环境司法保护创新,司法助力长江大保护迈上新台阶。

1.《长江保护法》总体实施情况良好,司法助力长江大保护成效初显。2021 年长江流域共计审结环境资源案件 120796 件,案件数量大,刑事案件位居三大类型案件之首,地域分布广,且省均超过千件。这一方面体现了流域各级法院落实最严格制度、实行最严密法治,将严的基调贯彻到了《长江保护法》适用的全过程、各方面,严惩重处长江流域生态环境违法犯罪行为。《长江保护法》确立的“坚持生态优先、绿色发展,共抓大保护、不搞大开发”等法律原则以及国家有关长江大保护的环境司法政策,正在长江流域环境司法实践中得到落实,司法助力长江大保护的成效初显。另一方面也应看到长江流域总体上面临的生态环境压力仍然较大,其中,长江干流案件 60773 件,占比约为 50.31%;长江经济带案件 66920,占比约为 55.40%,这表明长江流域尤其是长江经济带发展与保护之间的矛盾仍然突出,根据案件的地域分布情况,也可看出流域各省份环境司法的作用还存在较大差异,环境司法保护任重道远。

2. 案件流域性特征彰显,《长江保护法》立法关注的流域性环境问题在司法实践中展现。在 2021 年长江流域环境资源案件中,无论是刑事、民事还是行政案件,都较为明显地反映出了长江流域社会经济发展中的纠纷特征,部分案件具有典型的流域性特征,部分案件是《长江保护法》立法关注的流域性环境问题。

(1)刑事案件中多项犯罪具有涉水性、跨界性特征。刑事案件共计涉及 15 种环境犯罪罪名,其中,非法捕捞水产品罪、非法采矿罪、非法狩猎罪、污染环境罪是具有典型的流域性犯罪,在长江流域刑事案件中长期居于高位。其中,非法捕捞水产品罪居于首位,共计 1333 件,涉及 17 个省份。值得一提的是,非法捕捞水产品罪已经连续两年位居长江流域刑事案件之首。这一方面反映了长江流域的社会经济活动必然依托长江流域的水资源开发利用,因此在这一过程中的违法犯罪活动与涉水性高度相关的可能性更大。另一方面也与国家自 2020 年开始实施的“长江十年禁渔计划”以及《依法惩治长江流域非法捕捞等违法犯罪的意见》等政策有关。

(2)民事案件中多项案由具有涉水性、跨界性特征。民事案件涉及 7 大案由,其中环境污染纠纷、水污染纠纷、大气污染纠纷具有典型的跨界性特征,其中案件数量最多的环境污染纠纷、水污染纠纷还具有涉水性特征。

(3)行政案件方面,《长江保护法》立法关注的总磷污染流域性环境问题在司法实践中展现。总磷污染是长江流域的一个突出环境问题,我国磷矿总量的80%都分布在长江流域,总磷污染为《长江保护法》所特别规制的内容,2021年有7个省份审理了超标排磷的行政案件。

(4)环境公益诉讼案件和生态损害赔偿案件方面,通过实行预防性诉讼、严格法律责任、创新修复责任方式等对长江流域独特生态功能区、独特生物多样性进行保护。2021年仅湖北、江苏等4省法院共计审结环境公益诉讼案918件。云南的"云南绿孔雀案"作为我国首例濒危野生动物保护预防性公益诉讼案产生了深远的影响,入选最高人民法院、中央广播电视总台联合发布的中国新时代推动法治进程2021年度十大案件名单。同时,"云南绿孔雀案"被评为全球十大生物多样性案例之首,作为中国司法领域唯一案例入选2021年联合国《生物多样性公约》第十五次缔约方大会展览中国展区。江苏如皋人民法院审理的李某非法捕捞致中华鲟死亡案,被中央电视台《现场》栏目全程直播,成为《世界环境司法大会昆明宣言》后,首个产生重要影响的示范案例。同时,2021年长江流域法院审结了88件生态环境损害赔偿案件。《长江保护法》规定的对于违反国家规定造成长江流域生态环境损害的,应当追求侵权人的生态环境损害赔偿责任,在司法实践中得到贯彻。

3.《长江保护法》得到司法适用,司法效能初步显现。从2021年已经审结的4件环境资源案件中,可以窥探出《长江保护法》适用的一些特征:

(1)从案件的类型上看,4件案件主要涉及刑事案件,其中包括2件非法捕捞水产品罪刑事案件,1件非法采矿罪刑事案件,1件与采砂有关的民事合同案件,这都属于《长江保护法》立法关注的流域性问题,具有典型的跨界性、涉水性特征。

(2)在案件审理依据上,《长江保护法》主要作为法院或公诉机关援引的辅助依据而不是直接依据和核心依据。这主要是因为《长江保护法》主要是行政规制性立法,在其法律责任部分主要设置的是行政处罚责任,对于刑事责任与民事责任只作了原则性的规定。因此法官在裁判刑事案件与民事案件时,只能引用《长江保护法》中的条款作为辅助依据,核心依据还是《刑法》与《民法典》中的相关规定。

(3)在裁判内容上,法官注重将《长江保护法》中“生态优先、绿色发展”“共抓大保护、不搞大开发”等法律原则运用到案件审理中,探索相适应的生态环境修复方式,将其作为刑事责任量刑的酌定因素。例如,四川省松潘县人民法院审结的马某某非法采矿案中,法官在松潘县水务局出具情况说明,证实了 2021 年 6 月 22 日被告人马某某家属对被破坏的非法采砂点进行了恢复,已经恢复河道原貌,满足行洪条件的事实后,认定了马某某家属的生态修复行为属于被告人马某某对其非法采矿所破坏的生态环境予以修复完毕的事实。

4. 创新多元化的生态修复方式,切实加强长江流域生态环境的整体性保护。

(1)以生态功能单元建设生态修复基地。通过对长江流域环境公益诉讼和生态环境损害赔偿诉讼案件的研究发现,2021 年长江流域各级法院坚持恢复性司法理念,探索多元化的生态修复方式。各级法院在积极适用补种复绿、增殖放流、护林护鸟、劳务代偿、技改抵扣、分期履行等责任承担方式的基础上,重点表现为以生态功能单元建设生态修复基地,切实加强司法在流域生态系统整体性保护方面的作用。例如,湖北省建立 44 个生态环境保护修复基地,四川省建立 63 个司法修复实践基地、甘肃省设立 13 个生态修复林基地、四川省与重庆市共建长江上游珍稀特有鱼类国家级自然保护区川渝司法协作生态保护基地等。

(2)探索高原生物多样性的司法保护举措。青海是我国高原生物多样性资源最为集中的地区之一,是三江源所在地,在长江流域具有重要的生态地位。高原生物多样性资源破坏容易修复难。近年来,青海法院严格依法办理环境资源案件,运用司法手段保护好高原的生物多样性:一是规范生物多样性保护案件审判执行工作,健全完善环境司法的审判体系。加快推进三江源、青海湖、祁连山生态法庭建设。2021 年,最高人民法院同意批复青海省高级人民法院关于由西宁铁路运输法院统一管辖三个生态法庭案件的请示。[2] 二是在环境资源案件审判工作中落实生态环境损害赔偿诉讼制度和生态环境损害赔偿协议司法确认制度,在对犯罪行为人判处刑罚的同时,判决其承担生态环境赔偿、修复费用和修复责任等。2021 年青海各级法院一审审结环境资源案件 1816 件。三江源生态法庭审理的马某某非法收购、运输、出售珍贵、濒危野生动物制品案,入选最高人民法院生态环境司法保护典型案例。青海省高级人民法院在 2021 年世界环

---

〔2〕 张泽军:《2022 年 1 月 23 日在青海省第十三届人民代表大会第七次会议上所作的青海省高级人民法院工作报告》,载青海省人民政府网,http://www.qinghai.gov.cn/zwgk/system/2022/02/11/010403003.shtml。

境“生物多样性司法保护”专题研讨会所作的《高原生物多样性司法保护的青海实践》产生了积极影响。[3]

(3)加强对九大高原湖泊流域的司法保护。云南省各级法院十分重视发挥司法在九大高原湖泊流域[4]中的保护作用,2021 年 10 月,云南省高级人民法院制定了《关于持续深化环境资源审判改革创新不断加强生物多样性司法保护的十六条措施》,其中强调要依法及时化解涉滇池、抚仙湖、洱海、泸沽湖等九大高原湖泊生态环境矛盾纠纷,全力服务保障九大高原湖泊的生态系统多样性。2021 年云南法院依法审理九大高原湖泊流域纠纷案件共计 261 件。[5]

5. 跨区域司法协作机制向纵深发展,流域环境司法的格局正在形成。作为环境司法专门化在“流域”这一空间要素的特殊体现,流域性环境司法有其独特的使命。流域环境司法是环境司法在流域中的具体体现。“流域化”体现了环境司法的特殊性和专业性。司法体制机制是司法运行的重要载体与制度保障。环境司法流域化应当是司法体制、运行机制、行为方式等回应流域特点的必然要求,在人员、组织机构、运作机制等方面实现的专门化。[6] 在流域生态系统管理模式下,我国环境司法有必要沿着“环境要素保护—生态系统保护—全流域保护”的路径不断演化升级为流域环境司法,并在这一过程中不断转变司法理念、政策、制度和行为方式,真正从体制和机制方面实现区域司法向流域司法的转型。[7] 长江流域作为我国最大尺度、最为复杂的流域生态系统,其对司法的需求必然要求坚持整体性、系统性保护理念。《长江保护法》就是秉持整体观、系

---

〔3〕 张泽军:《2022 年 1 月 23 日在青海省第十三届人民代表大会第七次会议上所作的青海省高级人民法院工作报告》,载青海省人民政府网,http://www.qinghai.gov.cn/zwgk/system/2022/02/11/010403003.shtml。

〔4〕 九大高原湖泊流域覆盖云南省 15 个县(区、市),具有特殊的生态功能,长期以来环境保护与经济发展的矛盾突出。云南省《“十四五”九大高原湖泊保护治理规划》将九大高原湖泊流域划分为三种类型,实行分类治理:一是预防型湖泊——泸沽湖,坚持“预防为主、生态优先、保护优先”原则,以水资源和水环境承载力为约束,以强化流域空间管控、修复水生态系统、有效治理生活污水为主攻方向;二是保护型湖泊——抚仙湖、洱海、阳宗海,突出“保护为主”原则,以水资源和水环境承载力为约束,以强化流域空间管控、提高水资源承载能力、严格控制外源输入、修复水生态为治理的主攻方向;三是治理型湖泊——滇池、程海、杞麓湖、星云湖、异龙湖,以强化流域空间管控、提高水资源承载能力、严格控制外源输入、加大清理内源、系统修复水生态为治理的主攻方向。《云南省“十四五”九大高原湖泊保护治理规划》,载 http://wcb.yn.gov.cn/uploadfile/wcb_old/file/20210430/20210430153454451.pdf。

〔5〕 侯建军:《2022 年 1 月 22 日在云南省第十三届人民代表大会第五次会议上所作的云南省高级人民法院工作报告》,载 https://yn.yunnan.cn/system/2022/01/29/031898123.shtml。

〔6〕 秦天宝:《我国流域环境司法保护的转型与重构》,载《东方法学》2021 年第 2 期。

〔7〕 秦天宝:《我国流域环境司法保护的转型与重构》,载《东方法学》2021 年第 2 期。

统观来建构制度规则,力求协调长江流域上下游、左右岸、干支流的关系,推进流域山水林田湖草一体化保护和修复,而这些目标的实现都需要相适应的司法体制机制来支撑。

(1)以生态系统或者生态功能区为单位的跨行政区集中管辖在全域展开。

近年来,长江流域各级法院在最高人民法院的指导下,坚持以环境司法专门化为抓手,持续改革区域环境司法体制机制,在跨区域的环境司法体制机制上持续发力,以适应长江流域整体性、系统性、多层次性的生态系统保护需要。截至2021 年,江苏省形成“9 + 1”的环境资源案件管辖审判组织体系。甘肃省形成“点、线、面”的环境资源案件管辖审判体系,其中,甘肃省高级人民法院环境资源审判庭为“点”,甘肃林区中级人民法院及所属林区基层人民法院为“线”,甘肃矿区人民法院及各市(州)府所在地基层人民法院专门合议庭为“面”。湖北省形成“1 + 5 + 10 + N”的环境资源案件审判组织体系。其中,1 表示湖北省高级人民法院,统筹管理指导全省的环境资源审判事务;5 表示由武汉海事人民法院管辖湖北省内长江干流及支流水域水污染损害等环境民事公益诉讼案件,武汉、宜昌、汉江、十堰等 4 个市的中级人民法院跨行政区划集中管辖其他一审环境公益诉讼案件;10 表示丹江口市、石首市、洪湖市、汉川市等 10 个基层人民法院设立生态环境保护法庭,负责重点流域、区域环境资源案件管辖审判;N 表示省高级人民法院指导未设立专门机构的中基层人民法院建立稳定的审判队伍,确保环境资源审判工作有分管领导、有专门团队、有联络人员。江西省在“五河一江一湖”流域和部分重点区域设立 11 个环境资源法庭。湖南省设立湘江、洞庭湖、东江湖、资水、沅水、澧水和湘中环境资源法庭。浙江省湖州市指定南太湖新区人民法院集中管辖湖州全市基层人民法院管辖的环境资源一审案件。云南省将昆明市辖区内的重点环境资源案件指定由盘龙、安宁、寻甸人民法院集中管辖等。[8]

(2)全流域多层次的环境司法协作模式基本形成。

一是全流域司法协作。2021 年,长江流域 19 省区市高级人民法院形成司法协作机制。[9] 该机制源于 2018 年 9 月,在最高人民法院指导下长江经济带

---

〔8〕《最高人民法院环境与资源审判庭,将构建长江全流域的环境资源审判协作机制》,载搜狐网,https://www.sohu.com/a/454954039_260616,最后访问日期:2022 年 3 月 16 日。

〔9〕武建华:《建立健全长江全流域环境司法协作协同机制》,载《人民法院报》2021 年 4 月 15 日,第 8 版。

11 省市和青海省高级人民法院签订的《长江经济带 11 +1 省市级高级人民法院环境资源审判协作框架协议》,构建常态化的司法协作机制。协作的领域主要包括:异地法院之间在立案、审判、执行等方面的工作协调对接,跨区域远程办理、跨层级联动办理,在查询、冻结、查封、调查或者法律文书送达等有关事项上的司法协作。

二是上中下游重点区域跨省域司法协作。司法协作的内容涵盖环境资源案件跨域立案服务、一体化处理、专项审理、矛盾纠纷多元化解、跨域联合执行、交流会商、信息资源共享、联合业务培训、共建生态修复基地、联合宣传等领域。首先,在长江上游,2020 年 5 月,四川省高级人民法院和重庆市高级人民法院签署了《成渝地区双城经济圈环境资源审判协作框架协议》。2020 年 6 月,四川广元与陕西宝鸡、汉中以及甘肃陇南四地法院签署《川陕甘秦岭南麓嘉陵江上游区域环境资源审判协作框架协议》,以共同打造"区域生态司法协作、全流域协同治理"的格局,切实守护好秦岭南麓嘉陵江上游生态屏障。[10] 2020 年 9 月,四川、重庆、贵州、云南四省(市)高级人民法院签署《长江上游跨区域环境资源审判协作框架协议》,共同建立长江上游跨区域环境资源审判协作机制。2021 年 4 月,陕西宝鸡、汉中与陇南、遂宁、巴中等川陕甘渝四省市的 11 家中级人民法院共同签署《嘉陵江流域环境资源保护司法协作框架协议》。此次司法协作是《长江保护法》正式施行以后,长江八大支流中第一个跨省流域司法协作,是以流域为单位的环境资源跨区域一体化保护的有益探索。其次,在长江中游,早在 2019 年 7 月,湖南、湖北两省的高级人民法院签订《环洞庭湖环境资源审判协作框架协议》,协调解决环洞庭湖环境资源审判工作的重大事项,合力为洞庭湖生态环境提供司法保护。2021 年 4 月,鄂豫陕三省高级人民法院共同签署了《关于环丹江口水库生态环境保护与修复环境资源审判协作框架协议》,全面加强环丹江口水库生态环境保护司法协作。2021 年 4 月,湖北武汉海事法院与湖北黄石中级人民法院、江西九江中级人民法院、湖南岳阳中级人民法院、安徽池州中级人民法院、安徽安庆中级人民法院四省六地法院签订《长江中下游环资司法协作机制框架协议》,以期为长江经济带高质量发展提供司法保障。2021 年 6 月,湖北、湖南、江西三省高级人民法院签署《关于构建长江中游城市群审判工作协作机制的框架协议》,明确三省法院共同落实长江大保护战略,加快实现长

〔10〕 张剑虹:《川陕甘三省四中院携手建立秦岭南麓嘉陵江上游生态屏障司法协作机制》,载国际在线网,http://sc.cri.cn/n/20200605/71af7a71 - 458a - 9ad2 - b0ca - f89466a6b83a.html。

江流域生态环境资源的一体化司法保护体制。[11] 最后,在长江下游,早在 2019 年 10 月,上海、江苏、浙江、安徽等 4 省(市)高级人民法院签署《长江三角洲地区人民法院环境资源司法协作框架协议》。2020 年 10 月,上海市第三中级人民法院与江苏南京环境资源法庭、浙江杭州中级人民法院、浙江嘉兴中级人民法院、浙江湖州中级人民法院、安徽宣城中级人民法院签署《长三角环境资源司法协作框架协议实施细则》,为构筑长三角洲区域环境司法一体化保护协作机制奠定了基础。

三是省域内的司法协作。近年来,长江流域普遍开展省域内以中小河流、湖泊流域等生态功能区为单元的跨区域司法协作实践活动。例如,在长江上游,2019 年 12 月,四川德阳、成都、资阳、眉山、内江、自贡、泸州等 7 家中级人民法院签订《沱江流域七市中级人民法院环境资源审判协作框架协议》,共同为沱江经济带生态环境保护提供司法服务和保障。在长江中游,2021 年 6 月,湖北武汉、孝感、汉江、荆门、襄阳、十堰等 6 家中级人民法院及武汉海事法院共同签署《湖北省汉江流域环境资源审判协作框架协议》,共同为汉江流域的生态环境提供司法保护。[12] 在长江下游,2020 年 7 月,浙江嘉兴、杭州、宁波、湖州、绍兴 5 地法院签署《大运河(浙江段)环境资源司法协作工作协议》,拟建立系统化、常态化、制度化的一站式跨域诉讼服务机制,实现大运河流域环境资源案件跨域立案服务全覆盖,推进大运河流域的跨行政区域环境公益诉讼、生态环境损害赔偿诉讼案件集中管辖,探索重大环境资源案件跨行政区审理专门管辖机制,实现区域生态环境一体化保护。同时,对于执行案件中的生态环境修复、禁止令、劳务代偿等特殊执行事项,完善生效判决委托或协助执行,确保被执行人履行到位。

四、2021 年长江流域环境司法发展中呈现的主要问题

2021 年是长江流域环境司法发展史上具有重要意义的一年,随着长江流域的专门性立法——《长江保护法》的生效实施,流域环境司法从案件审理、体制机制到制度举措等方面都取得了重要进展。然而,实践中也反映出一些问题亟须解决,主要表现在多个方面。

---

〔11〕 袁超一、蔡蕾、杨帅:《湘赣鄂三省高院在汉签署框架协议》,载湖北省人民政府网,https://www.hubei.gov.cn/zwgk/hbyw/hbywqb/202106/t20210606_3580389.shtml,最后访问日期:2022 年 3 月 21 日。

〔12〕 袁超一、吴涛、王淼:《湖北构建汉江流域环境资源审判协作机制》,载湖北省人民政府网,https://www.hubei.gov.cn/hbfb/rdgz/202106/t20210603_3575087.shtml,最后访问日期:2022 年 3 月 21 日。

(一)《长江保护法》缺乏配套司法适用细则

从2021年长江流域人民法院审结的环境资源案件情况来看,《长江保护法》在司法实践中的适用情况并不太理想。首先是在适用数量上,仅有4件案件适用了《长江保护法》,与长江流域年度裁判案件总量相比,显得微不足道。其次是在已适用的4件案件中,《长江保护法》仅发挥辅助依据功能,并不是能产生具体裁判效果意思的核心依据。4件案件仅与《长江保护法》立法关注的非法采砂与非法捕捞水产品这两类问题有关,主要涉及《长江保护法》第28条、第53条、第91条、第93条。

1. 四川省松潘县人民法院审结的马某某非法采矿罪[(2021)川3224刑初22号]一审刑事附带民事公益诉讼案件,主要是在附带民事公益诉讼中,适用了《长江保护法》第93条。[13] 由于本案被告人马某某的非法采矿犯罪行为造成耕地的生态环境破坏,经过相关环境损害司法鉴定机构鉴定,案中涉及的土地和水域生态环境均遭受了严重的损害,其非法采砂(矿)、堆放砂(矿)石造成的生态环境损害价值达到24.93万元(其中包含侵害国家资源价值7.68万元)。因此,公诉机关松潘县人民检察院依据《长江保护法》第93条提起了刑事附带民事公益诉讼,请求判令被告马某某对其非法采矿所破坏的生态环境予以修复,并承担本案的测绘、鉴定费用共计14.8万元。如被告在限期内未予修复或经修复验收不合格,则需承担耕地生态环境修复费用5.57万元。最终法院支持了公诉机关的诉求。

2. 湖南省保靖县人民法院审结的石某某等非法捕捞水产品罪[(2021)湘3125刑初122号]一审刑事案件,主要依据《长江保护法》第53条第2款[14]认定被告人石某某等的违法行为。

3. 江苏省江阴市人民法院审结的张某某等非法捕捞水产品罪[(2021)苏

---

〔13〕《长江保护法》第93条规定:"因污染长江流域环境、破坏长江流域生态造成他人损害的,侵权人应当承担侵权责任。违反国家规定造成长江流域生态环境损害的,国家规定的机关或者法律规定的组织有权请求侵权人承担修复责任、赔偿损失和有关费用。"

〔14〕《长江保护法》第53条规定:"国家对长江流域重点水域实行严格捕捞管理。在长江流域水生生物保护区全面禁止生产性捕捞;在国家规定的期限内,长江干流和重要支流、大型通江湖泊、长江河口规定区域等重点水域全面禁止天然渔业资源的生产性捕捞。具体办法由国务院农业农村主管部门会同国务院有关部门制定。国务院农业农村主管部门会同国务院有关部门和长江流域省级人民政府加强长江流域禁捕执法工作,严厉查处电鱼、毒鱼、炸鱼等破坏渔业资源和生态环境的捕捞行为。长江流域县级以上地方人民政府应当按照国家有关规定做好长江流域重点水域退捕渔民的补偿、转产和社会保障工作。长江流域其他水域禁捕、限捕管理办法由县级以上地方人民政府制定。"

0281 刑初 211 号]一审刑事案件,法院在本案中没有直接引用《长江保护法》的具体条款,但是作了概括性引述。法院认为被告人张某某伙同他人违反保护水产资源法律法规,在禁渔区、禁渔期使用电捕鱼的方式捞捕水产品,对电流波及的水域内渔业资源与生态环境都会造成影响和破坏,是我国《长江保护法》《渔业法》明确禁用的捕鱼方法,由此认定被告人张某某非法捕捞水产品的情节严重,其行为确已构成非法捕捞水产品罪。

4. 在四川省康定市人民法院审结的两家公司之间的合同纠纷[(2021)川 3301 民初 716 号]一审民事案件中,法院在事实认定部分,确认了 2021 年 8 月 12 日,甘孜州水务局向勃发公司发出水行政处罚决定书的证据效力,依据《长江保护法》第 28 条、第 91 条[15]的规定,认定甘孜州水务局对其非法采砂的行为作出的行政处罚决定具有证明效力。

通过对四件案件的详细分析,可以发现,《长江保护法》目前在具体案件裁判中,发挥功能非常有限,这主要与其规定过于原则、可操作性不强等问题有关。因此,若要使《长江保护法》得到充分的司法适用,需要及时配套细化的司法实施规则。

(二)长江流域环境司法协作的实质功效尚未全面展现

长江流域的环境司法协作离客观需求相距甚远,分散司法、区块司法仍然是基础,整体性与协同性不足,司法协作的形式大于内容:

1. 流域内环境资源案件的立案、审理与执行标准并不统一。长江流域法院在环境资源案件的管辖范围等方面存在较大差异,一定程度上掣肘着法院之间的实质协作。同时,地方环境保护立法或政策的差异也造成司法标准差异,一些地区对环境违法犯罪的打击力度严,一些地区对环境违法犯罪的打击力度宽,这种差异为司法协作带来障碍。如在长江流域案件发生量最多的非法捕捞水产品

---

[15] 《长江保护法》第 28 条规定:"国家建立长江流域河道采砂规划和许可制度。长江流域河道采砂应当依法取得国务院水行政主管部门有关流域管理机构或者县级以上地方人民政府水行政主管部门的许可。国务院水行政主管部门有关流域管理机构和长江流域县级以上地方人民政府依法划定禁止采砂区和禁止采砂期,严格控制采砂区域、采砂总量和采砂区域内的采砂船舶数量。禁止在长江流域禁止采砂区和禁止采砂期从事采砂活动。国务院水行政主管部门会同国务院有关部门组织长江流域有关地方人民政府及其有关部门开展长江流域河道非法采砂联合执法工作。"第 91 条规定:"违反本法规定,在长江流域未依法取得许可从事采砂活动,或者在禁止采砂区和禁止采砂期从事采砂活动的,由国务院水行政主管部门有关流域管理机构或者县级以上地方人民政府水行政主管部门责令停止违法行为,没收违法所得以及用于违法活动的船舶、设备、工具,并处货值金额二倍以上二十倍以下罚款;货值金额不足十万元的,并处二十万元以上二百万元以下罚款;已经取得河道采砂许可证的,吊销河道采砂许可证。"

案件中，四川和重庆两省之间在禁用渔具、方法上的规定就不相同，甚至就同一跨界河流的规定也不尽相同。

2. 环境司法协作的实质进展不够。目前，长江流域各地所开展的环境司法协作均以意见、框架协议、备忘录等形式展开，协作的政策性、宣传性和形式意义较强，文件的效力性、可执行性较弱，不少司法协作框架协议主要强调指导思想、协作原则、重大意义，重心在于加强沟通交流，对于具体的协作事项缺乏规定，以至于无法真正协作。同时，长江流域环境司法协作在省级层面和各级法院内部还缺乏制度上的保障和激励约束，尤其是跨省域的环境资源案件诉讼程序启动难、案件事实认定难、裁判文书送达难、裁判执行难等问题明显，很大程度上制约着环境司法协作功能的有效发挥。

（三）长江流域生态环境修复资金管理配套制度不健全

长江流域环境民事公益诉讼案件和生态环境损害赔偿诉讼案件大都判令环境污染者或者生态破坏者承担生态环境修复资金。然而，生态环境修复资金的设立、缴纳、使用以及责任缺乏统一的操作规范。司法实践中存在不少问题：一是对生态环境修复资金的性质认识不统一。例如，福建、广西、安徽、江西、陕西、河南、云南七个省份的法院在裁判文书中分别使用生态服务功能损失费、生态环境修复金（或资金）、生态环境修复费用、生态修复赔偿金、生态补偿金等称谓，这些称谓的含义并不一致，反映了长江流域人民法院对生态环境修复资金的性质认识并不一致，这也造成了针对流域同样的生态环境损害，其裁判的标准和尺度不一致。二是缺乏统一的、规范化的管理制度。对于生态环境修复资金如何设立、缴纳、管理与使用，各省的做法并不一致，资金的使用去向也不透明。当前长江流域的生态环境修复需要巨额投入，资金的缺口非常大，因此，对于生态环境修复资金进行统一的规范化管理意义重大。

（四）长江流域环境司法的信息化建设滞后

信息化建设包括信息载体、信息公开、信息共享等形式与内容的建设。《长江保护法》第 77 条规定国家应当加强长江流域司法保障建设。信息化建设是现代司法服务的必要保障。当前长江流域环境司法的信息化建设显得相当滞后，存在两个非常基础但又亟须解决的问题：一是长江流域个别省份的高级人民法院尚未建成官方网站。这是一个基础但又重要的问题。西藏自治区在长江流域的生态地位非常重要，但是，迄今，其高级人民法院没有官方网站，以至于公众无法公开了解其环境司法发展情况，无法公开获取其年度工作报告。在课题组近年来的研究中,有关西藏地区的环境资源案件少之又少,这未必真实地反映了西藏地区的环境资源案件发生情况。二是流域各省高级人民法院没有建立统一的、专门的长江流域环境资源案件的统计方法或指标。由于长江流域横跨东中西部地区,幅员辽阔,其所涉及的多个省级行政区域并不只属于长江流域。若要对长江流域的生态环境司法保护状况进行精准化的观测和研究,就需要建立统一的、专门的统计方法或指标对发生在长江流域范围的环境资源案件进行专门统计。因此,加强长江流域环境司法的信息化建设势在必行。

五、结论与建议

《长江保护法》实施首年,长江流域各级法院积极履行环境司法裁判职能,着力探索流域性环境司法保护创新,流域特色不断彰显,司法助力长江大保护迈上新台阶。然而,长江流域是我国最大且功能最复杂的流域,随着长江经济带的不断发展,司法作为保护流域生态环境、全面加强流域生态文明建设、实现绿色发展和高质量发展的重要力量,面临着为长江流域提供生态整体性保护的巨大压力。长江流域实现"生态优先、绿色发展""共抓大保护、不搞大开发",迫切要求在全流域贯彻整体性保护和绿色司法理念,实现生态规律与司法规律相结合,[16]这需要从司法理念、体制机制、司法权能、裁判标准与规则等方面形塑适应流域生态规律的环境司法。当前长江流域的环境司法仍然是以分散司法、区块司法为基础,整体性与协同性不足,离长江流域生态系统整体性、系统性保护的客观需求仍然差距较大。当然要从体制机制上真正实现区域司法向流域司法的转型,需要经过长期的实践和成熟的理论准备。针对 2021 年长江流域环境司法实践中展现出来的问题,建议从以下几方面完善:

1. 及时配套《长江保护法》的司法适用细则。《长江保护法》作为一部统筹长江流域保护与利用的综合法,在长江流域经济社会发展中发挥着枢纽作用。《长江保护法》作用的社会关系非常广泛,包括水资源的利用、产业布局的调整、港口岸线资源的配置、重点区域和重点物种的保护、流域污染的防治、生态环境的修复、人民生活水平的提升等各种关系。[17] 这意味着《长江保护法》的实施将面临多元的利益冲突,环境资源纠纷必定不少。但是,由于《长江保护法》是行政规制性立法,其主要立足于为行政机关设定环境行政职权与职责,以及为行政相对人设定义务与责任。因此,《长江保护法》的法律责任主要以行政责任为

---

〔16〕 吕忠梅等:《中国环境司法发展报告(2019)》,法律出版社 2020 年版,第 260 页。
〔17〕 吕忠梅:《〈长江保护法〉适用的基础性问题》,载《环境保护》2021 年第 Z1 期。

主，对于刑事责任与民事责任，《长江保护法》仅规定了引致条款。从2021年的4件案件来看，主要是在具有配套司法政策或司法解释的非法捕捞水产品和非法采矿两个方面具有司法适用，其他同样是《长江保护法》立法重点关注的问题，如侵占河湖水域或岸线、外来物种入侵、重要栖息地禁航、负面清单等方面却没有案例展现。其中的原因前文已有分析，主要是《长江保护法》的规定较为原则，如果不作规则细化，将无法落地实施。因此，要使《长江保护法》得到充分的司法适用，要使其司法效能充分展现，就需要及时配套《长江保护法》的司法政策或者司法解释等适用细则，从而确保《长江保护法》立法关注的流域问题能够得到全方位的司法救济与保障。

2. 持续推进长江流域环境司法协作实质发展。一是逐步统一长江流域环境资源案件的立案、审理与执行标准。建议最高人民法院优化长江流域全域性案例指导制度，建立同类案件查询系统平台，适时发布典型案例，充分发挥典型案例的示范引导作用，以此促进长江流域范围内环境资源案件的立案、审理与执行标准的统一。同时，长江流域各省份高级人民法院结合本省实际，制定本省长江流域环境资源案件审判业务文件、发布参考性案例、召开审判业务会议、组织法官培训、总结审判经验等，对下级法院的审判工作进行指导，逐步规范和统一本省长江流域环境资源案件立案、审理与执行的标准和尺度。二是在国家和省两个层面制定长江流域环境司法协作、协调联动的长效办法，明确程序和内容，建立规范的环境司法协作、协调联动机制的启动、运行、反馈和监督规则，保障长江流域司法协作的实质化运行。

3. 建立健全长江流域生态环境修复资金管理制度。当前长江流域的生态环境保护与修复需要巨额投入，资金缺口大，统一、规范长江流域生态环境修复资金管理意义重大。事实上，2020年3月，财政部等九部门颁布了《生态环境损害赔偿资金管理办法（试行）》[以下简称《生态环境办法（试行）》]，其中明确了2020年生态环境损害赔偿收入列政府收支分类科目“1039999 其他收入”，以后年度根据政府收支分类科目修订情况列入相应科目。《生态环境办法（试行）》明确了生态环境损害赔偿资金的收取、管理和使用。因此，长江流域各省份在涉及生态环境损害赔偿诉讼中的生态环境损害赔偿资金收取、管理和使用上，应当遵守《生态环境办法（试行）》的规定。同时，建议财政部组织相关主管部门研究出台“长江流域生态环境修复资金管理办法”，将长江流域环境民事公益诉讼（包括环境刑事附带民事公益诉讼）与生态环境损害赔偿诉讼案件中所涉及的生态环境修复资金进行统筹考虑,制定统一的长江流域生态环境修复资金的缴纳、管理和使用的标准以及明确具体的程序和操作规则,以形成资金合力专门用于长江流域生态环境的修复与治理。

4. 逐步推进长江流域环境司法信息化建设。长江流域是复合型巨系统,需要按照系统工程的思路,全方位、全流域、全过程开展生态环境的司法保护。信息化建设是基础。为了能准确了解长江流域环境资源案件的发生规律,精准提升长江流域环境司法保护水平,当下可以从两个简单的问题入手来逐步推进长江流域环境司法信息化建设。一是建议由最高人民法院建立统一的、专门的长江流域环境资源案件统计方法或指标,指导长江流域 19 省份统计本省域的长江流域环境资源案件年度审理情况,并由高级人民法院院长在年度工作报告中报告。通过年度环境资源案件情况,归纳分析长江流域环境资源案件的主要类型、分布特征、年度变化等,便于准确评估《长江保护法》等法律、政策的实施效果。同时,建立统一的统计方法或指标也有利于促进长江流域环境司法裁判标准和尺度的统一。二是建议最高人民法院指导协助西藏自治区高级人民法院建设官方网站,及时进行环境信息公开。

附　　录

附录[1]一　环境立法、司法解释、生态文明体制改革政策目录[2](2021)

一、中央环境立法、司法解释、生态文明改革政策文件

(一)法律

序号	发布时间	名称	发布部门	效力级别
1	2021年1月22日	中华人民共和国动物防疫法(2021年修订)	全国人大常委会	法律
2	2021年4月29日	中华人民共和国草原法(2021年修正)	全国人大常委会	法律
3	2021年6月25日	全国人民代表大会常务委员会法制工作委员会关于环保部门就环境行政处罚决定申请人民法院强制执行的期限有关问题的答复	全国人大常委会法制工作委员会	法律
4	2021年10月19日	全国人民代表大会环境与资源保护委员会关于第十三届全国人民代表大会第四次会议主席团交付审议的代表提出的议案审议结果的报告	全国人大环境与资源保护委员会	法律
5	2021年10月21日	全国人民代表大会常务委员会预算工作委员会、全国人民代表大会财政经济委员会、全国人民代表大会环境与资源保护委员会关于2020年度国有自然资源资产管理情况的调研报告	全国人民代表大会常务委员会预算工作委员会、全国人民代表大会财政经济委员会、全国人民代表大会环境与资源保护委员会	法律

〔1〕 感谢中南财经政法大学法学院硕士研究生李俊姚、孟昱含、师伟等参与了资料整理工作。

〔2〕 时间限定为2021年1月1日到12月31日,将收集到的法律法规、部门规章、规范性文件等(省级及以上)汇总整理,并按照法律、党内法规、行政法规、地方性法规、部门规章、司法解释、规范性文件进行归类。

续表

序号	发布时间	名称	发布部门	效力级别
6	2021 年 12 月 24 日	中华人民共和国噪声污染防治法	全国人大常委会	法律
7	2021 年 12 月 24 日	中华人民共和国湿地保护法	全国人大常委会	法律

(二)党内法规

序号	发布时间	名称	发布部门	效力级别
1	2021 年 4 月 26 日	中共中央办公厅、国务院办公厅印发关于建立健全生态产品价值实现机制的意见	中共中央办公厅、国务院办公厅	党内法规
2	2021 年 9 月 12 日	中共中央办公厅、国务院办公厅印发关于深化生态保护补偿制度改革的意见	中共中央办公厅、国务院办公厅	党内法规
3	2021 年 9 月 22 日	中共中央、国务院关于完整准确全面贯彻新发展理念做好碳达峰碳中和工作的意见	中国共产党中央委员会、国务院	党内法规
4	2021 年 10 月 8 日	中共中央、国务院印发黄河流域生态保护和高质量发展规划纲要	中国共产党中央委员会、国务院	党内法规
5	2021 年 10 月 19 日	中共中央办公厅、国务院办公厅印发关于进一步加强生物多样性保护的意见	中共中央办公厅、国务院办公厅	党内法规
6	2021 年 10 月 21 日	中共中央办公厅、国务院办公厅印发关于推动城乡建设绿色发展的意见	中共中央办公厅、国务院办公厅	党内法规
7	2021 年 11 月 2 日	中共中央、国务院关于深入打好污染防治攻坚战的意见	中国共产党中央委员会、国务院	党内法规

(三)行政法规

序号	发布时间	名称	发布部门	效力级别
1	2021年1月24日	排污许可管理条例	国务院	行政法规
2	2021年2月1日	国务院办公厅关于重点林区“十四五”期间年森林采伐限额的复函	国务院办公厅	国务院规范性文件
3	2021年2月2日	国务院关于加快建立健全绿色低碳循环发展经济体系的指导意见	国务院	国务院规范性文件
4	2021年2月27日	国务院关于研究处理《全国人民代表大会常务委员会关于全面禁止非法野生动物交易、革除滥食野生动物陋习、切实保障人民群众生命健康安全的决定》和《中华人民共和国野生动物保护法》执法检查报告及审议意见情况的报告	国务院	国务院规范性文件
5	2021年3月12日	国务院办公厅关于加强草原保护修复的若干意见	国务院办公厅	国务院规范性文件
6	2021年4月8日	国务院办公厅关于加强城市内涝治理的实施意见	国务院办公厅	国务院规范性文件
7	2021年4月26日	国务院关于2020年度环境状况和环境保护目标完成情况、研究处理土壤污染防治法执法检查报告及审议意见情况、依法打好污染防治攻坚战工作情况的报告	国务院	国务院规范性文件
8	2021年5月11日	国务院办公厅关于印发强化危险废物监管和利用处置能力改革实施方案的通知	国务院办公厅	国务院规范性文件
9	2021年5月18日	国务院办公厅关于科学绿化的指导意见	国务院办公厅	国务院规范性文件
10	2021年6月7日	国务院关于长江流域生态环境保护工作情况的报告	国务院	国务院规范性文件
11	2021年8月18日	国务院关于雄安新区和白洋淀生态保护工作情况的报告	国务院	国务院规范性文件

续表

序号	发布时间	名称	发布部门	效力级别
12	2021 年 9 月 18 日	国务院办公厅关于对“十三五”时期实行最严格水资源管理制度成绩突出的省级人民政府给予表扬的通报	国务院办公厅	国务院规范性文件
13	2021 年 9 月 30 日	国务院关于同意设立海南热带雨林国家公园的批复	国务院	国务院规范性文件
14	2021 年 9 月 30 日	国务院关于同意设立武夷山国家公园的批复	国务院	国务院规范性文件
15	2021 年 9 月 30 日	国务院关于同意设立东北虎豹国家公园的批复	国务院	国务院规范性文件
16	2021 年 9 月 30 日	国务院关于同意设立大熊猫国家公园的批复	国务院	国务院规范性文件
17	2021 年 9 月 30 日	国务院关于同意设立三江源国家公园的批复	国务院	国务院规范性文件
18	2021 年 10 月 21 日	国务院关于 2020 年度国有自然资源资产管理情况的专项报告	国务院	国务院规范性文件
19	2021 年 10 月 21 日	地下水管理条例	国务院	行政法规
20	2021 年 10 月 24 日	国务院关于印发 2030 年前碳达峰行动方案的通知	国务院	国务院规范性文件
21	2021 年 10 月 25 日	国务院办公厅关于鼓励和支持社会资本参与生态保护修复的意见	国务院办公厅	国务院规范性文件
22	2021 年 11 月 3 日	国务院办公厅关于同意成立《湿地公约》第十四届缔约方大会组织委员会和执行委员会的函	国务院办公厅	国务院规范性文件
23	2021 年 12 月 15 日	国务院关于“十四五”海洋经济发展规划的批复	国务院	国务院规范性文件

(四)司法解释

序号	发布时间	名称	发布部门	效力级别
1	2021年2月24日	最高人民法院印发《关于贯彻〈中华人民共和国长江保护法〉的实施意见》的通知	最高人民法院	司法解释性质文件
2	2021年2月25日	最高人民法院发布10个长江流域生态环境司法保护典型案例	最高人民法院	司法解释性质文件
3	2021年6月3日	最高人民检察院发布十三起检察机关大运河保护公益诉讼检察专项办案典型案例	最高人民检察院	司法解释性质文件
4	2021年6月4日	最高人民法院发布十起2020年度人民法院环境资源典型案例	最高人民法院	司法解释性质文件
5	2021年9月9日	最高人民检察院发布十三起"公益诉讼守护美好生活"专项监督活动典型案例	最高人民检察院	司法解释性质文件
6	2021年10月8日	最高人民法院关于新时代加强和创新环境资源审判工作 为建设人与自然和谐共生的现代化提供司法服务和保障的意见	最高人民法院	司法解释性质文件
7	2021年10月9日	最高人民检察院发布十四起生物多样性保护公益诉讼典型案例	最高人民检察院	司法解释性质文件
8	2021年11月5日	最高检发布"检察为民办实事"之检察机关依法惩治长江流域非法捕捞水产品犯罪典型案例	最高人民检察院	司法解释性质文件
9	2021年11月11日	最高人民检察院关于印发《最高人民检察院关于充分发挥检察职能服务保障黄河流域生态保护和高质量发展的意见》的通知	最高人民检察院	司法解释性质文件
10	2021年11月24日	最高人民法院关于印发《贯彻实施〈长江保护法〉工作推进会会议纪要》的通知	最高人民法院	司法解释性质文件
11	2021年11月24日	最高人民法院关于印发《服务保障黄河流域生态保护和高质量发展工作推进会会议纪要》的通知	最高人民法院	司法解释性质文件

续表

序号	发布时间	名称	发布部门	效力级别
12	2021 年 11 月 25 日	最高人民法院发布十起黄河流域生态环境司法保护典型案例(2021)	最高人民法院	司法解释性质文件
13	2021 年 12 月 14 日	最高人民法院关于为新时代推进西部大开发形成新格局提供司法服务和保障的意见	最高人民法院	司法解释性质文件
14	2021 年 12 月 23 日	最高人民法院关于为新时代推进中部地区高质量发展提供司法服务和保障的意见	最高人民法院	司法解释性质文件
15	2021 年 6 月 29 日	人民检察院公益诉讼办案规则	最高人民检察院	司法解释
16	2021 年 12 月 27 日	最高人民法院关于生态环境侵权案件适用禁止令保全措施的若干规定	最高人民法院	司法解释

(五)部门规章、部门规范文件

序号	发布时间	名称	发布部门	效力级别
1	2021 年 1 月 4 日	生态环境部关于废止固体废物进口相关规章和规范性文件的决定	生态环境部	部门规章
2	2021 年 1 月 4 日	生态环境部关于废止、修改部分生态环境规章和规范性文件的决定	生态环境部	部门规章
3	2021 年 1 月 4 日	生态环境部关于发布《重点监管单位土壤污染隐患排查指南(试行)》的公告	生态环境部	部门规范性文件
4	2021 年 1 月 6 日	生态环境部关于优化生态环境保护执法方式提高执法效能的指导意见	生态环境部	部门规范性文件
5	2021 年 1 月 9 日	生态环境部关于统筹和加强应对气候变化与生态环境保护相关工作的指导意见	生态环境部	部门规范性文件
6	2021 年 1 月 22 日	生态环境部关于推进国家生态环境科技成果转化综合服务平台技术筛选入库工作的公告	生态环境部	部门工作文件

续表

序号	发布时间	名称	发布部门	效力级别
7	2021 年 1 月 27 日	民用核设施操作人员资格管理规定	生态环境部、国家发展和改革委员会	部门规章
8	2021 年 1 月 28 日	关于印发《建设用地土壤污染责任人认定暂行办法》的通知	生态环境部、自然资源部	部门规范性文件
9	2021 年 1 月 28 日	关于印发《农用地土壤污染责任人认定暂行办法》的通知	生态环境部、农业农村部、自然资源部、国家林业和草原局	部门规范性文件
10	2021 年 3 月 4 日	关于发布 2021 年全国可继续使用倾倒区和暂停使用倾倒区名录的公告	生态环境部	部门工作文件
11	2021 年 4 月 19 日	关于印发《2021 年能源工作指导意见》的通知	国家能源局	部门规范性文件
12	2021 年 4 月 27 日	关于印发煤矿生产能力管理办法和核定标准的通知	应急管理部、国家矿山安监局、国家发展和改革委员会、国家能源局	部门规范性文件
13	2021 年 4 月 28 日	关于发布计算环境保护税应税污染物排放量的排污系数和物料衡算方法的公告	生态环境部、财政部、国家税务总局	部门规范性文件
14	2021 年 5 月 11 日	国家能源局关于 2021 年风电、光伏发电开发建设有关事项的通知	国家能源局	部门工作文件
15	2021 年 5 月 14 日	关于发布《碳排放权登记管理规则(试行)》、《碳排放权交易管理规则(试行)》和《碳排放权结算管理规则(试行)》的公告	生态环境部	部门规范性文件

续表

序号	发布时间	名称	发布部门	效力级别
16	2021 年 5 月 17 日	关于加强自由贸易试验区生态环境保护推动高质量发展的指导意见	生态环境部、商务部、国家发展和改革委员会、住房和城乡建设部、中国人民银行、海关总署、国家能源局、国家林业和草原局	部门规范性文件
17	2021 年 5 月 24 日	关于印发《环境信息依法披露制度改革方案》的通知	生态环境部	部门规范性文件
18	2021 年 5 月 30 日	关于加强高耗能、高排放建设项目生态环境源头防控的指导意见	生态环境部	部门规范性文件
19	2021 年 6 月 2 日	关于推动生态环境志愿服务发展的指导意见	生态环境部、中央精神文明建设指导委员会办公室	部门规范性文件
20	2021 年 6 月 9 日	关于发布《排放源统计调查产排污核算方法和系数手册》的公告	生态环境部	部门工作文件
21	2021 年 6 月 29 日	关于印发《建设用地土壤污染风险管控和修复从业单位和个人执业情况信用记录管理办法(试行)》的通知	生态环境部	部门规范性文件
22	2021 年 6 月 29 日	关于加强生态环境保护综合行政执法队伍建设的实施意见	生态环境部	部门规范性文件

续表

序号	发布时间	名称	发布部门	效力级别
23	2021年7月15日	国家发展和改革委员会、国家能源局关于加快推动新型储能发展的指导意见	国家发展和改革委员会、国家能源局	部门规范性文件
24	2021年8月16日	关于成立自然保护地生态环境监管咨询专家库的公告	生态环境部	部门工作文件
25	2021年8月20日	关于进一步完善建设项目环境保护"三同时"及竣工环境保护自主验收监管工作机制的意见	生态环境部	部门规范性文件
26	2021年9月7日	关于发布《吸油烟机等九类废弃电器电子产品处理环境管理与污染防治指南》的公告	生态环境部	部门工作文件
27	2021年9月24日	国家能源局关于印发《新型储能项目管理规范(暂行)》的通知	国家能源局	部门规范性文件
28	2021年10月17日	关于印发《区域生态质量评价办法(试行)》的通知	生态环境部	部门规范性文件
29	2021年10月25日	关于发布《中国进出口受控消耗臭氧层物质名录》的公告	生态环境部、商务部、海关总署	部门规范性文件
30	2021年11月9日	关于深化生态环境领域依法行政持续强化依法治污的指导意见	生态环境部	部门规范性文件
31	2021年11月4日	自然资源部关于规范临时用地管理的通知	自然资源部	部门规范性文件
32	2021年11月15日	关于发布国家生态环境标准《自然保护区生态环境保护成效评估标准(试行)》的公告	生态环境部	部门工作文件
33	2021年11月19日	关于实施"三线一单"生态环境分区管控的指导意见(试行)	生态环境部	部门规范性文件
34	2021年11月30日	危险废物转移管理办法	生态环境部、公安部、交通运输部	部门规章

续表

序号	发布时间	名称	发布部门	效力级别
35	2021 年 12 月 2 日	关于发布《危险废物排除管理清单(2021 年版)》的公告	生态环境部	部门工作文件
36	2021 年 12 月 3 日	国家能源局关于印发《光伏电站消纳监测统计管理办法》的通知	国家能源局	部门规范性文件
37	2021 年 12 月 8 日	关于发布国家生态环境标准《规划环境影响评价技术导则　流域综合规划》的公告	生态环境部	部门工作文件
38	2021 年 12 月 10 日	关于印发《"十四五"时期"无废城市"建设工作方案》的通知	生态环境部、国家发展和改革委员会、工业和信息化部、财政部、自然资源部等	部门工作文件
39	2021 年 12 月 11 日	企业环境信息依法披露管理办法	生态环境部	部门规章
40	2021 年 12 月 13 日	生态环境部关于修改部分部门规章的决定	生态环境部	部门规章
41	2021 年 12 月 13 日	关于印发《"十四五"生态环境保护综合行政执法队伍建设规划》的通知	生态环境部	部门工作文件
42	2021 年 12 月 16 日	关于发布国家生态环境标准《突发环境事件应急监测技术规范》的公告	生态环境部	部门工作文件
43	2021 年 12 月 21 日	关于发布《建设用地土壤污染风险管控和修复名录及修复施工相关信息公开工作指南》的公告	生态环境部	部门工作文件
44	2021 年 12 月 28 日	关于印发《"十四五"生态环境监测规划》的通知	生态环境部	部门工作文件

续表

序号	发布时间	名称	发布部门	效力级别
45	2021年12月29日	关于印发“十四五”土壤、地下水和农村生态环境保护规划的通知	生态环境部、国家发展和改革委员会、财政部、自然资源部、住房和城乡建设部、水利部、农业农村部	部门工作文件
46	2021年12月30日	关于发布《一般工业固体废物管理台账制定指南(试行)》的公告	生态环境部	部门工作文件

二、省级环境立法

序号	发布时间	名称	发布部门	效力级别
1	2021年1月24日	西藏自治区国家生态文明高地建设条例	西藏自治区人大(含常委会)	省级地方性法规
2	2021年9月24日	北京市水污染防治条例(2021年修正)	北京市人大(含常委会)	省级地方性法规
3	2021年4月16日	北京市生态涵养区生态保护和绿色发展条例	北京市人大(含常委会)	省级地方性法规
4	2021年11月29日	天津市土地管理条例(2021年修订)	天津市人大(含常委会)	省级地方性法规
5	2021年9月27日	天津市碳达峰碳中和促进条例	天津市人大(含常委会)	省级地方性法规
6	2021年9月27日	天津市石油天然气管道保护条例	天津市人大(含常委会)	省级地方性法规
7	2021年7月30日	天津市节约用水条例(2021年修正)	天津市人大(含常委会)	省级地方性法规

续表

序号	发布时间	名称	发布部门	效力级别
8	2021 年 2 月 22 日	湖北省人民代表大会常务委员会关于推进长江保护法贯彻实施 守护长江母亲河 促进我省长江经济带高质量发展的决定	湖北省人大(含常委会)	省级地方性法规
9	2021 年 7 月 30 日	天津市实施《中华人民共和国水法》办法(2021 年修正)	天津市人大(含常委会)	省级地方性法规
10	2021 年 7 月 21 日	上海市环境保护条例(2021 年修正)	上海市人大(含常委会)	省级地方性法规
11	2021 年 10 月 28 日	上海市河道管理条例(2021 年修正)	上海市人大(含常委会)	省级地方性法规
12	2021 年 10 月 28 日	上海市饮用水水源保护条例(2021 年修正)	上海市人大(含常委会)	省级地方性法规
13	2021 年 11 月 25 日	重庆市生活垃圾管理条例	重庆市人大(含常委会)	省级地方性法规
14	2021 年 11 月 25 日	重庆市人民代表大会常务委员会关于加强嘉陵江流域水生态环境协同保护的决定	重庆市人大(含常委会)	省级地方性法规
15	2021 年 3 月 31 日	湖南省湿地保护条例(2021 年修正)	湖南省人大(含常委会)	省级地方性法规
16	2021 年 3 月 31 日	甘肃省土壤污染防治条例	甘肃省人大(含常委会)	省级地方性法规
17	2021 年 5 月 27 日	重庆市大气污染防治条例(2021 年修正)	重庆市人大(含常委会)	省级地方性法规
18	2021 年 9 月 29 日	河北省大气污染防治条例(2021 年修正)	河北省人大(含常委会)	省级地方性法规
19	2021 年 7 月 29 日	河北省城乡生活垃圾分类管理条例(2021 年修正)	河北省人大(含常委会)	省级地方性法规
20	2021 年 7 月 29 日	河北省节约用水条例(2021 年修正)	河北省人大(含常委会)	省级地方性法规
21	2021 年 7 月 29 日	河北省发展循环经济条例(2021 年修正)	河北省人大(含常委会)	省级地方性法规

续表

序号	发布时间	名称	发布部门	效力级别
22	2021 年 7 月 29 日	河北省乡村环境保护和治理条例(2021 年修正)	河北省人大(含常委会)	省级地方性法规
23	2021 年 3 月 31 日	河北省人民代表大会常务委员会关于加强矿产开发管控保护生态环境的决定	河北省人大(含常委会)	省级地方性法规
24	2021 年 5 月 27 日	内蒙古自治区呼伦湖国家级自然保护区条例(2021 年修正)	内蒙古自治区人大(含常委会)	省级地方性法规
25	2021 年 5 月 27 日	内蒙古自治区大青山国家级自然保护区条例(2021 年修正)	内蒙古自治区人大(含常委会)	省级地方性法规
26	2021 年 5 月 27 日	湖南省洞庭湖保护条例	湖南省人大(含常委会)	省级地方性法规
27	2021 年 2 月 22 日	白洋淀生态环境治理和保护条例	河北省人大(含常委会)	省级地方性法规
28	2021 年 7 月 29 日	山西省永久性生态公益林保护条例(2021 年修正)	山西省人大(含常委会)	省级地方性法规
29	2021 年 5 月 28 日	山西省森林公园条例(2021 年修正)	山西省人大(含常委会)	省级地方性法规
30	2021 年 5 月 28 日	山西省实施《中华人民共和国水土保持法》办法(2021 年修正)	山西省人大(含常委会)	省级地方性法规
31	2021 年 3 月 31 日	山西省固体废物污染环境防治条例	山西省人大(含常委会)	省级地方性法规
32	2021 年 5 月 28 日	河南省土壤污染防治条例	河南省人大(含常委会)	省级地方性法规
33	2021 年 11 月 26 日	辽宁省实施《中华人民共和国土地管理法》办法(2021 年修正)	辽宁省人大(含常委会)	省级地方性法规
34	2021 年 7 月 28 日	辽宁省医疗废物管理条例	辽宁省人大(含常委会)	省级地方性法规
35	2021 年 7 月 28 日	广西壮族自治区土壤污染防治条例	广西壮族自治区人大(含常委会)	省级地方性法规

续表

序号	发布时间	名称	发布部门	效力级别
36	2021 年 5 月 27 日	吉林省黑土地保护条例(2021 年修正)	吉林省人大(含常委会)	省级地方性法规
37	2021 年 12 月 24 日	黑龙江省黑土地保护利用条例	黑龙江省人大(含常委会)	省级地方性法规
38	2021 年 11 月 1 日	黑龙江省耕地保护条例(2021 年修订)	黑龙江省人大(含常委会)	省级地方性法规
39	2021 年 9 月 29 日	江苏省人民代表大会常务委员会关于在长江江苏水域严禁非法采砂的决定(2021 年修正)	江苏省人大(含常委会)	省级地方性法规
40	2021 年 9 月 29 日	江苏省水土保持条例(2021 年修正)	江苏省人大(含常委会)	省级地方性法规
41	2021 年 9 月 29 日	江苏省水资源管理条例(2021 年修正)	江苏省人大(含常委会)	省级地方性法规
42	2021 年 9 月 29 日	江苏省湖泊保护条例(2021 年修正)	江苏省人大(含常委会)	省级地方性法规
43	2021 年 9 月 29 日	江苏省水污染防治条例(2021 年修正)	江苏省人大(含常委会)	省级地方性法规
44	2021 年 9 月 24 日	宁夏回族自治区土壤污染防治条例	宁夏回族自治区人大(含常委会)	省级地方性法规
45	2021 年 9 月 29 日	江苏省节约能源条例(2021 年修正)	江苏省人大(含常委会)	省级地方性法规
46	2021 年 9 月 29 日	江苏省河道管理条例(2021 年修正)	江苏省人大(含常委会)	省级地方性法规
47	2021 年 9 月 29 日	河南省人民代表大会常务委员会关于促进黄河流域生态保护和高质量发展的决定	河南省人大(含常委会)	省级地方性法规
48	2021 年 9 月 29 日	湖北省汉江流域水环境保护条例(2021 年修正)	湖北省人大(含常委会)	省级地方性法规

续表

序号	发布时间	名称	发布部门	效力级别
49	2021年9月29日	湖北省湖泊保护条例(2021年修正)	湖北省人大(含常委会)	省级地方性法规
50	2021年9月29日	湖北省清江流域水生态环境保护条例(2021年修正)	湖北省人大(含常委会)	省级地方性法规
51	2021年9月29日	湖北省河道采砂管理条例(2021年修正)	湖北省人大(含常委会)	省级地方性法规
52	2021年9月29日	湖北省实施《中华人民共和国水法》办法(2021年修正)	湖北省人大(含常委会)	省级地方性法规
53	2021年9月29日	云南省自然保护区管理条例(2021年修正)	云南省人大(含常委会)	省级地方性法规
54	2021年9月29日	云南省人民代表大会常务委员会关于全面贯彻实施长江保护法促进高质量发展的决定	云南省人大(含常委会)	省级地方性法规
55	2021年9月29日	陕西省固体废物污染环境防治条例(2021年修正)	陕西省人大(含常委会)	省级地方性法规
56	2021年9月29日	江苏省气象灾害防御条例(2021年修正)	江苏省人大(含常委会)	省级地方性法规
57	2021年9月29日	江苏省太湖水污染防治条例(2021年修正)	江苏省人大(含常委会)	省级地方性法规
58	2021年9月29日	江苏省防洪条例(2021年修正)	江苏省人大(含常委会)	省级地方性法规
59	2021年9月29日	江苏省循环经济促进条例(2021年修正)	江苏省人大(含常委会)	省级地方性法规
60	2021年9月30日	浙江省土地管理条例	浙江省人大(含常委会)	省级地方性法规
61	2021年5月28日	浙江省防汛防台抗旱条例(2021年修订)	浙江省人大(含常委会)	省级地方性法规
62	2021年3月26日	浙江省防震减灾条例(2021年修正)	浙江省人大(含常委会)	省级地方性法规

续表

序号	发布时间	名称	发布部门	效力级别
63	2021 年 3 月 26 日	浙江省人民代表大会常务委员会关于促进和保障长江流域禁捕工作若干问题的决定	浙江省人大(含常委会)	省级地方性法规
64	2021 年 3 月 26 日	浙江省实施《中华人民共和国节约能源法》办法(2021 年修正)	浙江省人大(含常委会)	省级地方性法规
65	2021 年 3 月 26 日	浙江省可再生能源开发利用促进条例(2021 年修正)	浙江省人大(含常委会)	省级地方性法规
66	2021 年 3 月 26 日	浙江省石油天然气管道建设和保护条例(2021 年修正)	浙江省人大(含常委会)	省级地方性法规
67	2021 年 9 月 30 日	海南省南渡江生态环境保护规定(2021 年修正)	海南省人大(含常委会)	省级地方性法规
68	2021 年 9 月 30 日	海南省生活垃圾管理条例(2021 年修正)	海南省人大(含常委会)	省级地方性法规
69	2021 年 11 月 19 日	安徽省生活垃圾分类管理条例	安徽省人大(含常委会)	省级地方性法规
70	2021 年 9 月 29 日	安徽省绿色建筑发展条例	安徽省人大(含常委会)	省级地方性法规
71	2021 年 5 月 31 日	安徽省林长制条例	安徽省人大(含常委会)	省级地方性法规
72	2021 年 3 月 29 日	安徽省林权管理条例(2021 年修正)	安徽省人大(含常委会)	省级地方性法规
73	2021 年 3 月 29 日	安徽省土地权属争议处理条例(2021 年修正)	安徽省人大(含常委会)	省级地方性法规
74	2021 年 3 月 29 日	安徽省林地保护管理条例(2021 年修正)	安徽省人大(含常委会)	省级地方性法规
75	2021 年 3 月 29 日	安徽省人民代表大会常务委员会关于促进和保障长江流域禁捕工作若干问题的决定	安徽省人大(含常委会)	省级地方性法规
76	2021 年 1 月 8 日	河南省南水北调饮用水水源保护条例(草案)	河南省人大(含常委会)	省级地方性法规

续表

序号	发布时间	名称	发布部门	效力级别
77	2021 年 11 月 25 日	四川省河湖长制条例	四川省人大(含常委会)	省级地方性法规
78	2021 年 7 月 29 日	福建省绿色建筑发展条例	福建省人大(含常委会)	省级地方性法规
79	2021 年 7 月 29 日	福建省水污染防治条例	福建省人大(含常委会)	省级地方性法规
80	2021 年 4 月 6 日	福建省生态公益林条例(2021 年修正)	福建省人大(含常委会)	省级地方性法规
81	2021 年 11 月 26 日	贵州省红枫湖百花湖水资源环境保护条例(2021 年修正)	贵州省人大(含常委会)	省级地方性法规
82	2021 年 11 月 26 日	甘肃省固体废物污染环境防治条例	甘肃省人大(含常委会)	省级地方性法规
83	2021 年 4 月 6 日	福建省防震减灾条例(2021 年修正)	福建省人大(含常委会)	省级地方性法规
84	2021 年 4 月 6 日	福建省沿海防护林条例(2021 年修正)	福建省人大(含常委会)	省级地方性法规
85	2021 年 11 月 30 日	四川省嘉陵江流域生态环境保护条例	四川省人大(含常委会)	省级地方性法规
86	2021 年 12 月 1 日	海南省机动车排气污染防治规定(2021 年修订)	海南省人大(含常委会)	省级地方性法规
87	2021 年 11 月 19 日	江西省候鸟保护条例	江西省人大(含常委会)	省级地方性法规
88	2021 年 7 月 28 日	江西省防震减灾条例(2021 年修正)	江西省人大(含常委会)	省级地方性法规
89	2021 年 7 月 28 日	江西省河道管理条例(2021 年修正)	江西省人大(含常委会)	省级地方性法规
90	2021 年 7 月 28 日	江西省湖泊保护条例(2021 年修正)	江西省人大(含常委会)	省级地方性法规
91	2021 年 7 月 28 日	江西省生活垃圾管理条例	江西省人大(含常委会)	省级地方性法规

续表

序号	发布时间	名称	发布部门	效力级别
92	2021 年 12 月 3 日	山东省规划环境影响评价条例	山东省人大(含常委会)	省级地方性法规
93	2021 年 12 月 3 日	山东省节约用水条例	山东省人大(含常委会)	省级地方性法规
94	2021 年 12 月 3 日	山东省南四湖保护条例	山东省人大(含常委会)	省级地方性法规
95	2021 年 9 月 30 日	山东省生活垃圾管理条例	山东省人大(含常委会)	省级地方性法规
96	2021 年 9 月 30 日	山东省东平湖保护条例	山东省人大(含常委会)	省级地方性法规
97	2021 年 12 月 28 日	河南省绿色建筑条例	河南省人大(含常委会)	省级地方性法规
98	2021 年 12 月 28 日	河南省节约用水条例	河南省人大(含常委会)	省级地方性法规
99	2021 年 12 月 31 日	天津古海岸与湿地国家级自然保护区管理办法(2021 年修正)	天津市人民政府	地方政府规章
100	2021 年 12 月 31 日	天津市电力设施保护管理办法(2021 年修正)	天津市人民政府	地方政府规章
101	2021 年 9 月 30 日	上海市绿色建筑管理办法	上海市人民政府	地方政府规章
102	2021 年 9 月 24 日	上海市再生资源回收管理办法(2021 年修正)	上海市人民政府	地方政府规章
103	2021 年 2 月 9 日	重庆市建设用地土壤污染防治办法(2021 年修改)	重庆市人民政府	地方政府规章
104	2021 年 8 月 20 日	山西省城市生活垃圾分类管理规定(2021 年修正)	山西省人民政府	地方政府规章
105	2021 年 8 月 20 日	山西省煤层气勘查开采管理办法(2021 年修正)	山西省人民政府	地方政府规章
106	2021 年 1 月 26 日	山西省人民政府关于加快实施七河流域生态保护与修复的决定	山西省人民政府	地方政府规章
107	2021 年 5 月 18 日	辽宁省耕地质量保护办法(2021 年修正)	辽宁省人民政府	地方政府规章

续表

序号	发布时间	名称	发布部门	效力级别
108	2021 年 5 月 18 日	辽宁省生态公益林管理办法(2021年修正)	辽宁省人民政府	地方政府规章
109	2021 年 12 月 27 日	吉林省自然灾害救助办法(2021 年修改)	吉林省人民政府	地方政府规章
110	2021 年 2 月 10 日	浙江省畜禽养殖污染防治办法(2021年修正)	浙江省人民政府	地方政府规章
111	2021 年 2 月 10 日	浙江省跨行政区域河流交接断面水质监测和保护办法(2021 年修正)	浙江省人民政府	地方政府规章
112	2021 年 2 月 10 日	浙江省辐射环境管理办法(2021 年修正)	浙江省人民政府	地方政府规章
113	2021 年 2 月 10 日	浙江省建设项目环境保护管理办法(2021 年修正)	浙江省人民政府	地方政府规章
114	2021 年 4 月 1 日	福建省古树名木保护管理办法	福建省人民政府	地方政府规章

三、2021 年环境法律法规对比图

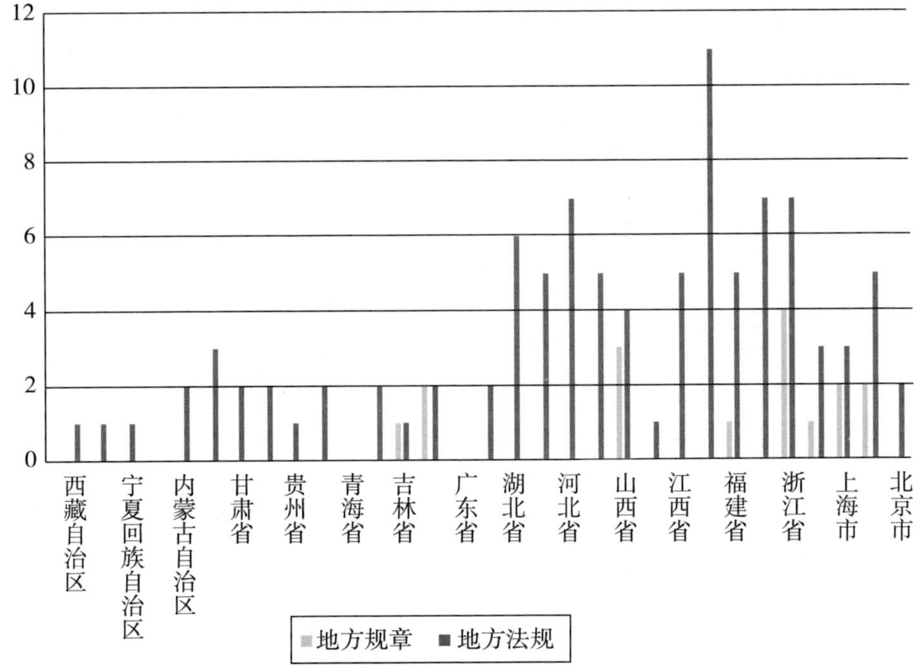

图 1　2021 年各省、自治区、直辖市环境立法状况

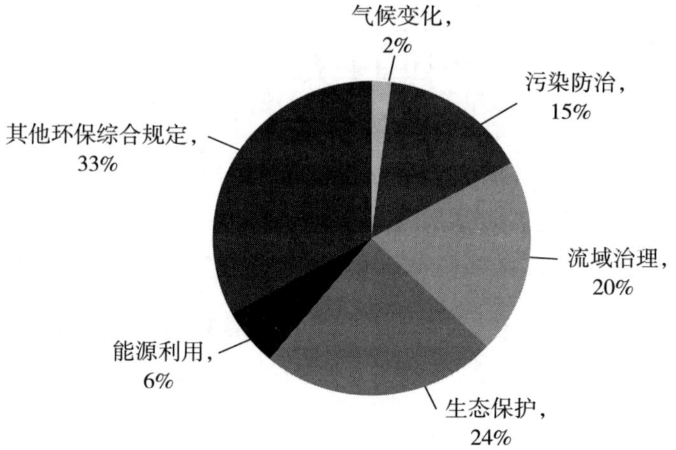

图 2　2021 年环境立法法规类别

附录二　“中国十大环境司法案例”评选活动(2021)

2021 年“中国十大环境司法案例”评选细则

为深入贯彻习近平法治思想,固化环境司法实践成果,挖掘环境司法案例价值,“中国环境司法发展研究”课题组特进行 2021 年“中国十大环境司法案例”评选活动。

一、案例库数据来源释明

参与本次评选的案例数据来源于最高人民检察院、最高人民法院于 2021 年发布的指导案例、典型案例。其原因在于最高人民法院、最高人民检察院发布的指导案例和典型案例具备一定的典型性,便于数据聚焦;同时避免课题组在案例检索过程中的主观性干扰。

特别声明:本次评选案例明确为 2021 年度发布,非 2021 年结案。此设计一是为了回溯近邻年份典型环境司法案件内容,保持本次评选活动的时间延续性;二是弥补地方法院、检察院典型案例报送的时间延迟,避免优秀案例结案与发布客观时间差造成的案例数据遗漏。

二、2021 年“中国十大环境司法案例”评选流程

(一)环境司法案例初分类

课题组对案例先行分类,以供后续参评专家进行类型化选择。

1. 新点案例

此类案例应能解决司法新问题。例如,可弥补立法盲点或重新解释法律概念或首次明确裁判规则等。

2. 难点案例

此类案例案情复杂。例如,多种法律关系交织,案件事实认定和法律适用难度较大,裁判尺度不好把握等。此类案例能在法律适用或事实认定中提供借鉴。

3. 热点案例

此类社会广泛关注的案例,主要是指案件影响重大、群众反映强烈、社会各界关切,涉及公共利益、公众权益与个人权益合理权衡和价值取舍的案例。

4. 争点案例

此类案例是指不同主体对案例的裁判理解不同、争议较大,具体表现为以下两点:一是理论界观点各异;二是实务界做法不同。

表 1 “中国十大环境司法案例”分类

分类标准	案例汇总
新点案例	
难点案例	
热点案例	
争点案例	

(二)环境司法案例评选

1. 评选方法:德尔菲专家咨询法

不同类型主体基于各自立场对案例的关注点存在差异。故课题组将邀请检察官、法官、律师共 3 类专家主体,其中法官、检察官专家来自最高、省级及基层法院、检察院,律师专家充分考虑其从事的司法实务专长及业务能力。同时考虑参评专家所处地域等因素。综合考量多种因素以确定形成评选专家团进行案例评选。

2. 计分说明

课题组采用单个案例总分 20 分制,各专家参考标准权重均等的评分方式,分值越高,表明单一或多个标准体现越强。汇总各类专家打分情况,确定总分数前 10 名的案件为 2021 年“中国十大环境司法案例”。

3. 评选标准类型化设计

(1)检察官专家评选标准

评选标准分为以下方面:

一为案件是否可提炼可供参照的适用规则。如事实认定规则、证据采信规则、法律适用规则、办案方法等。

二为案件处理方式是否具有现实普遍借鉴的可行性。如回避主观诉讼发挥作用的领域、弥补行政执法活动对公共利益救济和补偿的不充分等。

三为案件文书是否注重案情陈述与语言修辞。如全面陈述案情,用语恰当,注重修辞等。

四为案件办理是否与其他机关(组织)衔接与融入。如其和行政机关、社会公益组织进行案件沟通与协调等。

表 2 “中国十大环境司法案例”检察院打分统计

案例分类	序号	案例名称	提炼可供参照的适用规则	处理方式具有现实普遍借鉴的可行性	注重案情陈述与语言修辞	与其他机关(组织)的衔接与融入	总分

(2)法官专家评选标准

法官专家的评选标准可分为以下方面:

一是形成裁判规范。具体可以细分为解释法律规范概念、纠正法律规范的偏误、弥补法律规范空白、形成衔接规则四个方面。

二是强化法律适用。具体分为明确法律适用方法与消除法律适用分歧两部分。

三是完善程序建设。具体可分为是否在附带类诉讼方面和诉前程序两方面存在创新。

四是宣示司法理念。如对环境司法能动性理念、环境生态多元共治理念、预防性环境司法理念、恢复性环境司法理念等司法理念的宣扬。

五是影响力提升。具体为扩大法院案件审理的实际影响力和彰显司法保障生态文明建设。

表 3 法院评选标准

裁判规范形成	解释法律规范概念
	纠正法律规范的偏误
	弥补法律规范空白
	形成规则与现有规范衔接
法律适用强化	明确法律适用方法
	消除法律适用分歧
程序建设完善	附带类诉讼创新
	诉前程序创新

续表

司法理念宣示	环境司法能动性理念
	环境生态多元共治理念
	预防性环境司法理念
	恢复性环境司法理念
影响力提升	扩大法院案件审理的影响力
	彰显司法保障生态文明建设

表 4 “中国十大环境司法案例”法院打分统计

案例分类	序号	案例名称	法律规范与法律适用	程序建设	宣示司法政策与理念	影响力	总分

(3)律师专家评选标准

对律师专家而言,重点关注案例是否厘清法律争点、设计诉讼思路、论证诉讼主张、发现与增强诉讼理由,意图在于实现以法院裁判推进法院裁判的效果。

表 5 “中国环境司法十大案例”律师打分统计

案例分类	序号	案例名称	厘清法律争点	设计诉讼思路	论证诉讼主张	发现与增强诉讼理由	总分

2021 年“中国十大环境司法案例”及专家点评

课题组将邀请多名高等院校教授组成十大案例点评专家组,对实务专家评选得出的案例进行理论点评,以裁判公正、效果良好、本质引领、范围普遍、形式规范等为参考,形成专家意见,体现 2021 年“中国十大环境司法案件”理论贡献,实践结合理论,能够促进环境司法进一步发展。

案例一:万峰湖流域生态环境保护公益诉讼案

基本案情

万峰湖地处黔、桂、滇三省(自治区)结合部,是“珠三角”经济区的重要水源。近年来,湖区水质恶化。为此,贵州省黔西南州部署专项活动,推动万峰湖综合治理。但由于三省(自治区)水域分割管理,治理主体分散、步调不一,补偿标准各异等,导致万峰湖依旧面临围网捕鱼、污水直排等问题,其生态环境面临严重威胁。

2019 年 11 月,最高人民检察院第八检察厅在黔西南调研过程中,发现了万峰湖生态环境受损案件线索,同年 12 月 11 日,最高人民检察院决定对万峰湖流域生态环境受损问题立案调查。专案组与当地党委政府及相关行政机关磋商座谈。通过检察机关与行政机关的共同努力,万峰湖湖面非法养殖等可视污染类问题已得到整治,沿湖岸线及干支流污染类问题得到有效解决。

2020 年 12 月 24 日,专案组举行公开听证会。听证会邀请 3 名全国人大代表、4 名专家学者担任听证员。由于本案污染问题涉及三省(自治区),需要跨区划协同治理,专案组还邀请水利部、生态环境部、农业农村部相关代表,以及百色、曲靖、黔西南三地市级政府领导参加,沿岸 5 县政府领导和群众代表旁听,以此对检察机关专案办理成效进行检验。

专家点评

万峰湖流域生态环境保护公益诉讼案体现了最高人民检察院践行“绿水青山就是金山银山”的理念,坚持优先保护环境公共利益的宗旨,发挥检察一体化优势办理跨省流域环境公益诉讼案件的责任担当。最高人民检察院积极探索基于生态环境严重受损事实启动检察公益诉讼立案调查程序,有效开展检察机关、行政机关协作型诉前程序,凝聚各个方面保护环境公共利益的合力。

人民检察院办理环境公益诉讼案件的目标,是要让公众在生产生活中切身感受到生态环境得到保护和改善的成效。已经严重受损的生态环境是否得治理和恢复,环境公共利益在多大程度上获得保护和改善,需要倾听公众代表和专家学者的意见。人民检察院通过检察公开听证,遵循公益保护为了人民、依靠人民的理念,听取公众代表和专家学者对办理案件效果的意见,有利于实现“办理一件、警示一片”的良好办案成效。最高人民检察院办案组主动召开检察公开听证会,并以此作为结案的重要参考。

最高人民检察院办案组办理万峰湖流域环境公益诉讼案件,在办理跨省级行政区划环境公益诉讼案件和推动检察公益诉讼案件办理效果评估机制建设方面具有重要指导意义。

（王小钢　天津大学法学院教授）

案例二:山东省青岛市人民检察院诉青岛市崂山区某空间艺术鉴赏中心非法收购、出售珍贵、濒危野生动物及制品民事公益诉讼案

基本案情

青岛市崂山区某空间艺术鉴赏中心在 2017 年至 2018 年经营期间,购入并对外销售国家一级保护野生动物穿山甲 1 只、国家二级保护动物棕熊 1 只、“三有动物”孟加拉眼镜蛇 3 只。

2020 年 9 月 10 日,山东省青岛市人民检察院(以下简称青岛市院)在履职中发现该线索后,依法立案调查。在查清案件事实后,通过专家意见认定本案生态环境服务功能损失 90.75 万元。

青岛市院认为,本案鉴赏中心的行为虽然发生在《民法典》施行之前,但生态资源损害后果一直持续存在至《民法典》施行后,检察机关可以按照《民法典》之规定,依法追究侵权人承担生态环境服务功能损失的同时,请求相应的惩罚性赔偿。

青岛市院经依法公告后于 2021 年 1 月 16 日向青岛市中级人民法院提起民事公益诉讼。庭审中,某空间艺术鉴赏中心同意以提供环境公益劳动的方式承担全部或者部分惩罚性赔偿。1 月 29 日,青岛市中级人民法院判令某空间艺术鉴赏中心赔偿造成的野生动物损失 8.3 万元、生态环境服务功能损失 90.75 万元、惩罚性赔偿 99050 元(为前两项之和的 10%;惩罚性赔偿数额的 25% 以公益劳动劳务代偿折抵)、专家意见费 15150 元等共计 108.9 万元,并在全国性媒体上公开赔礼道歉。

为规范此类案件办理,青岛市院与青岛市中级人民法院会签了《关于在生态环境和资源保护领域开展公益诉讼劳务代偿工作的暂行办法》。

专家点评

本案系损害生态环境、破坏自然资源的环境公益诉讼案件,检察机关作为公共利益的代表,依据《民法典》第 1232 条提出惩罚性赔偿的诉讼请求。惩罚性赔偿,作为损害赔偿填平原则的突破,通过让恶意的不法侵权人承担超出实际损害数额的赔偿,达到充分救济受害人、严厉制裁侵权人的效果,是坚持最严密法治、提升生态环境法治保障成效的重要保障。

惩罚性赔偿的适用需要严格审查行为要件、主观要件与后果要件。本案中被告虽未直接猎杀珍贵、濒危野生动物,但是为猎杀者提供了珍贵、濒危野生动物的市场,非法猎杀与收购行为之间形成了固定买卖关系和完整利益链条,在该链条中相邻环节均从非法猎杀行为中获得利益,具有高度协同性。因此,被告的违法行为对于生态环境损害具有直接的因果关系,其主观故意明显,且造成了珍贵、濒危野生动物的减少,加剧了其濒危程度,属于破坏生态的严重后果,符合以上特别要件的要求,依法应当适用惩罚性赔偿,充分体现了严格把握其适用条件、依法审慎适用的基本态度。

惩罚性赔偿具有惩罚、震慑、预防等多重功能,是依法提高环境违法成本,严惩突出环境违法行为的具体实践。本案经与侵权人协商并达成一致意见,由其以提供环境公益劳动的方式折抵部分惩罚性赔偿,这不仅充分发挥了惩罚性赔偿制度的惩罚与教育功能,有效地督促了侵权人参与生态环境保护,而且有力地警醒了其他同业者,对预防同类型的生态环境损害的发生更具教育警示意义。

(王秀卫　海南大学法学院教授)

案例三:北京市朝阳区自然之友环境研究所诉中国水电顾问集团新平开发有限公司、中国电建集团昆明勘测设计研究院有限公司生态环境保护民事公益诉讼案

基本案情

戛洒江一级水电站坝址位于云南省新平县境内,电站蓄水后水库会对绿孔雀及陈氏苏铁造成侵害。该项目建设自 2011 年至 2014 年分别取得了国家发展改革委、原国土资源部、生态环境部等多个相关主管部门关于用地、环评、建设等批复和同意。2017 年 7 月 21 日,生态环境部办公厅责成该项目承包方就该项目建设开展环境影响后评价,要求其后评价工作完成前,不得蓄水发电。按工程进度,戛洒江一级水电站建设项目现已完成“三通一平”工程并修建了导流洞。

自然之友环境研究所向昆明市中级人民法院起诉,请求人民法院判令项目开发建设单位共同消除戛洒江一级水电站建设对绿孔雀、陈氏苏铁等珍稀濒危野生动植物以及热带季雨林和热带雨林侵害危险,立即停止水电站建设,不得截留蓄水,不得对该水电站淹没区内植被进行砍伐。

云南省昆明市中级人民法院认为审理环境民事公益诉讼案件,应当贯彻保护优先、预防为主原则。原告提供证据证明项目建设将对濒危野生动植物栖息地及生态系统造成毁灭性、不可逆转的损害后果,应当从被保护对象的独有价值、损害结果发生的可能性、损害后果的严重性及不可逆性等方面,综合判断被告的行为是否具有最高人民法院《关于审理环境民事公益诉讼案件适用法律若干问题的解释》第 1 条规定的“损害社会公共利益重大风险”。判决该项目应当继续完成环境影响后评价,对野生动植物进行保护。

专家点评

本案是我国预防性环境民事公益诉讼的标志性案例。近年来,我国环境民事公益诉讼发展迅速,但从已有案例实践来看,绝大多数环境民事公益诉讼是针对已经损害社会公共利益的污染环境、破坏生态行为提起的,而符合最高人民法院《关于审理环境民事公益诉讼案件适用法律若干问题的解释》第 1 条规定的“具有损害社会公共利益重大风险”的污染环境、破坏生态行为被预防性环境民事公益诉讼提起的情形却非常少见。究其原因,相对于已经损害社会公共利益的污染环境、破坏生态行为,具有损害社会公共利益重大风险的污染环境、破坏生态行为更难以认定。因此,“重大风险”的司法判断就成了预防性环境民事公益诉讼的关键。

本案的重要价值就在于为预防性环境民事公益诉讼中重大风险的司法判断提供了方法借鉴。法院调取的《责成后评价函》、《元江中上游绿孔雀种群现状调查报告》、《云南省生态保护红线》附件 1《云南省生态保护红线分布图》等资料以及专家证人、相关监管部门函调资料对于综合认定本案中戛洒江一级水电站建设工程是否对绿孔雀、陈氏苏铁等珍稀濒危野生动植物以及热带季雨林和热带雨林构成重大风险起着至关重要的作用,也符合环境司法专门化发展对科学证据和专业认定结论的高度依赖性这一特征。

(郭武　甘肃政法大学环境法学院教授)

案例四:河南省人民检察院郑州铁路运输分院督促保护黄河湿地、饮用水水源地行政公益诉讼案

基本案情

河南省国有孟州林场冶戍林区是焦作市代管县级市孟州市在洛阳市吉利区的“飞地”,该区域林区内长期建有大量养殖场,产生大量畜禽粪便、生活垃圾和污水,破坏黄河流域生态环境,威胁城市居民饮用水源安全。河南省人民检察院郑州铁路运输检察分院于2020年7月28日立案,经查证得出孟州林场冶戍林区是孟州市在洛阳市吉利区的“飞地”,该地区虽然是孟州市的行政辖区,但孟州市人民政府及其职能部门未依法履行监督管理职责;林区内的饮用水水源保护区虽然被划为洛阳市吉利区,但吉利区却对该保护区没有行政执法权。

2020年8月14日,郑州铁路检察院分院向孟州市人民政府现场送达检察建议,督促其与吉利区政府加强协调沟通进行问题整改。但由于涉案区域属于“飞地”,行政管理职能与责任存在交叉,两地政府对问题整治责任划分存在分歧,加之“飞地”历史遗留问题复杂,养殖户对集中整治认识不到位,整治工作进展缓慢。

为解决跨市级行政区划治理难题,准确厘定行政管理职能与责任,对联合整治方案可行性听取多方意见、确保整治效果,郑州铁路检察院分院遂报请河南省人民检察院组织听证。通过公开听证,孟州市人民政府和吉利区人民政府客观认领各自责任,保证“认责、认账、认改”,协同推进整治工作。养殖户代表表示理解和接受,愿意积极配合。听证会后该地环境治理效果显著提升。

专家点评

本案通过检察机关就涉及社会治理“堵点”的“飞地”发生的众多违法行为和监管履职不到位导致的环境问题组织公开听证,督促两地行政机关制订并实施联合整治方案,取得较好的社会效果和环境效果。本案中,检察机关具有多重角色,集问题的发现者、问题解决的推动者、问题所涉各方交流平台的搭建者、解决方案形成的参与者、解决方案实施的督促者等角色于一身。该案的启示有两点:第一,在检察建议未被采纳或者实施有困难的情况下,提起行政公益诉讼并非检察机关的唯一选项,检察机关还可以采用其他的监督形式。第二,对于涉及利益主体数量众多、监管关系复杂的疑难问题,以“两造对抗”为特点的诉讼往往很难全面彻底解决,检察机关采取推动综合治理的监督形式对解决问题可能更为有利。检察机关对行政机关的监督必须符合检察机关是“国家的法律监督机关”的宪法定位。检察机关是法律监督机关,对行政机关并不享有全面监督的权力。在行政公益诉讼中,检察机关必须遵循既有的诉讼规则,恪守法律监督的边界。诉讼外的监督也应置于法律监督的定位之中,因此,诉讼外监督形式的法制化成为丰富和规范检察机关诉讼外监督形式的必要条件。

(胡静　中国政法大学民商经济法学院教授)

案例五:江苏省泰州市人民检察院诉王某某等人损害长江生态资源民事公益诉讼案

基本案情

2018 年 1 月至 4 月,张某某等 34 人单独或共同在长江干流水域,使用网目尺寸小于 3 毫米的张网等禁用渔具,非法捕捞具有重要经济价值的长江鳗鱼苗至少 4852 条,出售给王某某、高某某等 13 人。高某某、王某某等人明知所收购的鳗鱼系张某某等 34 人非法捕捞所得,仍进行非法买卖,破坏生态环境资源。江苏省泰州市人民检察院(以下简称"泰州市院")通过提起民事公益诉讼,起诉王某某等人员在相应参与情节范围内与捕捞者张某某等人共同对生态资源损失承担连带赔偿责任,并在相应范围内承担鳗鱼资源等生态资源损失赔偿。本案经"泰州市院"前期调查与评估、南京市中级人民法院一审、江苏省高级人民法院二审,认为收购者明知其所收购的鱼苗系非法捕捞所得,仍与非法捕捞者建立固定买卖关系的,应当与捕捞者共同对生态资源损失承担连带赔偿责任。最终判决王某某等人共同承担对鳗鱼资源等长江生态损害的合理费用。

专家点评

本案的一大亮点是对共同侵权理论的理解与适用。司法机关除对非法捕捞行为人的性质作出了准确判断之外,还对非法水产品的收购者、贩卖者在主观上具有放任非法捕捞、破坏长江生物多样性的故意及其与捕捞者形成的意思联络进行了判断,进而作出案涉行为属于共同侵权行为,各该行为人应当承担连带责任的定性。正是由于该理论的适用,使打击环境侵权的全部环节、切实追究每一个环境侵权行为人的责任成为可能。

在诉讼过程中,检察机关除非法捕捞行为给渔业资源带来的财产损失外,还请求赔偿非法捕捞造成的生态环境损害。这种对财产损害与生态环境损害作出明确法益区分的做法,有效实现了对长江流域经济价值和生态价值双重保护的正义诉求。而法院通过对专家意见的采信再一次为环境民事公益诉讼中专家意见的证据效力做了清晰的注脚。此外,利用媒体直播的方式增加公众对环境公益诉讼的参与度,在树立环境司法威信的同时,也进行了有益的普法教育。

(邓海峰　清华大学法学院副教授)

案例六:重庆市两江地区人民检察院督促整治截污管网溢流污染环境行政公益诉讼案

基本案情

2020年4月8日,重庆市两江地区人民检察院(以下简称“两江地区院”)在巡逻时发现,重庆经济技术开发区(以下简称“重庆经开区”)直管区内两处污水溢流渗漏污染环境,群众反映强烈,并发现“重庆经开区”管委会对该辖区的生态环境污染负有管理职责,但因正在进行机构改革,从而对两处污染环境的行为怠于行使监管职责。“两江地区院”通过前期调查走访,对“重庆经开区”管委会怠于行使生态环境监管职责予以立案。本案经过公开听证等程序,经过“两江地区院”为听证做前期准备工作、听证过程中各方充分表达意见、听证员就该案焦点问题进行闭门评议形成意见等具体程序。“两江地区院”通过公开听证明确了本案监督对象以及“重庆经开区”管委会履职整改方式,随即与“重庆经开区”管委会就整改问题进行磋商,督促各部门依法履职。目前,“重庆经开区”管委会已按整改方案完成整改。

专家点评

确定监督对象及其法定职责是开展行政公益诉讼的基本前提。但在司法实践中,由于体制改革的原因或者历史原因,如何认定负有法定职责的监管主体,往往是较为复杂的难题。除法定情形外,还存在根据个案具体确定监管主体的例外情形。

在本案中,检察机关通过听证程序,邀请相关主体参与并充分展开讨论,从严格审查案情出发综合考量公益受损情况、各行政机关监管职责、整改措施的统筹能力和便利性等方面,充分行使判断权,既明确了监督对象又形成了接受度高、可行性强的履责方案,不失为公益诉讼检察的重要创新。本案体现了重庆市两江地区人民检察院综合运用程序机制、合作治理理念、专业环境知识和突破疑难问题的能力,具有典型意义。

(杜辉 重庆大学法学院教授)

案例七:中华环境保护基金会诉中化重庆涪陵化工有限公司环境污染民事公益诉讼案

基本案情

被告中化重庆涪陵化工有限公司(以下简称涪陵化工公司)将生产过程中

产生的磷石膏直接堆放在长江边长达 18 年。构成超标排放污染物的违法行为并受到行政处罚。经媒体曝光后,涪陵化工公司立即制定环境问题整改处置方案,报请当地环保监管部门批准。原告中华环境保护基金会认为该公司除应承担行政责任外,还应对其侵权行为承担民事赔偿责任。故诉求法院判令被告立即停止环境侵害行为,采取替代性修复方式或赔偿替代性修复费用,并赔偿被污染地区的服务功能损失费,在国家级媒体公开赔礼道歉。本案一审在重庆市第三中级人民法院公开开庭审理,重庆市人民检察院第三分院派员出庭支持起诉。最终双方达成调解协议,以调解结案。执行阶段,在一审法院的监督下,涪陵化工公司完成了调解书确定的各项义务。

专家点评

本案是典型的由社会组织提起、检察机关支持起诉的环境民事公益诉讼案件。本案以调解方式结案并完成生态环境修复,体现了人民法院充分发挥审判职能作用、积极参与生态环境治理的担当作为。本案主要有以下亮点:

一是人民法院服务中心大局的有力举措。打好污染防治攻坚战和推动长江经济带高质量发展是党和国家当前和今后一个时期内的工作重点,本案的妥善处理,既打击了污染环境的违法行为,又修复了被破坏的生态环境,体现了人民法院为污染防治攻坚战从坚决打好转向深入打好以及长江流域生态文明建设与绿色发展提供司法服务和保障的责任担当。

二是通过调解落实修复责任的司法范例。涉案污染物堆放时间长、覆盖面积大,对长江生态安全产生重大威胁。本案中人民法院积极作为,创新审判执行方式,通过调解促使侵权人主动履行赔偿义务,推动受损环境的修复工作顺利完成,实现了法律效果、生态效果和社会效果的有机统一。

三是生态环境保护多元共治的生动体现。本案中,人民法院积极作为,多维度延伸环境资源司法服务,通过及时向有关单位发出司法建议、积极构建生态环境修复协调联动机制、邀请代表委员对案件执行工作进行监督等方式,切实保障修复效果,推动生态环境整体保护、综合治理。

(秦天宝　武汉大学环境法研究所教授)

案例八:北京刘某某非法采矿案

基本案情

2011 年 6 月至 11 月,刘某某在未既取得许可证也无采矿资质的情况下,开采密云区一河道内砂石,造成矿产资源严重破坏。水务局多次责令其停止违法行为。2019 年 5 月,密云区检察院在与区水务局日常工作沟通联系中发现案件线索。之后,区水务部门开展调查并邀请检察机关就案件定性提供咨询。密云区检察院经审查认为犯罪嫌疑人刘某某上述行为涉嫌犯罪,于 2019 年 10 月 11 日向密云水库管理处和水库综合执法大队提出检察意见,建议其将案件移送公安机关立案侦查。次日,密云水库管理处、密云水库综合执法大队向密云公安分局移送案件,并将相关材料抄送密云区检察院。同年 10 月 29 日,密云区检察院对犯罪嫌疑人刘某某批准逮捕;同年 12 月 26 日,公安机关移送密云区检察院审查起诉。由于案情复杂,为查清案件事实确保起诉质量,经依法退回补充侦查,2020 年 6 月,密云区检察院以非法采矿罪提起公诉。2020 年 9 月密云区法院一审认定被告人犯非法采矿罪。2020 年 11 月,北京市第三中级人民法院二审驳回上诉,维持原判。案后密云区检察院结合本案发现的问题,主动与区水务局等单位召开座谈会进行沟通说明,会上提出完善审批程序方面建章立制的建议。

专家点评

北京刘某某非法采矿案是行政执法与刑事司法衔接工作机制在实践中的有效利用,也是该衔接机制优势的充分体现。无论是在实体性层面还是程序性层面,本案都具有十分重要的示范意义和参考价值。

第一,实体层面。就刑事判决本身而言,被告人因犯非法采矿罪,而被处以有期徒刑 3 年 3 个月,罚金 10 万元,并被没收违法所得 1279734.6 元,是对《矿产资源法》与《刑法》相关规定中法律责任条款的有效衔接,符合罪刑相当原则,能够对非法采矿行为起到惩罚和预防作用。《矿产资源法》第 39 条第 1 款规定,未取得采矿许可证擅自采矿的,责令停止开采、赔偿损失,没收采出的矿产品和违法所得,可以并处罚款;拒不停止开采,造成矿产资源破坏的,依照《刑法》有关规定对直接责任人员追究刑事责任。由于本案中刘某某无证开采的矿产品价值达到 1279734.6 元,根据最高人民法院、最高人民检察院《关于办理非法采矿、破坏性采矿刑事案件适用法律若干问题的解释》的规定,应当认定为“情节特别严重”情形。《刑法》第 343 条第 1 款规定,“违反矿产资源法的规定,未取得采矿许可证擅自采矿……情节特别严重的,处三年以上七年以下有期徒刑,并处罚金”。本案判决基于非法采矿罪的行政犯属性,实现了非法采矿罪与《矿产资源法》这一前置法中相关法律责任条款的无缝衔接。

第二,程序层面。从检察机关与行政机关的合作角度而言,二者充分利用已经建立的召开座谈会、案件咨询制度等常态化互动协作机制,在案件线索发现、证据收集、数额认定以及案件定性等多个重要环节相互配合,发挥各自优势,实现了行政执法与刑事司法衔接环节的沟通与合作。同时,检察机关为查清案件事实积极作为,由专业化办案组在审查起诉阶段依法启动自行补充侦查,夯实了案件证据,减少、避免了行刑衔接中证据转化环节的成本与争议,节约了司法资源,提高了案件办理质量和效率。检察机关与行政机关的沟通与合作贯穿本案事前、事中、事后的全过程,充分显现了建立行刑衔接长效工作机制的必要性与现实意义。

(张璐　华东政法大学经济法学院教授)

案例九:上海市人民检察院第三分院诉某固废处置公司等进口“洋垃圾”污染环境民事公益诉讼案

基本案情

宁波某贸易公司、黄某某、薛某在明知铜污泥系国家禁止进口的固体废物的情况下,通过制作虚假报关单证的方式为安徽郎溪某固体废物处置有限公司(以下简称某固废处置公司)进口铜污泥 138.66 余吨。上述固体废物被上海海关查获后滞留港区,无法退运,海关代为处置手续繁杂,固废持续危害我国生态环境安全。2018 年 9 月 18 日,上海市第三中级人民法院作出刑事判决书,宁波某贸易公司、黄某某、薛某均因走私废物罪被追究了刑事责任。

上海市人民检察院第三分院认为涉案固体废物如不进行无害化处置,将会对我国生态环境造成重大污染,决定将购买固废的某固废处置公司与宁波某贸易公司、黄某某、薛某列为共同被告提起民事公益诉讼,促进固废进口的源头性治理。2019 年 9 月 6 日,上海市第三中级人民法院开庭审理本案,法院认为,四被告在明知铜污泥系国家禁止进口的固体废物的情况下,共同商议、分工合作,由某固废处置公司确认进口货物并支付了货款、薛某在境外组织货源、宁波某贸易公司制作虚假报关单证、黄某某负责报关和国内运输,四被告在购买和进口固体废物中均起到不可或缺的作用,应承担连带赔偿责任。某固废处置公司不服,提出上诉,上海市高级人民法院判决驳回上诉,维持原判。

专家点评

根据《固体废物污染环境防治法》,自 2021 年 1 月 1 日起,我国全面禁止固体废物进口。从允许进口到依法全面禁止进口“洋垃圾”,这一变化过程反映了几十年间我国经济发展模式的变革,也体现了党的十八大以来生态文明法治建设的积极进展。同时,《控制危险废物越境转移及其处置巴塞尔公约》也规定,缔约方有权禁止危险废物和其他废物的进口。因此,禁止“洋垃圾”进口,也是我国履行国际义务的内在要求。然而,即使在我国全面禁止进口“洋垃圾”之后,仍有通过各种方式走私“洋垃圾”的案件发生。2021 年海关总署立案侦办废物走私犯罪案件 110 起,查证涉案废物 4.2 万吨。在此情形下,通过检察公益诉讼的方式诉请污染者承担责任,对依法打击非法进口“洋垃圾”牟利的行为具有重要的警示意义。

(于文轩 中国政法大学民商经济法学院教授)

案例十:广西壮族自治区来宾市人民检察院诉佛山市泽田石油科技有限公司等 72 名被告环境污染民事公益诉讼案

基本案情

自 2016 年起,经刘某某主动联系,泽田公司等 4 家企业明知其无危险废物经营许可证,仍分别将废酸油渣交由其处置。刘某某安排柯某某、韦某 1 非法将危险废物运输至广西壮族自治区来宾市武宣县交由韦某 2 非法贮存、处置;运输事宜系卓某某等 39 名司机自某网络平台获悉;梁某某、韦某 3 为他人非法处置危险废物提供场地。上述人员因犯污染环境罪已被另案追究刑事责任。广西壮族自治区来宾市人民检察院提起公益诉讼,请求泽田公司等 72 名被告承担环境污染侵权责任。广西壮族自治区来宾市中级人民法院一审认为,相关主体对武宣县 5 个堆放点的损失承担连带赔偿责任。部分被告提起上诉,广西壮族自治区高级人民法院二审认为,4 家企业虽均有非法处置废酸油渣的行为,但相互之间并无共同意思联络,不能简单以共同侵权而全案适用连带责任。二审改判泽田公司等按照其侵权事实对各个堆放点的损失按份承担责任,刘某某等人承担连带责任。

专家点评

本案系跨省非法处置危险废物导致生态环境损害所引发的环境民事公益诉讼案件。

因处置成本、监管力度等存在差异,固体废物尤其是危险废物跨区转移处置而导致的生态环境损害事件时有发生。本案中生态环境损害发生地司法机关除追究违法者的刑事责任外,还通过环境公益诉讼追究违法者的生态环境损害赔偿责任,大大提高了违法者的违法成本,具有很好的警示作用,有利于遏制危险废物跨区转移处置现象。

审理中法院明确地识别出了该案中危险废物的产生者、收集者、贮存者、运输者和处置者,根据各自在生态环境损害结果发生过程中的主观过错程度、原因力大小合理确定了最终不同违法者的责任方式与责任份额。首先,泽田公司等 4 家产生危险废物的企业,不存在主观意思联络,属于分别实施的侵权行为,应当承担按份责任。其次,本案中危险废物的收集者、贮存者与处置者都是非法产业链的参与者,属于共同侵权,应对其非法处置的危险废物所造成的生态环境损害承担连带责任。最后,货车司机、运输公司、物流公司等运输者,对所运输的物质不知情,不承担侵权责任。本案较为全面地探索了违法处置危险废物类的环境公益诉讼案件中判断危险废物产生者、收集者、贮存者、运输者或处置者是否承担责任的规则,既严格贯彻了固体废物全过程管理的理念,又实现了对损害者担责原则的精准适用,对后续类似案件的处理具有重要的参考价值。

(王社坤　西北大学法学院教授)

附录三　“中国十大环境司法事件”评选活动(2021)

2021年“中国十大环境司法事件”评选细则

为更加生动呈现中国环境司法建设的丰硕成果,“中国环境司法发展研究”课题组特举办2021年“中国十大环境司法事件”评选活动。

一、中国十大环境司法事件评选意义

回首过去,客观反映我国2021年度环境司法事件发生状况,整体审视影响环境司法发展的客观因素及其关系;关注当下,反映公众对环境司法事件发生的意见态度,为我国当下环境司法运行提供民主“养料”;展望未来,通过社会公众理性表达为环境司法开展提供经验,整体提升社会公众对环境司法的信心。

二、中国十大环境司法事件概述

(一)环境司法事件范围界定

传统意义的环境司法事件指在审判权行使过程中发生的客观事实,其以审判权行使为发生核心。在强调环境协同治理背景下,此界定显得狭义和静态,无法展现环境司法运行全貌,故本评选对环境司法事件的范围界定拓展,确定其为影响审判权行使并一定程度上形塑我国环境司法发展样态的事件。

对环境司法事件的范围界定拓展首先可更明晰司法机关在环境治理中的角色,通过对比司法机关与其他主体的行为,助力司法机关了解自身功能;其次更清晰反映环境司法行为的形成动态过程,发掘环境司法行为形成因素,将环境司法观察从静态引到动态;最后更积极反映当下环境多元治理现状,提升环境司法机关的应对能力。

(二)环境司法事件类型描述

环境司法事件可分为两大类,即有关主体的作为行为及客观环境变化。客观环境变化如现实发生的重大的影响环境司法运作的环境污染等;而作为行为可以细分为6项,分别为发布法律、法规及政策性文件类、会议举办类、变革组织机构组成类、实施计划行动类、其他类型。上述各行为的实践形式会存在一定重合但本质不同,属于不同类型的行为,故作区分处理。

三、中国十大环境司法事件数据来源释明

本次参与评选的环境司法事件来源途径分为两种:一为课题组自行查找确定;二为组外其他专家、团体推荐。

课题组自行查找以不同行为主体类型切入,通过对党政机关、省级以上法检两院、社会环保组织在其官网发布的对影响环境司法发展的事件进行检索,并采取宽松化检索处理,即与环境司法活动存在关联性就将其纳入环境司法事件基础数据库中。

采取此检索标准主要基于以下两点原因:一是尽可能进行事件数据增量,避免遗漏;二是减少严格标准的适用下课题组对事件查找的主观影响,将选择的主动权后移给专家和一般社会公众。

四、中国 2021 年环境司法十大事件评选流程

(一)2021 年中国十大环境司法事件初评

1. 初评方法:德尔菲专家咨询法

德尔菲专家咨询法,即采用发邮件的方式将所需解决的问题单独发送至每位专家,通过专家与专家"背对背"打分的方式,获取专家意见,然后对专家的反馈进行汇总、分析、整理,并再次征集意见逐步取得比较一致的决策方法。通过多轮德尔菲专家函询,获取专家意见,确保事件初评的多领域、多角度、客观权威性。

2. 参评专家的范围确定

课题组邀请各级法院法官、检察院检察官、从事环境司法研究的高校教师、律师等不同身份类型专家形成专家团。其中法官、检察官专家分别来自最高法检两院、省级法检两院及基层法检工作人员队伍;律师及高校教师人员的确定以深耕环境司法实务及理论研究为主要标准,兼顾我国地区差异的要求。

3. 初评评选标准及权重

(1)初评评选方式

通过采用专家咨询法,邀请评选专家根据影响性、学术性、长效性和典型性标准对事件分别打分,各标准采用 2.5 分量表法(0 ~ 2.5 分),单个环境司法事件总分不超过 10 分。分值越高,表明单一或多个标准体现越强。汇总专家打分情况,确定总分数前 15 名的事件为复评候选事件。

(2)评选标准

A. 影响性

入选事例应具有较为广泛的影响力,具有更高社会关注度,事件波及范围广

泛并迅速引起社会的普遍关注。

B. 典型性

入选事例应当在同类型事件中具有代表性或典型性,入选事例应能充分反映 2021 年度中国环境司法发展历程,充分发挥示范效应。

C. 长效性

入选事例应对中国环境司法的持续发展产生长期性作用。对中国环境司法未来发展发挥预期引导,对提升环境司法专业能力具有长期性牵引作用。

D. 学术性

入选事例应涉及环境司法的基本理念,具有较强的环境司法理论研究价值。入选事件应当能引起环境司法发展变化,引发学术思考。

(二)年度环境司法事件复评

1. 复评方法:问卷调查法

本次 2021 年“中国十大环境司法事件”评选活动的复评方式采取问卷调查法。通过网络问卷调查的方式,让广大公众参与司法事件的评选,保证本次事件评选活动社会参与的广泛性,调动社会公众参与我国环境司法建设事业的积极性。

2. 问卷的具体设计方案

(1)问卷设计及发放方式

课题组将通过“环境资源法学研究会”公众号进行问卷发放。将进入复评的事件依据发生时间先后为序排列,同时将参与的公众是否具有法律学习、从业背景等进行分类,分类不影响参投各票权重。

(2)复评评选结果确定

本次复评结果将按照事件得票数前十名确定,复评即为终评。

2021 年“中国十大环境司法事件”展示〔3〕

事件一:2021 年 1 月 1 日最高人民法院《关于审理生态环境损害赔偿案件的若干规定(试行)》(2020 年修正)(法释〔2020〕17 号)正式实施

为正确审理生态环境损害赔偿案件,严格保护生态环境,依法追究损害生态

〔3〕 本次十大事件展示以各事件得票数高低排序。

环境责任者的赔偿责任,制定该解释。该司法解释具体法条共计 23 条,从生态环境损害赔偿诉讼的适格原告、第一审生态环境损害赔偿诉讼案件管辖法院、生态修复费用等具体制度进行规定,为各级人民法院正确审理生态环境损害赔偿案件提供客观全面的法律依据。

事件二:2022 年 4 月 18 日中共中央、国务院《关于完整准确全面贯彻新发展理念做好碳达峰碳中和工作的意见》

该意见以习近平新时代中国特色社会主义思想为指导思想,深入贯彻习近平生态文明思想,在工作原则上坚持"全国统筹、节约优先、双轮驱动、内外畅通、防范风险"的总方针,在具体工作中,将碳达峰、碳中和目标要求全面融入经济社会等发展中长期规划,强化国家发展规划、国土空间规划、专项规划、区域规划和地方各级规划的支撑保障,整体为我国实现碳达峰碳中和目标打下坚实的制度基础。

事件三:2021 年 12 月 24 日全国人大常委会第三十二次会议投票通过《中华人民共和国湿地保护法》(中华人民共和国主席令第 102 号)

《湿地保护法》共分为 7 章,分别为总则、湿地资源管理、湿地保护与利用、湿地修复、监督检查、法律责任、附则。湿地与森林、海洋并称为全球三大生态系统,湿地保护事关国家生态、粮食、生物和水资源安全等,该法的制定是强化湿地保护修复的法治保障,是不断满足人民群众对美好生态环境需要的有力举措,有利于推动我国湿地保护法律法规健全、为我国可持续绿色发展注入新活力。

事件四:2021 年 12 月 27 日最高人民法院《关于生态环境侵权案件适用禁止令保全措施的若干规定》(法释〔2021〕22 号)

为妥善审理生态环境侵权案件,及时有效保护生态环境,维护民事主体合法权益,落实保护优先、预防为主原则,制定该解释。该司法解释具体法条共计 14 条,其具体规定禁止令申请主体、申请人申请禁制令所需提交申请书及证明材料相关内容、法院作出禁止令所考量因素等具体制度,为生态环境侵权案件适用禁止令保全措施提供了法律依据。

事件五:2021 年 2 月 1 日生态环境部正式实施《碳排放权交易管理办法(试行)》(生态环境部令第 19 号)

为落实党中央、国务院关于建设全国碳排放权交易市场的决策部署,在应对气候变化和促进绿色低碳发展中充分发挥市场机制作用,推动温室气体减排,规范全国碳排放权交易及相关活动,制定该办法。该办法共计 8 章 43 条,该办法分别对全国碳排放权交易及相关活动遵守的原则、碳排放配额总量确定与分配、碳排放交易等内容进行规定,有利于助力碳达峰碳中和目标的实现。

事件六:2021 年 10 月 19 日中共中央办公厅、国务院办公厅发布、实施《关于进一步加强生物多样性保护的意见》

该意见坚持生态优先、绿色发展,以有效应对生物多样性面临的挑战、全面提升生物多样性保护水平为目标,有利于进一步提高生物多样性保护能力和管理水平,确保重要生态系统、生物物种和生物遗传资源得到全面保护,将生物多样性保护理念融入生态文明建设全过程,积极参与全球生物多样性治理,共建万物和谐的美丽家园。

事件七:2021 年 5 月 26 日最高人民法院、联合国环境规划署共同主办的世界环境司法大会在云南昆明开幕并于会后发布《昆明宣言》

本次大会以“发挥司法作用促进生态文明:共建地球生命共同体”为主题。与会各方将围绕“司法在全球环境治理中的作用”“环境司法的裁判原则”“生物多样性司法保护”“气候变化司法应对”等议题开展深入研讨。本次世界环境司法大会顺利通过了《昆明宣言》,该宣言达成国际环境司法的“最大公约数”。《昆明宣言》是国际环境司法领域的重要文件,为建设美丽世界、推动构建人类命运共同体发挥积极作用。

事件八:2021 年 9 月 12 日中共中央办公厅、国务院办公厅发布、实施《关于深化生态保护补偿制度改革的意见》

生态保护补偿制度作为生态文明制度的重要组成部分,是落实生态保护权责、调动各方参与生态保护积极性、推进生态文明建设的重要手段。该意见围绕国家生态安全重点,健全综合补偿制度,发挥市场机制作用,加快推进多元化补偿,完善相关领域配套措施,增强改革协同,树牢生态保护责任意识,强化激励约束,扎实推进生态文明各项制度建设,切实将制度优势转化为治理效能,努力开创天更蓝、山更绿、水更清的美丽中国建设新局面。

事件九:2021 年 7 月 1 日最高人民检察院正式实施《人民检察院公益诉讼办案规则》(高检发释字〔2021〕2 号)

该规则明确了检察机关办理公益诉讼案件的基本原则,对公益诉讼一体化办案机制作出规定。细化了公益诉讼案件的调查方式、保障措施以及民事公益诉讼的诉讼请求,完善了检察公益诉讼的诉前程序,规范了检察机关提起公益诉讼案件的程序,确立了检察公益诉讼案件立案管辖与诉讼管辖分离的原则,该规则有利于促进人民检察院办理民事公益诉讼案件的程序化、科学化。

事件十:2021 年 2 月 24 日最高人民法院印发、实施《关于贯彻〈中华人民共和国长江保护法〉的实施意见》(法发〔2021〕8 号)

该意见指出:(1)各级人民法院要深刻认识实施长江保护法重大意义,增强司法服务保障长江流域生态环境保护和绿色发展的责任感和使命感;(2)各级人民法院正确树立长江司法保护理念,准确把握长江流域生态环境保护和绿色发展的深刻内涵,坚持生态优先、绿色发展,坚持依法严惩、全面担责;(3)充分发挥人民法院审判职能作用,为长江流域生态环境保护和绿色发展提供有力司法服务和保障;(4)切实加强长江司法保护体制机制建设,提升服务保障生态环境民生福祉的能力水平。